U0636905

本书为北京市教育科学"十三五"规划 2018 年度一般课题
《集团化办学背景下教师专业发展创新机制研究》成果
课题编号：CDFB18366

"北京市城乡一体化项目"成果

"让学习真正发生"系列丛书

多元聚合
蓄力成长

崔旸　谷莉　主编

中国发展出版社
CHINA DEVELOPMENT PRESS

图书在版编目（CIP）数据

多元聚合　蓄力成长 / 崔旸，谷莉主编. —北京：中国发展出版社，2021. 7

ISBN 978-7-5177-1200-8

Ⅰ.①多… Ⅱ.①崔… ②谷… Ⅲ.①网络教学—教学研究—小学—文集 Ⅳ.①G434-53 ②G622.0-53

中国版本图书馆CIP数据核字（2021）第023790号

书　　　名：多元聚合　蓄力成长

主　　　编：崔　旸　谷　莉

出 版 发 行：中国发展出版社

联 系 地 址：北京经济技术开发区荣华中路22号亦城财富中心1号楼8层（100176）

标 准 书 号：ISBN 978-7-5177-1200-8

经 销 者：各地新华书店

印 刷 者：北京市密东印刷有限公司

开　　　本：710mm×1000mm　1/16

印　　　张：28

字　　　数：485千字

版　　　次：2021年7月第1版

印　　　次：2021年7月第1次印刷

定　　　价：78.00元

联 系 电 话：（010）68990642 68990692

购 书 热 线：（010）68990682 68990686

网 络 订 购：http://zgfzcbs.tmall.com

网 购 电 话：（010）68990639 88333349

本 社 网 址：http://www.develpress.com

电 子 邮 件：fazhanreader@163.com

版权所有·翻印必究

本社图书若有缺页、倒页，请向发行部调换

本书编委会

编委会主任

王 欢 洪 伟

编委会副主任

韩巧玲 李 娟 丁雁玲 陈 燕 范汝梅 南春山

主 编

崔旸 谷 莉

副主编

杨 丽 李大明 吴 玥

编 委（按姓氏音序排序）

鲍 虹	曹凤霞	曹艳昕	陈 纲	陈亚虹	褚凤华	崔韧楠	冯思瑜
高金芳	高李英	高雪艳	谷思艺	顾国威	郭文雅	郭志滨	金 强
金少良	景立新	李 文	李 阳	李冬梅	李丽霞	梁 琪	刘 霞
刘 颖	吕闽松	马淑芳	牛东芳	乔 红	任江晶	宋 菁	万 平
汪 忱	王 静	王 伟	王 晔	王继红	王建云	王秀鲜	王燕红
吴 斯	吴丽梅	闫 欣	闫 旭	杨 京	张 凯	张 婉	张 怡
张东海	张冀兵	张均帅	张立新	张欣欣	张秀娟	赵 杰	赵慧霞
周 霞	朱锡昕						

参与本册编写教师（按姓氏音序排序）

安　然　　边晔迪　　陈　曦　　陈　燕　　陈玉梅　　褚风华　　丁笑迎　　范晓丽

高明一　　高雪艳　　葛　攀　　郭　红　　郭　红　　郭海平　　郭志滨　　海　琳

海　洋　　韩巧玲　　何　群　　何光宇　　洪　珊　　淮瑞英　　金　晶　　金　琳

金海艳　　金利梅　　金利梅　　黎　童　　李　冉　　李　文　　李超群　　李晓桐

李岩辉　　林　琳　　刘　佳　　刘　欣　　刘　阳　　刘东荣　　刘玲玲　　刘璐晨

刘美琪　　刘伟男　　刘晓珊　　路建坤　　罗一萍　　吕闽松　　马　岩　　马涵爽

马佳宁　　马克珊　　马心玲　　苗　苗　　牛东芳　　裴旭婷　　齐丽嘉　　祁　冰

沈瑶琳　　石　瑜　　史定宇　　孙宇鹤　　滕学蕾　　佟　爽　　王　滨　　王　华

王　静　　王　凯　　王　磊　　王　晔　　王　滢　　王大贵　　王建云　　王姣娇

王潇雨　　王园园　　乌　兰　　吴　桐　　吴金彦　　徐　菲　　徐丹丹　　杨　鹏

袁　媛　　袁俊奇　　张　弘　　张　凯　　张艾琼　　张立新　　张少慧　　张思雯

张婉霞　　赵婧杉　　赵晓霞　　赵彦静　　钟元元　　邹　晨　　组学军　　左明旭

前　言

让真正的学习发生在"场"上

　　一场跨年而来的新冠肺炎疫情，让学校在积极应对中加速了正在发生的教育变革。特殊时期，史家人致力于为学生居家学习创生运化一个无时不有、无处不在、无往不至的成长引力场，让学生于在"线"更在"场"的真实学习中自主创拓成长的无限可能。

　　一、"漫教育"——基于育人泛联的成长引力场打造

　　"漫教育"是一种基于"场"视角的教育形态构想，指所有教育因子像空气一样弥漫在学生学习行为与生命意义的引力场中，并在基于未来牵引的育人泛联中给成长无限可能。基于场域分隔与主题整合的疫期教育中已含有"漫教育"的重要生长因子，即成长引力场中的育人泛联。育人泛联的内在要义是，以成长主题统合线上与线下的交变场景，形成泛在的引力节点，由学生主体掌握线上与线下的交互工具，形成多向的学习接口，两者合力推动教育从"体"向"场"的升级跃变，让真正的学习发生在线上与线下融合的成长引力场上。

　　史家教育围绕"具有家国情怀的顶天立地的中国人"的育人目标，在课程供给中按防疫阶段不断微调、持续升级，从基于"超量供给、自主选择"强化横向弥漫的和谐课程1.0，到凸显"新旧衔接、方法指导"强化纵向弥漫的成长课程2.0，再到强调"学科教学、整合综述"强化环向弥漫的发展课程3.0，努力让学生的居家学习时光弥漫着引人入胜的生命成长气息。

　　二、"融学习"——基于召唤结构的成长内驱力激发

　　"融学习"指学生在由不确定性形成的召唤结构中内在贯通各种成长要素、实现整体发展的创新学习样式。疫情暂时阻断了学生返校的脚步，却瞬时延展了学生成长的心路。在特殊时期的学习中，学生面对一种成长的召唤结构。接受理论认为，"召唤结构"指作品中存在意义不确定甚至空白，它们召唤读者将其与自身经验及想象世界联系起来，从而使有限文本具有意义生成的无限可能性。疫情期间，各种不确定性与返校空白恰恰为学校教育的召唤结构提供了现实素材，也给特殊时期的学生成长创生了原来未有的可能。

在"融学习"中，史家教育努力让学生最大限度地泛联真实的成长资源，并基于多元资源获取的自适应学习，在内驱力、生长力、学习力步步形成、层层递增中真正实现志在家国、学无边界。在此过程中，学生形成了基于自觉参与的学习动机之融、基于自我管理的学习内容之融、基于自主学习的学习方法之融、基于自信表达的学习成果之融等一系列"融学习"实践样式。

三、"大先生"——着力挖潜新时代教师的角色内涵

习近平总书记在2016年12月7日全国高校思想政治工作会议上曾说，教师不能只做传授书本知识的教书匠，而要成为塑造学生品格、品行、品味的"大先生"①。新时代教师要立志当"大先生"。疫情让许多教师成为"全面手"，"教师跨界"与"跨界教师"已经成为教育现实。

史家人倡导教师在专业、志业、德业的层递发展中做好学生生命成长中的"大先生"——跨越校社边界，在"预判"形势中引领学生遵守全民防疫的要求，正确认识社会；跨越家校边界，在"切中"痛点中判断学生成长诉求及指向差异，进行积极引导；跨越成长边界，在"贯通"成长中关注学生多要素发展、长链条发展、全方位发展；跨越课堂边界，在"重构"教学中促进学生思维发展、提高学习能力；跨越质效边界，在"优化"评价中减负线上课堂、激活线下能量。与此同时，史家人基于教师领导型治理结构，着力推动以"大先生"为内在追求的领袖教师群在"班级社区"这个疫期真实工作场景中不断贯通"漫教育"和"融学习"。

疫情如同一面镜子，让史家人更好地鉴照当下、映照未来。疫情也如同一份考卷，让史家人把教育变革的思考与实践尽心竭力地书写下来。"让学习真正发生"丛书由此成编。丛书第一册串列课程方案、新闻报道及班级社区内容，第二、第三册并列基于各学科教师教学设计的优质课程，第四册统列基于观点提炼、案例点评的经验汇总，从整体构建、立体实施、集体成果三个层面对处在全场、更在前场的史家教育作出了较为详实的记录。弘文励教，办学育人。人的价值就是发展的价值。就让我们在成长引力场上以更加坚定的信心、更加昂扬的斗志、更加笃实的行动，激活发展的无穷能量吧！

编者

2020年5月15日

---

① "习近平首次点评'95后'大学生"，人民网，2017年01月03日（http://cpc.people.com.cn/n1/2017/0103/c64094-28993285.html）。

目　录

上篇　学生成长

下篇　教师发展

上篇　学生成长

经验分享

"和谐课堂"之学习途径的梳理

褚凤华

经过前面五周的学习，三个校区积累了一定的经验。第六周，三个校区共收到学生"有效经验"分享作品242个，通过逐个观看、学习、梳理，结合之前综述中提炼的"学生的有效经验不仅是自身的积累，也是对他人经验的借鉴"，并根据第六周学生的作品经验交流情况，我从以下两方面进行了归纳。

一、自身经验的积累

1. 常规与改变

通过对学习内容的调整和更新，我们感到不仅是内容常变常新，更是对学生学习的一种引领。聚焦课程内容，孩子们从向群内同学学习，到自己逐步形成好的方式和经验进行分享，只用了短短两周的时间。这样的改变是课程和交流带给我们的。有的同学在分享中说道："非常喜爱'艺术天地'课程，以往由于时间关系欣赏不到更深层次的艺术，这次通过'和谐课堂'不仅有了艺术的享受，还能够自己总结，把感悟分享给大家。每天都盼着上'和谐课堂'，可以学到很多书本上没有的东西。"网络课堂看似不能像以往那样与老师和同学面对面地交流，会降低学习过程中的趣味点，但课堂上通过教师丰富的资料收集和信息化手段的运用，也同样会让孩子们尝到学习的乐趣，特别是提高了自信心和满足感。这点在"语文园地"的学习中就有非常突出的体现。学生们在老师对经典故事的梳理和复习中融入了自己对整本书的理解，将以往课上不好意思表达的思想以"好书推荐"的形式深入、细致地描述了出来，不仅提高了表述能力，还让老师看到了更多学生真正的学习能力。孩子们增加了对课程的思考和认识以及自身对问题独到、正确的见解，这样的改变才是最为重要的。

2. 生命与学习

面对疫情，家校共育板块更加关注学生心理关爱问题，结合"生命教育"，对学生长时间在家学习的迷茫指出了方向，引发学生与家长的思考，也增加了教师、学生与家长之间的相互理解。面对疫情，我们感到了生命的可贵。对于孩子的成长，父母从最初的过度紧张到逐渐接受，再到"和谐课堂"带来的心灵浸润，逐渐平复了内心的焦虑，在更多的陪伴中发现了孩子的温情与可爱，再一次凸显了"家校共育"的重要性。在社区群交流分享的第二阶段，"英语乐园"课程也侧重于自然、救生、家庭的重要性，内容设计上引导孩子从事情的表象进行深层次的思考，从而得到有效的生命教育。在这个过程中，学生们收获了很多学习成果，他们用思维导图、英语配音、英文主题小报、演讲视频等自己喜欢的方式分享着英语课程的学习心得和有效经验，并从中感悟生命的意义。设置的英文故事开放性的结尾，给学生充分思考的机会：对结束部分运用已有知识进行续写，体现了学生的学习能力和创造性思维。线上阅读的形式也弥补了时间不够的缺点，孩子们可以展开多样的想象，围绕故事主题和意义设计，特别是还能与戏剧元素相结合，展开对话、表演，极大地丰富了原故事内容，挖掘出了人性的善良与大度，感受到了在非常时期要爱护家人，同时也要和蔼、宽容待人。这些经验成果是在英语自主阅读的过程中逐步形成的。

二、他人经验的借鉴

1. 交流与展示

从他人的学习经验中完善自己、提升学习质量，是社区群非常重要的一个特点。在社区群中，我们看到低年级的学生最初的语文阅读笔记是简单的描述，通过录音和画笔与大家交流。通过第二次、第三次的入群分享，他们看到了高年级同学的阅读心得展示，受到了很大的启发，如板块的设计、内容的叙述、感悟和思考的表达等。各年级的同学也在不断地提高阅读质量，完善自己的笔记。还有的同学通过与社区群中不同年级的同学一起学习，利用和谐线上课堂，锻炼了自己的整合能力。如六年级的小琳同学既喜爱"创意有佳"课程，又爱上了"英语乐园"中的绘本阅读，于是在课后她用英文写下了自己的感想。她对于手工作品的制作和过程描述得非常清晰，她说这也是在群中交流中受到的启发：将所学课程互相融合，总结出课程特色，可以"两条腿走路"。如何把别人的经验转换成自己的学习能力是一个关键，社区群为家长和同学搭设了这样一个互助、开放的平台。有效进行经验分享，仔细观察学习者的行为，学会用他们的思维和角度来分析问题，找出自身差异，认识不足，才能完善自己的学习行为。

2. 感悟与展望

自觉学习和经验借鉴与分享的能力是每个学生在学习中都应具备的。社区班级群就是一所学校，群里的每一个人都是老师，大家的经验和方法就是最好的教材，也是无形的财富。很多从书本里学不到的东西，都会融入学生的成长经验里。在"和谐课堂"中，教师改变的是教学方式，不变的是认真执着；学生改变的是思维和参与学习的方式，不变的是个性和创新。只有认真学习，有效分享，才能真正成长。

"和谐课堂"之学习效率的提升

李冬梅

疫情突发，集团的"课程超市"实现了人工智能环境下的生态智慧教育。在网络平台的学习正是敲开教育4.0时代大门的一次预演。从"线下"到"线上"，我们的学生接受了一次真实的彩排，"和谐课堂"开始围绕课内复习指导进行。对于如何去学习、如何学习好，学生展示出了自己的小妙招、好方法。下面，我来和大家做一分享。

一、经验分享，各有高招

1.制订计划，理清思路

在学习之前，有的同学首先制订好学习计划，厘清学习思路。未来教育更加注重个性化。制订计划成为推动个性化学习的首个小妙招。

2.整理笔记，加深理解

有的学生将平台上的教学内容整理成笔记，并在社区群里这样介绍："常言说：好记性不如烂笔头，因此我坚持在认真听课的同时，也认真地做好学习笔记。用红笔重点记录，用彩笔标注好词好句……"还有的学生在阅读中写下"读书笔记"，使其对情节的理解和认识从浅表到深刻。他们用文字诉说收获与成果，表达经验与思考。

3.动手制作，自我创意

有的学生介绍了剪纸、橡皮泥制作作品的方法，针对不同的材料，如何进行创意，如何使用工具，给出了操作小经验。

4.画图示意，能力整合

有的学生绘制图文结合的小报、连环画、示意图等，将所学内容融会贯通，形成体系，使思维外视化。"画图示意"需要多种能力的整合，是有效、快速提高综合能力的好方法。

5.文字表达，精准提炼

有的学生直接总结经验，逐一列举，与大家分享。这些同学已经具备了用文字与人分享思想的能力，这与日常教学中提炼方法的指导与写作能力的培养是分不开的。

6. 视频展示，自信表达

还有的学生用视频的形式讲述了学习中的各种有效经验，比如：如何背单词；文章中如何进行人物形象描写；疫情期间的防护妙招；定格拍摄的心得；口罩的重复利用；数学归类梳理方法；如何利用太阳能……涉及了多学科的学习经验。这种大胆、自信地在镜头前介绍经验，不仅需要前期严谨的表述及演示工具的准备，还要有平日积累的语言表达与沟通能力的基础，水滴石穿非一日之功。

二、整体分析，不断提升

"课程超市"充分给予学生自主选择的空间，让不同层级的学生得到不同的发展。

第一层：在分享中，有一部分同学介绍了课上跟老师学到的知识。这一类学生比较乖，老师教的东西认真记在心中并与人分享。如跟老师学习"如何读懂一本书"的方法介绍。

第二层：这部分同学不仅描述了课上学习的内容，并表达了自己是如何运用的、如何实践的，或者自己思考了什么问题。这一类学生能够站在"巨人"的肩膀上让自己的起点更高、发展更好，有一定的思维意识。如子介哥哥的幸福生活——切、炒土豆丝；小妙招——如何分辨水。

第三层：这一部分学生有自己的新学习、新思考、新尝试，打破了平台的学习范围，在实际生活中获取经验并与人分享。他们具备自主学习的能力，收获很多。如学习《海底两万里》之后在《世界地图》上画出了文中人物的行进路线，从文学到地理，有了新发现。

我们可以看到学生不再是单纯的模仿，他们主动获取知识，创造新知识，应用新知识，这种"创见"能力的体现，显现出学生正走进高阶学习的历程。

三、有效经验，无限推广

课程为孩子们打开了一扇窗，他们却为我们带来了一份美丽的答卷。老师们潜移默化的思想方法的渗透，使学生在不知不觉中将其转化为自己的"学习力"。

"学习经验"的分享正当时，我们看到疫情期间初三、高三学生面临统考焦虑万分。很多乖巧的孩子脱离不了老师，缺乏学习力；而那些能自主学习，利用这段时间扬长避短、查漏补缺，具有学习方法和经验的孩子更能静心学习。

我们认为，集团的多元共治也可以拓展到学生中，进行"有效经验"的分享，更好地完成"经验共享模式"。未来，学校教育、校外教育及线上教育将是大趋势。和谐课堂是一个特殊的"教育场"，社区中的"有效经验"交流是学习能力提升的良好的契机。在疫情结束后，我们依然可以通过信息化技能，推动学生学习方式的改变，进一步研究"如何分享的策略"，让"智慧本位"代替"知识本位"，让"学习力量"代替"学习经历"，让经验分享不停息。

课程分享

英语——文化交流

褚风华

　　阅读是丰富人生的过程，我们通过阅读，可以不出家门而漫游大千世界，也可以跨越时空交友畅谈。在这段特殊时期，阅读更是一剂平复浮躁内心的良药。虽然我们不能在学校的教室里会面，但大家依然可以在"和谐课堂"中相遇。史家教育集团的孩子们是幸福的，"课程超市"里面：有老师精心推荐的英文阅读篇目，可以畅游知识的海洋；在老师设计开发的阅读课程中，也可以充分发挥激发起来的思维潜能；耳目一新的阅读活动更是陶冶情操、造就品格、发展智能的精神素养。

一、主题丰富促交流

　　在每天的自主阅读时间里，学生们都会打开那一篇篇图文并茂的经典文章。阅读的过程非常美妙，值得久久回味。傍晚，老师们还能在班级社区群里看到孩子们的阅读分享，真是精彩纷呈。从英文版"愚公移山""司马光砸缸"到结合疫情的"Lou's flu"（卢得流感了）"Why can't we go out?"（我们为什么不能出门）；从自然科普的"Seed to Plant"（播种）"Energy"（能量）"The Tree"（树）等，到引导情绪控制的"My Mood"（我的情绪）系列；从介绍中西方生活方式对比的"Shopping"（购物）"Food"（食物），到介绍各类节日的"Mother's Day"（母亲节）"Festival"（节日）等。主题如此之丰富，也为学生阅读心得的交流提供了多样的方式：低年级孩子们的笔记充满了童趣，在一张张色彩鲜艳的配图下，有一个个真情实感的单词和句型，老师们在每张笔记的后面仿佛看到了他们笑意盈盈的小脸庞；中年级的同学们已经慢慢长大，思维导图体现了孩子们的智慧与创新，故事线索被清晰地梳理出来，是内容复述的好帮手；高年级的大哥哥大姐姐们更喜欢录制小视频和音频，用流利的口语表达出自己对阅读内容的观点和思考。看到这些作品分享，老师们有一种深深的满足感：基于平时在校的学习习惯，在居家学习的日子里，孩子们正在用自觉的、自主的学习方式一直进步着、提高着……

二、课程开发显素养

丰硕的学习成果和良好的学习态势能够在疫情居家学习期间得以实现，离不开集团"无边界"课程构建对学生的影响。"为学生的成长提供无限可能"，在两级三层课程体系中，英语课程群以"文化无边界"为定位，通过提倡海量阅读原版和经典课程激发学生的潜能，凸显阅读素养。英语部的基础性课程在每课堂开始的前 5 分钟，为孩子们设置了持续默读（SSR）时间，组织学生选书、默读，培养阅读的习惯。通过长年的积累，短短的 5 分钟提供了大大的阅读舞台，使学生们开阔了眼界，看到了更多更丰富的世界，同时也激发了学生们进一步阅读的愿望，点燃了兴趣之光。按照 Lexile 阅读分级系统，我们也准备了丰富的阅读绘本，涵盖了文学、科学、学科基础和实践应用四大类，为孩子们提供了阅读的窗口和平台。正是平时的常规课堂中有这样的系统培养，才能在非常时期的居家学习中也能够展现出自主阅读、自主探究的素养。对于学生阅读素养的养成，集团英语部是从以下两方面展开的。

1.针对故事性阅读能力的培养

低、中年级的学生首先要让他们爱上阅读，因此我们会选择故事性较强的绘本来吸引他们。教师做引读，重构较难理解的部分，渗透阅读的基本策略。对于处在阅读初级阶段的孩子们而言，面对一个新故事，他们会产生一些胆怯心理，因此，教师采用了引读和陪伴阅读的方式，创设情境，带着学生一起走进绘本，消除紧张感。在指导阅读的过程中，逐步提升文化品格。故事阅读是一种独特的教学方式，属于阅读教学的范畴。平时的教学中我们注重设计故事的开放性和创造性，能够启发和培养学生的思维。结合新课改强调学生的主动参与和乐于探索，要从低年级开始培养，在探究过程中引导学生开动脑筋、积极思考，发展思维能力。因为自主探究学习是重要的学习方法之一。如果总是习惯坐等答案，就会阻碍学生思维的发展。所以在自主学习的方式中，英语老师起了决定性作用：设计的阅读问题引发学生独立思考，促进其思维发展。在自主学习的过程中，教师辅助孩子深入思维加工，自己参悟故事背后的含义。这种方式的培养，也为疫情期间线上学习奠定了基础，凸显了孩子们的自主阅读能力。

2.针对探索实践性阅读能力的培养

高年级学生会对科普、传记类阅读产生兴趣，会去探究其中的奥秘，从而形成自然科学、人文素养的浸润。我们会提倡独立阅读文本细节，完成内容主体的思维导图；提倡培养创新迁移能力，读出超越原文章给定的有限信息，引申出新颖的思想、观念，对原文有更多维和与众不同的审辨式见解。教师还会引导学生在原文的基础上给出新颖的观点，同时评价阅读中出现的主要人物，将阅读能力延伸到课外。此外，我们也会关注读后活动，在阅读从课内到课外的延伸中提升素养，与中、低年级衔接，加强巩固自主阅读的能力。整体来说，我们的目的就是培养学生通过阅读活动来发展语言技能，实现对语言意义和文化内涵的认识，在提升理解和表达能力的同时体现自己的阅读素养。

正是集团英语部阅读课程的设置和实施，使得同学们在平时的学习中积淀了阅读的潜能，养成了良好的阅读习惯和学习策略，在疫情的特殊时期还能够坚持"课程超市"的线上英语阅读，并在交流分享中大放异彩。这是与我们的课程理念相匹配的。相信在多种形式并存的课程中，学生将会继续收获教育的价值和成长的梦想，在成长的关键期享受课程带给我们的乐趣。

综合——博悟之旅

郭志滨

　　"漫步国博"课程一共进行了12次，内容丰富多彩，学生的分享也是异彩纷呈。据不完全统计，有1/4的同学对当天的课程进行了分享，以中、高年级为多数，低年级虽然人数不多，但也不乏像史家小学二年级（14）班郭旭桐同学，用百余字把观看《正襟危坐》的收获表达得那么全面。我从知、意、情几方面总结学生学习"漫步国博"课程的收获。

一、隔空漫步　识文物

　　停课不停学的日子里，学生们在和谐课堂里，足不出户便可神游国博，欣赏认识了穿越几千年的文物，有远古时期的"火种"，商代的坐姿玉人，战国的双镰铁范，汉代的酿酒画像砖，秦代的铜方升、阳陵虎符和大铁权，明清两代皇家宫殿屋顶上的脊兽；还有朱德的扁担和煤油灯、现代的巨幅石雕作品《愚公移山》、2003年抗击"非典"的请战书……这一件件文物，不仅让学生认识了它们的名称、所处年代及功用，更让学生感受到中国传统文化的博大精深，体验到文物背后的家国情怀。

二、教师引导　知内涵

　　通过课程，学生不仅认识了量器"铜方升"，还知道了"无商不尖"与"无商不奸"从褒义词到贬义词的演变，更悟出了诚信才是做人之本；认识了战国文物双镰铁范，知道了"一模一样"从"唯一"到"一样"的青铜制造工艺，感叹中国古人的聪明才智；从汉代酿酒画像砖，知道了古人改变了人类生活方式的有科技含量的"酿酒工艺"；古代建筑上小"脊兽"原来有那么多的讲究和寓意；从秦代的大铁权体会市场交易中的法律规则；知道虎符不仅是权力的象征，更有榫卯结构的科学原理。《火土之魂》使学生不仅知道了瓷器的起源、发展、特征、种类、颜色、纹饰，更知道了瓷器是贯穿中国文明进程而从未间断的物质文明。《正襟危坐》则让学生了解了坐具与坐姿，也体会到古人的智慧，适合人体科学的座椅角度沿用至今。特别是国家博物馆西大厅的石雕作品《愚公移山》，让学生认识了传说中力量无穷的愚公，以及激励世世代代的"勇于担当、矢志不渝、久久为功"的愚公精神。

三、家国情怀　悟真谛

"漫步国博"课程不仅激发学生的自主学习兴趣，也激发了他们热爱祖国、热爱传统文化的思想情感，很多学生由衷地抒发自己的真情实感。例如：

恩格斯曾说"火第一次支配了一种自然力，从而把人类与动物界分离开来"，火的发现和利用对人类自身与社会的发展都起到了巨大的推动作用。从远古时期开始，人类的祖先就用自己的勤劳和智慧不断地创造出五彩缤纷的人类文明，推动着社会的发展和进步。

我从"矢志不渝"中了解并感受到了愚公是位不怕困难艰险、奋战到底的人。他已年迈，但不会被眼前的困难吓倒，永不放弃，坚持移山，这种精神叫矢志不渝。其实，在现代也有像愚公这样的人——白衣天使，他们奋战在抗疫一线最危险的地方为患者治疗，不离不弃，从无怨言。我们要向白衣天使致敬，也要向愚公致敬。武汉加油！中国加油！

今天我学习了学校课程中的《火土之魂》一课，知道了瓷器与陶器的区别，深入了解了瓷器的分类、内涵及其文化的博大精深，不禁感叹中国古人的智慧。

从《正襟危坐》一课中，我不仅知道了座椅的科学角度，还感受到了古人的礼仪和智慧，中国不愧是礼仪之邦。

"漫步国博"课是我最喜欢的课程之一。通过学习古代文物和历史故事，了解到很多历史知识、历史典故和成语起源，拓展了知识面。在"品读"文物的过程中，我们感受到其蕴含的传统文化、传统礼仪和中国古人的智慧。

还有很多令人感动的分享，史家小学五（9）班李静雯在学完《众志成城》一课后阅读了一本书，然后用中英文这样分享：

2013年有一位亲历者写出了一本书，记录SARS事件。他采访了许多亲历者。我看了这本书后深受感动。一位亲历者曾说过：SARS=Sacrifice（牺牲）+ Appreciation（欣赏）+ Reflection（反思）+ Support（支持）。SARS教会我们感谢，感谢你们在危难之际作出的牺牲（Sacrifice），感谢你们为整个社会作出的贡献，我们欣赏（Appreciation）你们的努力，并反思（Reflection）我们的工作和人生态度。你们是我们的榜样，我们会加倍努力，给你们最大的支持（Support）。

二年级王一清同学在《无商不尖》分享中动情地写道：

疫情中一位饭馆的阿姨坚持不关门，每天做 800 份盒饭，以成本价给医生和病人吃。阿姨真是个有担当、讲诚信的好商人。

六年级同学将《小火苗大智慧》做成一张图文并茂的小报，内容翔实，知识量很大，最后的诗意般的总结令人动容：

火与我们的文明发展息息相关；

因为有火，漆黑的夜晚也会有光。

因为有火，寒冷的冬天也会有温暖。

四、和谐课堂 可持续

在停课不停学的日子里，"和谐课堂"应运而生。"漫步国博"的博物馆教育更加注重对学生综合素质与能力的培养，通过观察思考引导学生自主学习，调动学生思考问题的积极性，使学生多方面受益颇多。一名同学用思维导图把中国坐具的发展演变诠释出来。一位同学给虎符做了国宝档案，开展"虎符探秘""虎符大搜索"，将各个博物馆的虎符都集合起来。这种学习能力的提高，对学生的未来来说是能量的积蓄，是可持续的发展。从"漫步国博"的分享资料看出，学生非常喜欢这种形式和内容，如果开学后保留这个内容，每年寒暑假过后，老师和学生都可把旅游时参观的博物馆和文物进行分享。最后我以一位同学的分享作结尾："我终于明白北京方言'五脊六兽'的意思，天天蹲在房顶上真的很无聊，要不是有'和谐课堂'，我估计自己也成闲着的五脊六兽啦。"

数学——品源至慧

韩巧玲

"品源至慧"课程致力于凸显中国传统文化中的数学元素，提供学生亲身实践的机会，鼓励学生综合应用所学知识和方法，不断探索和解决问题。从"以人为本"的角度出发，关注学生思维的提升。在班级社区交流展示中，很多学生展示了"品源至慧"课程的学习成果。

有的学生汇报了他们观看"品源至慧"课程的感受。课程中，那些生动的历史故事、丰富的学习内容深深地吸引了他们，孩子们说："这个课程太有意思了。觉得时间过得太快了，还没听够呢！"承载着中国传统文化与数学之源的"品源至慧"课，让孩子们在数学学科精神与人文思想交融的历史传承中，汲取智慧，汲取营养，汲取成长的力量。

还有的学生展示了他们观看"品源至慧"后制作的作品。孩子们学习了"华容道""折纸艺术""流水光年""玩转陀螺"等课程，这些课程不仅让他们了解了中国的传统文化，还一边听老师讲，一边跟着制作。孩子们开动脑筋，制作出一件件精美且富有创意的作品。下课后，孩子们意犹未尽，继续兴趣盎然地摆弄着自己的作品。在实践操作中，孩子们不仅体验到了学习的乐趣，还学习了数学知识。

高年级的学生学习了"统计"之后，在班级社区交流中展示了他们绘制的统计图。孩子们将数学与现实生活联系起来，关注疫情动态，收集疫情信息，用数据分析疫情。这种实践体验，让学生从中感受到数学的价值，培养了学生的家国情怀。

学生们的精彩展示反映出他们对"品源至慧"这一课程的喜爱。"品源至慧"打破了学科边界、内容边界、时空边界、思维边界，线上的"品源至慧"更是打破了学习场域的边界，让孩子们在体验中学习、在学习中实践，在实践中收获、在收获中绽放。

"品源至慧"是集团的数学学科综合实践活动课程。在集团无边界课程理念的整体构建下，"品源至慧"强化了数学思维、数学文化，凸显了数学课的育人目标，凸显数学课对学生核心素养的培养，凸显集团无边界课程理念的进一步深化，凸显学校对学生家国情怀的培育，培养学生的创新精神和实践能力，为学生个性发展提供无限的可能。

体育——健康成长

张　凯

疫情期间的居家学习打破了常规的教学场景，为此，学校构建起"线上指导，线下活动"的家校联动多元教育场景，"和谐课堂"的"课程超市"为孩子们提供了自主选课的机会，"班级社区"分享交流空间可以让不同年级相同班号的学生们跨越年级边界进行线上交流，让成长超越时间和空间的限制。

一、基本情况

学校鼓励学生利用家中的场地，加强体育锻炼，增强身体素质。"体育达人"这个主题就是要引导同学们通过科学的居家锻炼，强身健体并提高免疫力。

我们认真翻看了各校区学生 2 月 17 日至 3 月 13 日在各个班级社区交流群中记录的运动情况，通过梳理发现同学们在这一时期的体育锻炼中主要呈现了以下几个特点。

一是全员参与度高。3 个校区，共 29 个社区、166 个班的 6000 多名学生参加了体育锻炼，上交视频、照片展示体育锻炼的学生超过了 1/4。

二是不少同学制订了锻炼的计划并且有自己的目标。他们在计划中明确提出每天要定时参加体育锻炼并且保证每天运动一小时，达到自己提出的要求。

三是运动项目丰富多彩。广播操、亲子操、跳绳、打篮球、打羽毛球、打乒乓球以及各种垫上运动，应有尽有。尤其是做操和垫上运动（仰卧起坐、平板支撑、压腿等）是居家锻炼必不可少的内容。

四是牢记健康意识。同学们都能够积极响应学校的号召，坚持上午、下午各一次眼保健操，保护视力。

五是兴趣特长等方面的运动项目能够每天练习，持之以恒。女生喜欢舞蹈、瑜伽，男生喜欢篮球、武术操等，都能展现出长期练习的功底，没有因为疫情而中断练习。

二、一些建议

第二阶段的居家学习，我们给师生提出以下建议。

给同学们的建议是：

（1）坚持跳绳不放弃。体质测评时跳绳是唯一的加分项，可以利用这段时间在不影响邻里休息的前提下适当增加练习。

（2）在疫情初步得到遏制的情况下，建议同学们在做好防护的前提下走到室外，适当地进行户外锻炼，有利于长个子。

（3）可以适当增加协调能力的练习。我们在柔韧性和力量得到锻炼的同时，也要同步提高协调能力，不能放松。

（4）在做体育锻炼时一定要做好准备活动，在进行器械练习时一定要做好安全保护。

（5）在体育锻炼时注意对数据的总结与分析，这样有利于大家进行科学的锻炼和提高效率。

给体育老师的建议是：

（1）在内容中可适当增加一些心理健康教育方面的内容。

（2）可以适当介绍冬奥会的一些知识，让学生了解冬奥会的项目和规则，为2022年做个合格的观众作准备。

（3）为避免学生发展成"小胖墩"，可以推荐一些有氧锻炼，增强耐力的训练。

影视——爱国之情

张立新

一、课程设置有新意

影视教育课程是学校的品牌之一，在"和谐课堂"中由老师推荐一些优秀经典影片，通过观影提高学生的艺术鉴赏力。其中中国的经典老影片，可让学生体会中国传统文化的魅力，提升民族自豪感。恰好又赶上3月5日"学雷锋日"，可向学生推荐雷锋的系列影片。

每次推荐影片之后都会有一次影评和学生分享。在教师的引导下，学生可从影片的内容、形式、艺术手段等方面收获知识。

二、重温经典有收获

《小兵张嘎》《大闹天宫》《三毛流浪记》《林则徐》等几部经典老影片，可以说影响了几代人。大多数同学能够叙述出影片的内容，并用多种形式去展示。张嘎性格鲜明的少年英雄形象深深吸引着孩子们。对于他勇于斗争，最后成长为一名合格的八路军侦察员，很多同学表示由衷地佩服，有的还感动得流泪。50多年前的影片还能够引发孩子们共鸣，这就是经典的力量。

《大闹天宫》是国产动画的巅峰。整部《大闹天宫》以国画为根基，用水墨渲染大背景，用工笔绘制人物，无时无刻不在体现着我们的民族特色，形成了一种中国特质的艺术神韵。这部影片无疑是对学生核心价值观最好的引领。从孩子图文并茂、丰富多彩的分享可以看出学生对中国传统文化的认同。

林则徐这位民族英雄一生正直无私、清廉为官，在中华民族危难时刻挺身而出，抗击外敌的民族精神，令六年级敖心悦同学充满敬意和崇拜。他写道："我相信，每一个有血有肉的中国人，都会牢记这段历史，时刻把祖国放在心中。林则徐的英勇事迹，将激励千千万万的少年，为振兴和捍卫中华民族而努力。"

三、情感激发有感悟

影视课程促使学生主动学习和思考，帮助他们在看电影中收获和体会成长，并透过故事感悟其内在精神；深度挖掘那些富有历史性、思想性、艺术性的情节内容，激发学生对党、国家和人民的热爱，坚定理想信念。

六年级赵梓伊写道："嘎子那么小就有很大的爱国情怀，我要学习他永不退缩的精神，不做温室中的花朵，要做阳光下生长的小树，不但享受阳光，也要经得起风雨。这样才能长大成材，为祖国的未来作贡献。"

实验校区三年级的冀斯涵同学在小报上画的张嘎形象令人赞叹。他写道："在抗疫前线，人们发扬不畏艰险、勇往向前的革命精神，成为新时代的'张嘎'，他们是我学习的榜样。"

一位男生在分享中说道："好的电影离不开优秀的文学作品，电影是思想和知识的'盛宴'，陪伴我们精神的成长。"

语文——经典阅读

吕闽松

史家教育集团以"种子计划"为无边界课程的价值基点，确立培育"和谐的人"的课程指向，提出"给成长无限可能"的课程理念。我们认为，"成长"和"长成"具有不同的含义。"长成"是自然的一种状态，而"成长"在很大程度上与教育的干预有着重要的联系，蕴含着无限的机遇和可能。在这个特殊的时期，我们将"和谐课程"提供给集团全体孩子们，作为非常时期的"学习超市"，这样就给了集团全体孩子们成长的自主空间，让孩子们在"长"的过程中达到"成"的目标，体验生命成长中的健康快乐。

下面我就来说说语文阅读。

语文课程必须根据学生自身发展和语文学习的特点，关注学生的个性差异和不同的学习需求，爱护学生的好奇心、求知欲。我们针对不同年级结合统编版教材推荐了不同的经典读物。在学校教育中，语文课程承担了培养学生提炼概括能力的重要任务。《义务教育语文课程标准》（以下简称《课程标准》）曾提出，要重视对学生搜集、处理、利用信息能力的培养。例如在阅读的课程目标与内容部分，《课程标准》提出，要"学习略读，粗知文章大意"以及"学习浏览，扩大知识面，根据需要搜集信息"。"略读"即粗知文本大意，亦即"观其大略"；"浏览"则是在快速阅读的过程中捕捉关键信息，扩大知识面。略读和浏览的阅读方法是现代信息社会对公民阅读能力提出的必然要求。而关于"精读"，在阅读的教学与评价部分，其提出"精读的评价，重点评价学生对阅读材料的综合理解能力，要重视评价学生的情感体验和创造性的理解……第二学段侧重考查通过重要语句帮助理解文章，体会其表情达意的作用，以及对文章大意的把握"。培养和提高学生提炼概括的能力，对于学生表达能力的提高、思辨思维的形成、写作能力的提升、阅读兴趣的激发等都有着重要的作用。

学生的表达能力和思维能力在阅读个体之间存在很大的差异。平日的学校"读书社"课程以阅读为基础，以表达为目的，以"读书·表达"为系列，所选书目分为"文学"系列读本、"传统文化"系列读本，各年级每学期至少选择两本"名家名篇",指向学生表达能力的培养、综合语文素养的提升。这次也是这样的,将正常学习期间的"读书社"课程和部编版教材相结合的推荐,使得很多学生在展示的时候都表达了对经典阅读的喜欢,这让我们很高兴。

在平日的"读书社"学习中,组员们都是围绕读书社成员提出的问题或话题,自选角色,撰写角色日志等,角色可根据不同的年级、不同的读物有所不同。在这次的居家学习中,语文阅读以思维导图和读书录音为主。

在阅读与表达中促进了学生语文素养的提升。语文经典阅读提高了学生的表达能力,这是因为录视频、录语音也让孩子们利用这段时间读好书、读懂书,同时也表现出学生们多是按照自己的习惯进行学习,沟通交流没有在校时充分,班级社区活动也是以展示为主,缺乏同龄人之间的沟通交流,缺乏在对话中交流与互动,不能培养倾听能力。社区交流为学生建立了阅读成长档案,使原来课上不发言的同学也有机会表达自己的感受了,他们用思维导图去发现文本内部的关联。这样,时间充裕的阅读会拓宽阅读视角,阅读的品质在提升,无论是阅读还是表达,都更具有创新性。

为了区别阅读,彰显阅读教学的作用,我们以经典为依托,把居家学习线上阅读展示和线下充分阅读结合起来,引导学生积极思考,在提出问题、解决问题的过程中加深对文本的理解,发展思维,提升表达能力和语文素养。古人曰:书读百遍,其义自见。居家学习期间,学生有充裕的时间,在阅读中感受"和谐课堂"推荐的优秀作品的熏陶,形成积极的人生态度,确立高远的志向。

下篇　教师发展

班级社区管理经验分享

陈玉梅

一、研究主题

培养小学中、高年级阅读习惯的行动研究。

二、研究内容

针对疫情期间的特殊作息等客观条件，结合课题组教师针对性的案例辅导经验，以开展多种形式阅读为手段，激发阅读兴趣，培养良好的阅读习惯，营造书香家庭，最终决定以"三导"的阅读方式开展相关主题活动，促进中、高年级学生的阅读习惯养成。

三、阶段成果——"三导"

（一）导内容

结合小学中、高年级学生的年段特点，从学生的兴趣出发推荐相关书籍。同时，结合语文经典阅读课程，推荐名著、名家、名篇，使阅读由课内向课外延伸，扩大学生阅读的知识面。大量阅读形成阅读习惯，从而提高学生的阅读能力。

（二）导方法

速读：即引导学生生活化的阅读方式。快速浏览内容，通过绘制思维导图了解掌握整本书的梗概与思路。

精读：即不动笔墨不读书。在品味语言文字的同时学习表达方法，领会作者传递的思想情感与人生感悟，进而通过读书笔记、小报、绘本等方式，记录阅读收获。

亲子阅读：即倡导与父母开展共读一本书活动。通过阅读交流，父母给予孩子精神上的引领，形成良好的家庭书香氛围，达到全家共阅读促成长的目的。

（三）导思考

在新时代，我们为什么而读书？疫情期间，钟南山、李兰娟等英雄正是利用科学知识与病毒抗争。他们是全社会读书人的榜样，引导学生感受知识的力量以及责任与担当。

陈亚虹

一、研究主题

构建"阅读金字塔"课程体系，提升小学生阅读能力的实践研究。

二、研究内容

疫情期间，研究室老师们结合"经典阅读"课程，融合学校自主课程的相关内容，探寻提升小学生阅读能力的新方法。在备课录课过程中，研究室成员反思线上阅读，借鉴线上"经典阅读"课程更加灵活，不受场地、时间限制，受众面大，便于师生及生生交流等特点，继续构建我校的"阅读金字塔"课程体系。增拓线上的阅读课程为未来学校阅读课程的重要补充部分和未来的发展方向。

三、阶段成果

扩容研究方向：增加研究线上阅读课程的实施路径、课程内容、教学目标等。

完成"经典阅读"录课：周海燕录制经典阅读叙事诗《蝴蝶·豌豆花》；张婉霞录制《哈克贝利·费恩历险记》——成长的哈克；丁笑迎录制《小太阳》——全书概览与阅读方法指导；孙金艳录制《小太阳》——平凡中体验快乐。

褚风华

一、研究主题

英语教学中各学段衔接的问题研究。

二、研究内容

这次疫情，使工作室成员对研究课题有了更深的思考，即通过探究生命教育与学科学习的关系，利用丰富的课程资源、依托电子设备设计本阶段内容，利用课题内容设计引导孩子从事情的表象进行深层次的思考，从而得到有效的生命教育，也做到各学段的有效衔接，凸显课题主要阶段的内容，有针对性地为下一阶段的课题研究作了积淀。

三、阶段成果

关注学生的生命教育，结合各学段设计适宜的英语活动：

低、中学段学生，可进行亲子英文绘本阅读。如选择一些有关生命教育的绘本，一边读一边进行有趣的对话，使孩子在轻松的氛围中得到教育。

高学段学生，可进行英文电影欣赏，主题涵盖安全、健康、交往、自然、生命等，适合家庭成员共同观看并讨论。

有效的生命教育，可以让孩子懂得更加敬畏生命，努力学习，珍爱自己及他人和大自然中的所有生命。

高金芳

一、研究主题

家校共育模式下班主任角色的转变。

二、研究内容

鉴于新冠肺炎疫情发生以来，学生以居家生活、学习为主，家长发挥着更为直接的教育作用的情况，研究室成员经过讨论，一致认为这一阶段班主

任不仅要做好学生成长的引领者，还要做好特殊时期家庭教育的指导者。因此，此阶段的研究方向确定为"与爱同行　温暖成长"，其目的是让家校共育与生活实际、学生成长需求紧密结合。换句话说，将日常与学生的交流作为课题研究的内容，亦是为了让学生感受到老师无私的爱，让学生在爱中不断成长。

三、阶段成果

确定教育目标：抓住疫情中的感人事例，引导学生感受祖国的强大，使他们学会感恩。在居家生活中，引导学生学会阅读、学会生活。

设计教育实施主题及教育活动：

"孩子别担心，老师陪着你"——关注学生心理状况，结合"和谐课程"内容进行班级在线教育和个别心理疏导。

"家长朋友们，让我们一起来"——推送特殊时期家庭教育建议，邀请家长开展"班级健康讲堂"以及班级"妈妈读书会"，指导家长关注并做好对学生心理、学习等方面的引导教育。

鲍　彬

一、研究主题

如何在信息技术课中让教学内容生活化的策略研究。

二、研究内容

疫情期间我们结合上一学期的研究成果，将老师们指导学生迁移的生活经验运用于信息课学习，再将课上的收获应用于生活中，从而确定了"以信息技术课为载体，让学生运用课上所学为自己的生活、学习服务"的研究内容。

三、阶段成果

设计教育实施主题及教育活动：

"学生信息记录习惯的养成"——在"延期开学不停学"期间，每晚7：30的班级社区学生交流中，我们看到不少孩子利用信息课上学到的电子表格制作一日计划、种植记录，利用画图软件绘制致敬英雄的小报，以及不少利用更多信息技术制作的学习反馈。

"升级更新颖形式的表达法"——每晚一次跨年段的学生交流，使我们看到学生们对视频、电子贺卡、动图等制作的兴趣和实际需求。我们以学生需求为导向，不断开发编程等更为新颖的研究课程内容，使之与学生的生活联系更为紧密，更好地服务于学生。

金　帆

一、研究主题

疫情期间家庭体育锻炼。

二、研究内容

研究室的老师根据"延期开学不停学"要求，一同研讨学生如何在家进行各项身体素质的锻炼，不但要在耐力、力量、柔韧、协调等方面得到锻炼，还要考虑家庭场地等因素，经过研讨确定适合的居家体育锻炼模式，为学生设计以原地为主的自主练习和亲子练习。

三、阶段成果

从锻炼场地、锻炼内容、年段方面，选择适合学生身心发展的运动项目，工作室成员与体育老师共同完成锻炼动作的设计和录制，如《单腿腾起》《弓步下蹲》《前后车轮绕肩》《四方位触脚跳》等。

金利梅

一、研究主题

班级环境布置的行动研究。

二、研究内容

疫情期间，研究室老师们一起研讨了教育目标和实施方案，并在班级群中引导孩子在日常生活中如何把握好生活节奏，与他人分享自己的成长创意，开展丰富多彩的班级活动。努力做到家校携手，让孩子们在家不虚度光阴、不辜负童年成长。

三、阶段成果

确定教育目标：开学后，通过合理地布置班级教育主题，凸显在疫情中学生参与的活动，教育学生懂得感恩医护工作者，感恩疫情期间陪护自己的家人和老师。

探究实施方案：在教室布置设计上，让学生有创造思维的空间，以此来培养学生的创造力和想象力。

开展班级活动，收集研究案例：结合时事，设计卡片，为逆行者送去特别的祝福；结合节日，如三八节制作卡片为女性长辈送去祝福，植树节绘制宣传标语和手抄报争做环保小卫士和环保宣传员等；为医务工作者设计爱心口罩，表达对他们的感恩之情；在家种植植物，培养学生重视身边环境的意识。

景立新

一、研究主题

益智乐园校本课程开发。

二、研究内容

疫情期间，研究室成员反复研究，精心选择学生感兴趣的、能够培养学生思维能力和意志品质的、在家没有器具的情况下便于操作的益智游戏，使学生通过课程的学习，提升思维能力，感悟思想方法，感受数学文化，提高学习兴趣。

三、阶段成果

共享校本课程：在集团范围共享了七条校区的"益智乐园"校本课程。

研究目的深化：益智游戏课程以国家数学课程为基础，以中华传统益智游戏为载体，挖掘其内在的历史文化价值和数学思维价值，对传统的益智器具进行创新化的开发和发展。在学生的动手动脑中，提高学生的学习兴趣和实效，将小学生空间观念的培养层次化、体系化、科学化。

孔继英

一、研究主题

小学生课内外阅读有效整合策略的研究。

二、研究内容

疫情期间研究室几位教师利用网络开展教研，相互启发、学习，为居家学习的学生们提供及时有效的课外阅读指导。研究室将通过不断的学习与积淀为今后更深入的研究奠定基础。

三、阶段成果

教学设计更新：《上下五千年》《世说新语》《中国民间故事》。

网课录制：《世说新语·言语》（上）。

青年教师录课指导：《宝葫芦的秘密》《勤写善思》《巧思妙言》三节阅读、写作复习指导课。

万　平

一、研究主题

班主任领导力在工作中的应用。

二、研究内容

疫情期间，研究室老师们带领七条班主任老师积极完成市区相关工作，上报数据，进行家校沟通，关护学生。在工作室的引领下，全区 20 名优秀班主任积极投入战"疫"工作中，探讨工作的新思路、新方法，为东城区德育"东城印象"等栏目提供推广以及宣传的素材。

三、阶段成果

媒体发表：给青年班主任的一封信《不负韶华　无愧春天》在多家媒体转载，产生了一定的影响。拓展工作的维度和空间，推出了工作室公众号 6 期。完成校区公众号与战"疫"主题共计 17 期次。

指导做课：指导东城区班主任工作室成员完成北京市教委"空中课堂"5 节课录制工作；指导工作室成员王顾完成教育部北京师范大学"中国好老师"项目组全国分享微课《学习的小主人》。

成果发表：完成前期研究成果的编辑出版准备工作。

乔　红

一、研究主题

基于幼小衔接的"童蒙养正"校本课程实践研究。

二、研究内容

在这段特殊的日子，我们思考着疫情背后的教育意义，努力讲好"疫情大课"，发展学生的核心素养，促进学生的精神成长。研究室的老师们开展"亲子操"的网络教学，开启亲子陪伴新形式。让孩子们在家继续沿用科学化、系统化的"1337"诵读法进行诵读，巩固诵读的内容，提高诵读的效率，激发诵读的兴趣，积累诵读的篇目。自编"韵化儿歌"的运用，促进学生居家学习习惯和行为习惯的养成。

三、阶段成果

结合疫情，开发新课程："亲子操"的网络普及，使孩子们能得到家长更多的陪伴和关心，既融合了家庭亲情，又增进了家校协同，同时还增强了家庭成员抗击疫情的自身免疫力。

科学指导，提高效率：在家继续沿用科学化、系统化的"1337"诵读法进行诵读《声律启蒙》，巩固诵读的内容，积累诵读的篇目，提升学生的素养。

教育模式创新：提倡学生自编"韵化儿歌"，以儿歌形式为载体，边说边做，不断反复强化每一个行为规范。这促进了学生居家学习习惯和行为习惯的养成。

宋　菁

一、研究主题

促进小学生社会性发展的伙伴课程实施研究。

二、研究内容

突如其来的疫情并没能阻止我们研究的进程。"伙伴"课程是二年级校区文化的支持体系，我和工作室的同伴们一直致力于对其的研究。线上沟通、线下钻研成为我们的研究状态：综合各个学科，开发完善并科学实施伙伴课程体系；及时反馈总结，确定伙伴课程对小学生社会性发展的影响要素；做好教育反思，提炼促进小学生社会性发展的策略。

三、阶段成果

搭建完成课程评价体系，实现课题预期目标：教师自我评价策略；教师同行评价策略；教育对象评价策略；学校管理评价策略。

项目推进：融合拓展领域与创造领域的核心内容，以"小伙伴巡讲团"为线索，推进"小小讲解员"项目。

成果发表：完成前期研究成果的编辑出版准备工作。

李冬梅

一、研究主题

基于项目学习提高小学生问题解决能力的实践研究。

二、研究内容

"每临大事有静气。"突如其来的疫情，让老师们更能静下心来沉淀与思考。现阶段工作室与集团整体工作同步，整合研究主题，开展务实的课堂教学方式变革的实践研究。推进东城区"十三五"规划课题立项开题与论证工作；结合北京教育学院第二期"协同创新学校计划"进行网络研讨，提升工作室成员的学科素养与专业水平。

三、阶段成果

初步形成项目式学习的课堂学习模式：核心知识→驱动性问题→认知策略→学习实践→成果展示→全程评价。

设计教学设计及课程方案：设计《数学项目学习案例指引框架》，梳理1～12册数学教材内容，并设计 MPBL 课程方案，待正式开学后推进实施。

录制课程：完成数学"品源至慧"和"数形启智"网络课程录制。

李红卫

一、研究主题

"三位一体"的博物馆 RVTC 实践活动，提升小学生综合素质。

二、研究内容

已经带领学生在博物馆漫步 8 年的我，针对疫情期间不能走进博物馆的情况，向同伴、家长和学生们及时分享博物馆 VR 全景的链接，让他们不出家门也可"漫步"在博物馆里，边听讲解边观展，拓展学生的视野及知识。

三、阶段成果

分享教学资料收集数据：分享了"祖国 500+ 旅游景点 VR 全景"。

修改教学设计：与集团内老师们一起备课"服务 +"课程，分享自己的备课思路，提供视频、文字资料和博物馆方面的信息，帮助录课老师修改录课稿。

李民惠

一、研究主题

基于学生生活经验的小学英语教学设计的行动研究。

二、研究内容

疫情之下延期开学给我们研究室提出了新的课题和挑战。面对身处各地、水平层次不一的学生，我们统一思想，把学生的需求放在首位，把学生的困难想在前面，基于学生生活经验进行教学设计；并依托课题，以学生为本，以教材为纲，通过话题筛选绘本资源，用音视频软件编辑成学生喜爱的精品阅读课程。

三、阶段成果

基于学生的生活经验，设计阅读课程。

五年级：通过新冠病毒和动植物知识的绘本学习，激发学生对大自然的热爱，在学生心中播下美好世界愿望的种子，教学的育人价值得到体现。

六年级：借助适合六年级水平的绘本阅读，帮助学生梳理小学阶段的知识，夯实语言点，开阔思维，为小升初衔接做好准备。

李　娜

一、研究主题

集团化办学视域下的校际合唱水平协同发展研究。

二、研究内容

疫情期间研究室的成员开启线上教学模式，录制网课、交流研讨，作为主持人，我随时回答老师们提出的各种教育教学问题，确保各项计划的顺利实施。另外，老师们规范了史家实验校区的合唱团队建设，带领史家金帆合唱团率先录制了视频，用最美童声表达我们对白衣天使的敬意！音乐之美帮助孩子们舒缓心情，有助于达到良好的学习效果。

三、阶段成果

专家指导：3月11日和18日晚，史家金帆合唱团全体教师参与了世界音乐大师学院"走进托特博士的《柯达伊教学法》"线上学习，并与专家在线上沟通教学经验。

录制艺术集萃课程：李娜——民族魂《黄河颂》；张慧超——《动感非洲鼓》；李非凡——西南风情《北京喜讯到边寨》；徐力——浓浓乡情《思乡曲》；宋敏——经典传唱《保卫黄河》。

带动伙伴团队发展：在战"疫"初期，史家金帆合唱团率先录制了合唱视频《致敬！奋战在一线的白衣天使》，并带动实验合唱团的师生录制合唱视频《祝福武汉》、原创歌曲《红旗下的我们》。

李 文

一、研究主题

小学数学基本活动经验积累的教学实践探究——以"综合与实践"课为例。

二、研究内容

疫情期间，在"和谐课堂"第一期"品源至慧"和第二期的"数形启智"网络课堂教学中，充分发挥学生居家学习的优势——实践制作，着重引导学生通过动手实践积累操作经验。同时，以此为契机，带领研究室成员依托线上教学的案例，进一步完善利于小学生基本活动经验积累的教学模式和策略。

三、阶段成果

归纳概括小学生操作经验积累的策略，进一步完善小学生基本活动经验积累的教学模式。

录制课程:《玩转陀螺》《以一当五》《剪纸视界（二）》等。

李 阳

一、研究主题

依托330特色美术教育课程，培养学生艺术情感表达的研究。

二、研究内容

疫情期间，老师们利用网络开展研讨，相互启发、学习，优化教学方式，综合运用传统与现代网络技术手段，开展教学研讨活动，探索基于学科的课程综合化教学，精准分析学情，开展研究型、亲子合作式学习；同时，利用史家金帆书画院平台，倡议全体学员用手中的画笔讴歌奋战在一线的医护人员和各行各业的志愿者，在攻坚克难的严峻时刻，用一幅幅饱含深情的图画向社会传递温情与关爱，让爱心接力传递希望之光。

三、阶段成果

史家金帆书画院学生成果：电子书《战"疫"集结号》学生系列绘画展；"给孩子们看的原创绘本"《宅家战"疫"图说攻略》。

录制丰富多彩的趣味课程：

设计应用领域：《彩色装饰瓶》《漂亮的盘子》《大嘴怪来了》《正月十五闹花灯》《设计新型小口罩》。

造型表现领域：《我们一起画手账》《漫画战"疫"英雄联盟》《身边的植物》《戴口罩的自画像》《宅家日记画》。

欣赏评述领域：《最可爱的人》《云旅行》。

刘　静

一、研究主题

小学道德与法治教学中学生法治意识培育研究。

二、研究内容

疫情期间，老师们依据学校要求共同研讨工作计划。战"疫"是一堂生动的思政课。战"疫"事迹是我们教学的一本真实生动而又深刻的教材。作为道德与法治教师，我们要讲好战"疫"故事，挖掘真善美的感人事迹和折射出的社会价值观，将思政小课堂和疫情大战场有机结合，培育学生的生命意识和法治意识，明确作为公民的责任和义务。

三、阶段成果

录制课程：刘静——《公共生活我有责》；龚丽——《最美守护"逆行"者》；佟磊——《古人战疫有方法》；张鹏静——《矢志不渝》；王艳冰——《万众一心齐抗"疫"》等。

研讨反思：依据学生在学校社区群中的反馈，不断反思微课设计和内容，持续提升。

~~~~~~~~~~~~~~~~~~~~~~~~~~~~~~~~~~~~~~~
刘　颖
~~~~~~~~~~~~~~~~~~~~~~~~~~~~~~~~~~~~~~~

一、研究主题

基于小学数学核心素养培养的"大问题"导学的行动研究。

二、研究内容

研究室的老师们一直没有停下研究的脚步，首先针对 2019 年的实践研究总结固化成果，撰写书稿。在撰写过程中，老师们更加明确了研究的目标、方法。问题始终是课堂的灵魂，一个好问题会促进学生的深度学习。我们始终秉承这一理念，在前期研究的基础上，确定了进一步研究的计划。在这段特殊时期，我们撰写了新学期的单元教学设计、学习任务序列设计，为开学后的课堂实践做好充分的准备。

三、阶段成果

撰写书稿《搭建思维阶梯，构建自主发展空间——一年级"20 以内的进位加法"单元》和《在故事中领悟，在活动中体验——二年级下册"数学广角——推理"单元》。

撰写新学期"问题引领学习"的单元教学设计，其中"20 以内退位减法"这一单元已经在 2 月 19 日区网络教研活动中向全区一年级数学教师进行了介绍。

~~~~~~~~~~~~~~~~~~~~~~~~~~~~~~~~~~~~~~~
刘　禹
~~~~~~~~~~~~~~~~~~~~~~~~~~~~~~~~~~~~~~~

一、研究主题

小学体育游戏教学中合作意识培养的研究。

二、研究内容

疫情期间，研究室的老师们一起把上课期间收集的体育游戏进行了梳理

和分类，着重整理或重新设计了低、中、高三个学段学生们喜爱并体现合作意识的游戏。同样的游戏，通过在组数、次数、人数和队形变化上的调整，不仅更凸显合作意识，还能让学生们提高参加游戏项目的兴趣，更加喜欢上体育课。

三、阶段成果

设计和收集体育课常用游戏：不同游戏目的分类；不同运动项目分类；不同身体素质作用分类。

宋 莉

一、研究主题

小学英语课堂中的有效设问激发学生思维的行动研究。

二、研究内容

疫情时期，课堂形式的改变给工作室成员带来新的思考，各个成员不局限于课堂形式和课本，将日常生活实际与英语学科相结合，培养学生在生活中思考问题和解决问题的能力，以"经典阅读"为方向，根据各年级学生年龄特点和知识储备，确定不同的教学目标和内容。

低年级：语音和阅读小故事相结合，激发学生的阅读兴趣和自然拼读习惯。

中年级：以绘本阅读为主，问题引导，培养学生在阅读中的思考习惯和能力。

高年级：以绘本阅读、电影欣赏等形式，培养学生思考问题、解决问题，在实践中应用的综合能力。

三、阶段成果

研究设计新的课程方案：通过线上课程，将自然拼读与绘本阅读相结合，以预设问题为引领，培养学生学会思考、认真阅读的良好习惯及阅读能力。

录制多节"经典阅读"线上课程：李洁——五年级下册课程 3 节；闫辉——三年级下册课程 9 节，并介绍集团三年级组英语课程设计和具体实施；李丹鹤——四年级下册课程 3 节；李享——英语乐园 1 节《Farm Animals》。

王　丹

一、研究主题

关注疫情，通过专题教学，多角度进行德育渗透，落实育人目标。

二、研究内容

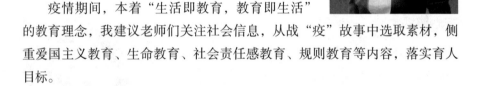

疫情期间，本着"生活即教育，教育即生活"的教育理念，我建议老师们关注社会信息，从战"疫"故事中选取素材，侧重爱国主义教育、生命教育、社会责任感教育、规则教育等内容，落实育人目标。

三、阶段成果

内容整合定方向：以"我"为视角，从"自我—家庭—社区—国家—世界"不断展开，进行了内容整合，完成录课。

录制课程：王丹——《关注信息守法律》《优秀家风代代传》；杜欣月——《生态文明促和谐》《从心出发 读懂家》；乔龙佳——《小包装大学问》《国际关注伸援手》；郭文雅——《处理冲突有方法》；崔玉文——《家人为伴 好交流》等。

抓住契机转模式：微课中更多地采取启发式、探究式、体验式的教学，引导学生多角度观察问题、解决问题。

吴　玥

一、研究主题

"阳光校园启志成长"——史家七条小学特色发展的研究。

二、研究内容

在特殊时期，我们把师生生命安全和健康放在第一位，让孩子们情绪稳定，让学校已有的特色发展成果得以巩固，学校各项工作持续推进。主要从以下两方面思考。

1. 进行干部队伍、班主任队伍、教师队伍建设，凝聚人心。

2. 研究、调整、落实和推进学校的管理制度、管理流程、新闻宣传、课程建设、后勤保障工作。

三、阶段成果

制定并不断完善七条校区的工作方案：加强队伍建设，教师全员参加集团备课，完成录课任务。注重师德建设，通过网络开展教师政治理论学习。疫情期间推出七条公众号 16 期，做好新闻宣传，引导积极正向的舆论氛围。

李宝莉

一、研究主题

"FREE"艺术创意活动行动研究。

二、研究内容

疫情期间，研究室成员开设艺术创意课程，在立德树人、文化育人的思想指引下，立足学科本位，将趣味性、知识性、体验性、探究性融会于 10 分钟的微课教学过程中，有效提高学习实效性，引导学生开展创意实践活动，提升学生的核心素养。同时，艺术教育有助于提升学生的心理调适能力，注重培养积极乐观的生活态度。

三、阶段成果

李宝莉：《艺术天地——设计新型小口罩》《艺术天地——云旅行》《微课〈设计新型小口罩〉教学案例》。

王丹:《艺术天地——生机勃勃的植物》。

李琰:《艺术天地——经典的旋律》。

郑丽梅:《艺术集萃——快乐的劳动歌》。

高莹:《书法圣地——西泠印社》《书法圣地——西安碑林》。

刘 莘

一、研究主题

借助粉笔画呵护小学低年级学生美术兴趣的行动研究。

二、研究内容

在美术教学中,将粉笔引入课堂,板书或教学范画吸引学生兴趣。通过粉笔简单易操作、有覆盖力等特点,引导学生发现色彩上的变化,激发学生兴趣,使学生产生尝试的欲望。结合使用小技法,将粉笔很好地运用在课堂创作中,学生通过尝试,感受色彩世界的魅力及创作带来的快乐,从而对美术产生更大的兴趣。

三、阶段成果

收集研究样本:疫情期间,学生创作各主题作品 90 余幅,参与录课 2 节《我们一起画手账》《大嘴怪来了》。

分析研究样本:通过分析学生创作的作品和家长反馈,了解到大部分学生对该学习方式的兴趣提高。绝大多数学生掌握了涂色方法,作品中的色彩从原来的平涂变成了具有各种层次且充满了变化的效果。方法和技巧的提高进一步激发了学生创作的积极性。

田春丽

一、研究主题

依托"地球与环境"校本课程提升小学生责任感的行动研究。

二、研究内容

疫情期间结合研究主题，我与三、四年级的科学老师在微信群里商讨、设计相关的课程。在设计时，我们考虑既要传授孩子们科学的基本知识、基本技能，还要培养孩子们的责任感，以及他们关爱社会、关爱环境、关爱他人、关爱自己的多层次的人文情怀。我们不断修改、完善课程内容和授课方式，力求使学生学有所获、不断成长。

三、阶段成果

录制教科版一年级科学课 6 节：《发现物体的特征》《谁轻谁重》《认识物体的形状》《给物体分类》《观察一瓶水》《它们去哪里了》。

指导录课：《冠状病毒的传播》《疫病的防护 1》《疫病的防护 2》《口罩的处理》《奇妙的平衡》《会叫的杯子》《制作彩虹》《与疫情赛跑的中国建筑速度》《永生花 1》《认识果实》《植物的组成》《探秘植物的根》。

王国玲

一、研究主题

在阅读中借助思维导图培养学生思维能力的行动研究。

二、研究内容

在疫情的当下，研究室在学校"课程超市"的构架下，针对中年级学生的英语学习水平和特点，结合网络授课的特性，将研究点落实为以阅读为依托，借助思维导图培养学生的思维能力。引导学生借助思维导图的方法梳理阅读内容，为后期写作打下基础。

三、阶段成果

拓展研究方向：从最初的渗透阅读技巧——找关键词，到引导学生借助思维导图梳理阅读内容。

筛选阅读内容：秉持"延期开学不停学"，一方面从学生已有的学习主题中筛选阅读内容，另一方面考虑当下疫情，选取情绪疏导方面的内容。

已完成微课录制 14 节：情绪课程 2 节、自然课程 3 节、节日课程 3 节、饮食课程 2 节、其他课程 4 节。

王建云

一、研究主题

小学语文课堂学习共同体构建行动研究。

二、研究内容

疫情期间，团队教师为了给"延期开学不停学"的学生提供高质量的学习体验，将"课堂学习共同体"的研究进行了微转型。我们在史家"和谐课堂"的引领下，组建了教师"研究共同体"、教师"学习共同体"。团队深入研究经典阅读，巧妙链接统编教材五年级下册《快乐读书吧》的内容，选择了《西游记》这部小说进行重点研究。录制的课程得到了学生的喜爱、家长的肯定。

三、阶段成果

书稿撰写：负责读书社《小太阳》一书的撰写任务。

网课录制：区教研《关于"整本书阅读"的几点思考》；经典阅读《西游记》第 5 课时。

教学设计：带领团队完成经典阅读《西游记》6 课时和五年级上册《语文园地》6 课时的教学内容设计。

温　程

一、研究主题

利用班级特色活动，开发学生的多元智能。

二、研究内容

中医药学凝聚着中华民族深邃的哲学和养生理念，传承和弘扬中华优秀传统文化，并借助活动提升学生的多元智能是我的目标。

疫情期间，我与研究室成员利用调查法和实验法，让孩子们既足不出户，又不停学习脚步，在家学习中医药知识，并通过网络为己所用、为他人所用。

三、阶段成果

指导孩子们利用药食同源的知识，研究健康养生餐。鼓励他们利用空闲时间绘画中草药，并利用不同形式给自己和武汉加油打气。我写的文章《生活和经历本就是课堂》在搜狐教育频道发表。这种结合社会时事优化研究目标，把生活变成课堂的观念植入，使孩子们的研究成果更有价值和推广意义。

王　静

一、研究主题

小学语文"读书社"课程的开发与实施。

二、研究内容

结合疫情期间学习场域的变化，基于此前撰写的"整本书阅读教学案例"，探索线上实施整本书阅读教学的有效路径，从课程架构、目标设定、评价方式、教学过程设计进行整体规划，在实践、评价、反思的行动研究中，着力激发学生的阅读兴趣、提高学生的阅读素养、培养学生良好的阅读习惯，汲取精神营养，助力学生身心成长。

三、阶段成果

录制网课：《世说新语》概览、《世说新语·言语》（下）、《世说新语·捷悟》、

《中国传统节日》(端午节的故事)、六年级《语文园地》(六)、五年级《语文园地》(二)。录制《学而》经典诵读 2 篇。

王　滢

一、研究主题

提高小学生数学问题解决能力的画图策略的行动研究。

二、研究内容

特别的春天,特殊的日子。为确保学生在家能够开展有实效的学习活动,我们研究室 7 人确定了近一阶段的研究目标,开展"打通隔断墙,建好承重墙"深度学习的活动。这个活动是具有挑战性的学习活动,而且要能贯穿始终。以画图活动为核心问题,引导学生自主发现、自主提出问题,并由此产生一个个问题串,引发学生深入思考,从而提升学生对于核心概念的理解和探索。

三、阶段成果

战"疫"中的数学阅读:《数学的实践与认识》《静与动的数学教学》《课堂深处》《小学三年级体验式作业设计》。

战"疫"中巧学数学:邢超——《商码拾遗》,品读历史,引出位置值制;金晶——《中轴对称》,在画图中学会观察,建立空间观念;王竹新——《剪纸中的趣味学习》,在动手操作中提升思维能力;周元萍——《数学中的迁移》,整体把握教材,渗透转化的数学思想;王滢——《联系生活　厘清关系》,以数形结合的形式,帮助学生理清关系,建立模型思想。

王秀鲜

一、研究主题

针对"收放一体"的课程群及小学"三段五级式"日记教学的特色语文

观研究。

二、研究内容

针对七条校区单一学科教师少的问题进行跨学科统整，在范式研究的基础上探求行之有效的教学策略，努力做到立足本学科，适度合理地借助相关学科的知识技能和学习方法发力。另外，小学生的学习是整体的、综合的，需要各学科相互补充，帮助学生将各自分立的学科知识进行联结，从而帮助学生建立完整的知识体系。

三、阶段成果

推动升级集团"课程超市"课程体系建设：疫情期间相关主题课程的落实呼应了集团学习生态的建设，以在语文学科"构建'收放一体'的语文群课程，建设学校特色的语文观"的基础上进行梳理与再建设，促进学生综合素养的不断提升。

王燕红

一、研究主题

黏土动画校本课程促进学生多元化发展。

二、研究内容

黏土动画工作室的 5 门学科 11 名教师，在疫情期间与孩子们一起用动画讲述战"疫"故事。在一部动画片的主线中，培养、提高教师和学生的社会参与、自我发展及文化修习能力，以独立思想者、终身学习者和世界参与者为课程建设的目标，在五大特色课程的学习中，不断培养沟通交流、国际视野、信息素养、创新创造、社会参与与贡献、自我规划与管理的能力。

三、阶段成果

突破多条边界：突破条线育人的边界；突破单向成长的边界；突破符号

学习的边界。

完成《黏土动画》录课：鲁志梅——《我的画会动》；梁琪——《"纸"爱春天》；陈萌萌——《我的动画大不同》；梁潇——《材"剧"志大，返"本"还原》；韩春明——《陶出掌心》。

学生的动画作品被市教委新闻中心发布在首都教育抖音号中。

王　华

一、研究主题

创新绘本阅读与分享方式，提升低年级学生语文素养。

二、研究内容

疫情期间，学生只能居家学习。这段特殊时期，也是难得的培养学生阅读习惯的好时机。研究室的老师们在困境中抓住机会，结合低年级学生的年龄特点，深入思考和研究，激发学生的阅读兴趣，关注学生的实际获得，创造性地制订绘本阅读策略，进行阅读指导。研究室的老师们精心设计了"绘本读书记录单"、好词佳句"小书签"、人物评价"人物卡"、好书推荐、视频交流等丰富多彩的分享方式，引导学生阅读并分享。绘本阅读活动激发了学生的学习兴趣，营造了良好的阅读氛围，从而提高了低年级学生的语文素养。

三、阶段成果

完成语文"经典阅读"录课：姜桐——《中国寓言故事》；徐卓——《中国民间故事》；王华——《宝葫芦的秘密》。

徐礼峥

一、研究主题

史家教育集团足球队疫情期间的停训不停练。

二、研究内容

疫情期间足球运动员们不能聚集在绿茵场上训练、比赛，但是作为运动员，要想保持出色的竞技状态，就不能停止训练。这就需要教师团队借鉴并开发一些适宜在室内个人训练的内容，同时根据不同的位置特点、技术特点区别对待，确保有效地实施在每个队员身上，使他们在疫情期间依旧保持竞技状态。

三、阶段成果

阶段一：研究室成员教师开会总结训练方向。
阶段二：制定训练内容、训练计划、考核标准。
阶段三：在足球队员群中发布实施。
阶段四：总结。

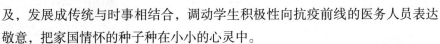

曹艳昕

一、研究主题

走近传统节日，播种家国情怀。

二、研究内容

结合疫情的实际情况，我们在研究目标和实施方法上进行了调整，从只侧重传统节日文化的普及，发展成传统与时事相结合，调动学生积极性向抗疫前线的医务人员表达敬意，把家国情怀的种子种在小小的心灵中。

三、阶段成果

组织活动：组织学生召开语音会，针对研究内容进行交流讨论。
分析数据：对学生在疫情期间的表现进行了分析。

张立新

一、研究主题

小学影视教育的实践与探索。

二、研究内容

影视是对青少年产生较大影响的一种媒介。本课题以优秀影片为载体，向青少年开展德育教育，加强学生的社会主义核心价值观，丰富育人途径，落实立德树人的根本任务；同时，利用微电影的拍摄培养学生的创意表达能力、动手能力及合作意识。

三、阶段成果

收集研究材料：推荐多部优秀影片，收到学生观后感多篇。

媒体宣传："人民德育"公众号对我校影视教育进行了两期的刊载。

学术发表：在《中小学信息技术》杂志2020年第三期发表文章《再小的梦想也能海阔天空——史家小学影视教育实践探索》。

徐　莹

一、研究主题

低年级英语自然拼读课内外有效整合的策略研究。

二、研究内容

精心挑选丰富的课程资源，以Phonics原版语音视频材料为依托，将二年级上册所学的有关Phonics的知识进行梳理。将课外与课内相关的自然拼读进行整合，在帮助学生提高英语学习的兴趣、培养自然拼读习惯的同时，也为进一步深入开展课题研究做好积淀。

三、阶段成果

课程成果全区分享：史家教育集团二年级 Phonics 课程在全区英语教师网络教研时进行经验分享，课程设计关注到学生们各个层次的语音知识需求，具有创新意义，且扎实有效。

课程录制：《经典阅读——Phonics1-8》《英语乐园——Phonics9-20》。共录制 20 节系列课程。

赵慧霞

一、研究主题

运用"韵化三字歌"培养学生良好行为习惯的行动研究。

二、研究内容

疫情期间，研究室成员除加强学生生活习惯养成教育外，还拓展出了生命教育与卫生、健康习惯教育。家庭是孩子成长的第一环境，是孩子习惯形成的摇篮。挖掘孩子的内在原动力，让孩子在真实的情境中习得知识、提高能力、养成习惯。

三、阶段成果

制订计划：通过"和谐课程"制订学习计划，促使学生家庭学习习惯的养成。

课程录制：录制"健康课程"，促使学生居家健康习惯的养成；录制"服务+《服务让生命有价值》"相关内容，教育学生珍爱生命，加强安全保护意识；通过亲子互动——"亲子操"的练习，促使学生运动习惯的养成。

张牧梓

一、研究主题

培养低年级学生语文课外阅读兴趣的行动研究。

二、研究内容

在全民抗"疫"的大背景下，如何帮助低年级学生通过恰当的渠道获取信息，汲取正能量，培养家国情怀，是工作室的研究内容。我们以"家国情怀"为审美目标，引导学生选择合适的绘本，加深学生对传统文化的认知与热爱，扩展相关习俗知识，探究传统文化的意义。

三、阶段成果

选择《中国传统节日故事》系列绘本，以读生根，多元开花，鼓励学生用多种形式了解并实践相关习俗，激发他们对祖国各地风情强烈的好奇心和热爱之情，对人与社会的关系建构有个初步的认知，从而实现"家国情怀"的审美目标。

闫　欣

一、研究主题

部编版教材课后习题与教学目标的整合研究。

二、研究内容

疫情期间，研究室成员集中研讨低年级"读书社"课程的构架，探索整本书阅读方法，帮助孩子爱上阅读，让蕴藏在典籍中的文化内涵丰厚学生的文化底蕴和人文修养。此外，根据低年级学生的认知水平和学习需求，录制了帮助学生梳理知识的相关课程。

三、阶段成果

交流分享：通过视频会议、微信群等形式，与老师们互相学习、共同成长。

课程录制：所有老师均参加"和谐课堂"的录制，研究室主持人共指导录制"经典诵读"课程 18 节、"语文园地"课程 12 节。

杨 明

一、研究主题

低年级识读五线谱教学的研究。

二、研究内容

在"停课不停学"期间，依托"和谐课堂"的平台，我们思考如何通过增加课程趣味性与亲子互动性，让学生在识读五线谱的过程中真正提高乐学善学的能力，从而达成"玩"转五线谱这一愿景。

三、阶段成果

课程录制：《"玩"转五线谱》。

论文修改：《低年级五线谱教学的初探——以首调唱名法为例》。

课题研究：前期研究的总结与反思，教师分享《五线谱教学的初探》；着手撰写区级课题结题报告。

杨春娜

一、研究主题

以探究式教学促进小学生科学概念形成的行动研究。

二、研究内容

疫情期间，研究室所有成员承担了学校"和谐课程"录课的任务。老师们结合研究主题，梳理主要的科学概念，并依据不同课程的特点确定适宜的教学方法，使学生在探究式教学中构建科学概念。

三、阶段成果

研究方向：探寻提升学生科学思维的研究方法。

课程录制：完成《创意生活》和《科技探索》录课；研究室马晨雪、苏芳、黄呈澄、郝瑞、杨华蕊等老师累计录课 20 余节；杨春娜老师完成教育部三年级科学课录课累计 24 节。

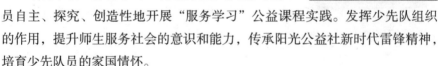

张均帅

一、研究主题

发挥少先队组织作用，探索"服务学习"公益课程的实践研究。

二、研究内容

结合学校"服务学习"特色课程，推进少先队员自主、探究、创造性地开展"服务学习"公益课程实践。发挥少先队组织的作用，提升师生服务社会的意识和能力，传承阳光公益社新时代雷锋精神，培育少先队员的家国情怀。

三、阶段成果

获奖情况：在史家"服务学习"课程的研究推进中，学校少先队组织先后获得国家级公益组织"突出贡献"奖、北京市星星火炬奖；50 多个中队分获全国优秀动感中队、全国"优秀公益团队"奖、东城区优秀中小队；200 余名少先队员获得全国"小小公益创想家"称号；"服务学习"获得市区级课题论文奖项。

书籍出版：出版《服务学习　志在家国》系列图书。

赵亚杰

一、研究主题

依托音乐实践活动，提升学生音乐能力。

二、研究内容

立足于音乐课堂，以学生的需求和发展作为课题研究的方向。教学实践活动遵循"有趣、有效"的思路来进行设计，通过丰富的音乐活动提升学生的音乐能力。其中，最为关注的是研究如何在音乐活动中培养学生的音乐听觉思维能力。

三、阶段成果

课程成果全区分享：研究室主持人在区级研修活动中就如何在特殊时期给孩子们上课，与全区的音乐教师以微视频的形式进行了线上分享。

课程录制：《完整五线谱》《叮叮当当马林巴》《有趣的变奏曲》《动听的卡林巴》《走近音乐神童莫扎特》。

臧景一

一、研究主题

史家教育集团体育课程改革研究。

二、研究内容

史家教育集团体育课程改革的根本是课程的归纳和开发。在疫情期间，为了"体育达人"课程的上线，我们以核心组成员为纽带，集全体教师之力，开发了内容丰富、新颖，有助于提高学生身体素质的家庭课程，最大限度地激发了学生主动参与体育活动的热情。

三、阶段成果

整合学年考核类项目，科学制定锻炼方法，以及提升身体素质的辅助练习方法。开发多元的训练方法，通过记录、尝试、改进，最终形成一套更加适合学生自身需要的体育课程体系。

王　红

一、研究主题

以"地球与环境"课程提升小学生社会责任感的行动研究。

二、研究内容

疫情的发生更加凸显出环保教育的重要性。让学生秉承环保的理念，付诸行动，这是我们教育的目标。为此，我们设计网络课程及学生的实践活动，利用地球与环境金鹏团的平台发送给学生；撰写倡议书，让孩子们为环保问题建言献策，提升社会责任感。

三、阶段成果

地球与环境金鹏团学生成果："科学丢弃废口罩　携手同行战'疫'情"绘制四格漫画及录制视频；环保主题的建言献策集锦。

课程录制：《口罩的区别》《口罩的使用和处理》《疫病的防护》《冠状病毒的传播》《一个喷嚏的威力》《野生动物我保护》《保护国宝大熊猫》《正确观察野生动物的方式》《水》《水的奥秘》《风力无尽，能源长青》《做个气温观察员》《人工世界的发展》。

赵　晶

一、研究主题

植根生活的劳动教育。

二、研究内容

　　将劳动教育融入学生的学校生活是我们研究的内容。以现行教材为准则，寻找生活中可以与学生产生共鸣的教学内容，使课堂教学更具现实意义；让学生在劳动中获得生活的乐趣，培养一种现代新生活的态度与方式。

三、阶段成果

　　教学研究：发掘来自生活且又有教学意义的教学内容。

优秀教学案例

德育部

致敬最美逆行者
——少先队活动课

二年级 王 晖

一、课程背景

为贯彻北京市少工委工作要求，根据团区委、区委教工委、区教委防控疫情工作整体部署，面对特殊时期共抗疫情的特殊需要，使少先队员停课不停学，东城区少工委将录制一批少先队线上活动课程，提供少先队线上活动课程清单，以少先队员思想引领和理想信念教育为核心，以科学防控疫情为重点，充分调动广大少先队员和少先队辅导员积极性，依托线上教育途径，开展形式多样、内容丰富、积极正向的少先队主题教育活动。

二、教学目标

1. 通过学习了解病毒对人体的危害。
2. 感受在国家危难时刻白衣天使们对国家作出的巨大贡献，感受他们献身医疗事业、救死扶伤的崇高品德，激发学生对白衣天使的尊敬之情。
3. 通过学习防护小知识，知道要进行科学防控抗击疫情。

三、教学重点、难点

通过学习感受在国家危难时刻白衣天使们对国家作出的巨大贡献，感受他们献身医疗事业、救死扶伤的崇高品德，激发学生对白衣天使的尊敬之情。

四、教学过程

（一）导入

亲爱的少先队员们大家好，欢迎来到东城区少先队活动课的网络课堂，我是史家小学二年级部大队辅导员王晔老师，欢迎同学们和我一起上课。

队员们，你们知道这些形状怪异的图案是什么吗？

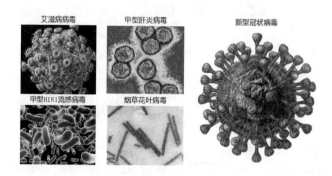

我们在电子显微镜下看到的这些形态多样可能还有点吓人的图案，就是病毒。1892年俄罗斯科学家伊万诺夫斯基发现了过滤性病毒，现在我们知道的流感、艾滋病、口蹄疫、"非典"和目前大家特别关注的新型冠状病毒性肺炎都是由病毒感染引起的疾病。

队员们，在我们的身体中有一位勇士能够与病毒对抗，你们知道是谁吗？对了，它就是白细胞。白细胞是人体与疾病斗争的"卫士"。它就如同现在的逆行者白衣天使一样，捍卫着人们的生命健康安全。

（二）逆行者

2020年，一场突如其来的感染性肺炎疫情席卷全国，关键时刻，一批批抗疫英雄们正逆行前往疫区。（播放奔赴现场的视频）

1. 钟南山

队员们，这位抗"疫"英雄你们认识吗？如果你一直在关注这次疫情，你一定会认识他，他就是钟南山爷爷。钟南山爷爷在得知疫情严重后，劝说大家不要前往武汉，而84岁高龄的他却义无反顾地赶往武汉疫区。每天，他了解疫情、研究防控方案、上发布会、连线媒体直播、解读最新情况，高强度地工作着。致敬这位高龄逆行者！（播放钟南山爷爷的相关视频）

2. 黄维医生

接下来要介绍的是一位来自四川的黄维医生，他在得知武汉中医医院需要一名专业影像科医生的求助信息后，做了要去武汉支援的决定。他一个人驾车 1200 公里，从成都赶往武汉。在路程中，他没有过多的休息，心中只有一个念头：快点到达医院，帮助更多的人，支援武汉的战友。我们一起来认识这位黄维医生。（播放黄维医生视频）

3. "90 后"医生

队员们，当你看到这样的双手时，你们是什么感受呢？（出示图片）

医生们因长期戴着手套，手被汗水浸久了，都起皱了，看着是不是特别让人心疼呢？

这些原本漂亮的医护工作者，由于一天工作 20 个小时，长时间戴口罩，脸上勒出了深深的印记。为了避免上厕所而浪费一套防护服，她们一天都不敢喝水。这些在别人看来还是孩子的"90 后"，她们这种奋不顾身的精神让我们感动！

疫情就是命令，医院就是战场。这些白衣天使中，有耄耋老人，也有"90 后"，他们在面对疫情时，都义无反顾地冲向了抗"疫"的第一线。

4. 各行各业的逆行者

在逆行者中，除了白衣天使，还有站岗执勤、守护平安的公安武警，做好后援、保障供给的铁路工人，深入一线、报道最新信息的记者，防控疫情、守护邻里的社区志愿者，还有坚守在家努力学习的少先队员们……在防控疫情的过程中，各行各业的人们通过自己的方式抗击疫情，他们都是我们心中的抗疫英雄！

（三）科学预防从我做起

面对新冠肺炎疫情，队员们也不用恐慌，只要我们科学防控，齐心努力，一定能战胜这场疫情。我们要号召家人不串门、不聚会、不聚餐，勤洗手、多通风，在家适量运动，出门一定戴口罩。

最后，各位少先队员们快来跟随王老师做一个预防新型冠状病毒性肺炎的手指操吧！你们学会了吗？可以把手指操教给爸爸妈妈，全家一起科学防范。

节能环保金点子

三年级　郭　红

新型冠状病毒肺炎疫情牵动着全国人民的心，为降低疫情扩散可能，保证教师和学生的身心健康，教育部通知全国大中小学春季学期延期开学。为此，史家教育集团制定了"延期开学不停学"的方案，打造了线上课程——"和谐课堂"，开设了"家校共育""经典阅读""语文园地""漫步国博""品源至慧""英语乐园""创意生活""艺术集粹""影视赏析""体育达人""普法养得""科技探索""创意有佳""艺术天地"等课程，以探究性、主题性、专题性、项目学习等方式，引导学生学会学习，有能力去做有意义的事，每天都能够成长。根据学生需求，我们精心安排了适合他们在家学习的内容。

一、教学过程

（一）校园节能倡议书

第一步：课前任务

1. 让学生课前通过回忆校园常见的资源浪费现象，发现班级中存在的资源浪费情况。（上室外课时，教室的灯没关；洗完手不关水龙头；铅笔才用了一小段就丢弃了；一张纸写了几个字就揉成团扔了；饭菜没吃完就倒掉了……）

2. 鼓励学生主动询问家长或查阅关于校园节能的资料，为校园节能出谋划策，找到切实可行的好办法。

第二步：布置任务单

1. 针对班级中存在的资源浪费现象，我们该怎么做呢？

2. 布置"校园节能倡议书"任务单，为学生讲解制订倡议书的要求。

3. 让学生按照任务单提示，制订"校园节能倡议书"。

第三步：汇报展示

1. 汇报展示制订的节能妙计。（结合节能妙计的设计与实施情况进行讲解）

2. 老师点评，提出完善意见，然后确定"校园节能倡议书"，并让学生抄在任务单上。

3. 总结评价，鼓励学生在实践中的有效做法，对不足之处做出点评与指导，给出修改意见。

（二）家庭节能小贴士

第一步：课前任务

1. 情境导入：就像人走路会留下脚印一样，我们日常生活的一举一动产生的二氧化碳也会在地球上留下足迹。打个比方，家庭每消耗 100 千瓦时电，就需要 1 棵树来补偿；爸爸妈妈自驾车每消耗 100 公升汽油，就需要 3 棵树来补偿。

2. 提出问题：什么是低碳生活？在衣食住行方面，我们应该如何节能减排？

第二步：布置任务单

1. 出示漫画：让学生懂得减少能耗要从小事做起。

2. 出示图片：让学生了解如何低碳生活。

3. 为学生布置制作"家庭节能小贴士"的任务，提出小贴士的制作要求：形式新颖，内容实用，有提醒价值。建议自己独自完成制作。

4. 发放"家庭节能小贴士"任务单，要求学生针对了解到的浪费资源的现象，进一步查阅资料，思考解决办法，并通过小贴士的方式制作出来。

第三步：展示、评选小贴士

1. 展示学生制作的"家庭节能小贴士"，并交流。

2. 评选出 3 个形式最新颖、内容最实用的小贴士。

3. 邀请获得"家庭节能优秀小贴士"的 3 名学生分享小贴士绘制的整体思路与过程。

（三）我的服务体验

在"校园节能倡议书"与"家庭节能小贴士"两项活动内容结束后，为学生布置"我的服务体验"反思性任务单，作为课下作业。在发放任务单之前，为学生讲解该任务单的完成方式：对"服务体会"的表达，采用讲述的方式；对"服务新思考"的表达，采取书写记录的方式。

二、教学资源

为配合"家庭节能小贴士"的开展，便于学生们理解学习任务，在教学开展前，做好教学资源的准备：一方面，通过看漫画了解减少能耗要从小事做起；另一方面，通过图片让学生了解如何低碳生活。

三、评价

　　"家庭节能小贴士"评价主要采用自我评价、学生评价、教师评价和家长评价，重点评价学生家庭节能观察与学习思考的情况、"家庭节能小贴士"制作情况、学生的反思性总结情况。

"家庭节能小贴士"评价量表

评价内容	评价主体	评价权重	评价标准
学生家庭节能观察与学习思考的情况	家长评价 自我评价	10%	学生观察、收集家庭节能问题的完成度（5%） 学生通过查阅资料了解家庭节能的主动性（5%）
"家庭节能小贴士"制作情况	教师评价 家长评价 学生评价	20%	小贴士形式的新颖程度（10%） 小贴士内容的实用程度（10%）
"家庭节能小贴士"展示评选活动	教师评价 家长评价 学生评价	20%	小贴士内容的切题程度（10%） 小贴士完成的美观程度（5%） 小贴士展示过程中其他学生的评价与认可程度（5%） 小贴士发挥的影响力（5%）

以"服务+"课程为依托
促学生低碳环保意识的培养

——以"低碳环保进校园活动"为例

四年级　金利梅

一、活动背景

2020 年春，因新冠肺炎疫情，全国大、中、小学"延期开学不停学"。为了让学生在这个特殊的时期也能如期成长，我们结合世界气候的异常变化、环境污染日益严重的情况，以及史家"服务+"课程"让自然添色彩"，在班级微信群里开展低碳环保小调查、低碳环保小妙招、班级环保模特队等丰富多彩的活动，引导学生参与"低碳环保进校园"活动。在教给学生文化知识的同时，还使学生在生活体验中感悟环保的重要性，掌握基本的环保知识，增强环保意识，培养学生的环保习惯。

（一）课程内容

快乐成长"服务+"课程，是史家教育集团对新时期德育模式的创新探索，它以"服务"为抓手，将家国情怀的培养作为激发学生成长内驱力的关键，从价值观引导切入，通过服务来育人，引导学生在服务中学习、在学习中服务，从而打开教育视野，转变学习方式，生成多元评价，构建生动、真实、与时代相适应、与国家建设和社会发展息息相关的德育新模式，从根本上改变学校德育的传统样态。

在设计"低碳环保进校园"活动中，我们以当今世界气候变化异常、环境污染日益严重的社会现象为着眼点，让学生开展低碳环保知识的小调查，学生通过交流、讨论、利用废物制作环保服装、笔筒、收纳盒等，获得一些浅显的低碳知识和低碳环保技能。

（二）班会目标

1. 培养学生认识环境、热爱环境、自觉地保护环境的意识，获得一些浅显的低碳知识和低碳环保技能，初步树立科学的环境观，增强环境意识，养成低碳生活、保护环境的行为习惯。

2. 利用废旧材料大胆想象，变废为宝，全面提高学生热爱生活、保护环境、节约能源的意识。

3. 通过自主、合作、探究，提高沟通、合作的能力。

（三）前期准备

1. 组织学生课前收集关于低碳生活的资料。

2. 组织学生分组讨论交流，了解低碳生活的途径和方法。

3. 启发学生利用废旧物品制作服装、笔筒等。

二、活动过程

视频引入班会主题——"低碳环保进校园"。

同学们，我们生存的地球是个美丽的星球，她资源丰富，风景优美，可是随着世界人口的不断增长，自然资源被无节制地开发利用，自然环境遭受着严重的破坏，气候变暖带来的自然灾害正侵害着我们每个地球人。2017 年 12 月 7 日至 18 日，世界各国领导人齐聚哥本哈根，共同商讨应对全球气候变化的方案。倡导"低碳生活"已经成为全球共同的呼声。作为地球上的一分子，我们能做些什么呢？其实很简单，提高自身环保意识，践行低碳生活，从我做起，从现在做起。

（一）了解低碳环保，分享低碳生活小妙招

我们经常听到"低碳"两个字，那么低碳到底是什么呢？

简单地说，低碳就是要尽量减少我们生活中所消耗的能量，从而减少对大气的污染，减缓生态的恶化。低碳生活并没有我们想象的那么难，比如我们在日常生活中少用一张纸巾、少用一个塑料袋等，都是低碳生活的表现。

同学们，低碳生活就是返璞归真地去进行人与自然的活动，减少碳排放。那么在我们的日常生活中，你们知道哪些简单易行的低碳生活的做法吗？我们可以做哪些力所能及的事情呢？让我们分组一起讨论一下吧！

（二）低碳生活金点子

（同学交流分享自己的金点子。）

听了大家的点子，我很激动，没想到你们小小年纪就这么关心环保，这些方法都很实用，不过我觉得金羽涵同学提出的饮料瓶作笔筒的方法非常棒。其实我们的生活中有很多东西是可以再利用的，发挥好它们的价值，也是对地球资源的极大保护。

真没想到节约能源也是低碳生活的一种，其实，节约能源的方法很多，废物再利用是一种比较简单的方式。（同学们展示自己的作品，如笔筒、收纳袋、飞机抽纸筒。）

看着这些作品，你们有什么感想？是不是也想亲手试一试，点缀自己的生活或者解决生活中的问题？

（三）时装秀表演

看来同学们都是低碳生活的高手，我们班有的同学还用自己的双手和智慧，变废为宝，制成美丽、帅气的衣服和精美的装饰品。下面呈现的是一场最特别、最炫酷的时装表演。有请我们的模特队！

低碳环保，从我做起，从身边的一个塑料袋、一张广告纸做起！感谢同学们的精彩表演！看到同学们精美的服装设计，不禁为你们的努力点赞。

（四）校园低碳生活我知道

精彩的表演之后，请大家来看看我们的校园生活。（出示浪费水、浪费纸张、不关灯、半杯水倒掉、乱扔垃圾等图片。）这是我们在校园抓拍的几个镜头，思考一下，我们在校园中该如何进行低碳生活呢？

真是不看不知道啊，我们的校园里水资源和电资源的浪费这么严重，校园环境也不容忽视，现在想想真令人汗颜！

同学们，你们知道吗？水是生命之源。我国是一个严重缺水的国家，人均水资源量只有 2200 立方米，只相当于世界人均水资源量的 1/4；全国年缺水总量为 300 亿~400 亿立方米；每年农业受旱面积 1 亿~3 亿亩；全国有 400 多个城市供水不足，上千万人饮水困难。

据统计，一个滴水的水龙头每天要流掉 12 千克水。一年 365 天要流掉 4300 多千克水。一吨水可供炼钢约 150 千克、发电 1000 千瓦时、生产化肥 500 千克、织布 220 米、磨面粉 34 袋。

正是因为有水，地球才有了绿色，大地才有了生机，人类才有了希望。电和水一样，都是生活中离不开的能源。电能给我们带来光明、温暖，还能使我们的生活丰富多彩。

同学们知道有哪些节水、节电的妙招呢？

1. 用完水后要及时拧紧水龙头，防止滴水、漏水，避免水长流现象。

2. 发现水管有漏水情况，要马上向家长、老师反映。

3. 人人争当节约用水的宣传员、监督员、执行员，形成"节约水光荣，浪费水可耻"的优良风气。

4. 节约用电努力做到人走灯灭，电源切断。

5. 家用电器用完要及时拔掉电源。

……

同学们的想法都很好，让我们从节约用水、节约用电、节约用纸做起，用实际行动为我们的校园节能减排，努力做一个快乐健康的低碳贝贝！

请欣赏歌曲《低碳贝贝》。

三、总结

为了家园更美好，请同学们送上自己准备好的行动卡、祝福卡，让我们用行动祝福地球妈妈永远健康美丽！

行诚信之事　做诚信之人

四年级　孙宇鹤

一、活动背景

　　一次，我在和家长的聊天中得知，班里出现了抄袭作业的现象。为此，我随机采访了几位学生，有的学生认为有时是"被迫"抄作业，有时因为家长安排的课外班过多，导致没有足够的时间完成学校作业，才会去抄。显然，他们对诚信的认识有了偏执。诚信是中华民族的传统美德，将"诚信"纳入社会主义核心价值体系，是党中央从全面建成小康社会、实现中华民族伟大复兴梦想的高度，对社会公德、职业道德建设提出的基本要求。诚信是人与人之间维系和谐的纽带，是社会进步的基石。

　　作为班主任，我从班级实际情况着手，以故事的形式引导学生明白"讲诚信"的重要性，帮助学生树立正确的价值观，从名人故事中学习怎样行诚信之事，从而做诚信之人。

　　（一）活动目标

　　认知目标：理解诚信内涵，明确讲诚信的重要性。

　　行为目标：学会遵守诚信规则。

　　情感目标：培养讲诚信的好品质。

　　（二）活动准备

　　PPT、学生搜集的诚信小故事。

二、活动过程

　　（一）初识诚信

　　孩子们，这个游戏你们玩过吗？（"拉钩上吊一百年不许变"的游戏。）

　　谁能说说这个游戏是什么意思？（要说话算话，一言既出、驷马难追，言而有信……）

　　可见，我们都希望说好的事情不会改变。这也就是我们常说的讲诚信。今天就让我们一同走进"行诚信之事　做诚信之人"主题活动，让我们一起体悟诚信的深刻含义，学习如何做一名讲诚信的好少年。

（二）理解诚信

1. 看视频，感知诚信

播放《信义兄弟》，感知诚信。

是啊，视频中的兄弟用生命诠释着"诚信"，他们的故事让我们感受到坚守承诺的意义。

课前同学们搜集了关于诚信的小故事，下面请拿出你手中的学习单，把你搜集到的小故事按照要求填写在学习单中。

诚信学习单

如何理解《　　　　　　》
为大家讲述诚信做人的小故事
故事题目： 故事简介：
这个故事带给我的启发

完成学习单后，以组为单位，挑选出不同的诚信小故事，进行汇报、交流。

通过以上学习，我们了解到诚信其实就在我们身边，诚信是……

2. 听故事，感悟诚信是一切美德的基础

播放音频，听故事，谈感受。

（1）当你跟同学讲诚信时，你将收获什么？（同学的喜爱、信任，老师的喜爱……）

（2）在家中讲诚信时你将收获什么？（获得长辈的喜爱、信任、亲情……）

（3）将来长大了，你在工作、生活中讲诚信，你又将收获什么？（伙伴、老板的信任，客户的喜爱，升职加薪……）

（4）如果一个人不讲诚信，他将失去什么？

（5）在生活中你有没有遇到过不讲诚信的人呢？你有何感想？

小结：生活中遇到不讲诚信的人的确让人很生气，虽然情绪可以恢复，但是诚信一去不复返了，要想再建立起诚信，将是非常困难的，所以诚信是一个人的立身之本。

（三）生活再现，辨析诚信

1.学生表演诚信情景剧。

2.学生交流观看情景剧的感受。

（四）诚信宣言我先行

1.针对刚才的情景剧，你是不是还想到了其他班级中存在的诚信问题呢？让我们来写一写诚信宣言，从小事做起，行诚信之事，做诚信之人。

2.学生写宣言并朗读。

总结：通过今天的活动，你们都有什么收获呢？老师希望你们将诚信这块基石铺好，讲诚信、重诺言，在生活中将诚信美德传扬，行诚信之事，做诚信之人。

小学语文阅读教学中"服务 +"实效性浅析

四年级　佟　爽

一、活动目标

（一）服务目标

1. 通过给弱势群体读书，激发学生读书的兴趣，让每一个学生都想读书、爱读书、读好书，并在读书实践活动中获取真知，树立理想！

2. 增强学生尊重生命、爱惜生命、帮助弱势群体的意识。

3. 激发学生的同理心与责任感，学会自觉保护与监督他人保护身边的弱势群体。

（二）能力目标

1. 增强自学能力，使学生自主查阅资料、自主思考、自主阅读，从而更好地给他人进行阅读。

2. 提升共情能力，使学生从书本和实践中得到心灵的慰藉，学会帮助他人，成为自己生活的榜样，净化自己的心灵。

3. 增强交流能力，使学生乐于交流，表达己见，学会与他人相处。

4. 提高规划能力，使学生学会平衡课业时间与阅读时间，合理安排和规划给他人阅读的时间，并且引导学生与经典、好书交朋友，营造良好的读书氛围。

二、活动过程

内容一：阅读在校园计划

1. 创设读书环境，使学生愿意读书

（1）为了给学生创造可随时取阅的便捷的读书环境，各班建立图书角。本着自愿的原则，由学生捐书。并委派班里负责任的同学任图书管理员，管理好图书。

（2）各班继续开展读书课活动。老师按课表上课，组织学生到阅览室看书，培养学生的读书兴趣。

2. 开展"一日三读"活动

（1）晨读：每周一至周三早自习低年级学生读语文书，周四、周五早自习读《小学生必背古诗词 70 首》。中、高年级学生利用周四、周五的早自习读《小学生必背古诗词70首》。

（2）午读：每周五中午12：25～12：40，四年级学生举办"读书博览会"，以"名人名言""书海拾贝""我最喜欢的_____""好书推荐"等小板块，向同学们介绍看过的好书，交流自己在读书活动中的心得体会，在班级中形成良好的读书氛围（如遇广播，此活动暂停）。此项活动，可由学生轮流完成。每次可有5位学生参加，教师可给学生做出计划表，让学生按照计划提前准备。

（3）亲子共读：学生回到家里，可以和家长一起读书。每月上交一份"亲子共读，同享快乐"反馈表。每班上交5份。

3. 图书馆开放借阅

为了有效发挥学校图书馆的作用，让每个学生都能多读书、读好书，由班主任带领学生到图书馆借书，可把书带回，待下次读书课时更换图书。

4. 呼吁同学为他人阅读

教师利用班会时间介绍弱势群体（如敬老院老人、特殊学校学生等）的情况，呼吁同学传递爱心，利用周末时间为他们阅读，进行交流和学习。

内容二：阅读传递爱心计划（成果汇报）

第一步：开展传递爱心计划

（1）学生自行组队，以小组为单位利用周末时间去各个敬老院、福利院等传递爱心，为他人阅读。

（2）每组选派1～2个负责人，详细记录每次活动的过程，便于之后总结汇报成果。

第二步：汇报展示计划成果

（1）利用班会的时间，让各小组学生就"爱心计划"进展情况及个人感受进行汇报展示。

（2）教师对各小组阅读书籍及服务情况进行点评，挖掘各小组的亮点做法给予嘉奖，指出各小组存在的不足。

内容三：我的服务体验

在"阅读在校园计划"和"阅读传递爱心计划"两项活动内容结束后，为学生布置"我的服务体验"反思性任务单，作为课下作业。发放任务单之前，为学生讲解该任务单的完成方式，对"书籍理解"的表达，可采用朗诵、表演、讲述等多种方式，对"服务体会"的表达，采取自由上台演讲的方式，限定5～8名同学，可利用20分钟短课时间进行集中展示，每位同学有3～5分钟上台发言时间。

三、活动资源

为配合"阅读在校园计划"活动的开展，便于学生们理解活动任务，我们在活动开展前做好活动资源的准备支持：一方面，评选出"书香班级""读书小博士""读书小明星"，并予以奖励，激发学生的读书热情；另一方面，学校图书馆向家长开放：通过家长信的形式向家长介绍学校图书馆对外开放的要求、开放的时间等。并且举行读书活动启动仪式，建立班级图书角。

为配合"阅读传递爱心计划"活动的开展，便于学生们理解活动任务，我们在活动开展前做好活动资源的准备支持：一方面，通过课堂老师的教导，让学生了解日常生活中及校园中传递爱心的重要性；另一方面，通过社会新闻让学生了解弱势群体的情况以及他们对于书籍的渴望。同时，通过列举计划制订的样板让学生了解制订计划的基本方法。

引导、鼓励孩子阅读正能量书籍，感受书中的真善美，并去传递爱心。

学生阅读了如《小太阳》《时代广场的蟋蟀》《小王子》等书籍。

此外，各个小组同学去往不同地方进行活动，如福利院、敬老院、盲校等。

四、活动评价

活动评价主要采用教师评价、家长评价、组内评价、自我评价，重点评价学生自主阅读学习与思考理解的情况、为他人阅读计划的制订情况、学生在"阅读传递爱心计划"活动中的参与配合情况、学生的反思性总结情况。

"阅读传递爱心计划"活动评价量表

评价内容	评价主体	评价权重	评价标准
学生自主阅读学习与思考理解情况	家长评价 自我评价	20%	学生阅读学习的独立程度（5%） 学生阅读学习的思维发散性（5%） 学生结合阅读提出质疑及思考的表现（10%）
小组合作为他人阅读计划制订情况	教师评价 组内评价	30%	阅读计划的可操作性（10%） 学生在组内担任的角色与组内贡献的情况（10%） 小组汇报展示情况（10%）
学生在"阅读传递爱心计划"活动中的参与配合情况	教师评价 组内评价	40%	学生为他人阅读的质量及与他人沟通的能力（20%） 学生在组内担任的角色与组内贡献的情况（10%） 小组汇报展示情况（10%）
学生的反思性总结情况	教师评价 自我评价	10%	活动精彩故事展示的创新性与内容的有益性（5%） 学生谈服务体会的表现性与深刻性（5%）

观爱国主义影片　传战旗精神

三年级　祁　冰

一、活动设计

（一）活动目的

1. 通过观看爱国主义教育电影让学生感受到祖国的强大，深刻体会我们民族的伟大，坚定战胜新冠肺炎疫情的信念。

2. 结合当前抗"疫"形势，致敬抗"疫"英雄。通过观看疫情期间解放军战士、白衣天使的视频，明白战旗精神的核心就是敢于吃苦、牢记使命、勇于担当！

3. 通过观看系列影片，让学生树立正确的世界观、人生观、价值观，并引发学生对生命的关注，领悟成长的意义。

（二）活动准备

教师准备：上网筛选相关电影，提供影片名称，整理链接入口。

学生准备：观看影片，思考展示形式，落实展示方案。

二、活动内容

（一）谈话导入，进入主题

教师导语：这段时间里，我们发起了观看爱国主义教育电影的活动。虽然很多影片都是五六十年前拍摄的，是名副其实的"老"电影了，但从大家的反馈中可以看出大家对老电影毫无隔阂感，观看时都聚精会神，兴趣浓厚。疫情期间，我们在线上召开以"观看爱国影片　传战旗精神"为主题的班会，分享你们的所看、所得、所想。

（二）学生展示，抒发情怀

1. 故事传奇，引发思考

学生1：以讲述故事的形式分享《小兵张嘎》。

主人公小嘎子，在抗日战争时期为了掩护八路军侦察连长，失去了唯一的亲人——奶奶。他毅然加入八路军，成长为一名真正的战士。看到他的奶奶被敌人杀害，很多同学表示都难过地哭了。与片中的他相比，现在我们的生活是多么幸福！同学们纷纷表示要认真学习，以后成为祖国需要的人才。

学生2：以讲述故事的形式分享《鸡毛信》。

影片中海娃的机智勇敢让人敬佩，面对敌人的威胁，他临危不乱，沉着冷静地应对，最后把敌人交到了八路军手上。如果我面对危险，能否像他这么有勇气，这么冷静呢？他一定在平时就很注意观察，掌握了对付敌人的本领。大家纷纷表示也要向他学习！

小结：这两位同学用讲故事的方式，让我们了解了影片的内容，也表达了他们的想法。同学们还有其他的展示方式吗？

2. 以艺战"疫"，互动传情

学生3：我要为大家演唱《闪闪的红星》主题曲，虽然我们与潘冬子不在同一个时代，我们是新时代的儿童，但我们一样有一颗闪闪红心。（播放录制好的演唱视频）

学生4：我为大家献上一段快板儿。

观看《狼牙山五壮士》后，明白了在疫情面前，我们全国人民就好像在打一场没有硝烟的战争，医护人员就是冲在前面的英雄！五壮士为了保全部队，牺牲了自己，医护人员也是为了全中国，冲在了疫情最前线。只要大家听指挥，一定能打赢这场没有硝烟的战争。（播放录制好的快板视频）

学生5：播放影片插曲，邀请大家一起演唱，抒发情感。

观看了《英雄儿女》，我想到现在的白衣战士们，他们也是祖国的英雄儿女，他们继承了老一辈革命家敢于牺牲、迎难而上的精神，有他们在，我们才能安心地生活、学习。（播放剪辑好的《英雄赞歌》并邀请家庭成员一起参与）

小结：太精彩了，这首歌曲是我读书时候"最流行"的音乐。我们班的同学真是多才多艺，我也看到你们在疫情期间，在科学防护的同时不断丰富自己的生活，为你们乐观坚强的精神点赞！

3. 巧绘小报，发出倡议

学生6：用手绘小报的形式讲述《地道战》故事。

这部电影讲述了在党的坚强领导下，人民群众发挥各自的聪明才智战胜敌人的故事。现在正值抗"疫"时期，病毒很狡猾，我们暂时还不知道怎么对付它，但是我们可以做到科学

防护，不出门、勤洗手、戴口罩，保护好自己，也就是对别人负责，为抗击疫情作贡献！

学生7：用手抄报展示《红色娘子军》。

最难忘的一幕是在激烈的战斗过程中，身边的战友一个个倒下，可娘子军却擦干眼泪，不屈不挠，这不正是我们的女医护人员吗？新闻里看到女医生、护士们遇到很多困难，有的还和自己的孩子分开……我们一定好好遵守防疫要求，也要提醒周围的大人，不要出门，不要添乱！

（三）活动总结，传承精神

这是一次由同学们自己组织、准备、讨论的活动，比我想象的精彩太多！为什么有这样的感受呢？因为他们讲了同一个主题：爱国；讲了同一群人：英雄。

"牢记使命，勇于担当"，在这抗击疫情的关键时刻，人民子弟兵和我们的医务工作者牢记责任和使命，冲在最前线，守护着人民群众的生命安全和身体健康。而这种精神正是战旗精神的具体体现！

同学们，随着你们的成长，你们也能感悟更多、思考更多，为着你的理想出发吧！

三、活动效果及反思

通过这些影片，引发学生对生命的关注，领悟到成长的意义。

本次活动立足于历史，回望过去，展望未来，体会我们现在的幸福生活来之不易。疫情当前，我们要"敢于吃苦，牢记使命，勇于担当"！

本次活动形式紧贴孩子们的兴趣和生活，环节清晰、紧凑，取得了很大的成功，大家在班级群里热烈讨论，纷纷用自己擅长的方式来表达和交流，锻炼了孩子们参与和组织活动的能力。

家庭健康小医生

一年级　徐　菲

一、活动目标

（一）服务目标

1. 使学生因为自己能够对家庭成员的健康生活作出提醒和宣传而感到快乐与自豪。

2. 培养学生的健康生活意识，使学生了解护眼、护齿、洗手的基本常识。

3. 培养学生的家庭关爱与责任，由关注家庭健康发展为关注他人健康。

（二）能力目标

1. 锻炼观察能力，使学生能够留心观察家庭生活中的不良习惯。

2. 拓展思考能力，使学生能够通过调查，对家庭成员在生活中的不良生活习惯产生思考。

3. 增强动手能力，使学生在动手制作任务单、提示卡等的过程中，锻炼眼手协调能力，增强耐力。

4. 发展演讲能力，使学生在进行健康宣传的过程中，大方自信地进行表达与展示。

二、活动过程

内容一：家庭健康小医生

第一步：课前任务

为了积极响应国家的号召，做好疫情防控，全国人民齐心协力，共同承担抗击疫情的责任，每个人对自己、家人和社会负责，才能战胜病毒。同学们所处的环境虽然不像一线那样严峻，但也要做好自己的预防工作。外出回到家中，最重要的就是洗手，正确地洗手就是预防病毒感染的一个重要环节，更是一种好习惯。在疫情期间，家人是否有着正确的、健康的生活习惯呢？让我们来采访自己的家人，了解家人的生活习惯。

第二步：制作任务单

家庭生活习惯调查任务单

我的姓名		家庭受访人数	
调查内容	调查展示（贴照片或画画）	判断：好习惯请打√，坏习惯请打 ×	
家人生活习惯			
家人洗手习惯			
家人饮食习惯			
家人运动习惯			
家人入睡习惯			
家人用牙习惯			
家人用眼习惯			

老师对学生展示的情况给予总结评价，鼓励学生在服务实践过程中的有效做法，对不足之处做出点评与指导。

老师适时表扬、激励，并引导学生思考：怎么把这些好习惯坚持下去？能有什么样的奖励机制？

预设：表扬法、代币制法、打卡法、制作好习惯提示卡……

希望这些好方法能帮助我们养成良好的生活习惯。比如好习惯提示卡，不仅能帮我们养成好习惯，也能帮助那些有不良生活习惯的人改掉坏习惯。

小组讨论：如何制作好习惯提示卡？

第三步：制作好习惯提示卡

1. 想一想，家人的生活习惯中，哪些是好习惯，哪些是坏习惯。请制作一张家人好习惯提示卡。

提示卡的制作要求：形式新颖，内容实用，有提醒价值，自己独自完成或与爸爸妈妈共同完成制作。

家人好习惯提示卡

可以坚持的好习惯	这个习惯对我们的好处	画出好习惯示意图
洗手		
饮食		
运动		
入睡		
用牙		
用眼		

2. 把"家人好习惯提示卡"贴在家里明显位置。要求：学生与爸爸妈妈结合观察与了解到的生活中的一些习惯，分辨好坏，总结好处，并通过绘制示意图的方式来坚持好习惯，做到相互监督，以达到坚持好习惯、改掉坏习惯的目的。

3. 可以把制作的健康生活示意图张贴在学校楼道的班级宣传栏里，为其他同学的健康生活提供帮助。

4. 也可以把好习惯提示卡推广给学校老师、学校附近的社区人员等，普及健康知识。

第四步：家长分享活动感受

1. 利用班会时间，选择 3 组学生家庭，为全班学生展示参与家庭健康宣传活动的过程及主要心得。

2. 班主任对 3 组学生家庭的交流展示情况进行点评，对家庭健康宣传活动做出总结。

内容二："我的服务体验"

在"家庭健康小医生"活动内容结束后，为学生布置"我的服务体验"反思性任务单，作为课下作业。发放任务单之前，为学生讲解该任务单的完成方式，对"示意图"的绘制，可采用画图、表格、思维导图等多种方式，可以在父母的帮助下完成。对"服务体会"的表达，采取自由上台发言的方式，限定 5 ~ 8 名同学，可利用 20 分钟短课时间进行集中展示，每位同学有 3 分钟上台发言时间。

家庭健康小医生活动服务认识

为家人画出健康生活的示意图：	
在"家庭健康小医生活动"中，你帮助了哪些人	
我做了：	
帮助了：	
我的体会：	

三、活动评价

本次活动评价主要采用教师评价、家长评价、组内评价、自我评价，重点评价学生填写"家庭生活习惯调查任务单""家人好习惯提示卡"的完成情况、学生在"分享交流"活动中的参与配合情况、学生对"活动认识"的完成情况。

"家庭健康小医生"活动评价量表

评价内容	评价主体	评价权重	评价标准
家庭生活习惯调查表	家长评价自我评价	20%	学生制作调查表的独立程度（5%） 学生制作调查表的全面性（5%） 学生对家庭调查表内容的主动完成情况（10%）
家人好习惯提示卡的完成情况	教师评价队内评价	30%	提示卡完成的准确性（10%） 提示卡的内容（10%） 小队汇报情况（10%）
伙伴之间的评价情况	教师评价队内评价	40%	学生对"我的服务认识记录单"的完成程度（20%） 健康示意图的绘制情况（10%） 小队汇报展示情况（10%）
学生的反思性总结情况	教师评价自我评价	10%	展示汇报服务认识记录单（5%） 学生谈服务体会的表现性与深刻性（5%）

老胡同　传文化
——史家胡同里的"居民"

二年级　马　岩

一、教学背景

古都北京的建城史已经有 3000 年之久。在皇家宫阙、坛庙陵寝、园囿园林之外，是大量的市井民居，构成了这座壮丽都城的最主要的背景或底色。北京的市井民居以"街道—胡同—四合院"体系为鲜明特征，形成了北京特有的市井文化，与皇家文化一起构成了古都北京独一无二的艺术气质和文化气度。胡同，又称里弄、巷弄，是北京市井文化的重要组成部分。

北京的胡同有 6000 多条，已经成为现代北京的特色之一。在北京众多的胡同中，史家胡同就非常特殊，千年来一直没有改过名字，同时，从近代开始很多名人都在史家胡同居住过。史家小学作为一所有着 80 年历史的学校，更是这条胡同中一位重要的"居民"。作为史家小学的学生——史家胡同的一位"住户"，应该对史家胡同有更多的了解，认识史家胡同的那些"居民"，学习了解他们在近代史上作出的贡献。正是这些有名的"居民"，让这条千年老胡同闪烁着文化的光芒。我们的胡同文化与胡同精神，也需要借助孩子们的力量去传播。

二、教学目标

1. 借助查阅资料等方法，使学生了解史家胡同的名人及其贡献，将这些名人的事迹和故事分享给小伙伴和爸爸妈妈。

2. 引导学生走进胡同，自主制订计划，通过实地探访老住户，了解史家胡同的文化传承和精神内涵。

3. 增强学生作为史家胡同的"居民"的自豪感，激发学生研究北京传统文化的兴趣。

三、教学重点、难点

1. 学生查阅资料，自主思考，提取信息，了解名人的事迹。

2. 学生认真思考，研究分析，制定人物采访的方案。

四、教学过程

师导入：亲爱的同学们，作为史家胡同小学的一名学生，你对这条胡同了解多少？老北京人常说"有名的胡同三千六，没名的胡同赛牛毛"。我们学校所在的这条史家胡同，就是一条有着悠久历史的老胡同。接下来，我们就在"老胡同，传文化"的活动中，走进史家胡同，先去了解一下胡同那些名人的故事。

第一部分：胡同名人大作为

1. 有人说，史家胡同"一条胡同，半个中国"。因为这条胡同1000多年来从没有改过名字，更重要的是在过去的百年里这里曾经住过许多中国历史上赫赫有名的人物。我们先来看一个短片，认识一下史家胡同的名人"居民"。（播放视频1：胡同介绍及名人概述）

2.（出示图片）你们看，这就是刚刚视频里提到的胡适。他是著名的思想家、文学家和哲学家，领导了100年前的新文化运动。除了胡适，史家胡同里还住过民国才女凌叔华、抗日名将傅作义、现当代文学家及诗人艾青、著名的民主人士章士钊。中国妇女运动的先驱和卓越领导人邓颖超也曾在这居住过。

3. 接下来，老师想跟你们分享一下我查阅到的资料，请大家看视频。（播放视频2：章士钊和章含之）

4. 这是老师根据刚才的视频完成的任务单。（出示任务单）

"史家胡同的名人贡献"任务单

胡同名人姓名	资料来源	胡同地址	何时在胡同居住	作出过哪些贡献
章士钊	《北京的胡同》视频第38集	史家胡同51号	1959~1973年	教育家和政治家。辛亥革命后先后担任教育总长、北大教授等职务
章含之（章士钊养女）	《北京的胡同》视频第38集；百度百科"章含之"	史家胡同51号	1959~2008年	曾在外交部工作，参与过中美建交会谈、尼克松访华、上海公报谈判等一系列重大活动

请你通过查阅文字、视频、图片等资料，试着完成"史家胡同的名人贡献"任务单。

"史家胡同的名人贡献"任务单

胡同名人姓名	资料来源	胡同地址	何时在胡同居住	作出过哪些贡献

第二部分：结识胡同老伙伴

1. 同学们，我们认识了史家胡同居民里的名人，接下来我们就要走进胡同，去认识一下生活在胡同里的老伙伴——普通居民。

2. 那些长时间生活在史家胡同的老人见证了胡同的发展和变化，我们怎么才能找到他们呢？老师想出了几个办法，推荐给你们。

方法一：问问身边的小伙伴。我们有一些小伙伴的家也在史家胡同里，我们可以去问问小伙伴的爷爷奶奶。

方法二：史家胡同24号院是史家博物馆，在那里我们可以了解到关于这条胡同以及胡同居民的很多信息。

方法三：到史家胡同居民委员会寻求工作人员的帮助。

3. 在联系好，又获得允许以后，我们就能按老北京的习俗，到这些老伙伴家里串串门儿啦！要进行人物采访，一定要先做好自己的采访计划。

4. 同学们和老师一起来看看，采访前要做哪些计划。

采访计划

被采访者姓名	
居住地址	
如何认识采访者	

采访提纲

问题一：

问题二：

问题三：

5. 在这份采访计划里，最关键的就是你想问这些居住在史家胡同的爷爷奶奶哪些问题？关于这条胡同，你想知道什么？爷爷奶奶们的生活，你又想了解什么？老师帮你们整理出了几个感兴趣的话题。

问题一：您在史家胡同居住了多久？

问题二：您对自己的童年还有印象吗？

问题三：您小时候要好的朋友，北京人所说的"发小"，如今还联系吗？

问题四：您小时候和小伙伴在胡同里都玩些什么？

问题五：您小时候的史家胡同和现在相比有哪些相同之处，又有哪些不同？

……

6. 同学们，我们已经做好了充分的准备，等疫情结束后我们就带着这些问题走访史家胡同的老居民，你们一定会对这条胡同有全新的了解。我们的胡同不仅仅是一个名称，更是一代又一代北京人生活的家，那里有我们难以忘怀的美好时光，而这些又汇聚成了史家胡同的精神与文化。

第三部分：小结

亲爱的小伙伴们，我们与那些名人和爷爷奶奶一样，都是史家胡同的"居民"。我们要怎样把我们了解到的史家胡同的文化和精神分享给别人？我们又该怎样行动起来，号召大家和我们一起保护我们的胡同文化？下节课，我们再来一起学习如何成为史家胡同的小小志愿者。

四、教学反思

通过这节课的学习，学生对史家胡同的历史名人有所了解。通过查资料，他们知道了这些名人作出的贡献，产生了强烈的探寻北京胡同名人故居的兴趣。接下来又通过实地探访，对胡同的普通居民的童年生活进行了解。在这个过程中，学生感受到了几十年来生活变迁对儿童生活的影响，也认识到无论环境如何变化，童年时伙伴的真挚情感是不变的。

在了解的基础上，学生产生了保护胡同文化的意愿，愿意承担志愿服务工作，把胡同文化和保护胡同的理念传播、分享出去。

致敬英雄　争做优秀少先队员

——网络微队会教学设计

一年级　刘　佳

一、教学背景

（一）理论背景

1. 古希腊哲学家亚里士多德曾说过，"人在本性上是一个'政治动物'"①。人们通过在社会生活中的政治参与，社会生活互动，才能够取得更大的进步，获得精神交流的满足。儿童时期政治社会化的重要性不仅在于它的影响时间持续到成年阶段，而且在一个人的政治方向的形成方面有着强有力的作用。儿童时期的政治社会化的特点主要表现在情感化、理想化方面，对政治现象的认识也带有直观的感性特征。学校中的少先队组织为儿童的政治社会化发展提供了多方面的支持，从而培养了学生的综合能力，培养了正确的价值观，获得了政治启蒙，从而获得更好的社会化发展。

2. 美国教育家杜威提出"从做中学"的教育观点，认为儿童具有爱好活动的秉性，并通过活动带来的不同结果进行调适。儿童通过身体活动和思维活动来获得经验，从而更好地适应所生活的环境。因此，教育者应该充分发挥儿童这一特点，将学校的课程与儿童的活动相结合。活动中的教育资源应与儿童的已有经验相联系，并满足儿童的需求，开展有意义的教学活动，丰富集体生活，适应实际的社会生活。

（二）实践背景

1. 党的十八大以来，党和国家领导人发表了一系列讲话，对青少年儿童健康的成长提出希望，对做好少先队工作提出要求。2017年，《少先队改革方案》明确提出了"坚持全童入队，规范队前教育和入队程序"的要求。同时，《中国少年先锋队队章》第十一条规定了"少先队员入队前要为人民做一件好事"。此次队前教育为学生们争做优秀少先队员提供了引领作用。

2. 新冠肺炎疫情改变了我们的生活方式，原本是可以到处游玩、欣赏美

---

① 亚里士多德：《政治学》，商务印书馆1965年版。

景、家人团聚的时刻，却变成了在家的孤独时刻。对于刚刚上学的"小豆包"们，这无疑是人生中的一次特殊经历。在我们居家的同时，医生、科学家、建筑工人等争分夺秒地工作着，为早日战胜疫情努力着。通过分享英雄事迹，让英雄精神影响着每一名预备队员，引发学生的强烈共鸣，并激发他们学习英雄优秀品质的决心。

3. 一年级下学期预备队员们即将加入少先队组织，对于这些"小豆包"来说，这是一个非常重要的转折点。队前教育的内容要与学生的生活以及实际需要相契合。良好的队前教育是进行少先队组织教育的最佳时机。在此次队前教育中引入少先队小英雄、社会中的平凡英雄以及身边的榜样，进一步做好了入队铺垫，有助于少年儿童的政治引领以及正确价值观的形成。

二、教学目标

1. 认知目标：本节队课开启了队前教育，使一年级小学生初步认识少先队，了解少先队组织的标志、队礼等内容，了解不同时期的英雄故事，促使学生不断思考，争做一名优秀的少先队员。

2. 情感目标：提高学生自主探索的学习兴趣，在向英雄致敬的同时也学习了英雄的优秀品质，激发小学生加入少先队组织的愿望。

3. 行为目标：通过对病毒的了解，学生能够更加科学、理性地认识疫情，并学习如何做好平日里的防护。

三、教学过程

（一）导入课程

各位少先队队员们，大家好，我是来自史家小学的刘老师。很荣幸通过这种方式和大家相见。

一年级的小朋友们，下学期你们即将光荣地加入少先队组织，作为预备队员的你们一定很想知道什么是少先队。

【设计意图】开门见山直接导入，提出问题，激发队员们学习的兴趣。

（二）了解少先队组织

1. 什么是少先队

师：少先队的全称是"中国少年先锋队"。接下来我们一起了解更多少先队的知识吧！

少先队的队旗是我们组织的标志。队旗为红色，象征革命胜利，队旗中央的五角星，代表中国共产党的领导，火炬象征光明。队旗寓意着：在中国共产党的领导下，向着光明的未来前进。

大队旗　　　　　　　　　　　　　　　中队旗

　　红领巾是少先队员的标志，它是红旗的一角。等你们正式入队后，也会有属于自己的一条红领巾。

　　在这个组织中，我们有自己的队礼、队歌、队委员标志等。

　　少先队组织在1924年就已经存在了，在不同的时期有着不同的称呼。我国最早的革命儿童组织叫作童子军团。现在我们的少先队活动丰富多彩。随着国家的发展与需要，少年先锋队也发挥了自己的力量，为国家作出贡献。

　　【设计意图】初步了解少先队组织的基本知识，调动入队的积极性。

　　2. 少年英雄王二小

　　师：自古英雄出少年。在抗日战争时期，涌现出了一批少年英雄。在民族危亡的时刻，他们用自己稚嫩的肩膀担起了抗战的重任。

　　少年英雄王二小的家乡是八路军的抗日根据地，经常受到日本鬼子的"扫荡"，王二小是儿童团员，他常常一边在山坡上放牛，一边给八路军放哨。日本鬼子又来"扫荡"，走到山口时迷了路。敌人看见王二小在山坡上放牛，就叫他带路。王二小装着听话的样子走在前面，为了保卫转移躲藏的乡亲，他把敌人带进了八路军的埋伏圈。突然，四面八方响起了枪声，敌人知道上了当，就气急败坏地杀害了王二小。正在这时候，八路军从山上冲下来，消灭了全部敌人。

　　这时的王二小才7岁。他的英雄事迹和献身精神将永远鼓舞、激励着新时代的少年，热爱祖国，勇敢向前。

　　【设计意图】了解少先队的历史，分享少先队小英雄的故事，使学生们更加深刻了解少先队组织的光荣历史。

　　（三）参与抗"疫"，人人有责

　　师：英雄是什么？

英雄是拥有英勇品质的人，更是指无私奉献，为人民利益奋斗的人。其实，在每个历史时期都有让人难忘的英雄。近日，全国上下正在与一个共同的敌人——新型冠状病毒做着斗争，不断涌现出很多英雄。

英雄是我们的医护人员，他们一批批走入抗击病毒的一线，不但勇敢，而且很冷静。他们不能陪伴在家人身边，却给病人带去无微不至的关怀和专业的治疗。

英雄是我们的科学家，他们奋战在实验室中，加紧研制抗击病毒的药物，想尽早战胜病毒。

英雄是我们的建筑工人，他们争分夺秒垒起一砖一瓦建设火神山医院，以收治感染病毒的病人。

英雄中有护人民安危的警察叔叔，有为武汉运输粮食的各行各业志愿者，有每日为城市消毒的环卫工作者。

原来在这次抗击病毒的战斗中，每个人都做出了自己最大的努力。

【设计意图】鼓励学生了解发生在身边的事情，初步了解社会事件，通过学习抗"疫"英雄事迹，激发学生的崇拜之情，培养积极向上的心态。

（四）抗击疫情

教师：作为预备队员，我们要做些什么呢？一起来了解我们共同的敌人吧！

1. 了解新型冠状病毒

（1）它的名字为什么是冠状病毒呢？

因为它的形状很像王冠，所以叫冠状病毒。

（2）它是怎么从一个人身上"跑"到另一个人身上的呢？

它藏在我们的口水和喷嚏里，如果我们冲着别人打喷嚏，它就会趁机"跑"到别人身上。

（3）我们戴口罩是不是就能够把它挡在外面呢？

口罩能够挡住一部分病毒，但是病毒很狡猾，它可以通过你的手进入身体，比如你打喷嚏的时候用手擦，手还没洗干净就揉眼睛、挖鼻孔、摸嘴巴，它就会在你身上"落户"了。

（4）那我们怎么把它阻挡住，不让它在身上"落户"呢？

- 每次饭前便后、打喷嚏、咳嗽都要把手洗干净。
- 注意营养，不挑食，吃新鲜的水果和蔬菜；禽、肉、蛋要充分煮熟后再食用。

- 居家期间也要积极锻炼，提高免疫力。
- 早睡早起，注意休息。
- 不外出，不去游乐场、公园，出门一定要戴好口罩。

【设计意图】设计课程时人们对新型冠状病毒的了解还有限，很多小学生甚至是大人都缺乏相关的科学认识。通过这部分内容的介绍，让学生了解新型冠状病毒的传播途径以及预防方法，并应用到现实生活中。保护好自己，就是在通过自己的实际行动为国家作贡献。

2. 心系"疫"事

在抗击疫情的危难时刻，面对举国上下的团结一心，面对医护人员的牺牲与奉献，这些即将入队的预备队员们是怎么想的，又是怎么做的呢？（播放视频）

队员们用自己的方式了解着国家正在发生的一切，希望这次经历之后，各位预备队员不断成长，学会感恩，一路前行，早日成为一名优秀的少先队员。

【设计意图】通过学生们美好的祝愿感动更多的人，懂得尊重无私奉献的医护人员，学会感恩。

（五）延伸教育

1. 给每个预备队员颁发"微笑记录卡"，在每一次帮助别人或获得老师、同学的表扬时可以画一个小笑脸，记录自己的进步与成长。通过自评和他评相结合的方法，督促学生个人良好行为习惯的养成，同时培养学生服务集体的意识，提升班集体凝聚力。

2. 队会后，辅导员会坚持每周进行总结，看看学生们是否能够有效实践。通过过程性的评价，让学生保持进步的动力，并对学生的实践过程给予指导，帮助其更好地发展。

3. 期末评选"微笑之星"。微笑的力量很强大，你在获得别人的微笑时，也不要忘了给予别人你的微笑。在期末评选时，学生们可以将自己的故事或者感受分享给同学们，在集体中营造出争做优秀少先队员的氛围，促进学生们不断努力。

【设计意图】队前教育的内容要与学生的生活以及实际需要相契合。通过此次队前教育，进一步为入队做好了铺垫。

四、教学反思

　　史家"服务+"德育校本课程陪伴着去年刚入学的"小豆包"们，使他们在"服务+"的学习中收获了好的学习习惯，懂得了健康常识，学会了尊重，认识了校园安全等。在疫情期间，"服务+"课程也能够通过网络的形式展现在孩子们的面前，为他们的成长保驾护航。

　　作为一年级的预备队员，他们对少先队组织充满好奇和向往，借助"六一"入队活动，展开此次队前教育，对于一年级的同学们来说是一种新的学习体验，了解了很多未知的知识，探索了新的领域。在网络学习中，孩子们更多的是倾听，通过辅导员的讲解，让即将入队的小队员们更加了解了这个优秀的组织。

　　在队课中，通过少年英雄的故事，延伸出现代的抗"疫"英雄们的光荣事迹，激发了学生们深深的爱国情。他们在向英雄致敬的同时，更要向英雄学习。同时，活动课也贴近了孩子们的生活实际，学身边的榜样，践行"微笑记录卡"，将"服务+"的课程理念带进更多人的学习、生活中，激励着每一位预备队员争取早日成为一名优秀的少先队员！

语文部

线上与线下有机结合　系统课程形成助力学生发展的阅读场域

——史家教育集团"经典阅读"课程案例

六年级　陈　燕　王　静

面对突如其来的疫情，北京市史家教育集团深入学习"延期开学不停学"的相关文件要求，制定"开学延期，成长如期"的工作计划，洪伟书记、王欢校长号召集团教师以"生命守护者"的专业职责和敬业精神，打造史家教育集团无边界课程"超市"，科学有序地组织学生延期开学期间在家的每日学习与生活，切实保护好学生的身心健康，"经典阅读"就是重点打造并得到师生和家长广泛认可的一门课程。

一、课程上线背景

（一）阅读的重要性

学生的阅读数量、阅读视野、阅读素养决定着他们语文成绩的好坏和语文能力的高低。教育家于漪就曾说过，培养学生的语文核心素养，首先要让学生爱读书、会读书、会读整本书，成为真正的阅读者。

（二）阅读指导的必要性

那么，对于小学生来说，可以阅读哪些经典作品，又应如何阅读这些经典作品呢？这是困扰大部分学生和家长的问题。

不仅如此，学生的自然阅读与教师指导下的阅读是不同的。由于心理和年龄特点，小学生在自己的自然阅读中容易单纯满足猎奇的心态，不求甚解，缺乏思考，虽然有量的积累，但是思维的角度有待拓展，思维的广度和深度有待提高，作品中蕴含的美好情感有待深入理解。

所以，在学生居家学习期间，师生共读，教师指导学生阅读经典名著既是语文教育的需要，更是家长和学生的迫切需求。

二、课程整体概览

（一）课程设计理念

在充分调研学生需求的基础上，史家教育集团语文团队精心打造了"经典阅读"课程，根据不同年段学生的认知水平和心理特点，为孩子们甄选了不同的名著，由老师带领学生一起阅读。

在阅读过程中，教师以"资深阅读者"的身份向学生示范、与学生交流，分享阅读视角和策略，不断激发学生的阅读兴趣，帮助学生选择、运用恰当的阅读策略，深入阅读文本，提出自己的问题，发现容易忽略的重要内容，形成自己的思考和认识，感悟经典作品的艺术魅力。在"经典阅读"课程中，教师的指导隐含在阅读活动设计中、阅读收获交流中。学生在阅读经典中涵养品格与能力，努力成长为具有家国情怀的社会主义建设者和接班人。

（二）课程设计思路

1. 兼顾"经典性"与"儿童性"精选作品

从学生的实际需求出发，以"经典性"和"儿童性"作为择书标准，寻找经典书籍与儿童生活的契合点，让学生在不同的年龄段得到不同的文化滋养。经典是人类文化的精华，是经过时间选择出来的最有价值的书，要引导学生在有限的时空中多与经典名作相遇。另一点是儿童性，选择哪些书目来读，最主要的标准是孩子是否喜欢、是否需要，适合的才是最好的。小学阶段的孩子以感性形象思维为主，要注重图书的"文质兼美"。在前期实施整本书阅读教学经验的基础上，每个年级精选两本文质兼美的作品。

2. 立足"三位一体"理念构建课程结构

依照课前自读、课中导读、课后重读"三位一体"的教学结构，在循环反复、螺旋递进的阅读中，帮助学生加深理解和感悟，在阅读中成长，并逐渐形成自己的阅读能力与风格。课前自读注重激发阅读期待，制定阅读计划；课中导读遵循文体特点，精心设计研讨话题，注重渗透阅读策略；课后重读提升思辨能力，塑造良好的交流氛围，重视学生综合能力的培养。

3.基于文本和学生特点整体设计课时

为了更好地提高课堂教学实效性，我们成立备课团队，对选定的每一本书进行整体的课时设计，订立明确的课时目标。遵循"整体感知、激发兴趣—聚焦局部、联系比较、渗透策略—整体回顾、深入思考"的思路，充分考量不同作品的基本特点，深入分析学生的学习需求，以互动交流、话题引导、教师示范等形式深入浅出地落实教学目标。

（三）课程实施思路

1.自由选择的自主性

线上课程每日更新，学生可以根据自己的时间灵活选择观看。对于自己感兴趣的内容，或者阅读中仍然有一些困惑的地方，可以选择回看。这充分体现了线上教育的优势，利于不同水平的学生循序渐进地习得阅读策略，提升阅读素养。

2.交流分享的多元性

交流平台多元。可以是班级平台，由语文老师组织学生进行学习的经验交流，收获分享；还可以是班级社区平台，这个群体由一至六年级相同班号的班级组成。在"班级社区"体验学习过程中，由于年龄不同、基础不同、兴趣不同，孩子们时刻处在一个信息载量大、交流频率高、情感沟通强的成长时空中。特别是在这种自觉、自主、自为的异质群体交互中，孩子们不断形成专注、绽放、自信的同质群体观念。每一个班级社区里都有一位行政领导、五位党员老师及其他多位教师，他们一起参与到孩子们的分享交流中，适时地给予学生引导与鼓励。

分享形式多元。音频、视频、文字、图画均可。比如制作思维导图，可以将文字转换为更直观的图示或表格，将阅读的乐趣真正落实到生活之中。又如记录读书笔记，将自己阅读过程中的感受与思考，书中出现的优美词语、精彩片段写成读书笔记，养成边读边想、边想边摘、边摘边悟的阅读习惯。还可以朗诵书中的精彩片段等。

3.教师指导的灵活性

在交流分享的过程中，教师更容易发现不同学生的学习特点，把握不同学生的学习困难和思想动态，既可以在交流平台上及时给予学生点评与指导，还可以在交流后进一步分析每个学生的学习优势与不足，形成成长档案，有针对性地对个别学生进行一对一交流与指导，努力做到因材施教。

（四）课程内容与目录

年级	"经典阅读"课程内容
一年级	《中国传统节日故事》《蝴蝶·豌豆花》
二年级	《中国寓言故事精选》《窗边的小豆豆》
三年级	《中国民间故事》《一千零一夜》
四年级	《宝葫芦的秘密》《海底两万里》
五年级	《西游记》《小太阳》
六年级	《世说新语》《哈克贝利·费恩历险记》

1. 《中国传统节日故事》课程目录

（1）《腊八节的故事》——如何读绘本？腊八粥里藏着怎样的故事？

（2）《春节的故事》——古诗《元日》中介绍了哪些有关春节的习俗？

（3）《元宵节的故事》——你知道元宵节要做哪几件事情呢？

（4）《端午节的故事》——端午节人们为什么要吃粽子、划龙舟呢？

（5）《七夕的故事》——"七夕节"为什么又叫"乞巧节""女儿节"？

（6）《中秋节的故事》——中秋节带给你哪些想象与感受呢？

2. 《蝴蝶·豌豆花》课程目录

（1）初步认识儿童诗绘本——学会看封面、封底，初识儿童诗，读出节奏和韵律。

（2）朗读欣赏叙事题材的儿童诗——学习联系生活实际的方式读好叙事题材的儿童诗。

（3）朗读欣赏写景题材的儿童诗——学习品味词语体会情感的方式读好写景题材的儿童诗。

（4）朗读欣赏写物题材的儿童诗——学习结合插图了解内容的方式读好写物题材的儿童诗。

（5）整体感知儿童诗的特点——展开想象的翅膀，感受儿童诗饱满的情感、新巧的构思和无尽的童趣。

（6）梳理方法总结提高——学习用诵读、手工制作、完成阅读卡等多种方式展示阅读成果。

3. 《中国寓言故事精选》课程目录

（1）初识寓言——读好寓言故事的三大法宝是什么？

（2）寓言故事的特点——寓言故事与我们平时的故事有什么不一样呢？

（3）《古代寓言》（一）——怎样结合人物的表现去了解寓意？

（4）《古代寓言》（二）——怎样在情景对话中体会寓意？

（5）《现代寓言故事》（一）——我们自己能写一个寓言故事吗？

（6）《现代寓言故事》（二）——低年级同学怎样阅读篇幅较长的寓言故事？

4.《窗边的小豆豆》课程目录

（1）初步了解故事内容，制订阅读计划——通过经典片段阅读了解主要人物的性格特征。

（2）爱护、引导小豆豆的校长是什么样的校长呢？——学习用不同故事对比分析的方法了解人物特点。

（3）感受小豆豆校园生活的乐趣——用对比圈画的方法来品读小豆豆校园生活的美好。

（4）感受巴学园特有的美味——通过关键语句赏析巴学园的美食。

（5）小豆豆身边的亲情和友情——学习抓住关键词句的方法感受人物形象。

（6）在困难与离别的故事中，体会小豆豆的勇敢与成长——学习运用联系生活阅读赏析故事的方法。

5.《中国民间故事》课程目录

（1）《中国民间故事》，整本书概况——什么是民间故事？你了解哪些民间故事？

（2）《牛郎织女》，感受人性光辉——如何展开想象，结合插图讲民间故事？

（3）《莫拉》，感受英雄形象——如何运用思维导图复述故事？

（4）《马头琴》，感受民族文化——运用学过的方法提升自己的概述能力。

（5）总结整本书阅读方法——试着总结一下整本书阅读都有哪些方法呢？

（6）角色日志的制作与总结——怎样写出自己满意的角色日志呢？

6.《一千零一夜》课程目录

（1）经典导读，整体感知：了解全书的创作背景、故事的由来，初识全书内容。

（2）选读自己喜爱的故事：学会阅读目录，运用图像化阅读策略，初步了解整本书的框架。

（3）感受故事魅力：对自己喜爱的故事进行重点阅读——借助绘画、思维导图感知故事。

（4）推荐阅读:《阿里巴巴与四十大盗》《阿拉丁神灯》等——了解人物特点、故事情节，明白故事讲述的道理。

（5）延伸阅读：对比外国民间故事与中国民间故事的区别。

7.《宝葫芦的秘密》课程目录

（1）故事概览，揭开宝葫芦的秘密——怎样阅读一本童话故事？

（2）梳理主要人物和故事情节——如何用思维导图梳理故事人物和主要情节？

（3）感受宝葫芦带给王葆的快乐——怎样抓住关键语句体会宝葫芦带给王葆的快乐？

（4）感受宝葫芦的神奇——怎样用批注记录自己的阅读感受？

（5）感受宝葫芦带给王葆的烦恼——怎样透过细节描写体会宝葫芦带给王葆的烦恼？

（6）感受人物形象，领悟故事道理——宝葫芦和王葆给你留下了什么样的印象？

8.《海底两万里》课程目录

（1）经典导读，整体感知——"海怪"袭来，险象环生。

（2）借助提问策略，学习跳读——海底探秘，科幻畅想。

（3）对比阅读，感受魅力——奇幻之旅，妙趣横生。

（4）漫谈科幻，品鉴人物——征服海洋的精灵。

（5）名家赏析，畅谈科幻——科幻巨著之"我"见。

（6）延伸阅读，神秘进阶——谜团破解，绝处逢生。

9.《西游记》课程目录

（1）印象西游，整体感知——要想读好一百多回的小说，可以怎样开始？

（2）感受孙悟空的英雄豪气——精读重点章节，了解孙悟空的英雄豪气是如何塑造的？

（3）体会"唐僧"人物形象——小说中的"唐僧"与历史上的"玄奘"性格一样吗？

（4）体会猪八戒的丰富和有趣——你是喜欢猪八戒还是讨厌猪八戒？

（5）旗鼓相当的对手：二郎神和牛魔王——和大圣同一级别的两个高手

有何异同？

（6）充满神奇的西游记——小说中还有哪些奇闻险事？

10.《小太阳》课程目录

（1）全书概览与阅读方法指导——运用不同阅读方法寻找《小太阳》中的亮点。

（2）精彩片段赏析——感受《小太阳》的写作特色和林良的语言魅力。

（3）感受平凡生活中的真情故事——学会将文章内容、作者视角、语言文字三种方法运用于阅读理解。

（4）了解故事，与作者共情故事内容——运用对比的方法体会哲理，赏读《小太阳》。

（5）走进作者的家庭生活——从不同视角体会故事中深切的父爱。

（6）回顾整本书内容——重温作者观察生活的独特视角及语言特点，提高阅读兴趣。

11.《世说新语》课程目录

（1）概览——如何走进一部文言文作品？

（2）《言语》（上）——何谓"言语巧妙"？

（3）《言语》（下）——"言语巧妙"是如何修炼成的？

（4）《捷悟》——《捷悟》篇是否可以和《言语》篇合并？

（5）《巧艺》——精巧技艺也能用语言描绘出来吗？

（6）回顾与思考——怎样才能用精练的语言突显人物特点呢？

12.《哈克贝利·费恩历险记》课程目录

（1）整体感知，走进成长小说——阅读一本小说有哪些方法呢？

（2）随哈克去历险，梳理主要故事情节——结合小说的三要素，如何用表格形式梳理故事的主要情节呢？

（3）感受哈克的成长历程——如何运用对比阅读体会人物形象？

（4）感受次要人物形象——他们给哈克带来怎样的影响？如何抓住细节塑造不同人物性格？

（5）欣赏《哈克贝利·费恩历险记》这部文学经典的艺术特色——可以从哪里入手呢？

（6）整本书阅读方法回顾——批注与组合阅读。

三、课程实施效果

1. 家校共建良好阅读场域

"经典阅读"课程很好地解决了"读什么、怎么读"的问题，这样在家庭自主阅读中，家长的陪伴与引导也就有了方向。有孩子在调查问卷中说，"家长成了我读书的伙伴"。有的家长还跟孩子一起观看课程，在与孩子共读中探讨感兴趣的问题。"经典阅读"课程成为一座桥梁，构建起教师、学生、家长共同参与的阅读场域，解决了阅读的持续力问题，最大限度地发挥了阅读的影响力。

2. 师生共读注入成长力量

这是老师们第一次尝试线上课程的方式。在课程推送两周后，史家教育集团发放了电子问卷，回收的5000多份问卷中，超过70%的学生表示非常喜欢"经典阅读"这一课程。学生自主阅读与教师指导阅读相结合，既激发了阅读兴趣，又尝试迁移阅读方法，把握文本内容，学会运用提问、联系、想象、预设等阅读策略，不断进行深度思考，连接历史和当代生活，增长智慧，涵养道德情操，传承中华优秀传统文化。

3. 与时俱进探索教学路径

在这样的课程准备过程中，老师们探索出了一条新的教学路径，在掌握设备操作中实现信息技术与课程教学的融合，在隔空学习的方式中研究如何与学生进行有效的互动交流，在教学设计实施过程中如何有效地把学习过程还给学生又不失教师的主导作用……全新的教学方式，让"延期开学不停学"成为师生共同成长的特殊而宝贵的人生经历。

4. 形成可以复制的教学经验

史家教育集团"经典阅读"课程基于前期调研，进行系统构建，在实施过程中及时进行评价反馈，既有教学设计、教学课件、教学视频这些系统的资料，又有较科学的实施路径，基本形成了可以复制推广的课程体系。

探索互联网生活语文学习模式
全面提升学生语文素养

——以语文综合复习教学为例

三年级　王　滨

一、课程设计背景

在抗击新冠肺炎疫情期间，全国大、中、小学生陆续将线下学习转为线上由教师指导的自主学习。在当下被众多互联网模式的网课包围的情况下，我们要探索学生乐于接受的学习模式，不断增强学生对网络自主学习的投入感。

生活中处处有语文，也处处用到语文。生活语文不仅可以克服传统语文教学中只注重语言智能的弊端，又能优化教学过程，加强学习情境的创设。我们努力将语文教学扎根于生活这一沃土，使以提升学生语文素养和实践能力为核心的素质教育落到实处。

二、课程内容设计

1. 结合时空穿梭主题活动复习巩固三年级上学期语文教学重难点、易错知识点，强化基础知识，夯实基础。

2. 通过有情境的非连续性文本阅读，解决实际生活中的语文问题。

3. 通过分享故事的听力阅读练习，回顾学生常见问题——联系上下文理解词语，借助关键语句理解一段话的意思以及巧妙使用过渡句理解前后两段话内容。

4. 通过体验式活动后习作赏析，落实生活中的语文积累，学习将观察到的事物写具体。

三、授课形式

网络微课，师生互动思考，主题探索实践和学习成果展示相结合的形式。

在网络微课中，通过创设情境，运用多种游戏方式，不断增强学生对网络自主学习的投入感。采取情景式、探究式、体验式学习方式，引导学生多角度解决生活中的语文问题。

四、教学目标

1. 帮助学生找到联系、整合三年级语文易错知识点，在体验式学习中增加学习的挑战性，帮助学生在疫情期间放松身心，温故而知新。

2. 从新的视野学习生活语文，对知识进行再认识，使学生原有的知识和能力得到巩固发展，提升学生语文素养和实践能力。

五、教学过程

环节一：体验式活动情境导入

亲爱的同学们，大家好！今天老师要带大家坐上时光穿梭机，一起回到上学期，温习上学期语文学习的内容。课前，我们进行一个小游戏，如果大家答得好，会有惊喜哦！

你们看，果树上长满了词语果，我们来比一比，看看谁摘的果子最多。（苹果中放置三年级上学期测试中读音易错的词语：装载、血液、处罚、兴奋、海参、胳臂、宿舍、钥匙、残疾、教室、窗明几净、挨打）

你们都读对了吗？

在上学期，老师带大家学习了如何将易读错的词语读正确。是的，据义定音就是个好办法。在"宿舍"这个词中，"舍"读几声？我们不妨根据字在词语中的意思来判断读音，当它表示名称时一般读四声，如旅舍、牛舍、退避三舍；当它表示动作时往往读三声，如舍弃、施舍、舍己为人。对这个好的学习方法，大家一定要加以运用并积累。

环节二：创设情境，通过非连续性文本阅读解决实际问题

同学们，王老师相信大家因为疫情近期一直都待在自己的家中。虽然有丰富多彩的自主学习内容，可是不能出门有些憋闷和无聊。今天王老师给大家带来的惊喜就是邀你一起乘坐时光机，到未来去看一看！

哇！春暖花开，阴霾散去，我们可以去拥抱大自然了。想不想去郊游踏

青？让我们一起绿色出行，乘坐公交出发吧！（出示站牌，提出实际运用问题）

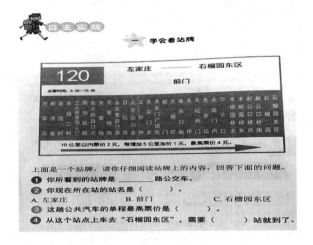

谁愿意帮王老师解决以下问题：

1. 从我现在的位置出发去天坛公园要搭乘哪路公交车？

2. 我所在的站名是什么？需要坐几站到达目的地——天坛西门？

3. 王老师需要支付的票价是多少？

同学们，我们不难发现，公交站牌上有很多信息指导我们出行。在站牌左上角就有醒目的数字——120路公交车，线路标号的右边清晰地呈现出此路公交车的起止站，在它下面就是我现在所在的站名——前门。

站牌中间的文字框内是从始发站到终点站的途经站点，下面会有一个箭头，箭头指向的方向就是这辆车的行驶方向。如果没有注意这一信息，有可能乘坐方向相反的车辆，那就离目的地越来越远了。

那么，找到我所在的位置并确定行驶方向后，如何判断需要坐几站到目的地呢？

是的，我们先找到王老师的位置——前门，再找到我们此行的目的地——天坛西门，让我们一起来数一数，坐4站就可以从前门到达天坛西门。

那么，王老师需要支付多少元票价呢？我们再来仔细阅读站牌信息，在站牌的最下面的箭头上注明了该线路的票价信息：10公里以内票价都是2元。很显然，老师只乘坐了4站地，远远不足10公里，所以需要支付2元票价。

非常感谢大家帮老师解决了出行的实际问题。有的同学还想到选择便捷的地铁出行，那我们一起来看看，如果从史家小学高年级部出发，应该怎样到达目的地呢？

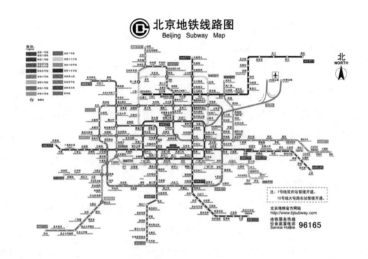

我们首先要选择离我们最近的地铁站——朝阳门站，然后通过查阅地铁线路图，发现乘坐地铁6号线，从朝阳门向东四方向乘坐一站，随后换乘地铁5号线，坐5站就到天坛东门站了。这是最省时省力的方式。在这里，老师还要提示大家要关注地铁线路图中的换乘标识，要按照换乘提示牌进行换乘。（PPT出示解决问题的步骤）

大家都很棒，通过阅读文本中的信息解决了实际生活中的问题，孩子们，我们快上车吧。

环节三：通过分享故事的听力阅读练习，回顾三年级阅读理解难点——联系上下文理解词语

孩子们，难得我们一起出游，今天王老师给大家讲一个故事，听故事要认真哦，听完要回答老师的问题，联系老师所讲的故事，说说你对"一劳永逸"的理解。（PPT出示并总结联系上下文理解词语的方法）

说到联系上下文理解词语，我们上学期已经尝试了很多次，大家还记得老师教的方法吗？首先，我们要说说自己对词语本身的理解。其次，尝试到文章中读一读，联系上文和下文体会词语所表达的意思。最后，可以将自己的理解和词语在文中的意思完整表达出来。可见，"一劳永逸"就是指辛苦一次，把事情办好，以后就可以不再费力了；文中指像小蜘蛛一样，只劳动一次，织一张网，就可以一辈子不饿肚子。

环节四：通过体验小讲解员活动，回顾阅读理解难点——借助关键语句理解一段话的意思

孩子们，快看，天坛到了。（出示天坛图片）王老师给你们准备了天坛的

讲解词，我们一起来挑战一下，看看通过快速阅读，你了解了天坛的哪些知识？谁能用一句话概括这段话的意思？

　　天坛以严谨的建筑布局、奇特的建筑构造和瑰丽的建筑装饰著称于世。总占地面积约 270 万平方米，分为内坛和外坛。主要建筑物在内坛，内坛南有圜丘坛、皇穹宇，北有祈年殿、皇乾殿，由一条贯通南北的甬道——丹陛桥，将这两组建筑连接。外坛古柏苍郁，环绕着内坛，使主要建筑群显得更加庄严宏伟。外坛内还有巧妙运用声学原理建造的回音壁、三音石、对话石等，充分显示出古代中国建筑工艺的发达水平。

　　上学期我们学习了如何借助关键语句理解一段话的意思，在《海滨小城》和《富饶的西沙群岛》中，总分段式的开头就表达了全段的主要意思，后面的内容都是围绕开头这句话来写的。今天老师还要提示大家，像这样的句子也可能出现在一段话的末尾或中间，还有的句子既能概括上一自然段所要表达的意思，还提示我们下一自然段的内容。快和老师去找一找吧。

宝岛台湾

　　台湾岛美丽、富饶，是祖国的宝岛。

　　台湾岛的西部平原盛产稻米和甘蔗，人们把它叫做"米仓"和"糖库"。台湾岛四季鲜果不断，出产最多的是香蕉和菠萝，一向享有"水果之乡"的美名。

　　台湾岛上树木繁茂。高山地区有密密层层的针叶林，森林面积占总面积的 55%。那里是我国木材的重要产地之一，被称为"绿色宝库"。

　　台湾岛除了有丰富的森林资源，还有许多矿产和水产。地下埋藏着石油、金等各种矿产 110 多种。周围广阔的海洋有着丰富的水产，仅鱼类就有 500多种，著名的有鲨鱼、鳗鱼等。

　　台湾岛的中部和东部都是山地。最高的一座山峰海拔将近 4000 米，是我国东部最高的山峰。山顶上冬天积雪，晶莹耀眼，远看如玉，所以叫"玉山"。

　　《宝岛台湾》这篇短文我们并不陌生，现在再来挑战一下自己，试着说说第三和第四自然段的主要意思。

　　可以看出，第三自然段也是典型的总分段式，段落的第一句话就交代了整段话的意思：台湾岛上树木繁茂。

　　那第四自然段的第一句话能否概括本段主要意思呢？"台湾岛除了有丰富的森林资源，还有许多矿产和水产"。

　　答案并不是这句话。我们一起来看看第四自然段的第一句话，这句话表达了两个意思：第一个意思是台湾岛有丰富的森林资源，第二个意思是还有许多矿产和水产。我们不妨将它划分成两部分，以逗号为界，第一部分恰恰承接了上一段的内容，也就是我们刚刚总结的，介绍了台湾岛有丰富的森林资源；第二部分则提示了下一段所要表达的意思，即将介绍台湾岛还有许多矿产和水产。比如地下埋藏的石油、矿产，周围广阔海洋中的水产。我们把这样既能概括上一段的内容又能提示下一段内容的句子叫作过渡句。借助过渡句，可以概括前后两段话的内容。你学会了吗？

在三年级下学期的一些课文中，也会有这样典型的段落和句子，像《赵州桥》一文的第三自然段：

这座桥不但坚固，而且美观。桥面两侧有石栏，栏板上雕刻着精美的图案：有的刻着两条相互缠绕的龙，嘴里吐出美丽的水花；有的刻着两条飞龙，前爪相互抵着，各自回首遥望；还有的刻着双龙戏珠。所有的龙似乎都在游动，真像活了一样。

孩子们，你们找到这段话的过渡句了吗？借助这句话，能不能快速概括前后两段话的内容呢？感兴趣的同学可以去关注阅读篇目中的过渡句。

环节五：通过习作赏析，回顾三年级上学期习作要求，进一步体会如何有顺序地将事物写具体

孩子们，愉快的一天结束了，我们一起游览了古迹，还学习了知识。有的同学以一篇习作记录下了今天的活动，让我们来欣赏一下吧。

难忘的一天

春暖花开，万物复苏，阴霾终于散去，一切都恢复正常啦！今天，王老师奖励我们去天坛公园，带我们走近身边的古迹。

走进公园的大门，一股股花的清香扑鼻而来。大道两旁的古松给人一种庄严、肃穆的感觉，它们就像列队的士兵，守护着这古老的建筑。

穿过祈年殿，就来到了我们最感兴趣的皇穹宇。皇穹宇是摆放祭祀神牌的地方，它是一个圆形的建筑，上面覆盖蓝瓦金顶，精巧而庄重。

皇穹宇不仅有精巧庄重的设计，还有一圈富有神秘色彩的围墙。听妈妈说，只要站在围墙的一头说话，另一头的人都能听见，没错，这就是回音壁了。可惜的是由于以前的游客没有保护文物的意识，在围墙上乱刻乱画，现在工作人员只好将围墙都围起来，没法亲身体验这奇妙的感觉，真是太遗憾了。

我想在此发起我们的古迹保护项目，让很多人了解古迹、保护古迹。希望大家一起行动起来，保护文物古迹。

孩子们，这位同学的这篇小文章精彩吗？你觉得有哪些地方值得自己学习，又有哪些好的写作建议呢？

1. 值得我们学习的地方

（1）这篇文章当中，小作者善于运用我们上学期积累的一些好词好句，像"春暖花开""万物复苏""股股花的清香扑鼻而来"。

（2）小作者善于恰当地运用修辞手法，让文章内容更加生动。例如，"大道两旁的古松给人一种庄严、肃穆的感觉，它们就像列队的士兵，守护着这古老的建筑"。

（3）除此之外，我还发现这篇文章言之有序，按照游览顺序展开描写，游览过程特别清晰。我们写作的时候也可以学习这位小作者，先在习作提纲中标明自己的游览顺序，按照这样的方式来描写就会让文章结构清晰。

（4）小作者恰当使用了我们刚刚介绍的过渡句，使文章结构更加清晰。

2. 老师的修改建议

这位小作者的文章很精彩，他能够将一件事情写清楚、写明白，真实地表达了自己的亲身经历与感受。到了三年级下学期，我们还会接触写事的文章，届时会给大家提出稍高一点的要求：将事物写具体。像本文的重点是小作者游览天坛中最感兴趣的皇穹宇，在这部分如果通过描写人物的语言、动作、心理活动等，将"我"和妈妈在回音壁旁喊话的细节、看到游客破坏古迹后的心理活动及语言等展开描写，文章的重点就会更加突出，细节也就更加生动、具体。

3. 结束语

孩子们，今天我们的郊游踏青活动圆满结束，我们在放松身心的同时还回顾了上学期学习中的难点与问题：易读错的字音，如何在阅读理解中解决实际问题，联系上下文理解词语，借助关键语句理解一段话的意思，巧妙使用过渡句理解前后两段话内容以及在习作中如何将观察到的事物写具体。最后，让我们一起在春的诗歌中结束这次愉快的行程吧。

寓学于趣　多维度提升低年级学生的语言运用能力

——以《语文园地》一课为例

二年级　刘　佳

一、课程研发背景

《义务教育语文课程标准（2011 年版）》中提出，"结合语文学习，观察大自然，用口头或图文等方式表达自己的观察所得"。通过本节课的学习，带领学生们学会观察大自然，并通过字、词、句等内容的积累，学会表达，提升语文素养。

心理学家奥苏贝尔提出，"有意义学习过程的实质，就是符号所代表的新知识与学习者认知结构中已有的适当观念建立非任意的和实质性的联系"。学习就是一个不断复习巩固的过程，通过新旧知识的联系，才能够真正内化为学生自己的知识。学生们通过复习，深化所学知识，为今后新知识的学习打好坚实基础。

二、课程内容分析

一年级上册四单元围绕"自然"主题编排了《秋天》《小小的船》《江南》《四季》4 篇文章，六单元编排了《影子》《比尾巴》《青蛙写诗》《雨点儿》4 篇课文，通过儿童视角，对自然界、生活中的一些现象进行了描述，激发儿童的想象力。这节课将四、六单元的内容进行整合复习，在复习的同时，学生们置身"森林学校"的情境中，和小动物们一起学习，既增强了学习的趣味性，也感受到大自然与生活中的美好，充满童趣。

三、授课形式

授课采用"微课 + 亲子互动表达 + 学习成果展示"的形式。

一年级的上半学期已经结束，学生已经学习了 300 个认读字和 100 个会写字，有一定的基础，在居家阶段可以通过线上学习的方式复习旧知识，掌握新知识，拓展学习资源，做到温故知新。这个阶段的孩子容易接受更为直观且生动的学习知识的方式，在教学中融入小动物、有趣的小故事等，有助于提高学生的学习兴趣。

居家学习阶段，家长更成为学生学习分享的引领者，在学习之余，孩子们可以将所学、所获、所感分享给自己的家人，在互动表达中提升语言表达能力。

四、教学课例介绍

（一）教学目标

1. 读准易错字音，掌握轻声、多音字的正确读法，多种方法识字。

2. 积累和拓展带叠词的"的"字短语，并通过多种方式运用。

（二）教学过程

环节一：激趣导入

今天我们一起来复习四、六两个单元的内容！同学们，你们还记得这两个单元讲的是什么内容吗？是的，四单元围绕着"自然"主题来学习；六单元让我们展开了丰富的想象，读好人物对话。我们不仅欣赏了四季的美丽景色，感受了童趣生活，更体会到大自然与生活中的美好。

听到我们要复习了，"森林学校"的小动物们也想和大家比一比，看看到底谁最厉害。我们开始吧！

环节二：词语冲关

1. 我会读

（1）为了欢迎同学们的到来，小狮子准备为大家朗诵，不过有些字音它不知道怎么读，你来帮帮他，好吗？

"那么""影子""尾巴""好朋友""云彩""地方"

你们发现这些词语有什么共同特点吗？你观察得真仔细，每个词语最后一个字要读成轻声。请你们再来读一读吧！

（2）小狮子又遇到了一个问题，这两句话该怎么读呢？

数不清的雨点儿，从云彩里飘落下来。

"数"是个多音字，在不同的词语中要学会区分读音。

再来看这一句，这个句子里有很多"一"，并且"一"的读音并不相同。

一群大雁往南飞，一会儿排成个"人"字，一会儿排成个"一"字。

这部分内容出自课文《秋天》，在读课文的时候一定注意读准"一"的读音。小狮子在你们的帮助下顺利解决了难题！

2. 巧思考

顽皮可爱的小猴子喜欢变魔术，它请同学们玩"汉字变一变"的魔术，给下面几个字分别加上一笔，组成一个新字，你会怎么变呢？

日—目、田、白、旦   人—个、大   了—子

你们真会思考！小猴子发现没有难倒你们，它又加大了难度，刚才是加一笔，现在是给这些字加偏旁，变成一个新字，你们还能够完成吗？

巴—把、爸、吧   子—好、字   月—明、朋

看来你们都是优秀的小小魔法师，都学会用加一加的方法记住这些字了。

3. 巧分类

大象阿姨是"森林学校"里的收纳师，学校的每一个角落都被她整理得井井有条，她看到这些乱放的"玩具"，真是着急啊！我们快来帮助大象阿姨将这些"玩具"放到不同的篮子里吧！

上下结构（花）：采、它、空、尖

左右结构（清）：秋、江、把、诗

半包围结构（尾）：左、右、过、在

同学们在分类时已经发现了，第一个篮子中的字都是上下结构的字，第二个篮子中都是左右结构的字，第三个篮子中的都是半包围结构的字。可见，我们在进行识字练习的同时，可以根据汉字的结构进行归类记忆。

同学们，通过观察不同结构的字，你们帮助大象阿姨把"玩具"收拾好了，你们真是爱学习又爱帮助人的好孩子。

环节三：日积月累

1. 惜时间

（1）咦，在教室里的小熊红咕力同学为什么愁眉不展，原来它遇到了困难，你们能帮帮它吗？我们一起来看一看吧！（播放视频）

（2）看完这个故事，你们想用我们学过的哪句名言来帮助它呢？

一年之计在于春，一日之计在于晨。

一寸光阴一寸金，寸金难买寸光阴。

我们把这两句话送给小熊，让它向蜉蝣学习，懂得珍惜时间。你们知道吗？蜉蝣是一种生命很短暂的生物，它在这短暂的时间里抓紧完成自己的愿望。可见时间对于每一个人都很宝贵。大文豪鲁迅先生曾经说过珍惜时间的名言："时间就像海绵里的水，只要愿意挤，总还是有的。"

其实时间就掌握在你们手中，希望你们都能够成为时间的主人。

2.巧积累

夜幕降临了，森林里的小动物们为大家举办欢乐的晚会，你们快看，夜空中有什么？有的同学看到夜空中有圆圆的月亮。你们想起学过的哪首古诗了吗？快来读读吧！

古朗月行（节选）

[唐]李白

小时不识月，呼作白玉盘。

又疑瑶台镜，飞在青云端。

除了圆圆的月亮，你还见过什么样子的月亮呢？是啊，还有弯弯的月亮呢！看到弯弯的月儿，两头尖尖的像什么呢？

弯弯的月儿两头尖，像小小的船。同学们快来读读这篇课文吧。

课文中像"弯弯的月儿"这样的短语，你还找到了哪几个？（小小的船　闪闪的星星　蓝蓝的天）

"森林学校"的同学们看到大家积累了这么多短语，它们也要与大家分享，看看谁找得多、记得多。

尖尖的草芽　圆圆的荷叶　弯弯的谷穗　蓝蓝的大海

长长的尾巴　绿绿的草地　红红的花朵　黄黄的叶子

请你也来观察生活中的事物，说说你看到了什么？有圆圆的西瓜、红红的苹果、黄黄的香蕉，还有绿绿的蔬菜……

积累了这么多，你能用其中的一个说一句话吗？例如，春天到了，尖尖的草芽从土里钻出来。

有的同学说，妈妈下班回到家，我送给她一个红红的苹果。

还有同学说，疫情期间，我们要多吃绿绿的蔬菜。

你们真棒，不但会积累，还会应用呢！

环节四：快乐阅读

除了美丽的夜晚，森林里的春天可真美啊！小松鼠记者还写了一篇关于春天的美文，我们一起来欣赏吧！

春天来了，小草们慢慢地染绿了大地，柳枝上长出了嫩嫩的绿叶。蓝天中飘浮着淡淡的白云，红红的太阳撒下温暖的阳光。

山坡上开满了一片片野花儿，美丽的蝴蝶在花丛中飞来飞去，开心地说："春天真美啊！我爱春天。"

1. 同学们，请看第1题，试着连一连。

嫩嫩的　　白云

淡淡的　　太阳

红红的　　绿叶

我们要回到原文中找到这些词语，答案就有啦。再读一读这些词语吧！

2. 第2题，请你找出蝴蝶说的话，自己读一读。

回到原文，我们发现"蝴蝶"出现在第二自然段，人物说的话要找到前引号和后引号，引号中间的部分就是人物说的话了。

读了小松鼠记者写的短文，接下来我们也去看看春天的美景吧！

环节五：精彩表达

请同学们看看图中的景色，一起来说一说。

图中有谁？他们在干什么呢？请你用"什么时间，谁在干什么"的句式把你看到的内容说一说。

图中还有什么？你能按照从上到下的顺序，用上我们前面积累的词语来说一说吗？可以讲给爸爸妈妈听，也可以到班级社区交流群和同学们分享。

刘老师是这样说的：春天到了，小鸟在蓝蓝的天空中快乐地飞翔，柳树长出了嫩嫩的柳芽，桃树上开出了粉粉的桃花，弯弯的小溪欢快地流淌着，小朋友们正在青青的草地上一边奔跑，一边寻找春天呢！

同学们，我们和"森林学校"的小动物们的学习之旅要结束了，在这个过程中我们复习旧知识，也学会了很多新知识。老师希望在今后的学习中你们也要温故知新，相信每一位同学都是最棒的！

深挖文本　温故知新

——以小古文阅读复习为例

四年级　刘晓珊

　　小古文，指的是浅显易懂的、篇幅短小的文言文，通常为学生们耳熟能详的小故事，或者经典名篇中的小片断。王崧舟老师曾经说过，读小古文，因为读、因为诵、因为熟、因为化，随同小古文一起生长为我们精神血肉的，是中国思维、中国智慧、中国情怀、中国美感、中国气派、中国意识，那便是中国人之为中国人的中国灵魂。正是小古文的这些重要价值，使得它在中小学语文教材中所占比重越来越大，受重视程度越来越高。

　　四年级学生对小古文不算陌生，因为从三年级起，已经学习过四篇经典的小古文，基本掌握了一些阅读和理解小古文的方法，但古文毕竟离学生的生活比较久远，加之受教材篇幅限制，学生在课堂上接触的文言文有限。这次我们借"和谐课堂"这个主阵地，准备了一节小古文的阅读复习课，希望学生"温故而知新"，以专题复习的方式引导学生积累语感、习得方法、发展思维、获得启迪、提升审美、传承文化。

一、课内外相结合，据目标选文本

　　课内学习的小古文，从选材上来看，涉及名人故事、寓言故事、成语故事、神话传说等；从主题上看，有生活哲学、言语智慧、勤奋精神、读书方法等。

　　在20分钟的课堂中，我们要承载的教学内容比较多，这就对选文提出了很高的要求。学过的四篇文章中，《王戎不取道旁李》选自《世说新语》，是南朝刘义庆编著的一部志人小说，专门记述人物的轶闻趣事，篇幅短小，适合小学生阅读，也容易激发学生的学习兴趣。所以我们打通课内外的桥梁，寻找与教材的链接点。

　　学生的实际需求是我们选文的重要依据，本节课我们整合了四年级上册的知识点，梳理出四个要落实的教学目标。

1. 复习笔顺的基本规律，养成正确的书写顺序。

2. 理解与古人生活有关的词语，了解古代文化知识。

3. 理解故事内容，梳理学习小古文的方法。

4. 复习劝说策略，提高口语交际水平。

基于以上目标，我们在《世说新语》中寻找合适的篇目，最终确定《王蓝田性急》的片段，作为这节课的教学文本。

王蓝田性急

王蓝田性急。尝食鸡子，以箸（zhù）刺之，不得，便大怒，举以掷（zhì）地。鸡子于地圆转未止，仍下地以屐（jī）齿蹍（niǎn）之，又不得。瞋（chēn）甚，复于地取内口中，啮（niè）破即吐之。

【注释】

1. 王蓝田：王述，袭爵蓝田侯，故称王蓝田。

2. 仍：于是。

3. 蹍：踩，踏。

4. 瞋：同"嗔"，生气。

5. 内：同"纳"，放入。

二、梳理阅读方法，学会讲述故事

小古文语言凝练，故事性强，富有生活气息，是培养语感的重要素材。在学习之初，通过学生借助读音自由读、教师泛读、学生再读这样一个环节，让学生初步感受其抑扬顿挫、起伏有致的音律美。

古文年代久远，学生学习和理解起来有一定的难度，而且其中涉及很多古人生活、古代文化方面的知识，更是成为学生理解古文的一道屏障。学贵有方，"授之以鱼，不如授之以渔"。统编版教材中经常会见到"联系上下文猜一猜加点字的意思""结合注释用自己的话讲一讲这个故事"这样的课后习题，梳理总结文言文阅读的方法，能为学生今后的相关学习打下良好的基础。所以在这节复习课中，我设计了以下几个环节，层层推进，达成理解故事内容、准确生动讲述小故事的教学目标。

（一）扫清字词障碍

首先，我们要扫清文字障碍，理解字词含义。还记得我们学过哪些方法？

1. 看注释、看插图直接了解字词含义。

2. 通过分析字形、联系上下文，联系生活经验和阅读经验，推测字词含义。

3. 还可以查工具书，请教老师，借助外界援助……

运用以上方法，就相当于搭建了一座沟通古今的桥梁，有助于我们把握字词的含义。你能用我们学过的方法，扫清阅读中的字词障碍吗？

我们来分享一下。

结合注释："瞋""内"——有的同学说，我结合注释，知道了"内"是"放入"的意思，"瞋"是"生气"的意思。

结合阅读经验："尝"——有的同学可能会说，"尝"这个字在《王戎不取道旁李》这课中学过，"王戎七岁，尝与诸小儿游"这句话中的"尝"是"曾经"的意思，所以这里的"尝"可以解释为"曾经"或"有一次"。

联系上下文、生活经验："掷"——有的同学会说，我在理解"掷"这个字时，运用了联系上下文和生活经验的方法。王蓝田非常生气，他举起了鸡蛋，后面又说鸡蛋在地上转；再加上平时我们也说"投掷""掷手榴弹"，所以我猜测它应该是"扔"的意思。

分析字形："啮"——还有的同学会说，"啮"这个字我没学过，但是它由"口"和"齿"两部分组成，应该是牙的一种动作，那就只能是"咬"啦！其实"蹍"这个字，即使没有注释，我们也能从字形上猜出它应该是跟脚有关的一个动作。

同学们，你们看，掌握了理解古文中词义的方法，我们就能灵活运用，举一反三！

（二）疏通句义，把故事讲清楚

扫清了文字障碍，你能不能讲讲这个故事呢？因为古人写的文章短小，而且语序也跟现代汉语不一样，所以，在疏通句义时，我们通常会用到下面这些方法：

1. 译：对语句字面意思直接进行翻译。

2. 调：有些句子的词序需要调整，才能使语意通顺。

3. 补：在翻译时，应该补出省略的成分。

4. 扩：将一些言简意赅的词、句扩展开来。

我们来挑战一下，试着讲一讲这个故事吧。如果遇到困难，可以用刚才学习的这些方法。

交流1：译。

出示："鸡子于地圆转未止，仍下地以屐（jī）齿蹍（niǎn）之，又不得。"

这句话是说：鸡蛋在地上转个不停，于是他就跳下地用木屐的齿去踩，又没有踩住。我们按照句子的顺序一一对应下来，就能弄懂这句话的意思。

交流2：调、补。

出示："瞋（chēn）甚，复于地取内口中，啮（niè）破即吐之。"

我们再来看这句话，"甚"是一个表示程度的词，意思是"非常""很"。在理解"瞋甚"时，应该调整顺序，解释为"非常生气"。"复于地取内口中"，这句中在"取"后面补上一个指代鸡蛋的"之"字就通顺了，"复于地取（之）内口中"，意思是又从地上捡起鸡蛋放入嘴中。你们看，在理解这句话时我们就用上了"调"和"补"两种方法，是不是挺奏效呢？

交流3：扩。

出示："尝食鸡子，以箸（zhù）刺之，不得。"

"鸡子于地圆转未止，仍下地以屐（jī）齿蹍（niǎn）之，又不得。"

同学们可能发现了，这两句里都有"不得"这个词，虽然都是"没得到鸡蛋"的意思，但是为了让故事讲起来更富于变化，我们可以根据上下文把这个词进行扩充，使语言更丰富。第一句中，其实是王蓝田拿筷子去扎，结果没有扎到鸡蛋；第二句中，则是他拿木屐上的齿去踩，结果没踩到鸡蛋。

同学们，疏通了句义，你能将这个故事顺畅地讲给爸爸妈妈听吗？

（三）发挥想象，把故事讲生动

同学们，这篇小古文是围绕哪句话来说的呢？没错，就是第一句"王蓝田性急"，一开头就点明了中心。接着选取了吃鸡蛋这一件小事，为我们刻画了一个性格无比急躁的人物形象。让我们再来读读文章，看看你从哪些地方可以体会出他的急躁呢？可以边读边批画。

有的同学圈画出了王蓝田的一连串动作："刺、掷、蹍、啮、吐"，捕捉到了王蓝田吃鸡蛋的一个个特写镜头，犹如一个滑稽演员的表演，逗得人们捧腹大笑。

还有的同学圈画出了"怒"和"瞋"这两个描写神态的词，仿佛看到了王蓝田吃不到鸡蛋时暴躁愤怒的样子。

你们看，作者用寥寥几个字就把人物的性格特征写得十分清楚，真了不起！精炼是文言文最大的特点，可它同时也给我们留下了许多想象的空间。如果我们发挥想象力，就能让这个故事变得更生动。那么，在这个故事中，哪些地方我们可以加入自己的想象呢?

想象一下,王蓝田生气时会是什么样子呢?

满脸通红,脸扭曲成了暴怒的狮子;怒目圆睁,死死地盯住鸡蛋,眼中喷出的一团火,仿佛要烧掉面前的"敌人"。

他可能会想:这个可恶的鸡蛋,成心跟我作对,真是气死我了!

他还可能会一手叉腰,一手指着鸡蛋,大声吼道:"让你跑,看我怎么收拾你!"

在讲故事时,我们如果加入对人物动作、神态、语言、心理活动的描写,就能使听者如见其状、如闻其声、如睹其人。

当我们在写一个有特点的人物时,也可以学习作者的写作方法,抓住人物的本质特征,通过典型事例进行细节描写,就能给人留下鲜明而深刻的印象。

三、传承古代文化,落实立德树人

小古文凝聚着汉语言文化的精华,是我国古代优秀传统文化的重要载体。学生借助小古文的学习,不仅感受中华优秀传统文化的源远流长、博大精深,而且能够理解、包容不同时代的文化,拓展文化视野,理解并吸收借鉴文化的精华。

(一)涵养文化

在这篇小古文中,"鸡子""箸""屐齿"是学生们比较陌生的三个词,透过这三个词,我们就窥探到了古人衣食住行的一些小知识,还能感受到古人的智慧和才干。在讲解这三个词语以及它背后的故事时,我进行了如下设计。

先来看看"鸡子"指的是什么?听过朋朋哥哥讲文物的同学肯定还记得那盘经典的"西红柿炒鸡子"吧!对了,鸡子就是我们日常生活必不可少的食物——鸡蛋。古人把鸡蛋称作鸡子或鸡卵,在成语"杀鸡取卵"中,我们还能看到它的影子。

"箸"又是什么呢?从字形上你能猜出它是什么做的吗?没错,它就是用竹子做的。结合上下文,吃饭的时候能用到它,而且可以用来"刺"食物,应该是长长的东西。你猜到了吗?对了,就是"筷子"。有同学可能会问:为什么古代叫作"箸",而现在叫"筷子"呢?古书中记载,因"箸"与"住"的读音相同,沿海一带的渔民最不愿在捕鱼时船停住了或船生蛀虫,希望能顺风顺水,故改称为"快子",以图吉利。宋时因材质多为竹,才有了现在普遍使用的"筷"的称呼。而且，筷子一头圆、一头方，还有"天圆地方"的寓意，它的外形"直而不曲"，象征高尚正直的优秀品格……一双小小的筷子背后却有这么多的故事，是不是很有意思？

读到"屐齿"这个词，有的同学可能会想到《游园不值》中"应怜屐齿印苍苔"这句诗。（出示整首诗）作者叶绍翁轻轻地敲打柴门，园主人却久久不开门，他就猜测也许是园主担心他的木屐踩坏他那爱惜的青苔吧！"屐"就是古人穿的木底的鞋子，它是什么样子的呢？（出示图片）你们看，它底部前后有两块突出的木头，就像牙齿一样，所以就叫"屐齿"。是不是有点像妈妈穿的高跟鞋？那你猜猜屐齿有什么用处呢？对了，一方面它使鞋子与地面保持一点距离，穿这种鞋子可以在泥地里行走；另一方面就是增大摩擦，防止打滑。我们的古人是不是很聪明呢！

同学们，阅读古文，不仅能够让我们更好地了解古人的生活，而且有助于我们传承博大精深的传统文化。你在博物馆中、在博物课程中学习到的古代文化知识，也能促进你对小古文的理解。它们是相辅相成、相互促进的。只要做学习中的有心人，你一定会成为文化小达人。

（二）立德树人

"立德树人"是中国特色社会主义教育事业的根本任务。"教"表达的是知识和技能的传授，"育"强调的是品行和德行的养成。立德树人，就是要求培养德才兼备、德智体美劳全面发展的人。每一门课程，都应该牢记这一教育的使命。

故事中的王蓝田性格急躁易怒。这种急躁的性格是不可取的，是我们不提倡的。整合三年级学过的劝说口语交际，先对"劝说"的方法进行复习。

1. 注意说话的语气，说话要委婉，不要用指责的口吻。

2. 多从别人的角度着想，这样别人更容易接受。

3. 态度要诚恳，以情动人，以理服人。

接着创设情境，让学生穿越时空与王蓝田相见，说几句话劝劝他。

有的同学可能会说：王蓝田，心急吃不了热豆腐，耐心一点儿，就可以做成事情了。

有的同学可能会说：俗话说"欲速则不达"，有时你越着急，事情反而越做不好。所以，遇到困难时不要着急，想想办法，一步一步来，可能问题很快就能解决了。

还有的同学可能会说：你这么容易着急、生气，对你自己的身体也不好，所以，为了你自己着想，也要改改这个脾气啦！

　　在劝说的过程中，让学生设身处地地认识到急躁易怒的性格对自己、对别人都是不好的。但是，人无完人，金无足赤，我们在教育学生客观评价人物的同时，还要引导他们要用全面、发展的眼光看待别人。所以我又引入了《世说新语》中写王蓝田的另一篇文章，认识到王蓝田还有宽容大度的一面，从而使人物形象立体起来。

　　谢无奕性粗强，以事不相得，自往数王蓝田，肆言极骂。王正色面壁不敢动。半日，谢去。良久，转头问左右小吏曰："去未？"答曰："已去。"然后复坐，时人叹其性急而能有所容。

　　出示译文：

　　谢无奕性情蛮横固执，因为一件事和王蓝田不和睦，就到王蓝田那里数落他，肆意谩骂。王蓝田神情严肃地面对着墙，不敢动，过了半天谢无奕走了。很久，他才回过头，问身旁的侍从："走了吗？"侍从回答："已经走了。"然后王蓝田才转过身坐回原座，当时的人称赞他虽性情急躁，但是能宽容别人。

四、学生实际获得

　　这节复习课，我们通过一篇只有55个字的小古文的学习与交流，深入挖掘小古文的文本信息，实现其语言和文化的价值。

　　习得古文学习的方法，在实践中落实"联系上下文""结合生活实际""结合注释"等理解词语意思的方法。通过"译""补""调""扩"的方法，疏通句义，发挥想象，填补空白，把故事讲生动。

　　了解小古文中蕴含的文化知识，增强学生学习小古文的兴趣。向古人、古文学习做人、做事的智慧。复习劝说策略，提高口语表达能力。

创设情境　提升表达能力

——以《巧思妙语》为例的线上教学实践

四年级　陈　曦

一、课程研发背景

在"延期开学不停学"的日子里，居家学习如何开展成为最为迫切的现实问题。对于语文学科而言，"听说读写"是最为核心的能力素养，尤其是口语表达能力，因其课堂教学的难度与评价方式的灵活性，既是语文课堂中的难点之一，也是教学中无法回避的重要一环。

语言表达能力是现代人才必备的基本素质之一。在人的各种智力中，语言智力被列为第一种智力，它也是人们社交能力的核心要素。一个现代社会的公民，不仅要有独立的思想和见解，还要在别人面前很好地表达出来。同样是表达某种意思，为什么有的人"妙语连珠"，而有的人"词不达意"？其中所体现的，正是语言表达能力上的差异。用语准确、修辞得体、思维清晰的表达，是一种非常重要的能力，对人一生的发展有着持续而深远的影响。具体到语文教学中口语表达能力的培养，《义务教育语文课程标准（2011年）》明确指出："口语交际能力是现代公民的必备能力，应培养学生倾听、表达和应对的能力。""考察口语交际水平的基本项目可以有讲述、应对、复述、转述……""教学活动主要应在具体的交际情境中进行。""应努力选择贴近生活的话题，采用灵活的形式组织教学。"

那么，在当下的特殊环境中，如何克服时空局限，通过在线课堂帮助学生创设能够真正激发兴趣的学习情境，组织行之有效的学习形式，切实训练和提升表达能力？

基于这样的思考，我针对四年级学生的身心特点、语文学科特性和线上教学规律，设计了适合孩子们居家学习的语文课程《巧思妙语》。

二、课程内容分析

按照"课程标准"的要求，口语表达的训练应努力选择贴近生活的话题，采用灵活的形式组织教学，其训练过程可以与阅读、复述等学习环节相融合，注重实效。因此，我将《巧思妙语》定位为一节重点训练口语表达能力的综合学习课程，通过创设情境、"读""说"结合，在具体的文本阅读中打磨语感、形成复述能力，最终提升表达能力。

课程选择兼具文学性和思想性的阅读篇目《海伦·凯勒》，由阅读文本创设探究的情境，依"字词句段篇"递进的层级目标，形成"字字珠玑、清辞丽句、文海畅游、艺海拾贝、侃侃而谈"几大板块，将口语表达的主题寓于其中，力求形成轻松愉悦的学习氛围，从而激发孩子们的学习热情，提升学习效率。课程通过引导学生由浅入深、由表及里地阅读，首先训练概括复述能力，进而理解文章是如何介绍一个人物的，最终将这种阅读体验迁移运用，完成"自我介绍"的口语表达。

同时，课程重视发挥线上教学的优势，在进行网络授课的同时，积极利用班级社区微信群，引导学生边学边思、边学边练，在师生共读文本的基础上，针对"复述""自我介绍"这些训练表达的重点环节，鼓励学生在微信群中积极发表自己的观点、分享学习心得和成果，将课堂知识转化为实际运用的能力。

三、教学课例介绍

（一）教学目标

1. 初读文章，扫清字词障碍，进入表达情境。

2. 通过概括复述，体会文章是如何介绍海伦·凯勒的人物特点的。

3. 将阅读体验迁移运用，思考自身特点，完成"自我介绍"的口语表达。

（二）教学过程

导入：在庚子年这个春天里，一场突如其来的新冠肺炎疫情改变了我们学习和生活的方式，也牵动着每个华夏儿女的心。这段特殊的日子里，我们耳闻目睹了很多"白衣天使"在防控疫情的最前线，坚守岗位，争分夺秒地挽救着宝贵的生命。他们是值得我们学习的榜样，带给我们很多温暖、感动和信心。这就是榜样的力量。

今天这节课，我们一起走近一个榜样人物，被誉为"人类意志力的伟大偶像"的著名作家——海伦·凯勒。

环节一：字字珠玑

我们阅读一篇文章，可以先从文字入手，为接下来理解文章的内容做铺垫。（出示文章中的一个片段，引导学生发现其中很多字词都与"花"有关：

花圃、花卉、花蕾、花瓣、玫瑰）

　　我们在学习生字的时候，可以把同类字词合并记忆，这样可以更清楚地看到它们之间的异同。除此之外，我们还可以联系生活来进行字词拓展。比如"花圃"可以拓展为"花盆、花棚、花园、花坛"，"花瓣"可以拓展为"花蕊、花柱"。

　　通过"按照意义归类记忆""联系生活拓展记忆"，我们可以提高识字效率，更快更好地扫清字词障碍，从而展开对文章内容的深入理解。

　　环节二：清辞丽句

　　除了字词，标点符号在文章中的作用也不容忽视，它们发挥着表情达意的重要作用，可以帮助我们更好地理解文章。（出示文章中的几个句子，让学生自主观察，体会它们对表达语意的作用）

　　它们都有什么作用？我们来读读小口诀复习一下：

　　句号：一句末尾用句号，语气平缓调不高。读书见它要停顿，作文断句莫忘掉。

　　逗号：标点符号谁最忙？逗号使用最频繁。句子中间要停顿，往往由它来值班。

　　问号：有疑有问用问号，设问反问也需要。遇它读出语调来，看书见它要思考。

　　叹号：感情强烈句和段，其中叹号常出现。请求反问都该用，有它文章起波澜。

　　经过复习，相信你一定记住这些用法了。快来做个小测试吧！（出示填空练习，横线处需要学生补充）

　　（1）"孩子，你看见过三只灰雀吗？"列宁着急地问。

　　（2）她常常对我说："巴迪，这是你写的吗？精彩极了！"

　　（3）"是的，"小男孩站起来，鞠了个躬，低声说，"请让我进去吧！"

　　同学们，小小标点作用大，阅读的时候要留心它们哦。

　　环节三：文海畅游

　　接下来，我们来深入学习文章是如何描述海伦·凯勒这个人物的，在海伦·凯勒身上发生了哪些故事？你能简要复述一下吗？

　　重温复述方法：

　　（1）复述前多读，熟悉内容。

　　（2）复述时抓住主要内容，适当省略其他内容。

（3）按照事情发展顺序复述，注意提示时间的词语。

（根据复述方法，让学生自主复述海伦向安妮·沙利文求学的经历）

同学们复述得真不错，既清楚又简洁。有位同学告诉我，他是借助提问的方法——"什么时间、谁、怎么样"提取出了最主要的信息。这个方法很实用。

还有的同学运用了列表格的方法。他用表格梳理出了提示时间的词语，以便按照事情发展顺序进行复述。看来列出文中提示的时间点，也是帮助我们复述文章的好方法。

在复述文章的过程中，我们对文章内容经历了"二次消化"，这会帮助我们形成更深层的理解；梳理和整合的过程，则会使我们的表达更有条理、更加清晰。

环节四：艺海拾贝

通过对文章内容的复述，我们对海伦·凯勒的一生有了更清晰的认识，海伦·凯勒是一个怎样的人？如果概括她的一种核心性格特征，会是什么呢？

文章的最后一段话，用"不屈不挠"这个词来概括海伦的精神品格。"不屈不挠"是什么意思呢？还记得我们学过的《精卫填海》的小古文吗？其中的小精卫鸟也有这样的精神品格，试着背一背，想一想文中哪句话可以表现它的这种精神呢？（学生思考后给出回答，我出示《精卫填海》中"常衔西山之木石，以堙于东海"）

小小的精卫鸟面对一望无垠的大海，无所畏惧，日日夜夜永不止息地劳作，想要填平东海。精卫鸟身上的这种精神，就可以用"不屈不挠"来概括。

那么，用"不屈不挠"这个词来形容海伦·凯勒，你觉得贴切吗？为什么？请同学们回到文中找一找具体表现海伦"不屈不挠"精神的句子。（学生重读文章，进行批画圈点）

出示句子：

她不分昼夜，像一块干燥的海绵吮吸着知识的甘霖。她拼命摸读盲文，以致小小的手指头都摸出了血。

"为了使人们能听懂我的话，我夜以继日地努力，反反复复朗读，有时一个词要读几个小时，"海伦后来回忆时说，"成功哪有什么诀窍？唯有练习，再练习。"

环节五：侃侃而谈

读完了这篇文章，相信海伦·凯勒这个人物形象一定给你留下了深刻的印象，她勤奋、勇敢、不屈不挠，在残酷的命运面前不屈服、不放弃，勇敢地接受生命的挑战，以坚强的毅力取得了一次次成功。可以说，作者通过生动的文字给海伦"画了一幅肖像"。

我们在日常生活中，如果初次接触别人，希望让别人更快地了解自己，也要为自己"画像"，这就是我们常说的"自我介绍"。接下来我们一起进行一个拓展练习——做个自我介绍。

首先，你要思考自己最突出的特点是什么？比如，可以从兴趣爱好、优势特长、性格品质等方面来思考。

比如：

红红："我喜欢画水彩画，小小的画布里藏着我大大的梦想。"（兴趣爱好）

明明："我特别擅长游泳，在水里我就像鱼儿一样灵活！"（优势特长）

强强："我聪明、幽默、鬼点子多！"（性格品质）

想一想，你有什么特点呢？

接下来，要想一想生活中有什么具体事例能够充分表现出你的这一特点，请你也来给自己"画一幅自画像"，做个自我介绍，让别人更快、更好地认识你。

生活中我们常常需要作自我介绍，比如和别人初次见面、转学到新学校、参加面试等。不同的场合，自我介绍的侧重点也应该有所不同。如果你感兴趣的话，可以选择不同的情境，试着介绍自己。

总结

今天我们一起走近了海伦·凯勒，学习了由表及里地阅读、简要而有条理地复述、用生动的文字为人物"画像"、抓住自身的特点进行自我介绍。同学们在学习的过程中，提升了表达能力，也感受到了海伦这个榜样人物带给我们的力量。海伦·凯勒曾经说过："只要朝着阳光，便不会看见阴影。"希望同学们能学习她不屈不挠、乐观坚韧的态度，向着自己心中的目标努力。

四、课程反馈及思考

课程注重创设情境、整体建构，通过一篇文本，由"阅读"切入，以"表达"贯穿。这种"情境"的创设，既是为了激发学生学习的兴趣和热情，也是基于语文学科与现实生活天然的密切关联。在举国战"疫"的特殊时期，虽然孩子们的学习和生活面临了一些困难，但也从中收获了别样的成长。语文学习要始终引导孩子关注社会、关注现实，在语言文字的学习中浸润家国情怀、培养社会责任感。因此,《巧思妙语》一课选择了"学习榜样"这一主题,旨在引导孩子们在培养表达能力的同时对现实生活有所思考,从而提升精神境界、涵养道德情操。

发挥线上教学的优势,积极利用班级线上社群,针对"复述""自我介绍"这些重点表达环节,鼓励学生积极分享学习成果。孩子们在自主分享中,在老师和同学给予的反馈中,进一步看到了自己的优势和不足,激发了学习的成就感,形成了多元化的创意表达。比如:孩子们在练习"复述"的过程中,自主提炼出了使复述简洁清晰的各种方法;在练习"自我介绍"的过程中,充分发挥出擅长形象思维、乐于动手的特点和天马行空的想象力,为自己画了一幅"自画像",并在这种涂涂画画中激发出了新的灵感,将图形中的自我想象迁移到文字中,形成了生动而富有趣味的语言表达。

通过这样的语文课程,我希望孩子们能在生动的情境中、在语感的涵养中,切实提升表达能力。同时,也希望孩子们所收获的不仅是知识的积累,更有情感、智慧和人格的成长。

读写结合　激发学生情感表达

——以新闻稿为例，上好复习课

四年级　陈玉梅

2020 年初，在"停课不停学"的日子里，为了让学生们在家里也能接受教育，作为教师的我们开始了网上教学，创造性地备课、授课，通过"和谐课堂"为学生们呈现一节节丰富多彩的课程。

生活本身就是一本生动而深刻的教科书。对于四年级学生而言，面对突如其来的疫情，需要学习什么？能否在一节课中，将落实语文知识同培养学生的家国情怀有效地结合起来，让学生在学习语文知识过程中感受全国人民众志成城抗击疫情的坚定决心与感人壮举呢？于是，我决定选择一篇新闻作为文本，激发学生的家国情怀，落实语文"双基"。仔细甄选后，我选了 2020 年 2 月 25 日《人民日报》发表的《英雄的城市　英雄的人民——献给疫情防控斗争中的武汉人民》一文（节选）。

英雄的城市　英雄的人民
——献给疫情防控斗争中的武汉人民

"医生，请离我远点。"

武汉一名患者的这句话让医生红了双眼，也让无数人泪目。

让医生远点，是担心传染，是希望"他们为更多武汉市民护佑生命"。

"一个人撑起一片天，一颗心温暖一座城……"很多人这样留言。

在这座城市，这些天来，这样的故事每天都在发生。这位可敬而善良的患者，只是这座千万人口的城市里普普通通的一个。

一场突如其来的重大疫情，改变了这座城市，也改变着这座城市人民的精神气质。

疫情催人急，家国共同体。每一天，无惧风险的白衣战士、奋不顾身的人民警察、日夜守望的社区干部，奋战在抗疫一线；这座城市的人民众志成城、守望相助、识大体顾大局、自觉配合疫情防控，展现坚忍不拔的顽强斗志，一起书写大我！

文字是有力量的。这篇新闻，字里行间流露的真情深深地感染着每一位学生。因此，我决定牢牢抓住感情线，激发学生的情感表达，扎扎实实进行语文教学。

在这节课中，要达到的教学目标有以下四点。

1. 复习批注的方法，从而提升对文章的理解与情感表达的能力。

2. 强化多音字的区分方法，能够准确使用多音字，加深自己的理解。

3. 复习辨析近义词方法，养成词语积累的习惯。

4. 复习书信内容特点，强化书信格式，进一步培养学生用应用文进行日常交流的能力。

一、扫清字词障碍，为情感表达作铺垫

（一）根据字义读准多音字

要想读懂新闻稿，首先要扫清字词障碍，在这段话中出现了几个多音字，你们有什么好办法把它读正确？小学阶段最常用的办法，就是根据字义来判断字音。下面以"冠"为例，落实辨析方法。

自从新冠肺炎出现以来，"冠"就走入了人们的视线。播音员、主持人读 guān，但日常生活中，人们总是读成 guàn。这是为什么？

冠状病毒中的"冠"，是指"像帽子或在顶上的东西"。读 guàn 时，是"居第一位"的意思。为什么显而易见的读音，人们还总读错？因为 guàn 这个音是个"超级传播者"。就像病毒一样，读音也有"超级传播者"。

我引导学生通过查《现代汉语词典》，了解这两个读音都组了哪些词，发现在日常生活中"冠军"这个词使用率最高！"冠军"这个词就是 guàn 这个音的"超级传播者"。通过这种方式，同学们一下子记住了冠状病毒的"冠"读音是 guān，也明白了读错的原因。

同学们，知道了根据字义判断字音的方法，还要不断训练，在语言环境中多动脑思考，这样才能读准确。

（二）语言环境中理解近义词

在文中有两组意思相近的词，你找到了吗？（PPT 出示：游人如织—人山人海；猖狂—猖獗）你们用了什么方法？（在语言环境中理解词义的方法）。

文中说黄鹤楼前"游人如织"，汉口车站"人山人海"，这两个词都形容人多（游人如织，就是人多得像织布的线一样，密密麻麻；人山人海，就是指人如山似海，形容人多聚集在一起），像这样意思相同或相近的词，而且字

数相同，就是一组近义词。

读着这句话，你的脑海中浮现了怎样的画面？引发学生思考，黄鹤楼前和汉口车站往日都是热闹非凡，呈现出一派繁荣的景象。可是昔日的繁华被如今的冷清所代替。通过疫情前和疫情后的对比，感受人们难过的心情。接着，区分另一组近义词"猖狂—猖獗"，使同学们仿佛看到了病毒凶猛而放肆地在武汉肆虐，表达了对病毒的痛恨。

二、掌握批注方法，深度理解"英雄的城市、英雄的人民"

细品这篇文章，认真做好批注，才能加深对文章的理解以及思想情感的表达。大家都知道，不动笔墨不读书。毛主席在这方面可是大家的榜样呢。毛主席酷爱读书，每读一本书都要在书上进行细致的批注，圈圈点点，勾勾画画，还要在空白处随时记下批语，写好心得。毛主席收藏的书中，朱墨纷呈，批语圈点勾画满书，各种符号比比皆是。所以，读书要做到眼到、口到、心到、手到，调动所有感官参与学习过程，这样才能学有所获。

（一）复习批注方法，明确批注角度

做好批注是我们深度学习、了解文章情感的重要方法。读到一篇文章，我们可以从哪几个角度进行批注呢？上学期语文第 18 课《牛和鹅》重点讲的就是批注，让我们一起复习一下。

1. 有疑问的地方

大家都说：牛的眼睛看人，觉得人比牛大，所以牛是怕人的；鹅的眼睛看人，觉得人比鹅小，所以鹅不怕人。

批注：事情真的是这样吗？

这个批注是读者不知真假而提出的质疑。这是从疑问的角度进行批注。有了思考从而质疑，就会让读者对后面的内容充满期待。这种批注方式使用最广，适用于各种文体。

2. 写得好的地方

这时，带头的那只老雄鹅就啪嗒啪嗒地跑了过来，吭吭，它赶上了我，吭吭，它张开嘴，一口就咬住了我当胸的衣襟，拉住我不放。在忙乱中，我的书包掉了，鞋子也弄脱了。

批注：逃跑—被鹅咬住—呼叫。那种惊慌失措，写得很真实。

读读句子，你会发现，作者对老公鹅和"我"的动作描写得非常生动形象，小作者关注了这一细节，就好像这件事发生在我眼前一样，让我有身临其境之感。所以这句是从写得好的角度进行的批注。

　　3.感受深的地方

　　他一把握住了鹅的长脖子。鹅用脚爪划他，用嘴啄他。可是金奎叔的力气是那么大，他轻轻地把鹅提了起来，然后就像摔一个酒瓶似的，呼的一下，把这只老雄鹅摔到了半空中。它张开翅膀，啪啪啪地落到了池塘中。

　　批注：鹅之前多神气，现在多狼狈呀。

　　小作者通过前后对比，之前大公鹅欺负自己，现在被金奎叔制服，真是大快人心。这是小作者从真实感受角度进行的批注。

　　同学们，小作者因身在其中，所以在第六自然段和第八自然段进行了批注，这些就属于个性化批注。

　　4.有启示的地方

　　我记住金奎叔的话，从此不再怕鹅了，有什么可怕的！它虽然把我们看得比它小，可我们实在比它强啊！怕它干吗？果然，我不怕它，它也不敢咬我，碰我了，只是吭吭叫几声，扇几扇翅膀，就摇摇摆摆走开了。

　　批注：看来鹅并不可怕，只要不怕它，鹅就不敢欺负人了。

　　这是作者从所获得的启示角度进行的批注，就是记下读文章时的理解、感悟或收获的批注。这种批注能够帮助我们深度理解文本，把握文章主旨。大家只要认真读文章，一定会收获或深或浅的感想。

　　（二）落实批注方法，激发情感表达

　　引导学生再读新闻稿，根据批注清单，认真进行批注。

批注清单

有疑问的地方	感受深的地方	写得好的地方	有启示的地方

　　1.有疑问的地方

　　你印象当中的武汉是什么样的呢？

　　开头的问句，使读者对武汉产生了好奇与回忆。这次疫情，让武汉上了热搜，同学们快来和我一起查一查相关资料吧。

　　武汉是国家历史名城，楚文化的发祥地。明清时期就是楚中第一繁盛处、天下四聚之一。在清末就开启了武汉现代化进程，成为近代中国重要的经济文化中心。改变近代史的辛亥首义就发生在这里，武汉也就成为名副其实的英雄之城。

结合资料，引导学生理解，武汉为什么是一座英雄的城市。同时渗透学习方法，对于有疑问之处，要想办法解决。

读了这些资料，我一下子就明白了，为什么钟南山会眼含热泪地说"武汉自古就是一座英雄的城市"。同学们，你们明白了吗？当然，在这段资料中，还有一些我们不明白的内容，比如，"天下四聚""辛亥首义"，同学们可以课下进一步了解。通过质疑批注，我们还真了解了不少知识呢！等疫情结束，春暖花开，我一定会到黄鹤楼品品茶，到武汉大学赏赏樱花，一起去的有没有？我们约起来。

2. 写得好的地方

在方舱医院，有的人架起书桌，认真地进行紧张的高考复习，有的人步伐稳健地打起太极，还有的人伴随着轻快的音乐，跳起了广场舞……坚强乐观的武汉市民，就是这样不屈服——病魔再猖獗，也绝不会向它低头！

同学们都对排比句进行了批注，为什么？排比句有什么好处呢？

有的同学说，这句话读起来朗朗上口、有节奏感；还有的同学说，排比句很有气势，让我看到了方舱医院的病人敢于同病魔作斗争的坚定乐观的精神。排比句是修辞手法的一种，这是对写得好的地方进行的批注。通过提问，引导学生关注修辞手法对文章表达的作用。

"医生，请离我远点。"武汉一名患者的这句话让医生红了双眼，也让无数人泪目。让医生远点，是担心传染，是希望"他们为更多武汉市民护佑生命"。

是呀，一个人撑起一片天，一颗心温暖一座城。读着患者的话，你有没有落泪呢？如果说方舱医院的病人坚定乐观的精神值得学习，那么这位患者话语中充满的是感恩、是善意，是人间大爱。病毒无情，人间有爱。医务工作者的无畏生死，患者的爱心善举，让我们的医患关系重返往日的温暖。

语言描写如此生动真实，这是细节描写的一个方面。所以，这里是从写得好的地方进行的批注，引导学生关注细节描写对文章情感表达的作用。

3. 感受深的地方

疫情就是命令，医院成为战场！武昌医院院长刘智明奋不顾身冲上火线。从1月21日到23日，刘智明熬了3个通宵，把武昌医院改造成定点医院，在两天内转出原有499名在院病人，腾出500张床位。如今，越来越多的患者康复出院，刘智明却把生命定格在51岁……

这句话中，武昌医院院长刘智明的事迹，感动着神州大地上的每一个人。

3 个通宵、499 名病人、500 张床位、51 岁，这些数字的背后，是刘智明院长不顾个人安危，义无反顾地冲在防疫一线，争分夺秒地抢救患者的大无畏精神。他与病魔进行生死较量，展开了一场气壮山河的生命大救援。刘智明是千千万万救死扶伤的医务工作者中的一员。在这次防疫救援中，祖国四面八方的医务工作者不断地驰援武汉，全力以赴打赢这场阻击战，脸上青紫的勒痕，就是他们最美的勋章。

刘智明院长的事迹，充分体现了新闻的真实性。关注真实事例，就是从感受深的地方进行的批注。

4. 有启示的地方

在这座城市，这些天来，这样的故事每天都在发生。这些可敬而善良的普通市民，只是这座千万人口的城市里普普通通的缩影。

文章的最后一句话点明了主旨：千千万万英雄的人民用自己的实际行动守护着这座英雄的城。英雄的人民造就了英雄的城！在这里进行批注写出了所获得的启示。

就像 1000 个人读《哈姆雷特》就有 1000 个哈姆雷特一样，一篇文章，每个人读都有自己的感悟理解。因此，我们说批注是实现个性化阅读、有效阅读的最好途径。阅读中，同学们多思考、多动笔，养成“读书就是动笔之时”的阅读习惯！

三、鸿雁传情，关爱抗“疫”中的每一个人

在新闻稿中，出现了一个个感人的故事，方舱医院的医生、护士、病人、清洁工……英雄的城市铸就英雄的人民。如果你为他们中的一人写封信，你会写给谁？为什么？

可以写给新闻中的人物：写给医生，因为他们在救死扶伤的过程中，不计得失；写给钟南山，因为他 84 岁高龄了，还冲在防疫的第一线，护佑人民的安康；写给“清流哥”，那个在方舱医院病床上还坚持读书的哥哥，写信向他学习……

可以写给亲人：写给驰援武汉的妈妈或爸爸，告诉他们想念他们，盼他们平安归来。

还可以写给老师、同学：因延学，无法见到老师、同学，他们的宅家生活过得怎样……

一封信，怎样写才能感人？首先要了解这个人，想想你为什么给他写

信？再把触动你的这件事写清楚、写具体，同时还要表达你的真情实感。

以下面这封信举例，看看小作者为什么给爸爸写信，又有哪些感受呢？

亲爱的爸爸：

您好！

这是您支援武汉雷神山医院的第20天了。记得您刚走那天早晨我还没睡醒，您怕打扰我，便悄悄地离开了我。醒来后发现您已经走了，我伤心极了，哭着给您打了电话，电话中您告诉我要听妈妈的话。

现在的我在家中很好。我还关注有关武汉的新闻，关注您现在的工作情况。我每天都问妈妈您来微信了吗？身体怎么样了？我真的好想您，想随时都能给您打电话，都能听到您的声音，可是我知道，您现在很累、很忙，您正在救治着很多病人，每天都要加班加点地工作。您每天都穿着厚厚的防护衣，不能按时吃饭，不能按时喝水。听妈妈说，有一次您白天正常工作后，晚上又加班，干到半夜才回去休息。

爸爸，您辛苦了，您一定要注意身体。虽然我天天都在念叨着，希望您早日回来，但我知道武汉的病人更需要您。您放心地好好工作吧，早日打胜这次抗病毒的战役，早日平安归来，我在家中为您加油。

祝您

身体健康！工作顺利！

爱您的儿子 ×××

2020 年 3 月 1 日

信中的这位爸爸驰援武汉已经20天了，总是加班、值夜班，救治病人不辞劳苦，任务重。正因如此，孩子深受感动，为自己的爸爸驰援武汉救助患者而感到自豪。这封信的字里行间体现出浓浓的亲情与深深的思念。

书信作为应用文的一种，有固定的格式。它的格式包括：称呼（第一行顶格写）、问候语（另起一行，空两格）、正文（另起一行，空格）、祝福语（另起一行空格，转行顶格）、署名（右下方）、日期（与名字一致）。

信的格式中，只有"称呼、祝福语"是顶格写，其他的都是空格写。因为称呼和祝福语后半部分的顶格是对收信人的一种尊重，是古代书信"抬头"传统的延续。古人的书信为竖写，行文中涉及对方收信人姓名或称呼，为了表示尊重，不论书写到何处，都要把对方的姓名或称呼提到下一行的顶头书写。这为现代书信所吸收。

同学们今天就可以试着写一封信，一定注意信的格式，还要写出真情实感。期待同学们的佳作。

四、再掀诗词潮，坚信防疫阻击战必胜

在这次防疫中，日本驰援武汉防疫物资的标签引发了热议。"岂曰无衣，与子同裳""山川异域，风月同天""青山一道同云雨，明月何曾是两乡"这些诗句让我们再续深情厚谊。网友们纷纷表示，这不仅仅是物资上的支持，更是精神上的鼓励。

当新冠肺炎疫情在日本蔓延时，中国第一时间捐赠了很多物资，上面的标签写着："报之以琼瑶""匪报也，永以为好也。"中日两国互相支援物资，反映出在灾难面前，两国很珍惜这份情谊。

由此，防疫期间的诗词潮悄然掀起。

复习四年级上册的三首边塞诗《出塞》《凉州词》《夏日绝句》，看看它们抒发了作者怎样的情感？

这三首诗为我们描绘了边关忧患的历史、将士们的悲壮与豪迈，抒发了坚信边关能够统一的迫切愿望。

咬定青山不放松，不破楼兰终不还。在抗"疫"的关键时刻，我们绝不能放松防护，绝不轻言放弃，相信坚持到底一定能够取得胜利。

五、课后反馈——读写结合深情表达

新冠肺炎疫情阻挡了我们的脚步，但隔不断师生的情谊。停课不停学，老师们换个方式授课，让宅在家的孩子们同样享受精彩的课程。这节课，我们复习了多音字、近义词，强化了批注的角度，复习了书信的格式，还积累了三首边塞诗，同学们收获满满。

聚焦刻画手法 感悟人物形象

——以《世说新语》整本书阅读为例

五年级 范晓丽

一、课程研发背景

2020庚子年初，新冠肺炎疫情突发，正常的校园生活换作了"互联网＋云课堂"，师生、生生的课堂互动换为"网络云互动"。学生的居家自主学习生活与"线上教学点拨"成为非常假期里的常态模式。教育"停课不停学"的实效性成为教师"停课不停教"深入思考的关键。

叶圣陶先生说过，书是读懂的，而不是教师讲懂的。阅读教学是语文教学的重要内容之一，尤其在小学高年级的语文教学中更成为教师的研究与关注点。随着新课改的推进以及践行语文标准的要求，越来越多的一线语文教师重视并开始了广泛的实践探索。然而，不可忽视的是现实中很多学生对于阅读整本书的兴致仍然不够高。无论在学校还是在家里，能够做到主动进行整本书阅读的学生少之又少，能够将整本书阅读形成一种习惯的更是凤毛麟角。

面对处于小学高年级段学生课外阅读有一定"量"的积累基础，结合特殊假期学生自主阅读时间较为弹性的学情，我将"充分利用网络课程'线上点拨'与'线下阅读'"的有机结合作为课堂教学设计研发的根本着力点。通过教师有限时间里的"方法点拨与兴趣引导"，激发学生"自主阅读与实践延伸"，深入文本，感悟方法，整合知识，提升语文素养。

二、课程内容分析

《世说新语》是南朝宋刘义庆主编的志人笔记小说集。这是一部魏晋时期社会生活的百科全书，更是一部士大夫的教科书。《世说新语》在文学史上有着独特的地位和价值，尤其是作品对于人物形象的刻画，表现了高超的技巧，使其成为志人小说的代表作。吕叔湘先生曾这样评价:《世说新语》"着墨不多，而一代人物，百年风尚，历历如睹"。可见，《世说新语》的人物刻画必有其成功之处。

本课程教学设计目的在于关注学生对整部文学作品内容文意理解、赏读的基础上，聚焦作品刻画人物的方法，走近魏晋名士，感悟魏晋风貌。

三、授课形式设计

自主阅读 → 微课指导 → 拓展交流。

（一）自主阅读

学生利用居家学习时间，自主规划阅读，疏通文意，把握内容，了解作品相关人物故事。

（二）微课指导

聚焦作品典型人物形象，关注作品中作者刻画人物的角度，梳理作者刻画人物的方法，深入走近魏晋名士。

（三）拓展交流

学生在充分学习与理解微课品评人物方法的基础上，深入阅读作品，品析人物，形成观点，通过恰当的形式在"网络社区平台"分享交流。

四、教学课例分析

（一）课时目标

1.围绕整本书的人物刻画手法进行分析讨论。

2.总结并学习《世说新语》中人物刻画的方法，领悟"魏晋风度"内涵。

（二）教学过程

环节一：复习导入，回顾作品相关人物

同学们，经过课下的自主阅读，相信大家都对《世说新语》这部魏晋故事集产生了浓厚的兴趣，那么让你印象最深刻的是哪部分呢？大家的答案肯定绕不开文中各种鲜活生动的人物形象。你都想到了谁呢？我们一起来回顾。（嵇康、阮籍、谢安、曹操、谢道蕴、许允妇、王羲之、曹植……）

这些人物的故事你还记得吗？他们有的是帝王将相，有的是飞笔才子，你能让他们对应上吗？试试看。

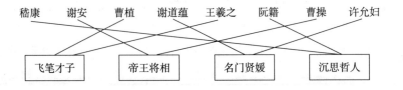

《世说新语》是中国古代志人笔记的代表作，也是中国最早的小说文本，它记载了东汉末年至南朝宋 200 多年士族阶层的言谈及逸闻轶事，内容包罗万象。但它的语言极其简练，寥寥几笔就能将人物刻画得活灵活现。

那么，作者究竟是如何做到的呢？我们是不是也可以掌握这个本领呢？这节课我们就围绕这个话题展开学习。

环节二：聚焦章节，分析人物刻画手法

1. 善于借助典型事件，使人物形象灵活

大家还记得这个人吗？

王蓝田性急，尝食鸡子，以箸刺之，不得，便大怒。举以掷地，鸡子于地圆转未止，仍下地以屐齿蹍之，又不得。瞋甚，复于地取内口中，啮破即吐之。
——（《忿狷》2）

同学们，如果让你来说说王蓝田是个什么性格的人？你会怎么说呢？

大家可能会说：急躁、暴躁或者缺少士大夫雍雅风度等。因为这段描写极具画面感，对吗？

"一刺、一掷、一蹍（踩）、一内（纳）、一啮、一吐"，这一系列的动作描写，以及"一怒、一瞋"的情绪刻画，让我们看到了一个性情急躁、缺少士大夫雍容风度的王蓝田，而它的情节又非常简单——吃鸡蛋而已。

2. 善于抓住细节描写，使人物性格鲜明

现在我们再看作品中大家熟悉的另一个人物王戎，看看他身上的那些趣事，你能分析出作者刻画王戎的高明之处在哪儿吗？

司徒王戎，既贵且富，区宅、僮牧、膏田、水碓之属，洛下无比。契疏鞅掌，每与夫人烛下散筹算计。
——（《俭啬》3）

王戎有好李，卖之，恐人得其种，恒钻其核。
——（《俭啬》4）

王戎女适裴頠，贷钱数万。女归，戎色不说；女遽还钱，乃释然。
——（《俭啬》5）

王戎俭吝，其从子婚，与一单衣，后更责之。
——（《俭啬》2）

同学们，王戎身为司徒，地位显贵且资产丰厚，当时京都洛阳无人能够和他相比。但是，日常里的王戎是怎么做的呢？大家边读边注意加点的句子，看看你读出了什么感受？

司徒王戎，既贵且富，区宅、僮牧、膏田、水碓之属，洛下无比。契疏鞅掌，每与夫人烛下散筹算计。
——（《俭啬》3）

王戎有好李，卖之，恐人得其种，恒钻其核。
——（《俭啬》4）

王戎女适裴頠，贷钱数万。女归，戎色不说；女遽还钱，乃释然。

——（《俭啬》5）

王戎俭吝，其从子婚，与一单衣，后更责之。　　——（《俭啬》2）

同学们用自己的话来说说加点句子的意思吧？结合你的感受，选一选。

结合文段叙述，你觉得下列哪个词和王戎这个人物形象符合？（　　）

A. 贫穷　　　　B. 勤俭　　　　C. 吝啬

3. 善于精炼人物语言，使人物形神独特

同学们，我们又学了一招——关注细节。大家还记得《世说新语》中的课文吗？老师相信大家一定异口同声回答《杨氏之子》。没错，尤其那句"儿应声答曰'未闻孔雀是夫子家禽'"将杨氏之子的聪慧有礼形象印在了每一个同学的脑海。我们在佩服小儿思维敏捷的同时，被他精炼的语言折服了。现在回过头看，《世说新语》中这样精妙的语言是不是很多呢？

前面的课堂中，我们发现无论孔融的"小时了了，大未必佳"，还是孔融儿子的"大人岂见覆巢之下，复有完卵乎"都从人物精炼绝妙的语言中反映出人物身上超凡的智慧，甚至小小孩童却深懂大义的那种从容。大家再看下面这一则：

王子猷尝暂寄人空宅住，便令种竹。或问："暂住何烦尔！"王啸咏良久，直指竹曰："何可一日无此君？"　　——（《任诞》46）

"何可一日无此君。"这里的"君"指的是谁呢？

大家疏通文意后发现在王子猷的眼中，"竹子"便是"君"。同学们回想我们课内的学习中，都有哪些文章或者古诗在表达中也有类似的情况呢？

比如上个学期学过的课文《丁香结》，以及曾经学习的课文《梅花魂》，让我们读出了王子猷高雅的儒士风韵。人物简短的一句话，我们能够读出王子猷对竹的妙赏或者说在对竹的喜爱中寄托着自己理想的人格。

4. 善于运用比喻手法，使人物风貌展现

同学们，人物塑造是小说三要素之一，刻画人物、描写人物，写他外形相貌容易，而写其精神就困难了。那么，《世说新语》中刘义庆是如何给我们刻画那些魏晋名流形象的呢？我们一起来看看。

有人叹王恭形茂者，云："濯濯如春月柳。"　　——（《容止》39）

大家看，刘义庆笔下的王恭这个人物形象描述为"濯濯如春月柳"。如果老师问大家作者在写这些人物时运用了什么样的修辞手法，大家一定脱口而出"比喻"。没错，"濯濯如春月柳"不仅让读者想象出王恭体型之美，更让我们想象到王恭的气质与风度，宛如阳春月下鹅黄新柳般的鲜亮。

其实作品中这样的表达很多，我们再次细品《言语》门第五条的"倾巢之下"：

儿徐进曰："大人岂见倾巢之下，复有完卵乎？"寻亦收坐。

此条写孔融八九岁的儿子面对抓捕之人毫无惧色，用了一个"倾巢之下复有完卵"的形象比喻揭示出孔融一家面临的灭门之灾，突出孔融小儿年幼而有见识、不畏惧死亡，这同样是一个绝妙的比喻。

环节三：拓展延伸，继续深入阅读

同学们，今天的课堂上，大家从《世说新语》众多人物的分析中习得了多方面的方法，大家可以尝试用我们的方法课下深入阅读，赏析作品中的其他人物片段，看看你又能有哪些收获呢？比如，你可以走近作品中的"竹林七贤"，赏析品评魏晋时期的名士风度，完善你的角色日志，相信你一定会有不一样的收获。

【赏析推荐】

嵇康身长七尺八寸，风姿特秀。见者叹曰："萧萧肃肃，爽朗清举。"或云："肃肃如松下风，高而徐引。"山公曰："嵇叔夜之为人也。岩岩若孤松之独立；其醉也，傀俄若玉山之将崩。"　　　　——（《容止》5）

五、教学反思与反馈

"互联网+"模式下的课堂教学，需要教学设计中充分利用学生线下资源的学习内容整合，同时设计要具有引领性与指导性。一方面，学生能够在20分钟的微课中聚焦课堂，习得方法；另一方面，教师也要能够在教学设计中关注学情，巧妙引导，注重拓展与实践，从而让学生的"线下自主"与教师的"线上点拨"有机结合，增强实效性。

让生活中的人物跃然纸上

——捕捉细节，把握习作中的动作描写

三年级　李超群

一、设计背景

2020 年的春天是一个特别的春天，我们正在经历一场严峻的考验。在这场"疫情阻击战"中，人人都是战斗的主角。在灾难面前，我们每一位老师、每一位家长、每一位学生，必须真正地风雨同舟、携手共进，孩子们才能在灾难中获得成长、历练和进步。在教学条件的变化中，在交流空间的变化中，我们应当把疫情变成人生教材，让每一个孩子对这个世界充满信心。史家小学开设了"延期开学不停学"的网上"和谐课堂"。我也十分有幸参与其中，为可爱的孩子们设计制作一些可以在线学习的内容。

二、设计内容分析

"新课标"指出：中段学生要留心周围事物，能不拘形式地写下见闻、感受和想象，注意表现自己觉得新奇有趣的或印象最深、最受感动的内容；愿意将自己的习作读给人听，与他人分享习作的快乐。 这就要求学生有一定的观察能力，并且愿意去写。其实孩子周围的景、物、事是他最愿意去写的。叶圣陶先生说过："生活就如泉源，文章犹如溪水，泉源丰盛而不枯竭，溪水自然活泼地流个不歇。"因此，要解决学生"没有材料可写"这一习作中的最大困难，我们老师要注重引导学生尽情地投入生活，让学生深入生活、体味生活，在生活中积累素材、开掘心智，让他们感到语文无处不在，习作时时、事事可写。

三、教学目标

1.学习一些描写人物特点的词语，强化学生的词句积累与运用。

2.感受文章中对人物动作描写的妙处。

四、教学内容

1.学习描写人物动作、神态、外貌的成语。

2.欣赏精彩的人物描写段落，学习人物动作描写。

五、教学过程

（一）词语的试炼

伟大的诗人陆游曾经说过这样一句话："文章本天成，妙手偶得之。"意思就是人们斟字酌句，就是为了能让自己的文章宛若天成。在源远流长的中华文化里，文人墨客对于词句的追求从未停止。我们的学习生活中，有太多值得我们发现、回味、积累、运用的好词佳句。今天，让我们在"和谐课堂"中一起重温这些经典词、句、篇，一起走进今天的"文字的试炼"！

同学们，我们在学习中积累了许多有趣有意思的词语。它们有的描绘了一幅生动的画面，有的描写了一个有趣的动作，还有的词语在形式上就会让你印象深刻。下面这些成语并不完整，你能将它们补充完整吗？

试炼一：眼花缭乱

在补充的过程中，你是不是还有一些发现呢？这些都是形容人的成语，描写了人的动作、神态、心理。这些成语你们理解吗？你们能够准确地运用到文章中吗？

试着将"面红耳赤""手忙脚乱""口干舌燥""提心吊胆"填写在下面句子中。

①我这个人就是马大哈，总是忘记戴红领巾。每次忘记了，就只好提心吊胆地和监督队员玩起猫与老鼠的游戏。

②小红今天起晚了，手忙脚乱地翻找文具盒，可就是找不到。

③老师讲得口干舌燥，我们听得津津有味。

④他俩昨天为了一支笔吵得面红耳赤，今天又若无其事地在一起玩，真是一对活宝啊！

试炼二：层层叠叠

小小的热身以后，我们进入下一关。下面的这些句子，有个共同的特点，读一读，说说你的发现。

①天苍苍，野茫茫，风吹草低见牛羊。

②海参到处都是，在海底懒洋洋地蠕动。

③它静悄悄地停在船头不知有多久了。

④父亲突然站定，朝幽深的雾蒙蒙的树林，上上下下地望了又望，用鼻子闻了又闻。

同学们，这些生动的叠词，传递了更丰富的体验和情感，我们在读这些句子的时候，仿佛身临其境，多么生动传神的表达啊！

关于词语的试炼，我们成功通过。下面我们进入第二阶——美文的试炼。

（二）美文的试炼

1. 回顾文章中的动作描写，复习动作描写的重要性

通过之前的学习，我们知道要想把一件事情写清楚，需要有时间、地点、人物、事情的起因、经过、结果这六要素，还要按照一定的顺序进行叙述。有了这些，故事的框架就搭建好了，那么如何让我们的故事内容更加充实、生动、有意思呢？我们先来看看我们读过的文章，你有没有什么新的发现。

①可怜的小女孩！她又冷又饿，哆哆嗦嗦地向前走……她在一座房子的墙角坐了下来，蜷着腿缩成一团。

②英子犹豫了一会儿，慢吞吞地站了起来，眼圈红红的。在全班同学的注视下，她终于一摇一晃地走上了讲台……英子向大家深深地鞠了一躬，然后，在掌声里一摇一晃地走下了讲台。

③白求恩仍然镇定地站在手术台旁，接过助手递来的镊子，敏捷地从伤员的腹腔里取出一块弹片，丢在盘子里。

这些语句，你读的时候有怎样的感受呢？仔细观察不难发现，这些句子都是对人物动作的细致描写。读这些句子的时候，画面仿佛跃然纸上，展现在我们的面前。这就是作者抓住人物的动作进行描写的效果。

说起对动作的描写，鲁迅先生在《百草园与三味书屋》中将他雪天捕鸟的过程刻画得极为精妙。一起来读一读，你能找到其中描写人物动作的词语吗？

扫开一块雪，露出地面，用一枝短棒支起一面大的竹筛（shāi）来，下面撒些秕（bǐ）谷，棒上系一条长绳，人远远地牵着，看鸟雀下来啄食，走到竹筛底下的时候，将绳子一拉，便罩住了。

这段捕鸟的描写没有华丽的辞藻，只是简单地用了"扫、支、撒、系、牵、看、拉"几个动词，便将鲁迅先生小时候捕鸟的过程生动地展现出来。

2.运用动作描写让故事更加生动

在日常生活中经常会发生一些有趣、有意义的事情，大家喜欢把自己印象深刻的事情写下来。一个精彩故事的呈现，不仅要有六要素的支持，还要注重对故事中人物动作的刻画。我们一起来看看同学们写的文章。

帮妈妈做家务

因为新型冠状病毒，所有同学都在家隔离，避免感染。我看到妈妈每天照顾我，特别辛苦。我决定为妈妈做一件家务——洗碗。

今天吃完晚饭，我第一个冲到妈妈面前，对妈妈说："妈妈，今天我来洗碗，您那么辛苦，休息一下吧。"妈妈看了看我，有点儿惊讶地说道："我的宝贝女儿，长大了呀。不过今天的碗不太好洗，还是我来洗吧。"

"妈妈，您放心吧，我会洗。"我自信地说道。

我是第一次洗碗，所以很兴奋。虽然今天的碗有点儿难洗，但我还是很认真地把它们都洗干净了！我拿起一个碗放在我面前，瞧！碗好像一面镜子，我红彤彤的小脸蛋儿"印"在了碗上，闪闪发亮。

我很高兴，因为我为妈妈做了一件事。正当我高兴时，我不小心滑了一跤。我回头一看，哇！厨房成了一片"海洋"！我想：洗个碗还真不容易啊！

同学们，这位同学的文章讲了一个在疫情期间帮助妈妈做家务的故事。读了她的文章，你们说说哪些地方写得特别精彩？你还有什么好的建议吗？

先说优点：这篇文章交代了时间：疫情期间；地点：厨房；人物："我"和妈妈；起因：妈妈很辛苦，帮妈妈洗碗；结果："我"很高兴。按照事情的发展顺序讲故事，讲得比较清楚。值得一提的是，第二、第三自然段，小作者在洗碗前母女之间的语言对话描写，将母亲对女儿的爱和女儿对母亲的心疼充分地体现了出来，可谓言之有情啊。文章最后还运用了比喻的修辞手法，把"我"洗完碗之后的自豪和体会到妈妈劳作的不易体现得淋漓尽致。最后的语言，还非常幽默。

改进的地方：我相信，疫情期间同学们帮助爸爸妈妈做了许多家务，你们都是好样的！在叙述自己做家务时，重点要放在哪呢？以这篇文章为例，帮妈妈洗碗的故事是文章的主线，重点应该放在"洗碗的过程"，可以写写自己是怎么洗的。想想，你们第一次进厨房做家务，面对满是油污的碗筷，你有怎样的感受？你又是怎么将它们洗干净的？这其中你可能遇到了一些困难，你又是怎么克服的呢？

另一位同学也写到了自己做家务，我们来看看她是怎么写洗碗的过程的。

我先拿出洗洁精，再把它挤到洗碗用的小手帕上，然后用它在脏碗上擦一擦，最后用水把碗冲干净。其中一个碗特别难洗，有许多米饭留下的痕迹，怎么洗也洗不掉。这时，妈妈说："宝贝，不好洗的碗可以用钢丝球刷刷。"我拿起钢丝球，用力刷了刷，还真管用！我就是这样一个一个把碗洗干净的。现在一个个脏碗变得干干净净，亮晶晶的。

同学们，这位同学都有哪些动作描写呢？"拿出、挤、擦一擦、冲干净、用力刷"这几个动作，看得出作者洗碗时是有步骤的，并且洗得非常认真、用心。一个接一个的动作描写，画面感很强，一个热爱劳动、心疼妈妈的小姑娘形象跃然纸上。语段中，还写了自己遇到困难时妈妈提供的帮助，更显得过程的真实。最后运用了"干干净净""亮晶晶"这样的叠词，凸显出自己洗碗的认真，而且洗得非常成功。整个过程既清楚又具体，还包含真情。

（三）总结

古语有云："吟安一个字，拈断数茎须。"可见锤炼语言的重要性。习作是一门艺术，它需要我们忠于自己，忠于内心，同时也要有艺术的加工。文章的真情实感是非常重要的，而将讲故事的真实感体现出来，不仅需要有一颗赤诚之心，也需要在词语的运用上多推敲。

今天我们体会了文章中对人物动作描写的妙处，也希望同学们在今后的生活中能够捕捉到各种细微的动作，发掘生活中那些不为人关注而你觉得很有意思的事。希望你们能把自己的感受淋漓尽致地表达出来，这就是诗意的写作、诗意的人生。

读书破万卷　下笔如有神

——以"积累有新鲜感的语句"一课为例

三年级　李岩辉

一、课程实施背景

为了全面落实学校"延期开学不停学"的政策，史家教育集团推出了内容丰富的"和谐课堂"菜单课程。作为一线教师的我们也改变了传统的教学模式，利用微信群、钉钉软件等平台录制网络课程，指导学生开展自主学习。同时，学校与家长保持紧密联系，教师与学生随时互动，并每天相约班级社区交流学习情况和问题，确保学习不停止，保证良好的教学效果。

二、课程目的及内容

语文三年级上册第一单元的语文要素是"阅读中，关注有新鲜感的词语和句子"。这节课，我力求运用多种方法引导学生在阅读中学会关注课文中有特色、自己感兴趣的词句，能主动理解这些词句，体会其表达效果，交流阅读感受并主动积累这些有新鲜感的词语和句子，从而提高学生的写作和口语表达能力。

三、教学课例介绍

（一）教学目标

1. 积累有新鲜感的语句，体会其表达效果。

2. 养成在阅读中积累有新鲜感语句的好习惯。

（二）教学过程

环节一：分享课文中有新鲜感的词语和句子

同学们，在第一单元的学习中，大家找到了不少有新鲜感的词语和句子，我们来分享一下吧。

有同学找到了这个句子，（PPT）出示句子：

下课了，大家在大青树下跳孔雀舞、摔跤、做游戏，招引来许多小鸟，连松鼠、山狸也赶来看热闹。

同学们认为"招引""连""赶来"这几个词用得恰当、准确，写出了孩子们课间在大青树下欢快游戏的场景和快乐的心情，因此值得积累。

有同学在《花的学校》中积累了这两句，（PPT）出示句子：

于是，一群一群的花从无人知道的地方突然跑出来，在绿草上跳舞、狂欢。

我自然能够猜得出他们是对谁扬起双臂来，他们也有他们的妈妈，就像我有我自己的妈妈一样。

作者运用拟人的修辞手法，为我们描绘了一幅幅生动的画面。把花儿的生长特点和孩子的生活巧妙地结合在一起，情景交融，使我们仿佛看到了这群追求自由、向往自然的花孩子。

还有同学在《不懂就要问》中找到了这一句，（PPT）出示句子：

这一问，把正在摇头晃脑高声念书的同学们吓呆了，课堂里霎时变得鸦雀无声。

师：同学们认为这个句子虽然简短，但是画面感很强。比如：从"摇头晃脑"这个词我们可以想象出私塾里的小孩读书时咿咿呀呀的样子，非常形象，甚至会不由自主地学他们的动作。"霎时"说明事发突然。"鸦雀无声"写出了教室里安静的样子，与前面的画面形成鲜明的对比，生动形象地描绘出同学们看到孙中山提问后的震惊。因此，这一句给同学们留下了深刻的印象，很多同学喜欢积累这一句。

环节二：总结"寻找有新鲜感语句"的方法

同学们，刚才我们一起复习并感悟了课文中有新鲜感的语句，知道了那些有新鲜感的语句有的让人读后能体会到事物的鲜明特点，有的能够表达丰富的情感，有的具有强烈的画面感，还有的语言简洁、表达效果鲜明，令人印象深刻。到底用什么样的方法去寻找这样的词语和句子呢？我们可以从以下几方面入手。

第一，积累话中有画的句子。就是说你在阅读课文时读到一个句子，脑子里会立刻出现丰富的画面，就像在看电视或看电影一样，让你有身临其境之感。例如：

"当，当当！当，当当！"大青树上的铜钟敲响了。

这时候，窗外十分安静，树枝不摇了，鸟儿不叫了，蝴蝶停在花朵上，好像都在听同学们读课文。

第二，运用修辞手法，联系生活实际，表达情感。例如：

树枝在林中互相碰触着，绿叶在狂风中簌簌地响，雷云拍打着大手。这时，花孩子们便穿了紫的、黄的、白的衣裳，冲了出来。

第三，借助插图，扣住关键词，联系上下文，创设情境，勾画体会。例如：

那时候上课，先生念，学生跟着念，咿咿呀呀，像唱歌一样。

这一问，把正在摇头晃脑高声念书的同学们吓呆了，课堂里霎时变得鸦雀无声。

同学们，"咿咿呀呀""摇头晃脑"两个词用得非常精妙，写出了私塾里孩子们读书的样子。"吓呆"一词写出了同学们当时的反应。同学们为什么会吓呆？孙中山的提问会引起老师怎样的动作？从文中插图可以看出，老师手拿"戒尺"，这下可以想象问题的严重了吧。

第四，关注能阐明道理的语句。例如：

孙中山笑了笑，说："学问学问，不懂就要问。为了弄清楚道理，就是挨打也值得。"

这个句子让我们领悟到蕴含深刻道理的句子也会给我们带来新鲜感。

环节三：拓展训练，激发学习兴趣

同学们，你们平时喜欢积累这样的语句吗？老师给同学们带来了《一千零一夜》之《神奇的灯》中的一段故事，你能试着边读边用上我们刚才学的方法找一找有新鲜感的词语和句子吗？我们先一起读读故事吧。

出示短文片段：

这几天，阿拉丁的母亲十分担心，昼夜为他担惊受怕，茶饭不思，夜不成眠。一见到阿拉丁回来，高兴得不得了。阿拉丁一脚踏进家门，顿时全身瘫软无力，眼前一黑，扑通一声一头栽倒在母亲怀里。母亲一时也慌了手脚，又是用手拍他的脸颊，又是往他头上浇凉水，费了九牛二虎之力才把他弄醒。他睁开眼睛有气无力地说：

"妈妈，我好想你呀！请给我弄点吃的吧，我都快饿死了。"

母亲给他拿来家里仅剩的一块面包，他狼吞虎咽般地吃完后，向母亲讲述了这几天里发生的一切。母亲听得张口结舌，简直不相信这一切会是真的，使她百思不解的是那个自称是阿拉丁叔叔的人竟然如此背信弃义，心狠手辣！

你们找到有新鲜感的语句了吗？

有同学找到了很多四字词语，你们知道它们的意思吗？

担惊受怕　茶饭不思　夜不成眠　瘫软无力

狼吞虎咽　百思不解　背信弃义　心狠手辣

我们可以联系上下文理解它们的意思，也可以借助现代汉语词典查一查它们的意思。

有同学找到了具有强烈画面感的句子，让我们眼前浮现出那位孤苦可怜又心地善良、为自己的儿子担惊受怕的母亲的样子。

有同学积累了描写人物动作、神态的句子，从中体会人物的内心世界。

环节四：养成积累的习惯，受益终身

那么，我们为什么要积累这些有新鲜感的语句呢？应该怎样积累这样的语句呢？

你们一定尝到过积累的甜头吧。有的同学因为善于积累，写作时，好词好句信手拈来，写出的文章常常让我们刮目相看。其实，有新鲜感的语句的作用，不仅仅体现在写作中，这些积累的语言如果能潜移默化地变为自己的语言，慢慢地就会形成一种语感。同学们，你们一定跃跃欲试了吧！那我们该怎样积累这样的语句呢？

老师想告诉同学们，积累的方法因人而异。比如：有的同学专门准备了一个本子，用来摘抄有新鲜感的语句；有的同学在阅读过程中喜欢在书上做各种批注和标记，画出有新鲜感的语句，记录阅读时的感受和体会；还有的同学经常诵读那些积累的语句……

环节五：小结

今天，我们一起积累了有新鲜感的词语和句子。有兴趣的同学课下可以继续积累有新鲜感的语句，有空的时候读一读、背一背，逐渐形成自己的阅读习惯。老师期待你们厚积薄发，成为出口成章、妙笔生花的人！

四、教学反思

有人说："作为一个语文老师，只有自己走进文本，被文本感染，才能够感动学生，带动学生。"这节课我主要围绕如何积累有新鲜感的语句展开训练，引导学生体会课文中优美、经典的词句，理解并感悟文本所描写的事物，激发学生和作者产生情感的共鸣。理解什么是有新鲜感的语句，它们有哪些特点，在阅读中应该如何寻找等，让学生在阅读实践中真正品尝到积累的甜头，激发写作和口语表达的兴趣，从而获得情感体验，培养语文素养。但因为是网络授课，教师并不能第一时间掌握学生的课堂生成，所以难免会有教师意想不到的问题，我会在课后与学生的交流中寻找问题，不断反思并改进。

提炼概括　助力学生思维提升

四年级　马佳宁

一、课程背景

信息化是当今社会发展的大趋势。在信息资源日益丰富的社会环境中，学习者只有具备一定的信息处理能力，及时甄别筛选，才不会被充裕的资源所淹没，才会更积极主动地接收信息，才会对所学知识进行扩展与完善，对学习过程进行自检与评估。以阅读为例，同样读一本书，有的阅读者能快速把握其主要内容，而有的阅读者容易被一些细枝末节吸引，偏离主题。提炼与概括能力就是信息处理的重要一环。提炼即从复杂的事物中提取出有代表性的成分，概括即利用最简洁的语言表述其复杂的形态。

在学校教育中，语文课程承担了培养学生提炼概括能力的重要任务。《义务教育语文课程标准（2011 年）》（以下简称《课程标准》）曾提出要重视对学生搜集、处理、利用信息能力的培养。例如在阅读的课程目标与内容部分，《课程标准》提出，要"学习略读，粗知文章大意"以及"学习浏览，扩大知识面，根据需要搜集信息"。"略读"即粗知文本大意，亦即"观其大略"；"浏览"则是在快速阅读的过程中捕捉关键信息，扩大知识面。略读和浏览的阅读方法是现代信息社会对公民阅读能力提出的必然要求。而关于"精读"，在阅读的教学与评价部分提出"精读的评价，重点评价学生对阅读材料的综合理解能力，要重视评价学生的情感体验和创造性的理解。……第二学段侧重考察通过重要语句帮助理解文章，体会其表情达意的作用，以及对文章大意的把握"。

培养和提高学生提炼概括能力，对于学生表达能力的提高、思辨思维的形成、写作能力的提升、阅读兴趣的激发等都有着重要的作用。

二、学情分析

四年级属于中年级学段，学生的字词储备、语言表达能力都有所提高，但阅读时同样存在着信息要点提取不准确、不全面，对捕获的信息不能进行快速梳理、整合，语言表达重内容、欠简洁等问题。另外，学生经过一个学期的学习，有了一定的知识积累。本课作为一节复习课，重在帮助学生梳理方法和思路，注重内容的整合性。

本次授课对象为全体四年级学生，由于小学生专注度时间较短，同时为保证用眼健康，课程时间设置在 20 分钟左右。

三、课程方式

本次授课以微课方式进行，学生可通过登录史家教育集团"和谐课堂"观看课程内容。

四、教学案例

（一）教学目标

1. 以短文《野草》为教学素材，通过听力练习、语序排列、概括段意、自我检测的阶段练习，学生逐步掌握提炼概括的方法技巧，提高提炼概括能力，促进高阶思维的养成。

2. 引导学生自主复习，归纳整合所学知识，对学习过程进行自检与完善。

（二）教学过程

1. 在倾听中提高信息提取能力

（1）回顾倾听方法，速记关键信息。

亲爱的同学们，大家好，很高兴和大家一起走进"语文园地"。因为疫情，春暖花开相聚校园的日子被画上一个问号，但开学延期成长如期，我们通过线上课堂一起品经典、学知识、做运动。隔着小小的屏幕，倾听就成为我们获取信息的关键途径。你是一个善于倾听的孩子吗？你是否能够快速捕捉重点知识，归纳概括核心内容呢？下面，我们先来一起回顾以前学过的听力方法吧。

听之前：确定明确目标。

听之中：有侧重地捕捉相关语句。

听之后：提炼、整合内容，提取所需信息。

俗话说：好记性不如烂笔头。声音转瞬即逝，听到感兴趣的内容，很多同学都想动笔记下来。有同学小眉头皱起来了："好几次，我的手都跟不上耳朵，还没写下来，就全忘光了。"你是不是也有过这样的困扰？

其实，听与记不仅需要耳和手，还要勤动脑。边听边思考，对内容进行提炼、梳理，筛选、记录一些关键字、词，比如文中的关联词语、近义词、反义词、反复出现的字词，等等，这样才能提高听的效率，事半功倍。为了保证记忆的准确性，我们还需要第一时间快速将听到的信息补充完整。等再一次听这段话时，耐心核查自己所记录的内容是否与原文一致、语句是否通顺完整、书写是否规范正确。

出示：记录关键信息、及时补全信息、核对所填信息。

快来用心读一读这三步，你记清楚了吗？当然，如果想要真正做到听得清、理解快、记得牢，我们还要多听说，磨耳朵；多朗读，练语感，坚持一段时间，相信你一定会更上一层楼的。

（2）实战演练，巩固提升。

接下来我们就实战演练一下。听老师读两遍短文《野草》，将内容补充完整。

①没有一位登山者不重视野草的原因是：_____。

②任何_____者，都有他_____的时刻；任何_____者，都有他_____的地方。

第一遍听完了，你记住了哪些关键词呢？有同学记下了"失足""小""野草""平凡"等。但答案还不完整，让我们再来听一遍，补全信息，边听边核对。我们不仅要把内容听准确，还要把字写正确，比如"登""稻"，快认真检查一下吧。

①没有一位登山者不重视野草的原因是：<u>当他登山失足的一刻，一把细小的野草，很可能就是他救命的稻草</u>。

②任何<u>平凡</u>者，都有他<u>伟大</u>的时刻；任何<u>弱小</u>者，都有他<u>强大</u>的地方。

同学们做完了吗？看看和你填写的一样吗？

2. 借助句间逻辑获取关键信息

（1）调换词语，引发思考。

下面我们一起来看第二个小题。仔细观察这四个词语，你有什么发现吗？没错，是两组反义词。

我们再看这句话："任何平凡者，都有他伟大的时刻；任何弱小者，都有他强大的地方。"两组反义词的位置能不能调换变成这样呢？

任何<u>平凡</u>者，都有他<u>伟大</u>的时刻；任何<u>弱小</u>者，都有他<u>强大</u>的地方。

任何<u>弱小</u>者，都有他<u>强大</u>的时刻；任何<u>平凡</u>者，都有他<u>伟大</u>的地方。

有同学拿不定主意了，我们仔细回顾文段。

"任何平凡者，都有他伟大的时刻"与登山者重视野草相对应；而"任何弱小者，都有他强大的地方"则与登山者畏惧草丛相对应，两组反义词一旦调换位置，就没办法与前边两句话形成对应关系。

叶圣陶爷爷曾经说过，思想是有一条路的，一句一句、一段一段都是有路的，好文章的作者是决不乱走的。无论是语句之间，还是语句与语段之间，都有一定的顺序，只有理清句子之间的逻辑关系，我们的表达才会更清晰、更有条理。

（2）感受句间逻辑，提取关键信息。

遇到乱作一团的句子时，我们该从哪儿下手进行整理呢？今天老师带来了句序排列三步法。

第一步，初读知大意，不急于落笔。当我们看到被打乱的句子时，千万不要着急帮它们排顺序，首先默读一遍，想一想每句话都写了什么内容，这些句子出自什么体裁的文章，做到心中有数。

第二步，精读圈词语，巧妙排顺序。了解句子大意后，我们再来仔细读一读每句话，边读边圈画出关键词语，思考句与句之间的联系，进一步确定正确语序。

第三步，细读标序号，通读查仔细。仔细标好序号后，我们还要按正确语序通读一遍，看看句意是否通畅、是否有其他排列方法，检查数字是否重复、遗漏。

（3）实战演练，巩固提升。

你学会方法了吗？来练一练吧。请完成句子排序，排完后说一说理由。

（　）这些野草没有姿色诱人的娇艳花朵，也没有沁人心脾的奇芳异香。

（　）有人漠然地从它旁边走过，连看都不屑看它。

（　）春季到来之后，乡间野外的野草开始生长起来。

（　）任何平凡者，都有他伟大的时刻；任何弱小者，都有他强大的地方。

（　）但是，许多登山者又都畏惧草丛，当他迷途于一片荒草或剑竹林时，很可能那就是他丧生的地方。

（　）你是否也觉得野草卑微得令人不屑一顾？

（　）你可知道，没有一位登山者不重视野草，当他登山失足的一刻，一把细小的野草，很可能就是他救命的稻草。

拿到材料，我们先来读一读每句话，初步了解到这是一篇描写野草的短文。紧接着仔细研读，圈画出其中的关键词语。你画出了哪些词呢？老师圈画出的是"这些""野草""它""春季""但是""畏惧""也""重视"。这些词语中，有表示指代意义的词语"这些""它"；有一些关联词语"但是""也"；有表示时间的词语"春季"；等等。除此之外，我们做题时还可以圈画表示总结性的词语、屡次出现的词语等。

接下来我们要借助关键词语分析句子之间的关系。第一句句首为"这些"，具有明显的指代意义，所以在它前面必定出现所指代的事物。综观七句话，加之一开始对于文章内容的判断，可以确定第三句应标序号①，第一句应标序号②。我们再来看第二句话，它表现的是一部分人对野草的态度，其实与"这些野草没有姿色诱人的娇艳花朵，也没有沁人心脾的奇芳异香"构成了因果关系。第六句话同样表现的是对于野草的态度，而且其中出现了一个"也"字，意思上刚好顺承第二句，因而确定序号③④。剩余三句话中，第四句刚好表达一种思考，第五句出现了"但是"一词，所以可确定剩余三个顺序。排完序后，我们将句子按照正确的顺序通读一遍，检查是否有疏漏之处。

无论是句、段，还是一篇文章，都有内在的逻辑顺序，边听边思考，明确句子间的关系，有助于我们更好地提取关键信息，理解文段的含义。

3. 借助文中关键语句提炼概括

现在，同学们再来读一读这段话，你能试着用一句话说清楚它的主要内容吗？

春季到来之后，乡间野外的野草开始生长起来。这些野草没有姿色诱人的娇艳花朵，也没有沁人心脾的奇芳异香。有人漠然地从它旁边走过，连看都不屑看它。你是否也觉得野草卑微得令人不屑一顾？你可知道，没有一位登山者不重视野草，当他登山失足的一刻，一把细小的野草，很可能就是他救命的稻草。但是，许多登山者又都畏惧草丛，当他迷途于一片荒草或剑竹林时，很可能那就是他丧生的地方。任何平凡者，都有他伟大的时刻；任何弱小者，都有他强大的地方。

有同学很快说出来了——"任何平凡者，都有他伟大的时刻；任何弱小者，都有他强大的地方"。真厉害，一下子就抓住了重点句。

（1）摘句法。

抓重点句是我们概括段意的重要方法之一。通常我们会把文章中一些有特点的句子，如总起句、总结句、过渡句以及一些关键语句作为重点句。

在概括段意时，所有重点句都可以直接摘抄使用吗？有同学已经在摇头了，我们先来看一段话，给大家30秒时间默读。

浪平沙细、阳光和煦的浅水湾，是旅游度假的好地方。每逢节假日，人们结伴来到这里，漫步在金色的沙滩上，沐浴着轻柔的海风，倾听着浪涛拍岸的声响，真是舒服极了。

这段话中，我们很容易找到重点句"浪平沙细、阳光和煦的浅水湾，是旅游度假的好地方"。这句话内容完整，但表述不够简洁，所以我们需要保留要点，删去修饰词，使句子尽量简练。

出示：浅水湾是旅游度假的好地方。

再来看一看这段话，同学们自己读一读。

清晨，我来到南京长江大桥。今天的天气格外好，万里碧空飘着朵朵白云。大桥在明媚的阳光下，显得十分壮丽。波浪滚滚的江水中，9个巨大的桥墩稳稳地托住桥身。正桥连接着22孔引桥，仿佛一条钢铁巨龙卧在大江上面。大桥分两层，底下一层是火车道，铺着双轨，上面一层是公路，公路两边是人行道。宽阔的公路上，行人车辆穿梭似的来来往往。

读完后我们发现，这一段的重点句是"大桥在明媚的阳光下，显得十分壮丽"。以"大桥"作为主语表述并不明确，所以要将它更换为"南京长江大桥"。你看，遇到用代词作主语的重点句，概括主要内容时就要把代词换成人或物的名称。

除此之外，还有的重点句是感叹句或疑问句，在概括段意时，就需要我们将它变为陈述句。

庐山云雾中最壮观的要算云海了！庐山云海一年四季都可看见，尤其是春秋两季最美。每当雨过天晴，站在"大天池"俯瞰，只见万顷白云转眼间汇成一片汪洋大海。云海茫茫，波涛起伏，青峰秀岭出没在云海之上，变成了云海上的小岛。特别是太阳照耀下的云海，更是绚丽动人。雨后的夕阳如同一轮火球，燃烧在云絮翻飞的银涛雪浪之上，将云絮染上斑斓的色彩。

上文概括段意就是"庐山云雾中最壮观的是云海"。

以上概括段意的方法就叫作摘句法。但我们在阅读时，也常常会遇到没有重点句的情况，那该怎么办呢？

（2）串联法。

串联法，就是抓住段落中有关键作用的词语，串联成一句完整的话。来看下面这段话。

西双版纳是花的海洋。这里的花，红的、紫的、白的、黄的，五彩缤纷，美丽极了！不但有芍药、美人蕉、紫罗兰，还有许多奇花异草。这儿也是果子的世界。香蕉、波罗蜜、荔枝，果实累累，挂满树梢。肥硕的木瓜簇拥在一起。还有一种芒果，长得又肥又大，一个就有一斤重，果肉有五寸厚，而核却只有拇指那么大。

这段话主要讲的是西双版纳，是花的海洋，是果子的世界，将这三个关键词串联起来，也就得到这段话的段意了：西双版纳既是花的海洋，又是果子的世界。

看来圈画出段落中的关键词，再整理成简洁通顺的句子，也是概括主要内容的一个好方法。

（3）用自己的话概括。

很多按事情发展顺序叙事的文章，只能用自己的话来概括，交代清楚"什么时间、什么地点、谁、干了什么、结果怎样"。请同学们试着概括下面这段话的主要内容。

一天晚上，中国人民志愿军部队正在急行军。天气突然变了，眼前一片漆黑，伸手不见五指，前进的队伍就像列车突然钻进了隧道。一会儿，雷声隆隆，天摇地动，闪电如剑，刺浓云。紧接着，哗哗的雨水劈头盖脸地泼下来。战士们浑身都湿透了，衣服紧贴在身上。他们顶着风雨，深一脚浅一脚地向前走着。风雨越来越猛，周围越来越黑。

4. 在自我纠错中提升提炼概括能力

今天，我们一起学习了提高听力的方法，梳理了排列语序的步骤，还学习了概括段意的三种方法。其实，你们发现了吗，无论是做听力、排语序，还是概括段意，都与提炼概括息息相关，它可是我们思维提升的重要帮手。想要提高提炼概括能力，我们就要多阅读、多思考、多练习。有兴趣的同学可以从语文书中找一找下面这些文段，用上今天学过的方法，练习概括主要内容。

①《蝙蝠和雷达》第7自然段；

②《呼风唤雨的世纪》第2自然段；

③《盘古开天地》第5自然段；

④《爬天都峰》第2自然段；

⑤《陀螺》第4自然段；

⑥《梅兰芳蓄须》第3自然段。

今天这节课就上到这里。同学们，我们下次再见！

四、课后反思

复习课的教学要重视学生思维能力的提升，重视知识的整合性，以帮助学生梳理学习方法、提升思维能力、建立知识网络。

本节课以"提炼概括"为主线，在听力练习中学习快速捕捉关键信息，在排列语序中树立利用句间逻辑提取关键信息的意识，进而在概括段意中综合学习提炼概括的方法，层层递进，思维能力逐步提升。另外，以一篇文章为核心训练素材，学生从不同角度阅读解析，可建立其系统的知识网络，自主发掘文本背后的秘密，进一步激发阅读兴趣。

挖掘隐藏背景信息　撬动学生思维
——以《世说新语·捷悟篇》教学为例

四年级　马克姗

一、课程研发背景

为了保障学生在延期开学期间的正常学习生活，丰富学生的课外阅读，拓展学生的阅读视野，史家教育集团推出"和谐课堂"这一丰富的线上课程，以引导学生发现适合的阅读方法，在阅读中感受经典作品的精髓。

二、课程内容分析

学生发展核心素养包括学生能自主学习、能合作参与能力，有实践创新活动的能力，有阅读、思考、表达的能力。培养提升学生的阅读能力、阅读素养，根据小学高年段学生的认知特点，结合我校读书社阅读课程《世说新语》，以及上学期学生习得阅读小说的一些方法，我带领学生走进《世说新语》。通过朗读品味、迁移学法、查阅资料等形式，走近作品中的人物，感悟《世说新语》言语简洁、抓住人物特点的描写风格。

《世说新语》中涉及的各类人物有 1500 多个。其一则则故事，语言简洁，对人物的描写，有的重在形貌，有的重在才学，有的重在心理，都集中到一点——表现人物的特点，通过言谈举止写出了人物的独特性格，使之气韵生动、活灵活现、跃然纸上，言有尽而意无穷。

本课程设计的目的在于引导学生在话题讨论中走近"聪明机智"的魏晋人物形象，体会《世说新语》语言简洁的风格特点，思考作者是如何通过环境烘托、侧面衬托等方法来突出人物特点的。

三、授课形式设计

1. 学生自主阅读，迁移已有的学法。

2. 微课指导聚焦隐藏的背景，从一个人物的多个事件中赏析人物的捷悟风度。

3. 对比其他作品中的同一个人物，引发新的阅读思考。

4. 拓展交流。学生在充分学习与理解微课品评人物方法的基础上，课下深入阅读作品，对比其他作品再来品析人物，形成观点，通过恰当的形式在"网络社区平台"分享交流。

四、教学课例介绍

我将以《世说新语·捷悟篇》的学习，来谈谈如何引导学生在阅读中走近人物形象，引发学生的阅读思考，感悟作品的魅力所在。

（一）聚焦一个熟悉的人物形象，初步感悟魏晋人士捷悟的风度

走近人物形象是小说阅读教学的主要环节。在教学时，应聚焦小说人物形象，进行多元阅读，读懂小说人物形象，并使之丰满。《世说新语》大多针对特定事件及人物的特定性格进行放大或着重描写，书中的故事大多只有几十个字，多则二百来字，少则十字上下，已经把意思清楚地表达出来。就是通过这样简短精炼的故事，引导学生建立已有的认知，逐步走近人物。

1. 聚焦人物——认识杨修，理清事件

我们在阅读中发现这七则故事中有四则是在介绍同一个人物——曹操的主簿（zhǔ bù）杨修。

在看《三国演义》时，大家对杨修这个人物有哪些认识？史载，"是时，军国多事，修总知外内，事皆称意"。我们看看《世说新语》中记录了他哪些故事。

大家先找到这些故事，自己试着说说这几则故事的意思，然后再用小标题的形式概括这四则故事。（"门活为阔""一人一口""绝妙好辞""竹片之用"）

2. 聚焦一个故事——绝妙好辞

（1）整体感知。

首先，借助注释和字词典来正音，理解故事大意。重点指导注释字的读音与今音的区别。

魏武尝过曹娥碑下，杨修从，碑背上见题作"黄绢幼妇，外孙齑臼[①]"八字。魏武谓修曰："解不[②]？"答曰："解。"魏武曰："卿未可言，待我思之。"行三十里，魏武乃曰："吾已得。"令修别记所知。修曰："黄绢，色丝也，于字为绝；幼妇，少女也，于字为妙；外孙，女子也，于字为好；齑臼，受辛也，于字为辞：所谓绝妙好辞也。"魏武亦记之，与修同，乃叹曰："我才不及

卿，乃觉三十里。"

①齑臼（jī jiù）：齑，切成或舂成细末的腌菜。臼，石质舂物器具。

②不（fǒu）：同"否"。

其次，结合注释来说说这篇古文讲了一个什么故事。

译文：魏武帝曹操曾经从曹娥碑旁路过，杨修跟随着他，看见碑的背面写着"黄绢幼妇，外孙齑臼"八个字。曹操就问杨修："理解不理解？"杨修回答："理解。"曹操说："你不要说出来，等我想一想。"走了三十里路，曹操才说："我已经想出来了。"他叫杨修把自己的理解写下来。杨修写道："黄绢，是有颜色的丝，色丝合成绝字；幼妇，是少女的意思，少女合成妙字；外孙，是女儿的儿子，女子合成好字；齑臼，是受辛辣东西的，受辛合成辤（辞）字：这就是绝妙好辞。"曹操也把自己的理解写下了，结果和杨修的一样，于是感叹地说："我的才力赶不上你，竟然相差三十里。"

（2）精练的语言，体会人物的捷悟。

1）迁移学法，体会人物特点。

这个小故事记录了杨修与魏武帝曹操经过曹娥碑时猜碑文背面留下的绝妙字谜的事，自然也是成语"绝妙好辞"的出处。有的同学就会问了，猜出这样一个字谜，怎么能看出杨修的捷悟呢？这确实是个好问题，大家都来思考一下答案吧。

有的同学可能发现了"解"字，对于学识渊博的杨修来说，他不假思索地回答"解"，说明他能迅速领悟。这句简短的对话就能看出他的才智。

有的同学可能关注到了语言，曹操的表现和话语更能衬托出杨修的才思敏捷。大家都能从相关人物的描写抓住人物捷悟的特点。

2）补充被忽略的背景，再次体会人物特点。

大家在阅读的过程中还能从哪部分看出杨修的捷悟？

有的同学在自己的读书日志中提到曹娥墓碑背面的八个字。读了文中杨修的解释，大家惊叹于语言文化的博大精深吧。对于曹娥，大家了解到她是个孝女（相传东汉时，仁虞有个曹旰，为迎潮神，在龙舟赛舞时不慎跌落舜江而死。其女曹娥，年方十四，悲痛欲绝，沿江号哭七日，为寻父尸，又毅然投江，经五日始抱尸浮出。乡人感其殉父孝行，葬之于舜江边。后人在江边立碑作碑文，舜江遂改名为曹娥江，以表曹娥的孝道）。这个碑是历史上非常有名的一座碑，还被称为"三绝碑"。下面我们来看看这段文字。

汉朝倡导孝道，曹娥也因此成为"孝女"的典型。当时的"上虞令"度尚为曹娥立了纪念碑。这个碑就是后世所传的名碑——曹娥碑，也被称为"三绝碑"。

据说碑文是邯郸淳所作，当时，邯郸淳年仅13岁。他当着众人之面，略加思索就将碑文一挥而就，写得相当出色。著名文学家蔡邕路过上虞时，曾特地去看这个碑，可是他到达时已是傍晚时分。在苍茫的暮色中，他用手抚摸着读完碑文，然后在碑的背面题了八个大字："黄绢幼妇，外孙齑臼。"当时谁也不明白这八个字是什么意思。

从这段小文中，我们看到这第一绝就是碑文是谁写的，同学们看到是个13岁的少年邯郸淳所作。据史实记载，当时这个上虞县令度尚命令自己的属隶来写，写了好几天都没写出来，结果他的弟子，也就是13岁的邯郸淳写出了这篇美文。这第二绝就是这八个字的字谜。看过《三国演义》的同学都知道蔡邕，也就是蔡文姬的父亲，他路过上虞时，曾特地去看这个碑，然后在碑的背面题了八个大字："黄绢幼妇，外孙齑臼。"

据说蔡邕是出字谜的鼻祖，他题的这八个字成为中国最早的字谜。这也就有曹操和杨修一起来看这座碑，欣赏这篇美文及猜这绝妙的字谜。这第三绝就是大书法家王羲之重新抄写了曹娥碑文。（PPT展示图片）

也正因为曹娥碑隐含着中国第一个字谜，是中国文字隐语的图腾、字迹的鼻祖，历代的文人墨客都喜欢到这里参读研究这块石碑。罗贯中、曹雪芹更是把曹娥碑的故事写入了自己的作品中。（PPT展示图片）

看完这段补充的背景文字，大家是不是对杨修的捷悟又有了新的认识呢？正像同学们说的，世人猜不出的谜，他竟然不假思索地"解"出，可见他的学识渊博，能迅速领悟，难怪连曹操都自愧不如。

（3）总结学法。

从这样短小的故事，我们可以看出文章的语言简洁精妙。在抓住人物描写体会了人物捷悟特点的同时，我们还发现了文章中被隐去的背景信息。借助这些隐去的背景信息，我们更能清晰地看到人物的特点。这样的文章真是绝妙。

（二）同人物不同文学作品的阅读，撬动学生的阅读思维

不同的文学作品在塑造人物形象时，都会嵌入作者本身对人物的认知与评价。引导学生多元化阅读，在不同作品中看同一个人物，不同的作者运用不同的艺术手法进行肖像、语言、行动、心理、细节描写，来刻画、塑造鲜明而独特的人物形象。在对比阅读中，深入阅读文本，悟透人物形象，撬动

学生的阅读思维。

例如，《世说新语·捷悟篇》微课中后两个环节的设计。

杨德祖为魏武主簿，时作相国门，始构榱桷（cuī jué），魏武自出看，使人题门作"活"字，便去。杨见，即令坏之。既竟，曰："'门'中'活'，'阔'字。王正嫌门大也。"（门活为阔）

人饷（xiǎng）魏武一杯酪，魏武啖少许，盖头上题"合"字以示众，众莫能解。次至杨修，修便啖，曰："公教人啖一口也，复何疑！"（一人一口）

魏武征袁本初，治装，余有数十斛（hú）竹片，咸长数寸。众云并不堪用，正令烧除。太祖思所以用之，谓可为竹椑（pí）楯（dùn），而未显其言。驰使问主簿杨德祖，应声答之，与帝心同。众伏其辩悟。（竹片之用）

从这三个故事中我们也能看到杨修才思敏捷。所以，无论是对人物的描写，还是环境烘托，或是侧面衬托，都让我们看到杨修迅速领悟的能力。

（三）结合三国再看捷悟，提出新的质疑

通过今天对捷悟篇的学习，我们不难发现这短小文章还隐藏着许多需要补充的内容，以帮助我们更好地理解人物的特点。这个方法也适用于今后我们学习文言文，帮助我们明白文章要表达的真正意思，相信能领略更多经典古文的精髓。

如果你对这种方法感兴趣，在自主学习时可以把《三国演义》和《世说新语·捷悟篇》中相同的内容再来读读，通过阅读补充一些背景故事，再认真地领悟这七个故事，相信大家还会有新的收获和发现。

分析人物行为　读懂寓言故事

——以经典阅读《中国寓言故事精选》之古代寓言故事为例

三年级　马　岩

教育部指出，"停课不停学"不是指单纯意义上的网上上课，也不只是学校课程的学习，而是一种广义的学习，只要有助于学生成长进步的内容和方式都是可以的。要坚持国家课程学习与疫情防控知识学习相结合，特别注重疫情防护知识普及，加强生命教育、公共安全教育和心理健康教育；认真学习防疫阻击战中涌现的先进事迹，弘扬社会美德，增强学生爱党爱国爱人民爱社会主义的思想情感，也可以多读一些经典名著名篇。

史家教育集团在日常语文教学中开展经典阅读已经有很长一段时间，借助"读书社"课程，学生在老师的指导下，通过合作互助的形式，开展读书活动，收获很大。疫情期间，如何鼓励学生在家里继续开展经典阅读，并在阅读过程中主动思考，最终有所收获，引发了笔者的思考。

一、借助网络教学，学习中国古代寓言

二年级第二学期的阅读书目是人民文学出版社 2018 年版的《中国寓言故事精选》。这本书以时间为线索，收录了中国古代、现代及当代的寓言故事，大多为传世经典或有代表性的篇目。先秦时期，寓言非常盛行，诸子百家的作品中，比如《孟子》《庄子》《韩非子》《吕氏春秋》等，就保存了许多当时的优秀寓言。先秦寓言主要表现的是先秦时期的政治斗争、社会生活与生产实践，集中反映了当时人们对客观现实规律的认识，体现了人们在纷繁复杂的现实斗争和丰富多彩的社会生活中的胆识与智慧。这些寓言通过故事来寄托某种讽喻思想或见解，大多篇幅短小、情节生动，往往带给人们有益的启示和深刻的教育。

根据皮亚杰的儿童认知发展阶段论：小学低年级的学生大致处在前运算阶段到具体运算阶段的过渡时期，在他们眼中仍然存在泛灵论，认为一切动植物和微生物都是有生命的，它们都可以像人一样说话，都有人的感受。先

秦寓言故事中丰富有趣的情节、鲜明的人物性格等，符合低年级学生的认知发展阶段，所以对他们有很大的吸引力。

因此，我选择了《中国寓言故事精选》一书中的先秦寓言部分，作为二年级网络教学的内容，引导学生走进古代寓言故事，借助这些小故事讲述的道理，对古代人的思想有更多的认识，并尝试着用先人的智慧来指导现在的学习和生活。

二、借助多种形式，读懂中国古代寓言

寓言存在"一明一暗"两条主线，明线是浅显的故事内容与情节，而暗线就是寓言的寓意。低年级学生学习寓言故事，往往是通过具体事例直观地呈现善恶美丑以及道理。但是这个道理呈现的过程也需要学生抽象思维，从简单的、直观的故事情节中抽象出简单的寓意，这就是由直观、表象的形象符号抽象出深刻内涵的思维活动。笔者抓住不同寓言故事中的着力点，寻找其揭示寓意的突破点，因文而异，采取不同的引导方式帮助学生理解寓言故事的寓意，拓展抽象思维。

（一）从故事情节和结局中揭示寓意

寓意是根据故事的起因、发展和结果一步步表现出来的，可以根据故事的情节不断提问，启发学生层层思考，得出故事的寓意。

教学第一则寓言《揠苗助长》时，先让学生带着问题"这个人为什么要拔自己的庄稼"进行阅读。学生很容易就通过故事的表述得知，这个人是希望自己的禾苗长得快一些才去拔庄稼的。接下来，出示这样的行为导致的结局就是禾苗都枯死了。让学生思考这个人的行为和故事结局之间的关系，学生不难总结出因为违背了禾苗生长的规律，破坏了禾苗的根系，导致禾苗都枯死。教师进行总结，事物有自己的发展规律，光有良好的愿望和热情，做事情急于求成，违反了事物的发展规律，反而会坏事。因为寓意是由学生对故事的情节和结局进行思考得来的，所以在教学最后出示了没有声音的《揠苗助长》动画视频，由学生给动画配音，用自己的话讲讲这个故事，将刚才的思考过程复现出来。

（二）补白情节，揭示寓意

寓言故事篇幅短小，可以启发学生将故事中没有提到的内容进行合理的想象和补白，从而揭示出寓意。

教学第二则寓言《滥竽充数》时，让学生想象在三百人合奏的队伍里，

南郭先生是怎样做的。这在故事里没有写，需要学生开动脑筋。学生已经明确了南郭先生根本不会吹竽，所以只能学着别人的样子，别人晃头，他也晃头；别人摇摆，他也摇摆。而他的竽根本不发出声音，只是嘴对着竽，摆摆样子，假装在吹，做出一脸陶醉的样子。像南郭先生这样混在乐队中，就是滥竽充数。当然，不只是在演奏乐器时，在很多领域里，那些并没有真正本领的人，混在行家里面充数过日子，也是拿不好的东西混在好的里面充数。这就是《滥竽充数》这个寓言要告诉我们的道理。

（三）联系生活实际，揭示寓意

引导学生把寓言中的艺术形象与现实生活进行联系比较，从日常生活中找到类似的事情，再分析古人的做法，揭示出寓意。

学习第三则寓言《郑人买履》的时候，学生读过故事以后知道这个人要去集市买鞋。这时，请学生回忆生活中自己和爸爸妈妈去商场买鞋的经历。帮助学生按先后顺序整理好买鞋的步骤：提前在家量好脚的尺寸或者看看现在穿的鞋的号码，在商场选好鞋子的样子，请售货员拿一双自己尺码的鞋子，然后再试穿一下这双鞋，如果合适就可以直接买下它，如果不合适就请售货员换一双大一点或小一点的再试一次。

最后让学生思考，郑国人最终没有买到鞋，他错在哪里。学生根据自己的生活经验得出结论，郑国人量尺码没有错，错在宁可相信尺码，也不相信自己的脚，最终他只能空手而归，白折腾一场。所以，做事情不能随机应变，而是死守教条不变通，最终只会一事无成。

（四）群文阅读，揭示寓意

将寓意和揭示道理相近的故事组合在一起，指导学生阅读，能让学生的思维得到拓展；将寓言故事的意与言重新组合起来，巩固对寓意的认识。

学习完第四则寓言《疑邻窃斧》之后，学生根据老师提出的几个问题，理清了故事的情节发展脉络，知道邻居的儿子并没有变，变的只是这个丢斧人的心态：因为怀疑邻居的儿子偷走了斧子，所以他觉得处处可疑；因为知道邻居儿子不是偷斧贼，所以觉得他再正常不过了。学生知道了人的情感的变化对理性判断能起到重要作用。之后出示《杯弓蛇影》的视频，让学生了解这个与《疑邻窃斧》相似的故事，知道这个故事比喻一个人疑神疑鬼，为并不存在的事情担心恐惧。学生比较得知，和《疑邻窃斧》一样，《杯弓蛇影》里的这位客人也是被自己主观的意念影响了自己的心态。

这节课借助网络教学的形式，以《中国寓言故事精选》这本书为载体，选择了四个寓言故事进行学习，教会了学生通过分析人物的行为，读懂寓言故事，找到故事的寓意的方法。拉·封丹曾说过："一个寓言可以分为身体和灵魂两个部分，所述的故事好比身体，给予人们的教训好比灵魂。"学生在这样的语文学习中，找到了寓言故事的灵魂，掌握了学习的方法，进而利用这段停课在家的时间，继续进行拓展阅读，在更多的寓言故事中寻找它们的灵魂。

厘清知识脉络　引导精彩表达

——以"语文园地"之期中复习课为例

三年级　滕学蕾

一、背景分析

2020 年初，在新冠肺炎疫情蔓延的情况下，北京市大、中、小学延期开学，并启动"停课不停学"的教育方案。延期开学期间，面对居家网上学习的学生，教师的教育策略必须与时俱进，在复习课的教学中，要深耕教材，将知识点巧妙地贯穿在一节课中，使学生能够抓住重点并进行拓展延伸。

二年级上册的一至四单元主题各不相同。在一、二单元的复习中，教师带领学生温习表示动作的词，引导学生在生活情境中恰当运用数量词，巩固部首查字法，积累关于树木的谚语和中华美德的名人名言，并练习用加点词语说句子。在三、四单元的复习中，教师将重点放在联系上下文和生活经验理解词语意思的方法上，引导学生分类积累词语和句子，回顾描写风景的楹联和古诗，并巩固留言条的写法。可以说，一、二单元和三、四单元的复习，几乎穷尽了前四个单元的课后习题和"语文园地"中的知识要点。

那么，在前四个单元的复习中，还要关注哪方面的语文素养呢？

经过对教材的深入研读，着眼于二年级学生的学情，我找到了突破口：从词语搭配入手，扩展到比喻句，将与表达有关的知识梳理成一个体系，以课外阅读为依托进行巩固，辅以写话训练，使体现语文综合素养的表达能力得到提升。

二、深耕教材，厘清知识脉络

在科学技术日新月异的时代，人们的交往日益频繁，此时以清晰的语言表达自己的见解显得尤为重要。在小学语文教学中，教师要引导学生完整地讲述自己的所见所闻，进而栩栩如生地进行描绘，既准确无误，又富有感染力。

（一）借助"动词＋名词"的搭配，使表达更准确

1. 把握规律

对低年级小学生而言，不管是开口说话——恰当地运用语言表达自己所想，还是动笔书写——以合适的文字呈现自己的观点，都要力求准确，让听者或读者能进行对应的理解。指导学生表达准确，要从基本的词语搭配开始，这需要一个长期培养并不断复现的过程。教师可以启发学生思考，帮助学生把握规律。

复习时，我先按照书中提示，让学生读一读、记一记书中第 7 页的词语搭配"灌溉田地、发动机器、淹没庄稼、冲毁房屋"，并启发他们：你们发现这四组词语的特点了吗？这时，学生会有意识地进行观察，发现前一个词语是动词，后一个词语是名词。在此基础上，教师抛出"动词＋名词"的搭配形式，学生巩固了对于词性的初步认识，知道它表示的是"做什么"。

2. 联系生活

人们的生活离不开各种动作，"做什么"这样的表达贴近学生的生活实际。那么，怎样让搭配后的词语合情合理呢？这还需要学生具备一定的理解能力。经过课文的学习，他们已经掌握了这四组词语搭配的意思。教师可以在此基础上进行拓展指导。基于此，我设计了如下问题：生活中用上这样的搭配，可以把很多动作表达准确，你能照样子再说一说吗？

学生开动脑筋，由自己熟悉的动作入手，可以想到"打开窗户、收拾书包、准备学具、完成作业、许下心愿、传递爱心……"这样的训练，能够调动学生的兴趣，加深学生对常用动作的理解，引导他们在反复的语用体验中积淀对语言的准确感知，让他们的思维在思考中变得细致起来。

（二）借助"的＋名词"的搭配，使表达更具体

1. 关注事物的不同方面

在学生对"动词＋名词"的搭配有了更深入的认识之后，教师自然地引入下一个复习内容的提示：在日常生活中，还有一种词语搭配更为常见。学生一定会产生疑问：还有什么样的词语搭配更常见呢？教师相机出示：读一读，照样子说一说，看谁说得多。

明亮的眼睛　　水汪汪的眼睛　　（　　　）的眼睛

乌黑的头发　　波浪似的头发　　（　　　）的头发

有了刚才的学习经验，学生很容易找到规律，发现这是"的＋名词"。运用自己的日常积累，有的同学可能会说"迷人的眼睛、漂亮的眼睛、亮晶晶

的眼睛、炯炯有神的眼睛，细长的头发、浓密的头发、柔顺的头发、瀑布似的头发"。

教师适时作出总结："的 + 名词"是对事物的具体描绘，说的是什么样的东西。比如描绘眼睛，我们可以说它的大小、神态、给人的感受等；而描绘头发，可以说它的长短、颜色、想象的姿态等。学生受到启发，会关注同一个事物的不同方面。

2. 进行适当的强化训练

教师把握住时机，精心设计小练习，让学生逐步熟练掌握这种表达方法。

（　　）的湖水　　　美丽的（　　）　　　　（　　）的枫叶

金黄的（　　）　　（　　）的（　　）　　（　　）的（　　）

这样的语言训练，使学生开阔了思路，发散了思维，不局限于某一个方面。学生可以运用自己在阅读过程中积累的好词，想到"清澈的湖水、美丽的村庄、火红的枫叶、金黄的麦田、碧绿的荷叶、晴朗的天空"等意境优美的景物。"的 + 名词"的搭配，加上恰当的修饰，让想要描绘的事物更形象，在表达准确的基础上，使表达更具体。

（三）借助比喻句，使表达更生动

1. 想象画面

山川草木有奇趣，才能激起探索的热情；科学研究有奇想，才能点燃智慧的火花。如何让表达生动，产生熠熠生辉的魅力呢？学生们可以展开丰富的想象，由一个事物联想到与它相似的事物。

教师先出示"仙人指路"的图片，接着提问：还记得《黄山奇石》一课里的这块石头吗？它像什么？很多学生一眼便能看出来，它像一位仙人。教师接着引导：书上是怎么说的？学生翻看书本，很容易找到句子："远远望去，那巨石真像一位仙人站在高高的山峰上，伸着手臂指向前方。"

教师进一步点拨：这句话把石头比作一位仙人，多形象的比喻啊！你是不是好像也看到了这样一位仙人，在热情地给游客指路呢？像这样的比喻句，可以让事物或情境具体、浅显，为我们熟知并理解。

2. 重视积累

古人云："不动笔墨不读书。"二年级的学生想要让自己的表达生动，在平时读到好词佳句时就应该熟读成诵，最好随手记录下来，以加深印象。

在进行前四个单元的整合时，教师可以引导学生：课文中还有哪些比喻句？希望你们开动脑筋找一找，把自己的发现积累下来，并示范性地出示自已找到的几个比喻句，鼓励学生随时运用。

秋季里，稻上场，谷像黄金粒粒香。

大象又高又大，身子像一堵墙，腿像四根柱子。

茂密的枝叶向四面展开，就像搭起了一个个绿色的凉棚。

至此，由准确到具体再到生动，学生在教师的一步步科学设计下，循序渐进地厘清了有关表达的知识脉络。

三、学以致用，促成精彩表达

（一）依托课外阅读，练习运用

在一、二单元的复习中，学生回顾了《梅花》这首诗。傲霜独放、暗香清幽的梅花，给他们留下了深刻的印象。梅花种类繁多，教师可以带领学生认识一种特别的梅花——五色梅。

五色梅

五色梅开出的花非常别致。一朵花是由多种颜色的小花组成的，黄、绿、橙、红、白，样子像一把花伞。花在阳光的照耀下，加上绿叶的衬托显得更好看了，远看就像一棵小树上落了几只小鸟；近看又好像几个小姑娘穿着一身的花衣裳。微风吹来，摇摇摆摆，美丽极了。

学生读完这篇短文，试着完成下面的习题。

1.短文共有（　　　）句话。

在数句子的时候，提示学生平时养成良好的阅读习惯，把句子的序号标出来。

2.找出文中的一个比喻句。

只要找句子，就要从一个结束性标点到另一个结束性标点，找完整。做完第一小题，学生知道了短文共有四句话。在前面的梳理中，学生巩固了对比喻句的认识，明确了比喻句是把一个事物比作与它相似的事物，在做这道题的时候，能够准确地找到短文的第二句。

3.读了短文，我认识了（　　　）的五色梅。

这是一道延伸题目，训练学生对"的＋名词"搭配的灵活运用，答案不是唯一的。学生可以用短文中的词语，想到"别致的五色梅""好看的五色梅""美丽的五色梅"，也可以用自己积累的好词，如"娇艳的五色梅""动人的五色梅""千姿百态的五色梅"……

依托课外阅读，学生在富有针对性的小练习中，内化了使表达更准确、更具体、更生动的学习方法。

（二）依托看图写话，提升能力

低年级写话处于起步阶段，教师要调动学生写话的兴趣，鼓励他们尝试着运用准确、具体、生动的语言材料进行有序表达。为了帮助学生在写话中提升表达能力，教师出示了一幅原创的看图写话，引导学生仔细观察并想一想：这是一棵什么样的大树？鸟窝里有几只什么样的小鸟？那只小猫什么样？它想做什么？结果怎样呢？

为了让句子更生动、更形象，教师还补充了一些积累过的好词。

形容树木的词语：枝繁叶茂、遮天蔽日、郁郁葱葱、生机勃勃、密密层层、苍翠欲滴。

形容小鸟的词语：稚嫩、幼小、可爱、机灵、叽叽喳喳。

形容小猫的词语：调皮、敏捷、活泼、贪吃、好吃懒做。

学生根据提示，选择自己喜欢的词语，发挥合理的想象，讲述一个完整的故事。要是能用上比喻句，相信故事一定更加引人入胜。

四、案例反思

这节复习课，教师通过对教材的深入把握，帮助学生厘清有关表达的知识脉络，引导学生在平时的学习中，有意识地建立起知识的纵横向联系，将零散的知识系统化。同时，帮助学生整合词语搭配和比喻句，引导学生加以运用，让自己的表达更准确、更具体、更生动。一节课下来，学生不仅温习了旧知，还学着结合生活实际和阅读经验，不断探索新知。相信在今后的学习中，他们会用生花妙笔，描绘自己眼中的世界。

利用线上教学　引导学生运用思维导图的方法进行经典阅读

四年级　王　华

在"停课不停学"的日子，我们选择适合在家进行的方式引导学生开展丰富多彩的学习活动。史家教育集团为此推出了内容丰富的"和谐课堂"菜单课程，为同学们提供了"家校共育""经典阅读""语文园地""漫步国博""品源至慧""英语乐园""科技探索""艺术天地""国宝博览""每日诵读"等多种线上课程。我也参与其中，根据学生的需求，精心准备了适合他们在家学习的内容。

一、根据学生的特殊需求，开展经典阅读

作为语文教师，我认为阅读经典是通往智慧殿堂的金钥匙。疫情期间，孩子们在家有大量的时间，引导他们把时间用在阅读经典上，既可以充实其居家生活，又可以丰富其精神文化内涵，促使他们成长，还能使家庭氛围变得和谐。

我给孩子们推荐了著名当代作家张天翼创作于20世纪50年代的作品《宝葫芦的秘密》。这是一部充满了童趣和幻想，带有浪漫梦幻色彩的作品，十分适合中年级的小学生阅读。在四年级下册的部编版语文教材中，就节选了本书第一章的内容。

二、运用思维导图的方式引导孩子进行经典阅读

思维导图又叫心智图，是表达发散性思维的有效图形的思维工具。它基于大脑自然的思考方式，简单却又极其有效，赋予孩子最大的开放性和灵活性，特别对于表达层级比较多、非线性思考方式的整本书阅读提供了最佳的学习途径。整本书阅读不是读一个简单的小故事，书中人物众多，故事情节复杂，情节分支很多，对于中年级学生来说，要想理清楚、读明白不是件容易的事。思维导图充分利用孩子左右脑的机能，运用图文并重的技巧，把各级主题的关系用相互隶属与相关的层级图表现出来，把主题关键词与图像、颜色等建立记忆

链接，有利于孩子深入理解书中的内容和思想感情，从而开启孩子大脑的无限潜能。

三、线上教学，引导学生运用思维导图的方法进行经典阅读

（一）梳理主要人物和次要人物，理清人物关系

故事的主人公是王葆和宝葫芦。除了王葆和宝葫芦这两个主要人物，这本书里还有许多次要人物。理清人物关系有利于对整本书的理解。但是无序地想一个说一个，容易造成混乱，不利于学生清晰地读懂人物。我引导学生按照一定的顺序进行梳理，比如，可以按照人物间的关系来梳理。

家人：奶奶、爸爸、妈妈。

同学：姚俊、苏鸣凤、郑小登、萧泯生。

朋友：杨栓儿、老大姐、小珍等。

老师：刘先生、杨叔叔、孙大夫。

这样按照一定的关系顺序梳理，人物关系就清楚了。之后，我出示人物关系图，并出示一位同学画的故事中的人物关系思维导图，让学生更直观地感受思维导图的直观形象、完整清晰，并学习按一定的关系顺序画思维导图。

（二）借助思维导图梳理主要故事情节，理清故事脉络

要想读懂这本书，首先要明白书中讲了一件什么事。《宝葫芦的秘密》在课前已经布置学生读过了，但这本书有 41 章，全书 12 万字。这么多内容，学生要想读明白、理清楚并不容易，教师要帮助学生进行梳理。我引导学生按照事情发展顺序，弄清事情的起因、经过、结果，读懂整本书。

1. 读懂故事的起因

我启发学生思考故事的起因，出示第四章第 15 页、第 16 页的相关语段，让学生朗读，想想读懂了什么。学生很容易就能结合前面的情节说出故事的起因：王葆常听奶奶讲万能的宝葫芦的故事，自己也想要一个，这样自己就能想干什么就干什么，想要什么就有什么。有一天，他在钓鱼时竟然钓到了传说中的宝葫芦。

2. 读懂故事的经过

故事的经过是整本书中内容最多，写得最详细的一部分，我引导学生按照事情的发展顺序进行梳理。

首先，启发学生思考：得到了梦寐以求的宝葫芦，王葆真的得到他想要的一切，获得幸福了吗？宝葫芦帮助王葆做了哪些事？哪些事让王葆快乐？

哪些事令王葆烦恼？我告诉学生，这部分篇幅比较长，同学们按照事情发展顺序慢慢梳理。大家先自己试着说一说。

接着，我出示几张主要事件的图片，告诉学生，当事件很多、内容很长时，我们可以按照事情发展顺序，选作者详细描写的、对人物和整件事结果影响大的内容进行筛选，略写的和对结果影响不大的可以忽略。我带领学生总结出事情的经过：开始，宝葫芦帮王葆变出一桶鱼、许多零食，王葆很高兴。后来，王葆去借《科学画报》，书却已被借走，宝葫芦把《科学画报》偷偷变到王葆书包里。他和同学下象棋，想吃掉对方的一个棋子，那只棋子却飞进他的嘴里。王葆很尴尬、很不安。之后，宝葫芦帮王葆变出许多东西，写好的作业、一盆盆珍贵的植物、电磁起重器、飞机模型，只要王葆想一下，无论是书、自行车，还是收音机、望远镜等，它都能变出来，但是王葆再也高兴不起来，越来越烦恼。

"考试换试卷"事件，彻底点燃了王葆心头的大火，让他彻底看清了宝葫芦。我出示了原文第 180 页、第 181 页的相关语段，引导学生再次朗读，关注并体会王葆的心情变化，从而为理解故事的结局做好铺垫。

3. 读懂故事的结果

梳理了故事的起因和经过，学生自然也学会按照事情的发展顺序去寻找事情的结果，从文字中找答案。我出示原文第 189 页的相关语句，学生边朗读边体会王葆的心情，概括出事情的结果。王葆终于知道，原来自己得到的东西都是宝葫芦拿了别人的。他对宝葫芦厌恶极了，主动向同学们揭露了他和宝葫芦之间的秘密，并毅然表示与这个"宝贝"决裂，决心要扔掉宝葫芦。

最终，故事的结尾更加离奇，原来宝葫芦并不存在，王葆只是做了一个梦。但是，醒来的王葆从此得到了一个经验教训。

4. 引导学生结合生活实际领悟故事中的道理

《宝葫芦的秘密》借助儿童视角呈现的是一个关于成长的故事。故事的主要情节梳理清楚了，同学们一定有很多感悟。主人公王葆也是小学生，和学生的年龄相仿、想法相似，特别能引起学生的共鸣。

课前，我曾进行过调查，许多同学也想有个像宝葫芦一样的宝贝。比如，有的同学希望自己有一个三头六臂的机器人，有个万能的机器猫，或者拥有神奇的魔法棒，可以帮自己写作业，帮自己收拾书包，帮自己变出好吃的零食、想要的礼物，实现自己的愿望……这样多舒服啊！有的同学看到故事里王葆希望得到什么就有什么，甚至有点羡慕。

　　这些想法都很正常。不过，这只是美好的愿望，《宝葫芦的秘密》中对得到梦寐以求的神奇宝贝之后故事的经过和结果进行了详细描写，恰恰把孩子们没想到的现实摆在他们眼前。孩子们面对这样的现实自然会想到，不劳而获只能乐在一时，让自己能力越来越差，未来会栽更大的跟头；明白了世界上没有捷径，天上不会掉馅饼，做任何事情都要通过自己的努力；明白了每个人都有自己的梦想，梦想只有付出努力和汗水才能实现。如果只靠别人，我们会变得懒惰、依赖、迟钝……无法提高自己的本领，无法感受通过自己努力获得的快乐，反而吃更大的亏，给自己添更大的麻烦。

四、整理并绘制思维导图，促进学生思维发展

　　（一）整理并绘制思维导图

　　在老师的引导下，同学们把《宝葫芦的秘密》的主要人物、故事情节按照一定的关系，按照事情的发展顺序大致梳理出来了。我带着学生再次进行整理，学生的头脑中已经出现了一个清晰的框架。我请同学们试着用思维导图的形式把它画出来，梳理好了在社区交流群中和大家分享。

　　（二）用思维导图进行经典阅读，促进学生思维的发展

　　在线上教学，我帮助学生用思维导图这种全新的方式进行经典阅读。但我只是把学生领进了思维导图王国的大门，思维导图的绘制是非常灵活的，关键在于能够体现学生自己的思考特征，具有非常强的个性化特征。由于每个孩子的知识结构、思考习惯、生活经验不同，他们所做的思维导图也不同，有自己独特的个性特点。学生在实践过程中会对《宝葫芦的秘密》进行全方位和系统的分析，这有助于他们对所研究的问题进行深刻和富有创造性的思考，促使学生找到问题的关键因素，从而提高他们的思维水平。

以线上教学为依托　引导学生品味传统节日文化内涵

——以《端午节的故事》一课为例

三年级　徐丹丹

北京市教委 2014 年 10 月 13 日发布的《北京市中小学语文学科教学改进意见》中指出，要扎实推进教与学方式的转变，同时，将不低于 10% 的课时用于语文应用为主的综合实践活动，旨在让学生在丰富的语文实践活动中，发展听、说、读、写能力。

史家教育集团以"和谐"为起点，以培养"和谐的人"为目标。在集团课程构建的背景下，基于集团育人目标，我们结合语文课程的特点及语文核心素养的要求，构建并开展了语文综合实践活动"读书社"课程，帮助学生由被动式学习向主动式学习转变，由接受式学习向探究式学习转变，促进学生自主多元地学习，以弥补国家课程的不足，提高学生的语文核心素养，在课程中落实学校的育人目标，完善史家教育集团的课程体系。

在"延期开学不停学"期间，为了保证孩子们的安全和健康，史家教育集团精心推出了内容丰富的"和谐课堂"线上课程。学生通过"经典阅读""语文园地""每日诵读"等课程，进行线上学习、线下巩固。用经典浸润童年，让书香点亮人生。我很荣幸参与了课程的录制，引导学生合理开展经典阅读。

一、结合学生需求，开展经典阅读

对中华民族悠久的农耕文明而言，时令节气是非常重要的。《中国传统节日故事》共收录了《小年的故事》《春节的故事》《元宵节的故事》《二月二龙抬头》《端午节的故事》《七夕节的故事》《中秋节的故事》《腊八节的故事》八个民间故事。这套书旨在让学生了解中华民族的传统节日，感受源远流长的中华文明。这套绘本图文并茂，符合一年级学生的认知特点。

一年级的学生喜欢读故事、听故事、看绘本，甚至可以讲绘本故事。他们能借助拼音读准生字，读通课文，但在对内容的理解上有一定难度，需要教师的引导。由于这套绘本没有拼音，在线上教学时我采用教师范读、学生跟读、自主阅读的形式引领学生走入文本。结合低年级学生以形象思维为主的年龄特点，我融入与教学内容相关的图片、视频，激发学生探求新知的兴趣，引导学生了解传统文化，在话题讨论中培养学生的思维能力和表达能力。

二、方法引领，巧学知识

（一）图文结合，阅读绘本

怎样更好地阅读这套绘本呢？教学这套绘本时，我有意识地引导学生感知图画在绘本中不再是点缀，而是图书的命脉。在阅读时，我们不但要通过文字读故事，还要通过图画读故事。可以从图画的顺序、图画的色彩、图画中的细节、图文的关系等方面进行阅读，通过图画理解文字意义，借助文字更好地理解图画要表达的意思。

（二）引入诗歌，了解传统文化

学生不但可以通过故事了解节日，还可以读一读与节日相关的诗歌。在授课中，我有意识地将与传统节日相关的古诗融入教学中，引导学生在品析经典诗词中了解相关文化知识，激发学生对传统节日的热爱。

（三）介绍节气，丰富传统文化知识

在古代，人们以农耕生活为主，他们在农事中发现季节更替和气候变化的规律，并以此设定节日来调剂单调的农事时序。中国古代的传统节日大多与节气相关。在阅读这套绘本时，可以结合节气引导学生更好地了解传统节日。

三、以线上教学为依托，引导学生品味端午节文化内涵

（一）绘本阅读，整体感知

在《端午节的故事》一课中，我以粽子的小谜语导入，引导学生感知中国的传统节日端午节。授课时以教师范读为依托，让学生边看插图边听故事，体会绘本生动的语言，了解耐人寻味的故事内容。

（二）聚焦问题，了解故事内容

读完故事后，我引导学生思考"你知道端午节是哪天吗？""屈原是哪里人？""绘本中哪一个画面给你留下的印象最深？""读了这个故事，你最喜欢故事中的哪些内容呢？"学生在话题交流中，加深了对故事内容的感知。我引导学生可以当小小朗诵家，选择一段最喜欢的内容读一读。借助绘本故事，学生明白了古人包粽子、赛龙舟、喝雄黄酒都是对屈原的纪念，而这些活动一直延续到今，成为端午节时的重要习俗。

（三）拓展延伸，感知端午文化内涵

1. 传统习俗

除了故事中涉及的端午习俗，还有哪些习俗呢？课上，我通过拓展延伸端午节的其他习俗，引导学生进一步了解中国传统节日，体会传统文化的魅力。

（1）挂艾叶、菖蒲。

"挂艾叶、菖蒲"是端午节时我国很多地方都会进行的活动。在我的讲解中，学生明白了端午节家家以菖蒲、艾条插于门楣，悬于堂中，并用菖蒲、艾叶、蒜头等制成人形或虎形，这样可以驱邪除菌，带来好运。

（2）系五色丝线。

在中国传统文化中，象征五方五行的五种颜色"青、红、白、黑、黄"被视为吉祥色。五色丝线又称为五彩长命缕。端午节时，孩子会在手腕、脚腕上系上五色丝线，以保安康。

（3）佩戴香包。

在节日习俗里，最富于静态美和温馨气息的莫过于制作和佩戴香包了。香包又叫香袋、香囊、荷包，是用彩色的碎布和五色丝线缝制而成，内装各种各样的香料、药草，佩戴在孩子胸前，不仅美观大方、香气扑鼻，还有驱避蚊虫的功效以及祈求安康的美好寓意。

课上学生听了这些知识，一定会对端午的习俗产生兴趣，理解了端午节的很多习俗都有保安康之意。同时，我也引导学生通过查阅更多的资料来了解更多的知识。

2. 古诗赏析

古往今来，关于端午节的古诗也很多。课上，我出示南宋诗人范成大的《竹枝歌》引导学生感知端午的文化内涵。我领读后，便相机提问："这首诗写了端午节的哪个传统习俗呢？"学生从"南门竞船争看来"读出这首诗写了端午节赛龙舟的传统习俗，为我们描绘了一幅龙舟竞赛的图景。

了解历史，走进生活，通过《端午节的故事》一课的学习，学生在读故事中知道了端午节的来历，了解了端午节的习俗，品读了关于端午节的古诗，再次感受了中国传统文化。

四、"读书单"巩固，加深对传统节日的理解

学生在线上学习完课程后，认真完成"读书单"，在点滴积累中体会阅读及成长的快乐。

通过线上教学　引导学生掌握阅读方法
感悟中国传统文化的魅力

一年级　赵婧杉

在延期开学的日子里，史家教育集团面向全体学生，以"和谐"为起点，以培养"和谐的人"为目标，为学生提供了易于居家学习的课程，来丰富学生的居家生活。虽然学习方式有所变化，但是学生们对学习的热情不减，能做到态度端正，认真学习。学校倡导探究性学习，提高学生的语文素养，同时注重课本与现实生活的联系。"课程超市"中的课程琳琅满目，应有尽有。我为一年级的孩子们准备了《中国传统节日故事》之《中秋节的故事》一课。

一、根据学情，开展经典阅读

一年级的学生都是喜欢故事的，喜欢听故事、读故事、讲故事，但是由于年龄小、注意力容易分散、易被动态事物吸引，容易兴奋的同时又容易疲劳。我根据一年级学生的认知特点，在上《中秋节的故事》一课时，采用视频、图片、音效等多种形式，刺激孩子们的感官，调动学生的积极性，帮助学生更好地进行经典阅读。

同时，一年级孩子的思维非常具体、形象，所以我注意培养学生的观察兴趣，潜移默化地引导学生学习如何进行绘本阅读。例如，通过图文对照来增加孩子对人物的理解，同时这也加深了学生对绘本故事的掌握程度。所以，"表达能力"和"思维能力"是本课培养学生的重点。

二、结合阅读方法，进行绘本阅读

一年级学生已经具备拼读音节的能力，可以通过阅读来扩大识字量和加快阅读速度，所以老师需要引领学生认识书籍，培养他们读书的兴趣。例如，老师可以给孩子们推荐或者讲一些有意义、有趣的寓言、绘本等小故事，满足孩子们强烈的探知欲。

在阅读的过程中，阅读方法也是尤为重要的。对于一年级孩子来说，"精读"更为重要，学生在阅读时，老师应该引导学生遵循"五步读书法"，做到

"四个结合"。

五步读书法：

第一步：审题质疑。在老师抛出问题后，学生带着问题读。

第二步：粗读感知。低年级孩子读书时会出现读得不太连贯的现象，可以尝试用自己的话概括。

第三步：细读理解。教师引领学生对绘本中某一场景、任务进行深度理解。

第四步：诵读积累。好词好句可以反复诵读、揣摩，最后潜移默化为自己的语言。

第五步：总结收获。学生读完绘本后思考一下自己有什么收获，学到了哪些知识。

四个结合：①拼音与文字相结合；②文字与插图相结合；③读书与思考相结合；④阅读与笔记相结合。

三、线上教学，引导学生学习阅读方法，感悟经典文化

（一）绘本阅读，整体感知

"人有悲欢离合，月有阴晴圆缺，此事古难全，但愿人长久，千里共婵娟"是千古流传的名句，出自宋代著名诗人苏轼之手。这个沙画视频的几幅作品意境与之相仿，以月亮作为情感依托，所以我就用其作为导入，抓住学生眼球，从而揭示绘本主题——中秋节。

它主要讲的是嫦娥与后羿的故事。这套绘本没有拼音，一年级学生虽然掌握了一些生字，但有些较难的字还是不认识，所以，我采用"师读生听"的方式引领学生走入文本。

我先让学生听我读故事，边听边看图，这能使学生了解神话故事"嫦娥奔月"的主要内容。同时，这个过程中有助于提高学生观察配图的能力。

（二）互动交流，图文对照，分析、感受人物特点

之后，我抛出以下问题引导学生结合插图分析人物外貌、性格等特点：故事中的主人公是谁？你喜欢他们吗？你能结合插图用自己的话说一说为什么喜欢他（她）吗？

在这个过程中，我引导学生找到并分析插图与文字间的关系，读书与思考相结合，目的是训练学生的思维与表达能力，让学生"乐于表达"。对于其他学生来说，这也是在培养"学会倾听"的良好习惯。一年级学生的表达相对

较弱，当孩子观察得非常仔细或是有观察顺序的时候或是努力用自己的话概括表达时，我会适时给予鼓励。我认为，如果是在平时课堂上，也可以适当地让同桌合作学习和交流，培养学生初步的交流合作意识。

（三）拓展延伸，激趣、升华，感悟中国传统文化的魅力

1. 习俗

这套《中国传统节日故事》，意在让每个孩子了解我们的传统节日，了解源远流长的中华文明。为了增加学生对绘本的理解，书后还附上了与传统节日有关的习俗，孩子们在听完故事后还可以进一步了解中国的节日，感受传统之美。

（1）中秋祭月。"资料馆"中的信息对于一年级同学来说比较难理解，所以我给学生们补充了一些更加贴近学生生活的知识：中秋祭月在我国是一种十分古老的习俗，早在周朝时就有古代帝王祭拜的习俗，同学们熟知的日坛、地坛、月坛、天坛就是古代帝王祭拜的场地。

（2）兔儿爷。如今，制作精致的"兔儿爷"成为庙会上随处可见的工艺品，也是孩子们非常喜欢的玩具，所以结合"资料馆"信息进行讲解，再加以配图，调动孩子们的热情与激情。

2. 传说故事《玉兔救人》

在这个环节，我选取了《玉兔救人》这个神话传说。一是对于绘本中没有过多涉及的玉兔故事进行补充，加深学生对于绘本的理解；二是对于"资料馆"中提到的"兔儿爷"进行更为详细的介绍。我在这部分向学生介绍了"兔儿爷"的制作工序和方法。我相信孩子们已经不在意这个工艺品本身，而是对中国传统文化更加感兴趣。

3. 古诗鉴赏《嫦娥》

我选取了《嫦娥》这首七言诗，让学生对主人公"嫦娥"有更深的理解。这首诗描写了嫦娥在月中的孤寂景象，全诗意蕴丰富，真实动人。视频一开始是以歌曲的方式呈现的，动听且有节奏感的诗词一下就将孩子带入其中，学生自然而然地跟着节奏律动，并跟着视频诵起朗朗上口的诗句。之后视频结合诗句播放动画，让学生真切感受到嫦娥的后悔与孤寂。最后，我再次带读全诗，通过"带读、练读"的方式，让学生在了解完中秋节的来历、文化内涵以及中秋节的习俗之后，最后积累有关中秋节的诗词。

（四）分享、总结收获，激发学生对传统文化的热爱之情

节日是中国传统文化的一个重要体现，中秋节更是家人团圆的节日。《中

秋节的故事》一课将民间习俗和文人意趣结合在一起，让民众去了解、体验传统文化的意蕴。

学生在这节课中学习了中秋节的来历、文化内涵及中秋节的习俗，还积累了有关中秋节的诗句，并且从中掌握阅读的方法，更加热爱我们博大精深、源远流长的传统文化。

四、线下学生用绘画和读书卡片的方式呈现对本课内容的理解

阅读与读书笔记相结合，能更好地帮助学生理解文本。

引导学生借助语言文字想象　体会艺术之美

——以部编版六年级上册语文复习课为例

六年级　祖学军

在"停课不停学"的日子里，史家教育集团积极响应教育部的号召推出"和谐课堂"，为学生们提供了"家校共育""经典阅读""语文园地""漫步国博"等丰富的线上课程。作为一线语文教师，我参与了"语文园地"六年级上册七、八单元的复习课的教学录制工作。

这两个单元的教学内容多，为了让学生在有限的时间内获得最多的收获，我设计了三个教学板块，即字词闯关、积累比拼、阅读进阶。"借助语言文字想象，体会艺术之美"，这是七单元的语文要素，也是学生学习中的难点。我在"阅读进阶"板块安排了这一内容的学习。我是从以下几方面引导学生"借助语言文字想象，体会艺术之美"的。

一、通过比较，感受联想和想象这种写法的好处

首先，老师出示两段文字让学生读，然后比较哪个写得更具体、更传神。

皮鞋匠静静地听着。曲调时而舒缓，时而明快，时而激昂。他陶醉在这优美的旋律之中了。

皮鞋匠静静地听着。他好像面对着大海，月亮正从水天相接的地方升起来；微波粼粼的海面上，霎时间洒满了银光。月亮越升越高，穿过一缕一缕轻纱似的薄云。忽然，海面上刮起了大风，卷起了巨浪。被月光照得雪亮的浪花，一个连一个朝着岸边涌过来……

让学生思考后，我告诉大家：第一个段落描写了曲调的高低、快慢变化；第二个段落运用联想和想象的方法。我们在读的时候，也能想象月亮越升越高，海面由波光粼粼到波涛汹涌的动态变化，不禁感叹贝多芬高超的音乐技艺，感受到文章的文字美、意境美和情感美。

接着，我指导学生：写文章的时候，如果既能把自己看到的、听到的写得很具体，又能恰当地加上自己的联想和想象，文章就会更加充实，表达的

感情也会更加深刻。

二、拓展阅读，运用联想和想象，感受艺术之美

在学生初步感知恰当的联想和想象给人以美的感受后，为了加深他们的感受，我又出示了一段话，让他们听着肖邦的《第一钢琴协奏曲》进行阅读，看看自己有什么感受。

管弦乐像大海的波涛，在星月暗淡的夜空下汹涌起伏，时隐时现。这是我从没听过的音乐，然而却似曾相识，好像有点耳熟。突然，一艘小船出现在浪峰上，小船光芒四射，把夜空和波涛映照得一片通亮。这小船，是钢琴。琴声被管弦乐烘托着，又引领着乐队走向远方。我一边调节着收音机旋钮，一边屏息静听，唯恐遗漏了其中的旋律。这是一部钢琴协奏曲。第一乐章气势恢宏博大，仿佛有人在用庄严悲凉的声音倾吐心中的激情，那种悲凉，在我的心里激起强烈的共鸣，它使我联想起陈子昂的诗："前不见古人，后不见来者，念天地之悠悠，独怆然而涕下"……第二乐章是优美柔曼的抒情，活泼的琴声犹如一个心情急切的游人在山水间寻觅胜景，然而山重水复，云雾茫茫……听第三乐章时，电波受到了干扰，音乐含混不清，我竭尽全力，也无法将频道调节好。留下的印象，是从遥远的海上传来一个落水者时续时断的呼救，那微弱的呼喊不时被呼啸的风声打断。音乐结束时，我听到了播音员的介绍，这是肖邦的《第一钢琴协奏曲》。

当学生阅读结束后，老师问：同学们一定发现了，这也是一段描写钢琴曲的文字，作者在描写乐曲的时候加入了联想和想象，深深地把我们吸引住了。你们找到这些语句了吗？

听了肖邦的《第一钢琴协奏曲》，作者把管弦乐想象成　大海的波涛　，把钢琴想象成　浪峰上的一艘小船　。听了第一乐章，作者联想到　陈子昂的诗　；由第二乐章，作者又联想到　一个心情急切的游人在山水间寻觅胜景　；第三乐章让作者联想到　从遥远的海上传来一个落水者时续时断的呼救　。

最后，我小结：作者借助语言文字展开丰富的联想和想象，让我们不但深深体会到钢琴协奏曲的气势恢宏博大，也感受到了优美柔曼的抒情，陶醉在艺术之美中。

三、读写结合，运用联想和想象，表达艺术之美

在学生借助文字联想与想象，对艺术之美有了更深的体会之后，就要让

学生动笔写，表达感受。

　　首先，我激起学生的写作兴趣：同学们，你们去过莫高窟吗？你们见过莫高窟里面壁画的图片吗？下面这段文字就是在介绍莫高窟的壁画，请你读读这段话，试着发挥自己的联想和想象，用上"有的……有的……有的……"具体地写一写其他的飞天，体会艺术之美吧。

　　莫高窟不仅有精妙绝伦的彩塑，还有四万五千多平方米宏伟瑰丽的壁画。壁画的内容丰富多彩，有记录佛教故事的，有描绘神佛形象的，有反映民间生活的，还有描摹自然风光的。其中引人注目的，是那成百上千的飞天。壁画上的飞天，有的臂挎花篮，采摘鲜花；有的怀抱琵琶，轻拨银弦；有的＿＿＿＿，＿＿＿＿；有的＿＿＿＿，＿＿＿；有的＿＿＿＿，＿＿＿＿……看着这些精美的壁画，就像是走进了灿烂辉煌的艺术殿堂。

　　接着，我给学生足够的时间进行阅读思考，让他们展开丰富的联想和想象进行补白。

　　在学生思考一段时间后，老师给学生提供一些飞天的图片，引发其深入思考，进行修改。

　　最后学生、老师出示自己的补白，共同交流，体会飞天壁画的艺术之美。

　　写出：有的倒悬身子，自天而降；有的彩带飘拂，漫天遨游；有的舒展双臂，翩翩起舞……

　　学生的想象力是无穷的，提高他们的想象力，可以让其体会到艺术之美，也能让课堂变得更有艺术性，更能让学生体会到学习的快乐，激发学生语文学习的兴趣，提升学生的语文素养。

"善听巧问"促成长

——以部编版四年级上册第二单元复习课为例

四年级　安　然

为了保障学生在延期开学期间的正常学习生活，学校纷纷通过在线教育实现"停课不停学"。当三尺讲台压缩成一方屏幕，当一方屏幕转化为必须坚守的"战场"，我陷入了深深的思考：如何采用有效的复习策略，引导学生带着浓厚的学习兴趣，一边夯实基础知识，一边提高"倾听与提问"能力，从而提升学生语文素养，促进学生成长呢？

复习课不同于别的课型，它容量大、密度高、内容多，学生的起点又不一样。经过与老师们研讨，确定从整体进行教学设计。我依托《冬虫夏草》这篇文章，设计了五大板块：耳聪目明、字字珠玑、清辞丽句、文海畅游、艺海拾贝，课上巧妙地复习了字音、关联词、设问句、名人名言、倾听方法、提问策略。这样的教学设计，不但达到了"温故知新"，还促进了学生的后续学习，提升了学生的倾听能力、提问能力、阅读理解能力和语言表达能力，进一步提升了学生的综合素养。

下面我想重点说说倾听方法和提问策略的教学过程，谈谈学生的实际获得。

一、用心、用眼、用耳倾听，培养思维习惯

"语文课程标准"倡导学生"学会倾听、表达与交流，初步学会文明地进行人际沟通和社会交往，发展合作精神"。

（一）倾听的重要性

苏格拉底说："上天赐给每个人两只耳朵、一双眼睛，而只有一张嘴巴，就是要求人们多听多看，少说话。"通过这句名言，引导学生明白获得知识，除了通过阅读书籍，还有一部分就是来自倾听。如果在听的过程中能够听得清、抓得准、听得懂，就能不断地丰富我们的阅历和知识，让我们更博学，同时还能让我们更好地跟别人交流。在语文听、说、读、写四大能力中，听居于首位，直接影响着其他能力的提升。

（二）提高倾听能力的方法

怎样才能提高我们的听力呢？

首先，要提取准确的信息。

其次，要边听边思考。

最后，关注倾听的整个过程。

我们要带着明确的目标去倾听，知道自己想要获得什么？听的过程中，我们要有侧重地捕捉相关语句。另外，不能孤立地听每一句话。每听到一句话时，就要快速地与前面或者后面的内容勾连，进行深入思考。听完之后，把听到的内容进行分析、判断、提炼、整合，从而提取我们想要的信息。

（三）听力巩固练习

老师范读听力文本，请你一边听，一边思考下面的问题。

根据短文内容判断，对的画"√"，错的画"×"。

1. 冬虫夏草不是动物，而是真菌类的低等植物。（　）

2. 冬虫夏草有嘴巴，是"吃动物"的好手。（　）

选择题：

1. 冬虫夏草"吃"的食物是（　）。

A. 动物　　B. 植物　　C. 既"吃"动物，又"吃"植物

2. 下列语句中，关于"菌核"的表述错误的一项是（　）。

A. 菌核是由菌丝变来的

B. 冬天，菌核会休眠

C. 秋天的时候，菌核就长得活像一株草了

D. 春天到了，菌核就从"虫"的头部开始"剧变"

解析：

先来看看判断题。听到文章的题目《冬虫夏草》，有的同学可能有这样的疑问：冬虫夏草到底是虫还是草呢？通过认真倾听，你们一定也抓住了这句话中的关键短语"没嘴""吃动物"。根据它就能判断出第 1 题是对的。

它不是动物，而是同蘑菇、木耳、灵芝和酵母菌等一样属于真菌类的低等植物。

第二个判断题却说冬虫夏草有嘴！真是一字之差，谬以千里。再一次强化倾听很重要。

接下来看看选择题。关于第一题，文中在提到"冬虫夏草是吃动物的好手"之后，紧接着写"它吸取昆虫的营养，长成菌丝"。通过语句中的"昆

虫"二字，再结合自己的生活经验，不难判断应该选 A。

做第二个选择题时，就不能孤立地听一个句子了，短文中第二、第三自然段中，几处都提到了"菌核"这个词，我们就要把这几个句子前后关联起来，去伪存真，综合判断。题目中四个选项关系到菌核的由来，以及它在不同季节的典型变化或特点，在听的过程中，就要注意这方面信息的提取。"菌丝越长越多，昆虫被它吃得只剩下一层外壳，而菌丝则变成了硬块状的菌核。"这句话明确地告诉我们菌核是由菌丝变来的，所以 A 选项正确。B、C、D 选项涉及了季节和菌核变化的对应关系，菌核变成一株草是在夏天，而不是"秋天"，所以错误的一项是 C。

由此可见，"听"并不是完全独立存在的，它必须贯穿于说、读、写、思的教学过程中。只有养成良好的倾听习惯，学生才会在听中生疑、听中解惑、听中积累、听中成长。

二、复习提问策略，培养思维品质

古人云："学贵有疑。"传统教学偏重教师提问而较少重视学生的提问；偏重指导学生针对课文内容提问，而很少引导学生从不同角度进行提问。怎样引导学生在学习过程中不是被动地接受，而是在了解课文内容后主动地发散思维，提出问题，形成自己的阅读体验和收获呢？

为了帮助学生更好地达成这一学习目标，我精心设计了"复习提问策略""巩固提问策略"和"梳理问题清单"等环节，最大限度地提升学生对文章理解的深度。

（一）复习提问策略

上个学期，我们就学习了"提问策略"。我们可以从哪些角度提出问题呢？大家一定脱口而出：可以从文章的题目、内容、写法、启示上提出问题。

怎么能找到质疑的切入口，把疑问设在"点子"上呢？我们一起来回忆一下。

1. 第一个角度：从题目提问

（1）画重点词质疑。（出示《呼风唤雨的世纪》）

这个题目中"呼风唤雨"是重点词，可以以此为突破口设计问题：谁呼风唤雨？怎么呼风唤雨？

（2）扩展题目质疑。有的文章题目是一个词或者词组，我们就可以把题

目扩展为一个完整的句子。(出示《蝴蝶的家》)

围绕"蝴蝶的家"这个词组，我们可以试着把它变成一个问句：蝴蝶有家吗？蝴蝶的家在哪儿？蝴蝶的家什么样？

围绕文章题目提问，相对来说问题都比较浅显。为了更深入地理解内容，我们还可以从内容上提出问题。

2.第二个角度：从内容提问

抓住文章中的关键词、重点句来质疑。什么是关键词、重点句呢？就是那些能帮助我们理解课文内容的句子。比如《一个豆荚里的五粒豆》这一课，有这样一段文字，自己读一读，试着提个问题。

她说："我的天，原来一粒豌豆在这里生了根，还长出小叶子来了。它是怎么钻进这个缝隙里去的？你现在有一个小花园了！"

很多同学是不是都提出了这个问题：母亲为什么要把这一株豌豆苗说成"一个小花园"呢？解决了这个问题，我们就能感受到这粒豌豆带给女孩战胜疾病的信心和勇气，从而理解了文章的主旨。这就是抓住文章的关键词、重点句质疑。

3.第三个角度：从写法提问

青苔把它包裹起来，它躺在那儿真可以说成了一个囚犯。

读到这句话，有的同学提出了这样的问题：为什么把这粒豌豆比作囚犯？这样写有什么好处？把豌豆比作囚犯，说明第五粒豌豆生长的环境恶劣，空间狭窄，行动不自由，为下文它由囚犯变花园作了铺垫，更直指文章的中心。抓住文中修辞手法质疑，就是从写法上提问。

从写法上，还可以抓住小小的标点符号提问。我们这里说的标点指的是那些强烈感情的标点，包括省略号、问号、叹号。读读下面的句子。

"现在我要飞到广阔的世界里去了！如果你能捉住我，就请来吧！第一粒豌豆说完就飞走了。

你们发现了吗？这里有两个感叹号。从这两个感叹号中，我们展开充分的想象，能感受到第一粒种子在说话时那目空一切、自高自大的样子。

(二)巩固提问策略

同学们，你们掌握这些提问方法了吗？让我们来练一练吧！读读这篇短文，从不同角度提出问题。

冬虫夏草

冬虫夏草，又叫虫草，它冬天是虫，夏天成草。它不是动物，而是同蘑菇、木耳、灵芝和酵母菌等一样属于真菌类的低等植物。它跟草不同，没有根茎叶，不含叶绿素，只有细胞壁，过着寄生生活。它不开花，也不结果，依靠孢子繁殖。

冬虫夏草没有嘴巴，却是"吃动物"的好手。秋天，蟋蟀、蛾、蜂、蝉、金龟子等昆虫钻进洞穴过冬时，它就乘机把它的芽管刺进昆虫体内，吸取昆虫的营养，长成菌丝。菌丝越长越多，昆虫被它吃得只剩下一层外壳，而菌丝则变成了硬块状的菌核。冬天，气候寒冷干燥，菌核休眠，外表活像一条虫。

春天到了，菌核就从"虫"的头部开始"剧变"，像一根棒球棍、一根茎、一丛树枝似的从土里钻出来。到夏天了，它长得活像一株草了！

冬虫夏草在全世界有近两百种，中国虫草寄生于一种叫蝙蝠蛾的昆虫体上，是名贵的药材。冬虫夏草有什么药用价值呢？冬虫夏草不仅能抗肿瘤，还可以提高人的免疫力。因为它体积小，颜色暗，不易发现，仅产于高海拔地区，产地产量极其有限，所以显得更加珍贵。

你们都提出了什么问题呢？我们一起来交流一下吧。

1. 先看题目。同学们可能都抓住题目中的重点词"冬虫夏草"提问。冬虫夏草是动物，还是植物？冬虫夏草长什么样？冬虫夏草有什么作用？

2. 再看内容。有的同学抓住短文中的"关键词、重点句"提问。读到第二自然段时，有的同学会问：冬虫夏草没有嘴，它是怎么吸取营养的？回答了这个问题，我们不但明白了它汲取营养的方式，更能理解它为什么是低等植物，而不是动物的原因了。再读到文章最后，有的同学会问：为什么说冬虫夏草很珍贵？

3. 从写法上，你能提出什么问题呢？

读到第三自然段时，有的同学会问：为什么把虫草的"菌核"比作棒球棍、一根茎、一丛树枝？这样写有什么好处？回答了这个问题，我们就能全面了解冬虫夏草菌核变化多端，感受到它的神奇。

（三）梳理问题清单

怎么样，掌握了提问的技巧，提出有价值的问题是不是很简单呢？如果把提出的问题分分类，是不是更清楚了呢？（出示表格）

问题清单		
题目	内容	写法
1.冬虫夏草是动物还是植物? 2.冬虫夏草长什么样? 3.冬虫夏草有什么作用? ……	1.为什么说冬虫夏草很珍贵? 2.冬虫夏草没有嘴,它是怎样吸取营养的? ……	1."虫"和"剧变"为什加引号? 2.为什么把虫草的"菌核"比作棒球棍、一根茎、一丛树枝? ……

　　对于四年级学生来说,他们尝试从多角度提出问题较为困难,而通过采用有效的学习方式,可以看到学生提出的问题在变化,阅读的兴趣更浓厚,思维之花在绽放,能力在提升。

三、学生的实际获得

　　倾听方法的复习,让学生明白了倾听的重要性。它是人际交往的必要手段,是个体人际交往能力的体现,也是个体获取信息的重要渠道。

　　学生能结合阅读体验,梳理学到的提问策略,并且运用提问策略,针对文章局部和整体进行大胆提问,改变了学生被动阅读的状态,培养了积极思考的习惯。

　　线上复习课,学生在弥补知识缺陷的同时,借助思维导图梳理知识,在头脑中建构起系统知识的网络,促进后继学习,并且促进策略的发展,提高解决问题的能力,培养创新意识。

　　总之,这次复习课,不仅让我坚信,也让学生明白:善听巧问相辅相成,缺一不可;听后不断发问,深入思考,才能逐渐提升自己的语文素养。

利用线上教学　指导学生借助预测续编童话

三年级　郭　红

新冠肺炎疫情牵动着全国人民的心，为降低疫情扩散可能，保证教师和学生的身心健康，教育部通知全国大中小学春季学期延期开学。为此，史家教育集团制定了"延期开学不停学"的方案，在前期调研家长、教师和学生的基础上，打造了线上课程"和谐课堂"，开设了"家校共育""经典阅读""语文园地"等课程，以知识复习为载体，以探究性、主题性、专题性、项目学习等方式，引导学生学会学习，更多地关注学生学习计划的合理制定、学习习惯的用心培养、学习方法的不断积累、学习策略的熟练掌握，以及学习能力和思维品质的切实提升，让学生"有能力去做有意义的事"，让学生通过学习每天都能够成长。我也参与其中，在"和谐课堂"的"语文园地"中上了一节三年级语文三、四单元复习课，唤起学生对知识的回忆，做好开学后学习的衔接。

一、遵循识记汉字的规律，夯实基础知识

导入：亲爱的同学们，大家好！孔子说："温故而知新，可以为师矣。"意思是在温习旧知识时，能有新体会、新发现，就可以当老师了。没想到复习旧知识这么重要吧！你的新知识、新学问往往都是在过去所学知识的基础上发展而来的。请同学们准备好语文书、笔记本、铅笔盒，我们开始上课啦！

上节课，大家复习了上学期语文一、二单元的知识，今天我们继续复习三、四单元知识。三、四单元都有哪些课文？你们还记得吗？（出示三、四单元目录）

（一）字词闯关

大家看，这些都是来自三、四单元课文中的语句，请你们读一读，借助拼音，正确写出相关词语。并想一想，这些语句出自哪篇课文？

她的旧围（裙qún）里兜着许多火柴，手里还拿着一把。

火柴燃起来了，冒出火（焰yàn）来了！

它心想：我要是一（答dā应yìng），就会被青头发现。

187

老屋低头看看，（墙^{qiáng}）壁吱吱呀呀地响："哦，是老母鸡啊。好吧，我就再站二十一天。"

老屋低头看看，眼睛眯成一条缝："哦，是小（蜘^{zhī}）蛛啊。好吧，我就再站一会儿。"

师订正：

1. "裙"

易错笔画："衣"字旁别写成"示"字旁，"君"字的第2笔横要出头。

字理（出示图片）：古人根据上衣的样子发明了"衣"字，又演变成了"衣"字旁，所以带有"衣"字旁的字都和衣服有关，如衬、衫、补、袜、袖、被、裤。古人根据祭祀的供桌的样子发明了"示"字，又演变成了"示"字旁，所以带有"示"字旁的字都和祭祀、祈福有关，如神、福、祖、祝、礼、社、祥。

2. "焰"

易错笔画：右上方是"刀"字头，不是"爪"字头。

易错笔顺（出示动画）：右下方"臼"先写撇、竖、横，再写横折、横，最后写封口横，按照从左向右的笔顺规则写这个字就不会错了。

字理（出示图片）："焰"字右半部就像人掉入了陷阱，表示火焰是危险的，能伤人，别和"稻"字混淆。

3. "答应"（多音字）

我们可以利用词语比较辨读，"答"在"答应、答理"等词语中读一声，在"回答、应答、答案"等词语中读二声；"应"在"应该、应当、应有尽有"等词语中读一声，在"回应、应变、应付"等词语中读四声。

4. "墙"

字理（出示图片）：古人筑墙把谷物保存起来，就发明了"墙"字。

易错笔顺（出示动画）：这个字右上部分的笔顺特别容易错，我们一起来看一下：写完"土"字旁，先写横、竖，再写点、撇、横，最后写一个"回"字。再看一遍，先往中间放稻谷，再往两边放，我们按照先中间后两边的笔顺规则写这个字就不会错了。

5. "蜘"

易错笔画：总有同学把中间的"矢"字写成了"失"。

字理（出示图片）："矢"是箭的意思，对熟识的事物像箭似的脱口而出，就是知道的意思。古代弓长箭短，就以箭度量长短，所以"短、矮"这两个字都是"矢"字旁。

总结：这些字你们都写对了吗？让我们再来读读这些句子，并想一想它们出自哪些课文。我们一起回忆：它们分别来自《卖火柴的小女孩》《在牛肚子里旅行》《总也倒不了的老屋》。

二、利用归类摘抄的方法，积累好词佳句

下面进入积累比拼环节。

上学期，我们在三单元的"快乐读书吧"里读了《安徒生童话》《稻草人》《格林童话》三本书。大家还记得这三本书的作者吗？答对了，他们分别是丹麦作家安徒生、我国作家叶圣陶、德国语言学家格林兄弟。我们在阅读中记下好词、好句，它能拓宽你的思路。今天我们就来说说如何积累。

（一）激发兴趣，让学生想积累

我们可以准备一个专用摘抄本，并为摘抄本设计精美的封面图案，取一个好听的名字，还可以在班中开展评比"积累大王"的活动。

（二）学会方法，知道怎样积累

同学们，我们在一、二单元中积累了有新鲜感的句子，积累过每单元的"日积月累"，有的同学还把课外书中的好词佳句积累下来了，这都是很好的积累材料。在本单元的"快乐读书吧"中，我们读过推荐读物《安徒生童话》《稻草人》《格林童话》，那么在这些名著中你都积累了什么呢？

有的同学可能抄下了这一好词；也有同学可能不但抄下来了，还理解了它的意思，或者知道了它的用法，用在了自己的习作中。

我积累了"恭恭敬敬"这个词。

鹤发童颜：是形容老人有白白的头发，却有儿童般红润的脸庞。

面面相觑：是你看我，我看你，谁都不说话的意思。（我可以这样用：我和同桌听到这个消息面面相觑。）

有的同学特别喜欢积累有特点的句子。

他感到太幸福了，但他一点也不骄傲，因为一颗好的心是永远不会骄傲的。

对任何歌唱者来说，聆听者眼中的泪水是最好的报酬。

没有经历过苦难，就不能理解弱者的痛苦。

还有的同学觉得整段的内容都值得背下来，也很好呀！

在一条狭窄的山路上隐隐出现一幢古老的城堡。它古老的红墙上生满了

密密的常春藤。叶子一片接着一片地向阳台上爬。阳台上站着一位美丽的姑娘。她在栏杆上弯下腰来，向路上看了一眼。任何玫瑰花枝上的花朵都没有她那样鲜艳。任何在风中吹着的苹果花都没有她那样轻盈。她美丽的绸衣服发出清脆的沙沙声！

下面老师教给大家一些积累词、句、段的好方法。

1. 归类积累好词

可以将有语言特色的词语分别归类，如写景物的、写人物的、写场面的、写活动的、写动物的、写植物的等，分别归类；还可以把重叠的词语集合在一起。

描写神态的词：面红耳赤、满脸愁容、喜出望外、垂头丧气、眉飞色舞、喜笑颜开、神采奕奕、欣喜若狂、笑脸相迎、悠然自得、满面春风、笑逐颜开、谈笑风生。

描写景物的词：春花烂漫、青翠欲滴。

描写味道的词：甜美无比、甘甜适口。

描写人物外貌的词：盈盈秋水、清澈明亮、目光深邃、白发如银、云鬓高耸、乌发如云、面如晚霞。

成语：龙潭虎穴、逐鹿中原、江郎才尽。

重叠词：栩栩如生、人山人海、昏昏沉沉、黑亮亮、水灵灵、圆溜溜。

2. 归类积累好句

积累带有运用修辞手法的优美的句子，如比喻句、拟人句等。

拟人句：他的骨架子是竹园里的细竹枝，他的肌肉、皮肤是隔年的黄稻草。

比喻句：新出的稻穗一个挨一个，星光射在上面，有些发亮，像顶着一层水珠，有一点儿风，就沙拉沙拉地响。

3. 积累精彩段落

要选取通过重点词语把句子写准确、写具体、写生动的段落。

这是当然的，田野里夜间的风景和情形，只有稻草人知道得最清楚，也知道得最多。他知道露水怎么样凝在草叶上，露水的味道怎么样香甜；他知道星星怎么样眨眼，月亮怎么样笑；他知道夜间的田野怎么样沉静，花草树木怎么样酣睡；他知道小虫们怎么样你找我、我找你，蝴蝶们怎么样恋爱，总之，夜间的一切他都知道得清清楚楚。

（三）学以致用，巩固积累

"纸上得来终觉浅，绝知此事要躬行。"离开了运用，语言就成了无水之鱼、无根之花。同学们可以利用课间开展 4 人小组的交流活动，每个同学交流两个好词或一个好句。一会儿工夫，好词好句从怎么写到什么意思都掌握了，使你的积累一下子增加到了原来的 4 倍。同学们想不想去尝试呀？

"读书即是提笔时，提笔即是练字时。"大家只有一如既往地去阅读和积累，你的阅读、理解、写作能力才会突飞猛进，你才能感受到学习的快乐。

三、运用合理想象的预测，拓展续编童话

最后进入阅读进阶环节。

（一）回顾三、四单元语文要素

出示三、四单元语文要素页。在这两个单元中，我们感受了童话丰富的想象，并试着编童话、写童话；还学习了预测的一些基本方法，并一边读童话，一边预测，顺着故事情节去猜想，而且尝试了续编故事。

（二）分享学生习作：编童话

同学们还记得上学期我们写过的这篇童话吗？下面我来读读同学的习作。

国王、啄木鸟和玫瑰花

冬天的黄昏，太阳快要下山了，森林里却还是那么生机勃勃。一位国王走出了自己的宫殿，他想出来散散步。他来到一条小河边，发现那里有几枝玫瑰花。那花都盛开着，红红的，真好看！忽然，飞来一只啄木鸟。它轻轻落在一枝玫瑰花旁，用自己尖利的嘴啄着花瓣。这是怎么回事呢？国王走过去大声说："啄木鸟，你不去捉虫，跑到这里啄玫瑰花干什么？"啄木鸟吓了一跳，小声说："国王陛下，您不知道啊，现在我们森林的生态环境好得不得了，大树生病的也少了，我很难捉到虫子吃呀！刚刚看到玫瑰花，只好拿它过过嘴瘾……"国王听到这话，很开心，就允许啄木鸟把玫瑰花带走了。

（三）预测 + 续编童话

大家能根据这个同学写的内容预测一下后边的故事吗？自己试着说说，也可以说给爸爸妈妈听。我们来看看小程是怎么预测的。

啄木鸟来到了小河边，正好看见孔雀开屏。它觉得孔雀的尾巴很漂亮，就和孔雀交换了尾巴。突然从后面冲出一只大老虎，啄木鸟的大尾巴，总是被树枝缠住，差一点就没命了。于是它换回了自己的尾巴。

同学们看看小程的预测可以吗？是不可以的，因为童话题目是《国王、

啄木鸟和玫瑰花》，故事情节得围绕"国王、啄木鸟、玫瑰花"展开，才是合情合理的，这个同学的预测显然跑题了。

我们再来看看小熙是怎么预测的。

啄木鸟叼着玫瑰花飞回森林，路过一条小河，看见小河边有许多花。玫瑰花提议开个舞会，啄木鸟被精彩的舞会吸引而感动了，再也不啄花朵，飞去捉虫子了。

同学们看看小熙的预测可以吗？对，是可以的，因为她续编的故事情节和前面的已有内容是有联系的。

我们最后看看小棠是怎么预测的。

忽然，一阵风把啄木鸟的玫瑰花吹跑了。玫瑰花飘到了一个鸟窝里，鸟妈妈把玫瑰花推下了鸟巢。玫瑰花正好扣到了地鼠头上，地鼠把玫瑰花扔了出去。玫瑰花飞到了啄木鸟脸上，啄木鸟把玫瑰花扔到了小河里，玫瑰花被河水冲走，落到了一块岩石上。国王正好路过，看到了那朵玫瑰花，他惊讶地想：这不是被啄木鸟拿走的玫瑰花吗？怎么在这儿呢？

同学们看看小棠的预测可以吗？是可以的，她编的童话是围绕"国王、啄木鸟、玫瑰花"来写的。

看来，预测可以是多种多样的，只要有依据、有道理就可以。

（四）分享学生习作：续编童话

我们再来读读这位同学续编的故事。

国王走啊走啊，来到了森林超市。他开心地看着大家在森林超市里买东西，突然看见柜台上有一枝玫瑰花。这不是啄木鸟带走的那枝吗？没想到，他还真的看到了啄木鸟就在一旁。这次，国王真的生气了，厉声喝道："啄木鸟，本王允许你带走玫瑰花，你却把它放在森林超市里，这又是为什么？"啄木鸟说："国王陛下，对不起，您允许我带走了玫瑰花，可是我还有孩子需要填饱肚子呀！于是我就把玫瑰花卖给了超市，换了些孩子能吃的食物。"国王听了，又一次原谅了啄木鸟。他没有想到，啄木鸟还有需要照顾的孩子。就这样，啄木鸟带着换来的食物飞走了。国王也回到了自己的官殿。

这位同学的续编故事不仅合情合理，而且读起来特别吸引人，这是为什么呢？原来，他用上了对话，使故事的画面感很强。同学们，你们还可以用上积累的好词佳句，这样，你的故事就更有意思了。

四、总结

续编故事就是读者和作者之间的游戏，让我们一起来玩吧！游戏规则有两点：一是今后读故事可以预测，也许你的想法也很有意思，但注意一定要有依据；二是把你这个有意思的想法写出来，就是续写故事，写完之后再读原文，和作者比一比谁写得更吸引人。愿你写的故事有出人意料的结局，让读者回味无穷。

从学生在班级社区群的反馈中得知，学生听了这节课很有收获，首先是听到老师的声音，感到熟悉而亲切，心情很激动；孩子们对易错字的字理知识很感兴趣，感受到每个汉字就是一个故事，为祖先的智慧而骄傲；对积累好词佳句、运用预测续编故事的方法，也感到很实用，并运用到自己平时的摘抄、阅读、写作之中。

可见，这节复习课凸显出学科背景下的知识梳理、学科素养的发展，学习品质的培养和学习能力的提升。

依托文本　体会心情

——部编版四年级上册语文复习课

四年级　海　洋

春日来临，我们本应拥抱春光，却被一场突如其来的疫情打乱了节奏，网络成为连接口罩以外世界的重要窗口，老师们奋战在电脑前，全校师生众志成城攻克难关，努力画出"停课不停学"的最大同心圆。

立足复习课的整体框架，本节复习课依托文本《购买上帝的男孩》，立足五个板块：字字珠玑、清辞丽句、文海畅游、妙笔生花、艺海拾贝，复习了同音字、反问句，学习了通过人物的动作、语言、神态体会人物心情的方法，回忆《嫦娥》。其中，通过人物的动作、语言、神态体会人物的心情是教学的重点和难点。

一、品其心情，悟其作用

"语文课程标准"提到："能复述叙事性作品的大意，初步感受作品中生动的形象和优美的语言，关心作品中人物的命运和喜怒哀乐，与他人交流自己的阅读感受。"这里要求学生"关心作品中人物的命运和喜怒哀乐"，而作品中人物的心情通常起到刻画人物思想性格、推动情节发展、突出表现主题、暗示和象征的作用，因此我们在教学中，要引导学生掌握体会人物心情的方法。

语文教学以"审美鉴赏与创造"为核心素养，目的就在于让学生体验到文学带给人心灵的愉悦，唤醒学生对文学的渴望与热爱，在鉴赏文学作品的过程中培养创造力。这就要求我们在实际的教学中，引导学生抓住文章生动的细节，体会出人物心情，对文中人物产生如见其人、如经其事的感觉，与作者产生共鸣，读懂文章，获得美的感悟。

二、立足课堂，品味心情

四年级学生在阅读文章时容易忽略文章的部分细节，不能完全体会文章中人物跌宕起伏的心情变化，从而导致不能完全把握文章脉络的情况。我通过以下两个方法解决教学的重点和难点：方法一，从人物动作、语言、神态描写三个角度体会人物心情；方法二，在学生掌握方法一的基础上，学以致用，练习写事小片段，加深印象，力求在教学过程中不仅"温故"，而且"知新"。"新"不仅包括学生的知识、能力的内化，还包括学生是否掌握复习方法，学会反思，学会知识的运用和创新，学会继续学习。

下面是通过人物的动作、语言、神态体会人物的心情，进一步提高学生的表达写作能力的教学过程。

（一）紧扣细节，批注心情

细节描写是指抓住文章中的典型情节，加以生动细致地描绘，它具体渗透在对人物、景物或场面的描写之中。成功的细节描写会让读者感受到人物的心情变化，从而推知人物的性格、事情的发展脉络。所以在阅读理解中抓住细节描写尤为重要，那究竟什么是细节描写呢？

1. 指明细节，触摸心情

购买上帝的男孩

一个小男孩捏着一美元硬币，沿着街边的商店一家家地询问："请问您这儿有上帝吗？""世界上怎么可能有上帝卖？你别在这儿捣乱了！"几乎每家店主都这样说，然后就不由分说地把他撵出了店门。男孩眼圈红红的，低着头，咬紧嘴唇，攥着手中的硬币，继续跑向下一家店。

天快黑了，第二十九家商店的店主热情地接待了男孩。老板是个六十多岁的老头，满头银发，慈眉善目。他笑眯眯地问："你为什么要买上帝呢？"男孩流着泪说："我叫邦迪，父母去世后和叔叔相依为命。前几天，叔叔从脚手架上摔了下来，至今昏迷不醒。医生说只有上帝能救他了。我想上帝一定是种非常奇妙的东西，把上帝买回来，让叔叔吃了，伤就会好了。"

老头眼圈也湿润了，问："你有多少钱？""一美元。""孩子，眼下上帝的价格正好是一美元。"老头接过硬币，从货架上拿了瓶"上帝之吻"牌饮料，说："孩子，快把这瓶'上帝之吻'拿给你叔叔喝吧，相信他一定会好起来的。"

邦迪喜出望外，他连忙把一美元塞到老头手里，将饮料紧紧地搂在怀里，兴冲冲地跑回医院。一进病房，他就开心地叫嚷道："叔叔，叔叔，我把上帝买回来了，你很快就会好起来的！"

几天后，一个由世界上顶尖医学专家组成的小组来到医院，采用世界上最先进的医疗技术，治好了小男孩叔叔的病。叔叔出院时，院方告诉他，有个老头帮他把巨额医疗费付清了。那个老头是个亿万富翁，退休后开了家杂货店打发时光。那个医疗小组就是他花重金聘来的，现在他已经周游世界去了。

后来，邦迪的叔叔接到那位老头的一封信，信中说："年轻人，您很幸运能够有邦迪这个侄儿。为了救您，他拿一美元到处购买上帝……感谢上帝，是他挽救了您的生命。但您一定要永远记住，真正的上帝，是人们的爱心！"

通读全文，再默读第一自然段，体会邦迪当时的心情，把关键词批注在文本旁边。

（1）抓神态描写，体会人物心情。

"眼圈红红的"神态描写体会出小男孩因为买不到"上帝"而心情沮丧。

（2）抓动作描写，体会人物心情。

"低着头""咬紧嘴唇""攥着"这些词中感受到他满怀希望地走进一家家店铺，但是一次次失望，他只能垂头丧气地离开。攥着手中的硬币，却想不出其他办法救病重的叔叔。我们从这些动作中可以感受到小男孩的伤心和失望。

"跑"体会到他是一个不言放弃的男孩，他着急地想要在下一家店铺中寻找希望。

（3）抓语言描写，体会人物心情。

通过第一自然段的学习，我们知道了可以通过人物的动作、神态体会人物的心情。除此之外，我们还可以透过语言描写揣摩人物的心情。

2. 巩固练习，把握心情

默读文章第 2 ~ 6 自然段，圈出人物动作、神态、语言描写的词句，体会人物的心情并批注下来。

（1）从小男孩的动作、神态、语言描写体会人物心情。

神态描写："流着泪"神态描写体会到小男孩因为无法挽救相依为命的叔叔而伤心难过。

动作描写："塞""搂""跑""叫嚷"动作描写，知道了小男孩想让叔叔快点喝上上帝牌饮料的急切心情。

语言描写："叔叔，叔叔"，小男孩连喊两声叔叔体会到他激动的心情。

（2）从老头的神态、语言描写体会人物心情。

神态、语言描写："笑眯眯地问""你为什么要买上帝呢？"从他的神情和语言，可以感受到老头很好奇小男孩怎么会有这样奇怪的举动。

神态描写："老头眼圈也湿润了"，他面对一个素不相识的人为什么会有这样的表现呢？这是因为他听了叔叔与小男孩相依为命，现在却受伤昏迷不醒，他为这个小男孩的悲惨遭遇而感到难过，同时也为他救叔叔而购买上帝的天真想法而感动，所以老头的眼圈湿润了。孩子天真、善良的举动感染了老头，让他决定对小男孩施以援手。

（3）总结人物心情变化图。

小男孩：沮丧—难过—欣喜、激动。

老头：好奇—感动。

3. 拓展思路

刚才通过阅读，我们学习了通过人物的动作、神态、语言描写体会人物心情。除此之外，还可以通过什么表达人物心情呢？

古诗《嫦娥》中前两句环境描写出了烛光暗淡、银河斜落、星星低沉，衬托嫦娥在月亮上与碧海青天为伴时孤独寂寞、懊悔的心情。这是用环境烘托心情的方法。

作者通过对人物的动作、语言、神态、环境的描写表现人物心情的变化。我们在读书时，只有透过文字，走进故事中的人物内心，才能与作品形成共鸣，感受语言的魅力。

（二）内化方法，描写心情

文章的品读，应引导学生抓人物的动作、语言、神态等细节描写，体会人物心情，立足心情感悟人物形象、探究人物内心，这样不仅能把文章读透，而且有助于学生在写作中把人物形象写活。在阅读的基础上，及时将方法用于写作中，可加深学生印象，提升学生的写作水平。

1. 创设情境，提出写作要求

参加百米比赛、登上领奖台、参加班干部竞选、一个人走夜路、第一次当众讲故事、第一次抓小螃蟹……

你有过上面的经历吗？你当时的心情是怎样的呢？还有什么事情让你的心情特别不一样吗？选一件令你印象深刻的事情，在叙事过程中尝试运用今天学到的方法，通过语言、动作、神态描写表达出人物心情的变化。

2. 例文范读，拓宽思路

舅舅把水桶灌满水，和我一起摸螃蟹。我们寻找水势很缓、里面掩着的石头，不停地翻弄着。不时卷起浑浊的泥沙，若非手疾眼快，根本摸不住狡猾的螃蟹，它很会利用天然的屏障逃跑。舅舅掀开一块石头，我瞪大双眼，屏住呼吸，小心移动着脚，快速把手伸了进去。一双钳子死死钳住我的手指，疼得我"啊呀"一声，眼泪从眼角滚落下来。我的手指上叼着一只比指甲盖大不了多少的螃蟹，舅舅急忙用两手把钳子掰开。

老王刚准备再拨过去，电话铃声突然响了起来，是他住在哈尔滨的老母亲打来的，声音有点儿发颤："天气预报说，北京今天要到寒潮，你加了衣服没有？"寒风阵阵，穿过窗户的缝隙吹进室内，老王还来不及答话，打了一个喷嚏。

母亲听到儿子的喷嚏声可急了："已经感冒了吧？怎么这么不听话？从小就不爱加衣服……"絮絮叨叨，从他七岁时的"劣迹"说起。

通过"瞪大双眼，屏住呼吸，移动着脚，伸手"一连串动作体会到"我"摸螃蟹时大气不敢出的紧张心情。当母亲知道北京马上有寒潮来袭，马上打电话叮嘱儿子加衣服，声音都发颤了。听到儿子打喷嚏，更是絮絮叨叨，没完没了地说。从这些语言描写中我们感受到母亲对儿子的关心。

写文章时，抓住人物的语言、动作、神态描写，就会让人物形象生动起来，做到如见其人，如临其景，如体其情。

复习课就是以一篇文章为依托，按照"字、词—句—篇"的线索进行复习，帮助孩子们化零为整，将所学的知识系统化，贯穿起来。所以，复习课至关重要，我们要在教学中不断汲取经验，推陈出新，发挥出复习课的作用。

举一反三　触类旁通　提升学生语文综合能力
——以语文复习指导课为例

五年级　黎　童

新冠肺炎疫情来势汹汹，导致全国学生延期开学。虽然疫情阻挡了孩子们走进校园的脚步，但是阻挡不了孩子们对知识的渴望。史家集团第一时间响应国家的政策，马上组建团队，开发充满史家特色的"和谐课堂"，用"课程超市"的形式向学生提供学习资源，任学生自由选择，让学生们宅在家里进行线上学习。

作为教师，我也非常荣幸地参与到了备课团队之中，为学生精心准备了一节部编版五年级语文上册的复习课。复习课就是帮助学生把学过的知识进行归纳、整理，进而形成系统的认知结构。

在分析语文教材和学情后，我发现五年级的学生两极分化明显，优秀的学生习作能力强，热爱阅读；语文能力较弱的学生，有的是接受能力不强导致的，有的则是学习态度不端正引起的。要提高学困生的语文能力，激发他们的学习兴趣至关紧要。因此，我采用闯关比赛的形式开展本课教学，在激发学生学习兴趣的基础上，引导学生在复习中学会知识迁移，培养学生举一反三、触类旁通、运用所学知识解决问题的能力。这也是本节课的教学重点。

下面我想重点说说引导学生知识迁移，培养学生举一反三、触类旁通、运用所学知识解决问题的教学过程，谈谈学生的实际获得。

一、学习托物言志的写作方法，触类旁通

"语文课程标准"倡导语文教师应高度重视课程资源的开发与利用，创造性地开展各类活动，增强学生在各种场合学语文、用语文的意识，多方面提高学生的语文素养。引导学生在实践中学会学习。因此，我设计了如下的教学环节。

（一）激趣导入，引出旧知

先通过"蝉"的谜语活跃课堂氛围，激发学生学习的兴趣。

（二）迁移学法，举一反三

先让学生通过诵读虞世南的《蝉》，回忆古诗的意思。这首诗写了吸食露水的蝉，它能停在高树之上放声歌唱，不需要凭借秋风，自己凭着实力也能把声音送出很远，写出了蝉的形态、习性、声音的特点。

然后通过追问"这首诗仅仅是在写'蝉'吗"引导学生深入思考，体会《蝉》这首诗背后蕴含的情感。学生很快就发现这首诗不仅写了"蝉"的特点，还寄托了作者的情感。因此我顺势介绍，《蝉》是一首托物言志之作，托物言志是诗词中常见的一种表现手法，就是通过描摹事物某一方面的特征来表达作者情感或揭示作品的主旨。

接着，我引导学生内化吸收托物言志的概念，结合已知诗歌消化理解。学生们发现，《蝉》这首诗的作者虞世南通过对蝉的形态、习性、声音等方面的描写，来表达诗人的志向——自己和蝉一样不需要借助外力，自然能声名远播。这首诗看似写蝉，实则表达出诗人对自身内在品格的充分肯定和高度自信。

最后，教师补充"咏蝉诗"三绝，从而巩固托物言志的写作方法。为了照顾语文能力较弱的学生，让所有学生学会灵活运用托物言志的写作方法，我采用问题引导的方式，逐步为学生理解"咏蝉诗"三绝搭建梯子。

提出第一问：孩子们，请你们自由读一读这三首诗，你们能找到这三首诗中直接表达诗人情感的诗句吗？读完三首诗，孩子们很容易地找出了每首诗饱含情感的关键句。

蝉	咏蝉	蝉
虞世南（唐）	骆宾王（唐）	李商隐（唐）
垂緌饮清露，	西陆蝉声唱，南冠客思深。	本以高难饱，徒劳恨费声。
流响出疏桐。	不堪玄鬓影，来对白头吟。	五更疏欲断，一树碧无情。
居高声自远，	露重飞难进，风多响易沉。	薄宦梗犹泛，故园芜已平。
非是藉秋风。	无人信高洁，谁为表予心？	烦君最相警，我亦举家清。

然后讲解关键句的含义。学生知道了《咏蝉》中"无人信高洁，谁为表予心"写出了在恶劣的政治环境下，诗人品性高洁，不为世人所了解，还被诬陷入狱，无人肯替自己伸冤。诗人借咏蝉抒发被冤入狱的委屈和报国无门的无力。《蝉》中"本以高难饱，徒劳恨费声"写出了蝉栖身在高树上餐风饮露，难以果腹；无论是它自命清高也好，含恨哀鸣也罢，这些都是徒劳的，

终究不能摆脱生活的清贫、难以饱腹的困境。诗人自许清高，不肯屈就，仕途坎坷，生活困顿，借咏蝉表达了自己艰难的处境。

在理解的基础上，提出第二问：比较"咏蝉诗"三绝，你发现了什么？

引导学生再次深入文本，在理解托物言志的基础上，通过对比，学会触类旁通。学生很快就发现，同样是咏蝉，同样是托物言志，但由于作者的地位、遭遇、气质不同，所表达的情感也不同，从而落实课标，学生要"在实践中学会学习"。

二、学会在不同语境中正确使用名言警句，举一反三

正如"语文课程标准"所言：语文是实践性很强的课程，应着重培养学生的语文实践能力，而培养这种能力的主要途径也应是语文实践（不宜刻意追求语文知识的系统和完整）。语文又是母语教育课程，学习资源和实践机会无处不在、无时不有。因而，应该让学生更多地直接接触语文材料，在大量的语文实践中体会、掌握运用语文的规律，而不宜刻意追求语文知识的系统和完整。因此，我设计了如下的教学环节。

（一）回忆旧知，明其意

请同学们自己读一读这些句子，回忆一下它们表达的是什么意思？

不饱食以终日，不弃功于寸阴。——葛洪

盛年不重来，一日难再晨。及时当勉励，岁月不待人。——陶渊明

莫等闲，白了少年头，空悲切。——岳飞

多少事，从来急；天地转，光阴迫。一万年太久，只争朝夕。——毛泽东

（二）学以致用，解决实际问题

请同学们仔细观察这幅漫画，想一想，在生活中如果你遇到了这样的情况，能不能试着用上刚才积累的名言警句，对故事中的人物进行劝解呢？

从这幅漫画可以看出：图中的学生虽然人在课桌前，思绪却早就被游戏机、旱冰鞋、足球等吸引走了。面对这种情况，有的同学想到用"不饱食以终日，不弃功于寸阴"劝解这个学生，意思是不要一天到晚吃饱了没事儿做，不要浪费时间。

运用这句话对图中的男孩进行劝解十分恰当，不仅指出了他存在的问题，还告诉了他正确的方法——珍惜时间。

（三）拓展提升，举一反三

虽然以上场景是以漫画的形式展现的，但它反映了实际问题，现实的课堂上经常发现这样的情况。古文中像这样告诫我们珍惜时间的句子还有很多，你想到了哪些呢？

少壮不努力，老大徒伤悲。

黑发不知勤学早，白首方悔读书迟。

三更灯火五更鸡，正是男儿读书时。

一寸光阴一寸金，寸金难买寸光阴。

通过以上三个环节，同学们不仅学会了灵活运用已学知识解决实际生活中的问题，还能补充积累，举一反三。

三、案例反思与效果反馈

这节复习课采用比赛闯关的方式激发学生的学习兴趣。通过字词闯关、积累比拼、阅读进阶三个环节，逐级深入，在玩中复习，在学中应用，从而内化知识，触类旁通、举一反三，达到解决实际问题的目的。

史家教育集团"和谐课堂"播出"语文园地"复习指导课后的效果如何呢？我从学生的学习成果聚焦实际获得。

五（3）班陈怡然："我对课程中的'语文园地'非常感兴趣。这节课老师带我们巩固了以前的知识，让我们能够更扎实地迎接五年级的学业。而且我根据这节课的学习提炼出了许多的写作小妙招。1. 可以托物言志。我们通过对其他物体形态等特点的描述表达自己的志向和自己的想法。2. 可以灵活运用名言警句。3. 可以在自己的作文中运用借物抒情的写作方法。"

五（10）班薛颖心："通过三首关于蝉的诗学习，了解了托物言志的写作手法。托物言志是诗词常用的写作手法，通过事物的特征描写来表达作者的感受或者文章的中心思想。我们可以将托物言志的写作手法运用到平时的作文中去。"

五（16）班郭玉心："在这个漫长的假期中，感谢老师为我们精心准备内容丰富的'和谐课堂'，温故而知新是今天'语文园地'的主要内容。老师带领我们复习了上学期语文一、二单元的知识点，包括分辨部首、判断笔画和古诗赏析等内容。通过'日积月累'中的名人名言告诉我们要珍惜时间。我们要利用课余时间多读名著，多积累优美的词句，这有助于我们写作能力的提高，还使我们的逻辑思维更加清晰。"

学生们用文字记录了自己的课堂感受和学习收获，虽然文字稚嫩，但真实地反映了最真实的复习体验。他们不仅记录了自己的学习收获，还表达了自己的观点，以及对复习课的喜爱。

写清事情六要素　学会"叙述"生活中的那些事

三年级　海　琳

　　2020 年的春天，新冠肺炎疫情打乱了人们工作和生活的节奏。为了保证全体师生的身体健康和生命安全，教育部作出了延期开学的决定，并提出了"停课不停学"的要求。史家教育集团的老师们不仅关心孩子的身体，也惦记孩子们的学习，我们忙碌着、适应着、坚守着。史家教育集团的"和谐课堂"课程超市为孩子们准备了丰富多彩的内容，努力做到让孩子们足不出户也知天下事、足不出户也能有收获。

　　在平时和学生的交流中，很多三年级学生表示写作文挺难的。在与家长的沟通中，很多家长也反映没有太好的方法辅导孩子写作文。作为三年级的语文老师，为了在复课后学生能更快更好地适应三年级下学期的学习，我针对上学期学生在叙述一件事方面出现的共性问题进行了复习梳理，努力让全体学生的知识和能力比之前有所提升。

一、梳理课文语段，复习写一件事的六要素

　　师：我们学习了很多写事的课文，这一个个生动的小故事，给我们留下了深刻的印象。我们通过一个学期的学习，知道了要想把一件事情写清楚，需要有时间、地点、人物、事情的起因、经过、结果这六个要素。

　　先请大家读读下面这些语句，想想分别交代了哪些要素？

　　（1）很快，它又慢慢地活动起来了，看样子，劲头比上树的时候足多了。它匆匆地爬来爬去，把散落的红枣逐个归拢到一起，然后就地打了一个滚儿。你猜怎么着，归拢的那堆红枣，全都扎在它的背上了。立刻，它的身子"长"大了一圈。

　　（2）群儿戏于庭，一儿登瓮，足跌没水中。

　　（3）当然，灰雀没有告诉列宁昨天它去哪了。列宁也没有再问那个男孩，因为他已经知道，男孩是诚实的。

　　（4）上小学的时候，我们班有位叫英子的同学。她很文静，总是默默地坐在教室的一角。上课前，她早早地来到教室，下课后，她又总是最后一个

离开。因为她小时候生过病，腿脚落下了残疾，不愿意让别人看见她走路的姿势。

第一段文字描写了小刺猬偷枣这件事的经过。这段话一共有四句话。第一句写的是旁观者的感受。在第二、第三句，我们可以找到描写小刺猬偷枣时描写动作的词。这一系列动作呈现了小刺猬偷枣过程中的先后顺序，这就叫作言之有序。第四句写的是旁观者观察到的小刺猬样子的变化。写一件事情的经过时，不仅可以写事物本身，还可以写我们的感受或我们的思考。

从第二段文字知道事情发生的地点是庭院里，人物是很多孩子，还可以知道发生的时间是一天，也可以说是古时候的一天。同时，这句话是司马光砸缸救人的起因。

第三段文字是故事的结果。

第四段文字交代了上小学的时候，这是时间；教室是地点；英子是人物。还有事情的部分起因：英子小时候生过病，腿脚落下了残疾，不愿意让别人看见她走路的姿势。

第二、第四两段内容都是交代事情的起因，有什么不同？

师：通过比较我们知道，《司马光》是文言文，只用 14 个字就交代了时间、地点、人物和事件的起因。由此可见文言文语言多么简洁、凝练啊！《掌声》在故事一开始就交代了主要人物，而《司马光》的起因中，主人公司马光还没有出场呢！这就是它们的不同。你们发现这些不同了吗？

二、写清事情六要素，学会"叙述"生活中的那些事

"新课标"指出：写作指导贴近学生实际，从学生的需求入手，从学生的生活出发，遵循学生的身心发展规律和语言发展规律。写作教学时重视学生写作过程的指导，让学生通过写作实践，学会取材、构思、修改等。作文教学不仅要培养学生书面表达的兴趣，而且要让学生感受自己书写表达能力一步步提高的成就感。作文教学要达到这样的标准，关键是要让学生有表达的欲望，做到有话要写、有话会写、有话能写好。于是我选择了三年级上册《那次玩得真高兴》这篇习作再次进行指导。这篇习作是小学阶段第一次安排写一件事，把玩的过程相对完整地写下来，并表达出当时快乐的心情，在教学时是难点。在当时写的时候，学生出现了一些共性问题。于是，我首先选择了一篇很有代表性的习作，引导学生一起阅读、分析，发现问题，知道怎样修改。

（一）结合六要素，修改习作

师：同学们在日常生活中也都特别愿意分享自己的快乐，很多同学还有写日记的习惯呢，大家喜欢把自己印象深刻的事情写下来。有一位乐乐同学，把自己去游乐场的真实感受记录了下来。我们来读读，找一找这篇作文中，六要素交代清楚了吗？

那次玩得真高兴

星期天，妈妈说："今天带你去游乐场玩吧！"我高兴得一蹦三尺高。

早晨，妈妈让我多吃点，好有力气玩，我一下子吃了三个包子，肚子被撑得圆圆的。我赶紧把老师留的作业写完，这样就可以踏踏实实地去玩了。我终于把作业写完了，我和妈妈就出发了。

路上车特别多，我们开得很慢。我一直在问妈妈："什么时候能到呀？"妈妈说："别着急，现在车太多了！"后来，我在车上睡着了。忽然我听到妈妈的声音："乐乐，快醒醒，咱们到了！"我赶紧睁开眼睛，哇！游乐场终于到了。

我们赶紧排队买票，买完票，走进了游乐场。游乐场有很多好玩的项目。我玩了矿山车、空中飞人、漂流，还看了 4D 电影。我最喜欢玩矿山车，车在轨道上开得很快，特别刺激。要不是妈妈反复催我，我还想再玩呢！

那次玩得真高兴！

师：这篇小文中六要素交代清楚了吗？你觉得哪些地方写得好？

梳理：文中交代了时间：星期天；地点：游乐场；人物：我和妈妈；起因：去游乐场；结果：那次玩得真高兴。字里行间，我们能感受到这位同学高兴的心情。这些都是小作者写得非常精彩的地方。

师：你觉得要想更清楚地表达，文中哪儿需要修改呢？

梳理：作文要做到表达清楚，需要在确定自己的所选的内容是否与题目相关后，运用自己日常积累的材料，把表达的内容按照顺序写清楚。在叙述的过程中，重点要放在事情的经过上。阅读后，大家可以发现第四段写的是玩的经过，这一部分才是需要重点写的内容。而第二、第三段与玩的经过关系不大，可以选择不写或略写。

（二）结合六要素，欣赏习作

我又先后出示了两篇学生反复修改好的习作，在引导学生赏析同学作文的时候，我进行恰当的指导、点拨，在提高学生写作的基本功上下功夫，激发学生尝试写作的兴趣，帮助学生提升写作能力。

师：游乐场可是同学们最喜欢去的地方啊！你们一定会说出很多自己喜欢玩的项目。卡丁车、海盗船、空中飞毯、翻滚过山车……你回想起当时玩的情景了吗？你能把玩的过程叙述清楚吗？

1. 指导学生赏析短文是如何把一件事情写清楚的

音乐过山车是一项既有趣又刺激的游乐项目，能够随着音乐节奏上升、翻转、跌落。它的最高点为 32 米，最快速度每小时 81 千米，远远看去像一条黄色的巨龙在天空和地面之间盘旋。我们在座椅上系好安全带后，音乐过山车就开始缓缓地爬坡了。几秒钟后，到达了过山车的最高点，紧接着，音乐过山车像火箭一样"嗖"地往下冲，我感觉一下子失去了重心，自己好像飞起来了。突然，过山车开始急速翻转，我心里紧张极了，双手死死地抓住扶手，过山车在空中接连翻了好几个跟斗，我的心都跳到嗓子眼儿了，旁边的人都在紧张地大叫。这时候，过山车开始渐渐平缓起来，"呲"的一声，过山车停了下来，我惊魂未定地睁开了眼睛，双腿发软。回过神来，觉得又刺激又好玩，依依不舍地走下了过山车。

（李子沫）

师：小文写了坐过山车的过程。第一、二句简单介绍了过山车这个项目怎么玩，在正式玩之前，还通过列数字和自己的远观写下了对这个项目的初步感受。在座椅上系好安全带后，游戏正式开始了。首先"过山车缓缓地爬坡""几秒钟后到达了最高点"，让我们感觉到了速度快，心情特别紧张。"紧接着，音乐过山车像火箭一样'嗖'地往下冲，我感觉一下子失去了重心，自己好像飞起来了"。我们通过"紧接着""一下子"都能感到速度快、时间短，坐在上面非常紧张。"突然，过山车开始急速翻转，我心里紧张极了，双手死死地抓住扶手，过山车在空中接连翻了好几个跟斗，我的心都跳到嗓子眼儿了，旁边的人都在紧张地大叫"。作者抓住了自己的动作和感受写出了这个游乐项目突如其来的变化带给自己的刺激体验。"旁边的人都在紧张地大叫"还写出了自己听到周围人的感受。最后，这个项目结束了，而小作者怎样了呢？"惊魂未定地睁开了眼睛，双腿发软"，但又"依依不舍地走下了过山车"。这篇小文写清楚了玩游戏的先后顺序和自己在参与过程中心情的变化，你们关注到了吗？

2. 通过回答问题，知道短文是如何把一件事情写清楚的

终于轮到我们了，我和爸爸迫不及待地冲向卡丁车，跳进车里。信号灯一亮，爸爸踩着油门，卡丁车"嗖"地一下蹿了出去，我感觉背后的椅子推

着我往前跑。旁边的车发出"轰轰"的声音，大家都在向前冲。我对爸爸喊："快一点，再快一点！"我紧盯着前车，我们离它越来越近，突然，爸爸叫道："要拐弯了，坐好！"还没等我反应过来，我身子一歪，好像要甩出车外，安全带一下子绷紧，把我死死地箍住了。我惊魂未定，又是一个弯道，我身子又向另一边歪过去，车轮发出"嗞嗞"的声音。在东倒西歪中，我们超过了好几辆车。过了一会儿，我们冲上坡顶，我突然看不见路了，车头猛地往下一扎，好长的一个下坡跃入眼帘。车就像飞机从高空俯冲下去。我感觉脚底下踩空了，心一下子提到了嗓子眼儿。我抓着把手，一动也不敢动。我心里想，太刺激了。

（张友嘉）

师：

从"冲、跳、喊、盯、歪、歪、冲、抓"这些动作中，我们能够知道小作者是怎么玩的。

它的先后顺序是怎样的呢？首先我和爸爸迫不及待地冲向卡丁车，跳进车里。然后卡丁车"嗖"地一下蹿了出去，我感觉背后的椅子推着我往前跑。能让人感受到时间短，速度快。

我对爸爸喊："快一点，再快一点！"从人物的语言中，我们能感受到他和爸爸在玩卡丁车时的兴奋劲儿。

"之后我紧盯着前车，突然，爸爸叫道：'要拐弯了，坐好！'还没等我反应过来，我身子一歪，好像要甩出车外，安全带一下子绷紧，把我死死地箍住了。我惊魂未定，又是一个弯道，我身子又向另一边歪过去，车轮发出'嗞嗞'的声音。在东倒西歪中，我们超过了好几辆车。过了一会儿，我们冲上坡顶，车头猛地往下一扎。车就像飞机从高空俯冲下去。我感觉脚底下踩空了，心一下子提到了嗓子眼儿。我抓着把手，一动也不敢动。"一眨眼的工夫，这一连串的动作和心理活动以及"突然""一下子""猛地"，让人感受到游戏过程中的变化快，卡丁车劲头足，参与者精神高度紧张，这个游戏真是太刺激了。

3.小结

这两名同学的片段，都写了自己在参与游戏的过程中看到的、听到的、想到的，通过准确的动词写清楚了玩的经过，通过心理活动写出了参与者的心情变化，做到了言之有序、言之有情。

（三）结合六要素，"叙述"生活事

师：今天我们回顾了课文的经典片段，欣赏了同学的精彩文章，积累了生动的语句，反复诵读品味，边读边思考。我们知道了生活中要做有心人，留心观察并认真记录。课下同学们可以继续积累生动有趣的词语，也可以记录生活中的点滴小事，把一件事情说清楚，然后在我们的社区群里分享交流。

"好作文是反复修改出来的。"学生通过这节课的学习，在老师的提示和指导下，知道了要想把一件事情写清楚，需要写清六要素，也知道了怎样修改习作，有了拿起笔来叙述生活中那些事的愿望。

积累中悟方法　不断提高语言运用能力
——以一堂复习课为例

五年级　刘玲玲

疫情让开学延期，但阻止不了我对学生的牵挂，阻挠不了我与学生的教学相长，一定让孩子们成长如期，是我们所有教育人的心愿。学校"延期开学不停学"的进军号吹响了，作为一名语文教师，我要给孩子们呈现一节什么样的复习课呢？

22 年的教育经验告诉我，让学生广泛阅读、勤于动笔，不仅可以打开学生的语文视角，还可以让他们的思维更活跃、表达更自信。但现状是孩子们兴趣爱好广泛，每天能踏踏实实读读经典、诵诵古诗词、练练笔的时间有限，所以部分学生语言匮乏，表达能力有限。针对这样的现状，这节复习课我有了这样的思路：积累中悟方法，不断提高语言运用能力，诵读经典古诗词，耕一块怡情的沃土，在他们心中埋下幸福的种子，不断给予成长的力量。

一、加强古诗词积累，提高语言运用能力

古诗是中国传统文化的精粹，不仅内涵丰富、意境深邃，而且语言凝练、词语优美，有很强的艺术感染力。诵读古诗词对小学生认识中国传统文化的博大精深，吸收民族文化的智慧，丰富精神世界，培养热爱祖国语言文字的情感、发展个性，能起到举足轻重的作用。

（一）创设良好的诵诗氛围，激发兴趣

第一单元的第三课学习了三首极富画面感的古诗词，于是我有了这样的设计：

描写西湖雨中奇景的是哪一首古诗呢？是苏轼的《六月二十七日望湖楼醉书》，在这首诗中，"＿＿＿＿＿＿，＿＿＿＿＿＿"两句把西湖盛夏时节天气由雨到晴转变之快的奇丽景色淋漓尽致地展现在我们面前。

我国古代诗歌中含有数字的词句很多，如"朝辞白帝彩云间，千里江陵一日还"。在《西江月·夜行黄沙道中》这首词中也有，"明月别枝惊鹊，清风半夜鸣蝉。稻花香里说丰年，＿＿＿＿＿＿。＿＿＿＿＿，＿＿＿＿＿。旧

时茅店社林边，路转溪桥忽见"。

古诗中带有色彩的诗句也很多，比如"两个黄鹂鸣翠柳，一行白鹭上青天"，你还想到了"＿＿＿＿＿＿，＿＿＿＿＿＿"。

（二）以相同题材为桥梁，广泛积累

刻画了秋江暮色，写出了诗人羁旅之思的是哪一首？没错，是《宿建德江》。乡愁是文人墨客笔下常常抒发的情感。由这份乡愁你联想到了哪些诗句呢？

乡愁，是孟浩然宿建德江时的"＿＿＿＿＿＿，江清月近人"。乡愁，是王维作客他乡时的"独在异乡为异客，＿＿＿＿＿＿"。乡愁，是张继夜泊枫桥时的"月落乌啼霜满天，＿＿＿＿＿＿"。乡愁，是王安石泊船瓜洲时的"春风又绿江南岸，＿＿＿＿＿＿"。

过去，由于交通很不便利，从一个地方去另一个地方需要花几天甚至几十天的时间，一封家书也需要辗转很长时间才能送到亲人的手中，若遇到人生失意的时候，这份乡愁就越发伤感了。只是诗人表达乡愁的方式有时直抒胸臆，有时则表达得较为隐晦，有一种独特的美感。

（三）引导学生抓住诗词特点与心灵的对话，提高语言运用能力

在《六月二十七日望湖楼醉书》这首诗中，作者是怎样写出景物特点的呢？

作者抓住了西湖盛夏时节天气由雨到晴的过程变化来描写。其实我们学过不少写景的古诗，那么我们抓住景物的什么特点来学习呢？可以抓住景物的颜色，如《游园不值》中的"春色满园"，"春色"是五颜六色的，"一枝红杏出墙来"可以看出有红色、绿色等；还可以抓住景物的画面，如《山行》，画中有诗，诗中有画；等等。

在描写乡愁的古诗中，作者又是如何表达自己的思乡情感呢？

抓住景、物，触景生情、感时生情，以客观的景物与诗人主观感受的对比，来反衬诗人思乡之情的浓厚。

同学们掌握了不同诗词的特点，就可以巧妙地把它运用到你的文章中，比如有的同学的父亲在外地工作，那么中秋月夜看到明亮的月光时吟诵出"海上生明月，天涯共此时"。所以说，加强古诗词积累有助于写作水平的提高。说到写作水平，我想起了这段话："且夫水之积也不厚，则其负大舟也无力。覆杯水于坳堂之上，则芥为之舟；置杯焉则胶，水浅而舟大也。"这是《庄子·逍遥游》中的一段话，他告诉我们，人生需要底蕴，写作亦如此，大量的积累是写作必不可少的。

二、通过阅读进阶复习点面结合写法，提高语言运用能力

（一）根据学生实际问题，回顾点面结合写法

在学习第二单元时我发现，了解文章是怎样点面结合写场面的是学习的重点，尝试运用点面结合的写法记一次活动也是同学们习作中的难点，于是我有了这样的设计。

在《开国大典》这篇文章的众多场面中，阅兵式的场面给我们留下了深刻的印象，我们快速聚焦到这一部分，浏览课文第 12 自然段。思考作者是怎样描写这一场面的呢？

同学们通过阅读不难发现，作者将海军、步兵、炮兵、战车师、骑兵师、人民空军作为点。作者又说，以上这些部队，全部以相等的距离和相同的速度经过主席台前，那么所有受检阅部队就是面。而且我们还发现每一个兵种描写的角度也是不同的：海军突出的是服装颜色特点、步兵突出方阵行进特点、炮兵突出武器特点，这样每一个方阵作为一个点突出，作者就是采用了这样点面结合的方法来描写这一场面的。那么，这样写的好处是什么呢？

同学们争先恐后地发表自己的见解：作者采用点面结合的方法描写阅兵式，既能使读者感受到每一个方阵虽然各有特色，但整齐划一；又能感受到所有受阅部队的整齐威武和斗志昂扬，画面感极强。这样的描写使人体会到典礼会场气氛的庄严、隆重和气势恢宏。

《狼牙山五壮士》第二自然段也运用了点面结合的方法，我们也一起来看看。请你说说作者怎样既关注了人物群体，也对每一位战士进行了具体刻画，这样点面结合的好处是什么？

同学们纷纷发言：五位战士痛击敌人的情形就是面的描写，每一位战士的表现就是点的描写；作者抓住了每个战士不同的特点，比如通过动作、神情等让我们感受到了每一位战士的英勇顽强，同时我们还能感受到五位战士作为一个战斗群体的团结勇敢，塑造了令人印象深刻的抗日英雄个体和群体的形象。学生在表达观点的同时回顾了点面结合的写法。

由此可见，充分利用课本学习写法、巩固学法是十分有必要的，因为模仿是前提、是基础，而迁移、创新则是一种提高。

（二）点评同学作品，巩固点面结合写法

把评价的主动权还给学生，对于提高学生的写作能力是很有用的。无论是自评，还是同桌互评、全班评价等方式，学生都很喜欢，他们在交流中评

价，在评价中巩固了学法，激活了思维，那么我们就真正引导学生在深度学习，不仅做到"深"下去，而且"远"开来。于是就有了下文这样的环节。

下面我们来看一个同学写的片段，看看他是怎样运用点面结合的写法写拔河比赛的。

决胜局开始了。绳子就像一根铁棍横在中间，岿然不动。队员们个个绷紧脸，使出吃奶的力气。小亿把绳子牢牢地系在腰上，瞪着眼珠，咬着牙，仰着身子，使劲往后拽。小序双手死死地抓着绳子，小辰的额头沁出粒粒汗珠，就连最调皮的小驰脸也涨得通红，拼命地往后拔。

操场上的同学，有的挥着手，有的把衣服抛到空中，嘴里都喊着同样的口号："加油！加油！"啦啦队激动地欢跳着，嗓子喊哑了。迎风飘扬的彩旗格外鲜艳，仿佛在为我们助威。操场沸腾了，加油声、呐喊声此起彼伏，久久响彻在校园上空！

同学们在评价过程中，兴趣盎然，各抒己见，不仅关注了每个同学的表现，如神态、动作，还抓住了所有参与拔河的同学的神情及场上啦啦队员的表现和整个操场的氛围，这样的评价既巩固了点面结合的写法，又让学生在合作交流中深入思考、大胆表达。

（三）运用点面结合写法，尝试修改写过的作文

通过自改，学生会提高自我认知能力和写作水平。于是有了下面这个环节。（PPT出示教材中二单元习作）

同学们，上学期我们曾经运用点面结合的写法写过一篇习作，下面请你拿出这篇习作，运用你学到的方法——既要关注整个场景，也要关注局部细节的刻画，修改你的习作。

学生刚开始自己修改作文有点不习惯，有畏难情绪，这时老师适时地点拨，或者同学当中的典范都会起到积极作用，这样学生会由开始的只能改几个词语、几句话，到反复进行炼意、炼句、炼字，作文水平显著提高。

（四）评价，点燃学生习作的热情

当学生修改完自己的作文后，老师与学生的评价就非常重要了。学生个体是有差别的，我们不应该用一把尺子去衡量所有学生，应实事求是，因材施教，让不同的学生都得到成功的激励，使他们在各自的基础上得到发展。

我想，作为一名语文教师，必须把"以学生为主体"的理念体现于教学的全过程，虽然是一节复习课，但也要努力做到学思结合，知行统一，在潜移默化中积累、悟方法，提高语言运用能力。

关注学生实际获得　培养真正的阅读者

——以《西游记》整本书阅读教学为例

五年级　王建云

整本书阅读，即让学生读完一整本的书。早在 20 世纪 40 年代，叶圣陶先生就提出"要读整本书"。2011 年颁布的《义务教育语文课程标准》中也提倡"少做题、多读书、好读书、读好书、读整本书"。我们知道：整本书阅读作为一个重要的任务群，其目的旨在让学生形成阅读方法、养成阅读习惯、建构阅读经验，提升语文素养，培养真正的读者。

笔者将从基于培养真正阅读者的整本书阅读教学设计、从聚焦学生实际获得的整本书阅读教学效果以及整本书阅读教学反思三个方面展开思考，现分享如下。

一、培养真正阅读者，《西游记》整本书阅读教学设计

（一）史家"经典阅读"课程理念引领

在"师生共读一本书"的过程中，要进一步激发孩子们的阅读兴趣，选择、运用恰当的阅读策略，深入阅读文本；要鼓励孩子们提出自己的问题，发现容易忽略的重要内容，形成自己的思考和认识；要感悟经典作品的艺术魅力，在阅读经典中涵养品格与能力。

（二）五年级骨干团队《西游记》课程实践

1. 根据学生实际需求，选择《西游记》做整本书阅读教学

《西游记》是我国四大名著之一，学生对它可以说是既熟悉又陌生。说熟悉，是因为很多学生早已通过影视作品、连环画、改编版故事等了解了其中的内容，被里面曲折的情节、神异的妖魔鬼怪所吸引，师徒四人的形象也因电视剧的成功拍摄而铭刻在学生的脑海中。说陌生，是因为这本文言色彩较为浓厚的名著，其中一些生僻的词语让学生读起来比较吃力，不能完全理解其作为文学作品所包含的深厚的思想内容、艺术特色以及文化底蕴。

《西游记》是一部厚重的古典大作，值得阅读、欣赏、讨论的地方很多，绝不是看看电视剧就能够体会的。如果只是看电视，而没有整本书的阅读，

对于名著《西游记》的理解必定是随性的、空泛的，像是缺了"魂"的躯干，没有内涵。学生只有拿起这本书，细细读、慢慢品，才能感知阅读名著的方法与技巧，真正了解《西游记》的内涵，感受传统文化的博大精深。

五年级语文组团队在语文部课程理念引领下，根据学生实际需求链接了统编教材五年级下册二单元"快乐读书吧"的内容，选择了《西游记》这部小说进行研究并录制了 6 课时的网课。

2. 教学内容及课程亮点

印象西游　整体感知——要想读好一百多回的小说，可以怎样开始？

感受孙悟空的英雄豪气——精读重点章节，了解孙悟空的英雄豪气如何塑造？

体会"唐僧"人物形象——小说中的"唐僧"与历史上的"玄奘"性格一样吗？

体会猪八戒的丰富和有趣——你是喜欢猪八戒还是讨厌猪八戒？

旗鼓相当的对手：二郎神和牛魔王——与大圣同一级别的两个高手有何异同？

充满神奇的西游记——小说中还有哪些奇闻险事？

以上是我们设计的《西游记》整本书阅读的 6 课时教学内容。我们通过 6 课时的网课教学，体现出如下课程亮点：

亮点一：品味幽默有趣的语言；

亮点二：评价鲜活有趣的人物；

亮点三：感悟奇特有趣的现象；

亮点四：习得实用的阅读方法。

二、关注学生实际获得，《西游记》整本书阅读教学效果评析

我们强调学生阅读整本书，是希望学生正确认识阅读的价值，树立正确的阅读目标，通过阅读整本书，养成良好的阅读习惯，形成正确的阅读方法，从而建构个人的精神史。那么，《西游记》整本书阅读课后的效果如何呢？我们聚焦学生实际获得，从培养真正阅读者角度对学生学习成果进行教学效果的深度解析。

（一）大数据反馈:《西游记》整本书阅读好评如潮

2 月 17 日是"整本书阅读"第 1 课时播出的日子，2 月 22 日我们通过调查问卷的方式就"延期开学不停学—课程超市"对全集团学生和家长开展

了不记名的满意度调查，我们共收集 5972 份有效问卷。发现语文学科的"整本书阅读"在"课程超市"10 个主题内容中是最受学生喜爱的，满意度高达71.5%。

除了数据反馈，我们还从班级群的学生交流中感受到孩子们、家长们对于《西游记》整本书阅读的肯定和喜爱，同时更真切地感受到了学生的阅读兴趣被很好地激发了。

学生 1 班级群分享：今天的"和谐课堂"语文园地中，讲述了《西游记》孙悟空的性格特点和经典片段。孙悟空是一个勇敢机灵、正义凛然的英雄。从他的三个年龄阶段可以看出他精神层面的上升。一开始，他大闹天宫只是为了自己反抗。到后来，他在西天取经路上斩妖除魔大多是为民除害。到最后，他已经将自己磨练成了一个极具正义感的英雄，使我深刻感受到了他的英勇无畏。《西游记》的作者吴承恩在当时的科举考试中屡次落榜，他将不畏强权的精神体现在了书中，而孙悟空就是这样一个经典的例子。《西游记》这本书给了我很多启示，尤其是师徒四人性格差异的对比以及三人对唐僧的保护。他们坚持不懈的精神感动了我。《西游记》这本书的精神世界极其丰富，它一直吸引着我的阅读兴趣，令我爱不释手。今天的课程使我受益匪浅，也期待明天的课程。

学生 2 社区群分享：在所有学科中语文是我最感兴趣的一门，昨日新的一周学习开始，我们又迈向了走进四大名著之一《西游记》的道路。对于我而言，《西游记》是一个再熟悉不过的书名，从咿呀学语时起，它就出现在我的词海中。但坦诚来讲，我从未静下心来思考里面的深刻含义。在生活中聊起《西游记》，我们总会侃侃而谈，衍生的作品也层出不穷，可又有多少人的关注点是在语言艺术或人物形象上，而不是里面的打斗笑话？我们老师曾说：既然是四大名著之一，就绝非等闲之辈。在上完第一次课后，它又勾起我心里想一探究竟的念想，也许在这次探索之后，又有非比寻常的故事等着我……

学生 3《大闹天宫》四格漫画分享：

孩子们高昂的兴致、稚嫩的画笔、诚挚的语言，让老师们备受鼓舞，同时我们也进行了更加深入的

思考和追问：学生们如此喜爱《西游记》整本书阅读课，他们的阅读兴趣被我们很好地调动起来，那么 6 课时学完后，他们在哪些方面有了实实在在的获得和提高呢？我们最初的课程目标有没有在学生身上真正地落实呢？从培养真正阅读者的视角，我们对学生的学习成果进行了收集、归类和分析。

（二）梳理分析学生作品，关注学生实际获得

通过对学生学习成果的分析，我们提炼出《西游记》整本书阅读教学对于小学高年级学生语文学习的价值和意义。

1. 在《西游记》整本书阅读中丰富阅读体验

我们努力通过《西游记》整本书阅读带领学生回归现实阅读的场域中，希望在能够激发学生阅读热情的同时，也能帮助学生积累语言材料、拓展思维认识。

《西游记》中，谚语、歇后语等俗语的灵活运用，对偶和排比两种手法运用得精准而巧妙的句子，一个个章回名，对仗式的三言两语诠释出内容概要，一个个鲜活的人物形象的刻画充满了独特的语言魅力。教学中，我们建议学生自主进行好词和精彩句子的摘抄，或针对鲜活的人物形象写写自己的阅读感悟，这些都是从学生的自主阅读兴趣出发，帮助学生丰富自己的阅读体验，同时又给予学生一定的自由表达交流的机会，让阅读变为一种显性的过程。

阅读感想、摘抄、社区群里的畅所欲言给予学生最真实且丰富的阅读体验，是他们和书本互动最直接的结果。这些记录也为学生之间的深入阅读提供课程资源。通过这些活动，学生既阅读到了有趣的内容，又表达了自己的观点，体验到了整本书阅读的乐趣。

2. 在《西游记》整本书阅读中习得阅读方法

面对一本书，大多数学习者仅凭兴趣展开学习，在阅读中获得的是浅层次的、大概的知识。《西游记》更是这样，很多同学从小就看过电视剧或者动画版的《西游记》，不少同学听过不同版本的《西游记》的音频课，还有一些同学读过儿童版的《西游记》。对于《西游记》中的经典故事，"孙悟空大闹天宫""三打白骨精""真假美猴王""火烧盘丝洞"……相信很多同学都能讲述出来。但是，这样的阅读仅停留在浅层次的、了解的层面。读《西游记》原著，并在老师的引导下利用恰当的阅读方法进行阅读和思考，学生恐怕还是第一次。

在整本书阅读中，老师努力引导学生将精读的阅读方式运用到重要篇目的理解上，以整本书的阅读为契机，设计相应的活动，给予学生具体的阅读

方法的指导，可以帮助学生更好地理解小说人物形象和作者思想。

在第 1 课时"印象西游　整体感知"的学习中，学生面对章回体小说，学会了借助小说目录、前言、后续整体感知作品，学习了带着问题阅读和划分内容阅读的方法了解故事梗概，并尝试用浏览法阅读全书，把握大致情节。

在第 2 课时"感受孙悟空的英雄豪气"的学习中，通过精读重点章节，了解孙悟空的成长经历，反复揣摩人物的做法、语言，感受孙悟空的英雄豪气。

在第 3 课时"体会'唐僧'人物形象"中，学习借助资料，在对比中了解"唐僧"与历史上"玄奘"的异同，多元感受"唐僧"的人物形象。

在第 4 课时"体会猪八戒的丰富和有趣"中，学生在倾听与思考中感受人物性格，体会猪八戒形象的丰富和有趣。

在第 5 课时"和孙悟空旗鼓相当的对手：二郎神和牛魔王"的学习中，学生在对比阅读中走近和孙大圣旗鼓相当的两个对手——二郎神和牛魔王，发现两个故事从人物形象到情节发展的异同，并尝试继续利用对比阅读的方法去阅读两个更厉害的角色——如来佛祖和镇元大仙，他们两个与孙悟空之间发生故事有什么异同，从中享受阅读的乐趣。

在第 6 课时"充满神奇的西游记"中，学生在阅读中感受作者夸张的手法、丰富的想象力和幽默诙谐的创作风格，感受《西游记》的常读常新。

3. 在《西游记》整本书阅读中提升思维能力

其实整本书的阅读活动，就是学生语言经验的积累过程，是提升学生思维能力的过程。在整本书阅读过程中，学生不自觉地接受了语言的熏陶，促进了语言运用能力的提升。同时，整本书阅读也不是一种单纯的书籍阅读活动，它还可以促进学生概括总结能力和阅读评价能力的提升，从而促进学生思维能力的发展。

4. 在《西游记》整本书阅读中汲取历史智慧

学生在整本书阅读中习得了恰当的阅读方法，养成了好的读书习惯，在整本书阅读的过程中不断涵养自己的性情。《西游记》更是如此，通过阅读让蕴藏在典籍中的文化基因和历史智慧为今所用、为我所用，从而让我们的学生更好地面对当下、面向未来。

我们通过网络组织学生开展《西游记》整本书阅读，通过深入阅读和思考，学生看到取经团队历经磨难，凭借勇敢、顽强、坚定的信念最终取得了成功。学生联系实际产生了深刻的思考，并用连环画的形式展现，聚焦了四个关键词：

危急：妖魔鬼怪（新冠病毒）来势汹汹！取经事业（人民生命）面临严重危险！

勇敢：妖怪（病毒）来势汹汹，取经人（白衣天使）毫不畏惧，英勇出战！

顽强：妖怪（病毒）本领高强，战斗十分艰苦。取经人（白衣天使）顽强不屈，病毒不退，他们不回！中国的抗"疫"，赢得世界的尊重！

信念：取经人经历八十一难，最终取得真经！我们发扬取经精神，也一定能战胜病毒，取得抗"疫"最后的胜利！

著名学者朱永新说过一句话："一个人的阅读史，就是一个人的精神发育史。"一个人在学生时期读过什么书，对他未来的人生观、价值观和世界观的影响极大。疫情下的《西游记》经典阅读，或许时隔多年后学生淡忘了文本中的细节，但肯定不会忘记主人公们的执着信念和勇敢无畏的人生态度。

三、《西游记》整本书阅读教学反思和感悟

《西游记》的"整本书阅读"教学已经告一段落，但对于"整本书阅读"这个专题的思考和研究，我们并没有停止。怎么让"整本书阅读"的教学行为有计划、有设计、可操作、有效果……我们还要进行认真的反思和总结。

我们相信，教育是"一朵云推动另一朵云"，是在有限中创生无限。有限的是脚步，无限的是心路。疫情暂时阻止了学生返校的脚步，但我们可以通过"整本书阅读"活动延展师生相伴的心路。我们相信，美不胜收的春天已经在孩子们的眼睛里、在孩子们的心底无限闪亮！

利用线上教学　引导学生围绕一个意思进行表达

三年级　吴金彦

2020 年，一场突如其来的新冠肺炎疫情，致使我们的假期延长。不能按时开学，不代表我们无事可做，我们要利用好这个时间，"停课不停学"。在这期间，史家教育集团推出了丰富多彩的线上学习，老师们精心准备的一节节生动课程，学生可根据自己需要选择课程进行学习。作为集团的一名语文教师，我有幸参与其中。在以往的课堂教学中，对于表达，孩子们或多或少存在一些问题。这次我根据他们对这方面的需求，精心准备了一节"围绕一个意思表达"的课程。

一、根据学生需求，制订学习计划

语言是文学审美的特殊手段，语言表达能力包括书面语言表达能力与口头语言表达能力。口头语言表达能力通俗地说就是指人与人之间的交流，书面表达则是指写作能力，而写作能力的形成则起步于口语表达能力的培养，因为两者是相辅相成、紧密联系的。"语文课程标准"对中年级学生口语表达的要求是：能清楚明白地讲述见闻，说出自己的感受和想法。讲述故事力求具体生动。现在的孩子们乐于表达，愿意与同伴交流自己生活中有趣的事情，但是在表述过程中，存在漫无天际、说话颠三倒四的现象，容易让听众产生误解。因此，引导学生学会围绕一个意思表达尤为重要。基于此，我决定从已学的课文入手，选取典型性的片段，引导学生再次深入阅读，找出规律，学会表达。

二、运用思维导图，帮助学生梳理

学生在读一段话时，能够找出重点句，并知道围绕重点句分了几方面来写，这个能力十分重要。作为教师，怎样帮助学生厘清文章脉络？我决定用思维导图方式帮助学生边阅读边进行内容梳理。思维导图又叫心智图，是表达发散性思维的有效的图形的思维工具。它基于大脑自然的思考方式，简单又有效，赋予孩子最大的开放性和灵活性，特别对于表达层级比较多、非线性思考方式的片段阅读提供了最佳的学习途径。对于三年级学生，厘清一个段落的层次并不容易，思维导图使孩子充分利用左右脑的机能，运用图文并重的技巧，把各级主题的关系用相互隶属与相关的层级图表现出来，把主题关键词与图像、颜色等建立记忆链接，有利于孩子深入理解书中的内容和思想感情，从而开启孩子大脑的无限潜能。

三、引导学生运用思维导图进行片段阅读

（一）教方法、理思路

我们来读部编版三年级上册课文《海滨小城》中的一段话：

小城里每一个庭院都栽了许多树。有桉树、椰子树、橄榄树、凤凰树，还有别的许多亚热带树木。初夏，桉树叶子散发出来的香味，飘得满街满院都是。凤凰树开了花，开得那么热闹，小城好像笼罩在一片片红云中。

这段话是围绕第一句话，也就是"小城里每一个庭院都栽了很多树"这句话来写的，首先引导学生读后了解小城的特点，用一个词语来概括，是"树多"。此时，老师把"树多"写到一个方框里，下面又画了三个小方框，继续思考围绕"小城树多"这个意思，这个自然段又是从哪三个方面来写的，用三个词语概括出来。

老师分别引导孩子们读第二、第三、第四句话，找到"种类多""香味浓""花开得热闹"这三方面内容，告诉学生：这个自然段的第二、第三、第四句围绕着第一句话，从三个方面把"树多"这个意思写清楚了。在读第四句话的时候，有同学可能会说写的"花开得热闹"，正是"热闹"一词形象地描绘出凤凰花争相斗艳、欣然怒放的情景。把花比作"红云"，更加突出了花朵的繁多，从而也写出了树多，因此在第三个小方框中，我们可以写"花如云"。

（二）通过自主阅读，厘清段落脉络

老师教给学生借助思维导图的方法，阅读围绕一个意思表达的片段之后，让学生自主阅读这种模式的片段，尝试用思维导图理清段落关系。部编版三年级上册课文《富饶的西沙群岛》中有这样一段话：

西沙群岛也是鸟的天下。岛上有一片片茂密的树林，树林里栖息着各种海鸟。遍地都是鸟蛋。树下堆积着一层厚厚的鸟粪，这是非常宝贵的肥料。

学生自主阅读以后，运用刚刚学过的方法，厘清段落思路：这个自然段的第一句话讲了西沙群岛的鸟非常多，故称为"鸟的天下"，接下来分别从三

个方面来具体说明为什么称这里为"鸟的天下"，因为在茂密的树林里栖息着各种海鸟，遍地都是鸟蛋，树下堆积着一层厚厚的鸟粪，所以说西沙群岛是鸟的天下。

（三）通过多种形式，掌握围绕一个意思表达的方法

学生学会了运用思维导图的方法，厘清围绕一个意思表达的段落之后，我又进行了拓展，继续用这种模式的段落，引导孩子们阅读，在阅读中夯实方法，为围绕一个意思进行表达打下基础。片段如下：

原野热闹非凡。成片的大豆摇动着豆荚，发出了"哗啦啦"的笑声；挺拔的高粱扬起黑红黑红的脸庞，像是在乐呵呵地演唱。山坡上、大路边、村子口，榛树叶子全都红了，红得像一团团火，把人们的心也给燃烧起来了。

读后，请学生画一画这段话是围绕哪句写的，说一说短文通过写哪三种植物写出了原野的热闹。

最后总结：上面我们一起学习的三段话都是先总地介绍这段话想表达什么，再围绕这个意思从几个方面具体介绍。我们把这样的段式叫"总分段式"。

四、学以致用，尝试围绕一个意思进行表达

"语文课程标准"指出，中年级学生要乐于书面表达，增强习作的自信心，愿意与他人分享习作的快乐。观察周围世界，能不拘形式地写下自己的见闻、感受和想象，注意把自己觉得新奇有趣或印象最深、最受感动的内容写清楚。

学生学会了借助思维导图的方法厘清围绕一个意思表达的段落后，愿意运用这种方法习作，这便是最佳学习效果体现。

下边是习作片段：

我是个爱看书的孩子。从小到大我看过许多书，有《秘密花园》《海底两万里》《爱的教育》等。记得有一次，妈妈去超市了，只有我一个人在家。我聚精会神地看书，妈妈都回来做饭了，我竟然丝毫没有察觉。直到妈妈喊道："开饭喽！"我才发现妈妈回来了，这才恋恋不舍地离开了书的海洋。

老师的点评是，你介绍了"我是个爱看书的孩子"，然后再从看过的书多和看书入迷两方面具体介绍自己是个爱看书的孩子。特别是在介绍看书入迷时还写了一件事——自己聚精会神地看书，连妈妈回来了都没有察觉，直到妈妈喊你吃饭才恋恋不舍地合上书。一位小书虫的形象一下子就出现在我们的脑海中。

欣赏片段之后，许多同学感同身受，仿佛看到了自己的影子，他们都像这个小伙伴一样，是个爱阅读的孩子。接着我引导学生思考：你爱看书都有哪些表现呢？赶快回想一下，可以用思维导图的方式记下来。在以往的学校生活中，有的同学早早来到学校吃早餐，享受着餐盘边上摆着书的感觉；社会实践、外出旅游时带着书的同学随处可见，得空就看；还有的同学一本书能读数遍，经常和同学三五成群坐在一起，津津有味地讲《西游记》等名著故事……有这么多爱阅读的孩子，老师很骄傲！那么我们为什么要读书，又该怎样读书呢？

趁热打铁，我又给孩子们提供了一些写作素材，帮助他们拓宽思路：

操场后面的小花园真美……

秋天的树林就像一幅色彩斑斓的图画……

一到池塘边，我就被眼前的景色吸引住了……

车站的人可真多……

我喜欢夏天的夜晚……

通过这样的线上学习，学生学会了借助思维导图厘清自然段的脉络，掌握了围绕一个意思表达的方法，提高了语文学习的能力。

利用预测的阅读策略　提升学生阅读能力

——以《海底两万里》导读课为例

二年级　王潇雨

一、课程设计背景

2020 年春，在这个特殊时期，史家教育集团倾力打造"博·悟"课程框架，以网络微课形式，开展生活、生存、生命教育，使学生感悟家国情怀、明确责任担当。

在"经典阅读"这一课程板块中，语文教师团队与集团"读书社"对接，依托"三味书屋"校本课程重构教学框架，提升学生阅读兴趣，让学生在经典诵读的过程中，掌握有效阅读策略，梳理故事层次和脉络，充分表达阅读感受，促使学生语文素养全面提升。

二、课程内容简析

《海底两万里》是法国作家儒勒·凡尔纳创作的长篇小说，是"凡尔纳科幻三部曲"之一。小说一开篇就设置悬念，将读者的目光聚焦在 1866 年，海上发现的一只疑似为独角鲸的大怪物身上。博物学家阿龙纳斯和他的仆人康赛尔以及捕鲸手尼德兰，都成了"海怪"的俘虏，这才发现"海怪"是一艘构造巧妙的潜水艇——"鹦鹉螺"号，他们应尼摩艇长邀请，开启神秘的海底之旅。

小说中情节设置古怪离奇，生动形象地描绘了充满神秘色彩的海底世界。

本节课作为经典名著《海底两万里》的导读课，教师始终以预测的阅读方法为线索，激发学生阅读兴趣，丰富其阅读体验。

三、教学目标

1. 通过预测的学习策略，读故事揭秘"海怪"，激发学生的阅读兴趣。

2. 学会阅读目录，运用图像化阅读策略，梳理出"鹦鹉螺"号的航海路线，初步了解整本书的框架。

3. 通过片段试读，初步感知书中的科学与幻想。

四、教学过程

环节一：激趣导入，聚焦"海怪"

1. 揭示题目，预测内容

兴趣是最好的老师。关注小说封面的题目，通过猜想与预测，使学生在期待中开启对这本书的阅读之旅。

2. 关注目录，聚焦"海怪"

作者构思巧妙，情节设置古怪离奇，小说一开篇就设置悬念，将读者的目光聚焦在海上发现的一只疑似为独角鲸的大怪物身上。在开启阅读之旅之前，教师也应充分把握这一吸引人之处，引导学生关注目录，激发阅读兴趣。

3. 给出线索，验证猜测

1866 年，海洋上发生了一件奇怪的事，这件事神秘至极，无人能解释清楚。因为，一段时间以来，好几艘轮船在航行的过程中都遇到了一个"庞然大物"。这个"庞然大物"体积非常大，身体呈梭形，在海里游动迅速，而且还会发出神秘的光。它在各个海域神出鬼没，兴风作浪。

看到这部分的描述，我们知道海怪是个"庞然大物"，这一点和你刚才的猜想一样吗？那咱们继续猜这"庞然大物"到底是什么呢？

老师实在佩服你们的想象力！同学们，你们猜对了吗？老师再给你们一些线索。

对于这个东西的大小，见过的人说法不一：有人说它有 200 英尺长，也有人说它有 1 英里宽、3 英里长。

谁知道"两百英尺"到底有多长呢？"200 英尺"大约有咱们校区的操场那么长。而 1 英里宽、3 英里长有 300 多个小学那么大。

1867 年，4 月 13 日，海上风平浪静，一艘名为"斯各脱亚"的客轮竟然出事了。有人在甲板上喊："船要沉了！船要沉了！"船长立即命令停船，派一名潜水员潜入海底检查撞击部位，结果发现船底竟然有个两米长的裂口，边缘整齐，呈三角形。

是什么东西能让裂口这样有规则？有的同学猜测是一个带有大锯齿的东西，还有想到独角鲸。让我们还是根据提供的线索继续到书中寻找答案吧！

环节二：阅读片段，揭秘"海怪"

1. 浏览小说第二章的相关内容，揭示"海怪"的本来面目

但是毫无疑问，我们必须承认，此时我们就站在某艘被称为海怪的一种

潜水艇上。

2. 了解创作年代，揭示小说体裁

这本著作出版于 1870 年，也就是说"海怪"之事出现在 150 多年前。而在 1954 年，美国才建造出世界上第一艘核动力驱动的潜艇。我们今天介绍的《海底两万里》其实是一部小说，里面的情节很多是作者想象出来的，也寄托了他美好的愿望。

环节三：目录指引，梳理航线

在这一环节，首先出示小说插图，预测小说情节，再借助目录，对照世界地图，合作完成《"鹦鹉螺"号的航海路线图》，依次圈出目录中提示的"鹦鹉螺"号潜水艇航行经过的地点（太平洋→万尼科罗群岛和托列斯海峡→印度洋→红海和地中海→大西洋→南极）。

环节四：回读小说题目，了解其中内涵

回读这本小说的题目，深刻理解其中的内涵：文中的故事发生在海底，而航海者在海底行驶的工具是潜水艇，所以，这里的"两万里"指的是潜水艇在海底航行的路程，并不是海面到海底的距离。

五、教学反思和效果

在微课设计过程中，教师始终以预测的阅读策略，调动学生的阅读兴趣。从一开始关注小说封面的题目，到在期待中开启对这本书的阅读之旅，再到抓住题目中的关键词语"海怪"袭来，让学生利用已有的知识和生活经验，通过片段中的关键词句，猜测、推论"海怪"是什么，激发学生的阅读欲望。

本课倡导学生利用已有生活经验，凭借目录提供的信息，运用图像化阅读策略，在地图上梳理出"鹦鹉螺"号的航海路线。学生自己动手勾画、介绍航海路线，感受"两万里"之远，不仅能够整体感知这本小说的框架，而且更具直观性，更加深刻地理解了题目中的"两万里"表示的不是海面到海底的距离，而是潜水艇行驶的路程。进而让学生展开想象，"鹦鹉螺"号潜水艇在海底行驶可能经历了哪些事，充分激发学生的兴趣。

利用重点片段感受人物形象　提升学生阅读能力

——以《阿里巴巴和四十大盗》为例

二年级　金利梅

一、课程设计背景

2020 年春，全国大中小学延期开学不停学。为了让学生在这个特殊时期如期成长，我们采取了网络上课模式，采用微课的形式，让学生在"经典诵读"的过程中，掌握有效阅读策略，注重重点片段的描写，充分感受人物形象，从而提升学生的阅读能力。

作为教师，以学校"三味书屋"校本课程为依托，仔细研究外国民间故事《一千零一夜》，挖掘故事本身内涵和外延，延展阅读内容，教会学生用有效的策略，感悟故事中人物的个性特点，从而提升学生的语文阅读能力。

二、课程内容设计

《一千零一夜》又名《天方夜谭》，是著名的古代阿拉伯民间故事集，里面有 243 个故事，讲述了许许多多古老的故事。相传，国王山鲁亚尔生性残暴，好嫉妒，因王后行为不端，将其杀死，此后每日娶一少女，翌日晨即杀掉，以示报复。宰相的女儿山鲁佐德为拯救无辜的女子，自愿嫁给国王，用讲述故事的方法吸引国王，每夜讲到最精彩处，天刚好亮了，使国王爱不忍杀，允许她下一夜继续讲。她一直讲了一千零一夜，国王终于被感动，与她白首偕老。

教师在设计这节课时，以整本书阅读为基础，并在"选读自己喜爱的故事"和"对自己喜爱的故事进行重点阅读"两节课的基础上，通过复习旧知识和整体感知故事的形式，总结前两节课学习阅读故事的方法，借助思维导图帮助学生了解故事内容，结合精彩片段引导学生感受人物形象，厘清故事内容并简单复述。

三、教学形式

以学校"三味书屋"校本课程为基础，利用网络，通过录制微课的形式开展教学工作。在课程开始，老师先带领学生观看小视频，猜猜是什么故事；然后带领学生走进故事内容，借助思维导图梳理《阿里巴巴和四十大盗》故事中一个章节的主要内容；接着抓住重点片段，通过人物语言、动作等描写，引导学生分析、感受故事中人物的性格特征。在整体故事结束后，再次借助思维导图，厘清《阿里巴巴和四十大盗》的故事中包含了 15 个小故事，了解《阿里巴巴和四十大盗》不同于一般故事书的编排方式——平行串珠状，知道这种结构亦称为连串插入式结构。最后，带领学生用复述的方式讲故事，锻炼孩子们的复述能力，并为新学期语文能力的训练奠定基础。

四、教学过程举例：结合片段，感受人物形象

在学生梳理阿里巴巴发现宝藏片段之后，从故事中找到主要人物阿里巴巴、戈西母、马尔基娜，让学生结合重点片段感受人物的形象。

（一）感受阿里巴巴人物形象

在感受阿里巴巴人物形象时，让同学们阅读片段内容，并说说阿里巴巴是一个怎样的人，是从哪些地方看出来的。

1. 贫苦

相信不少同学会认为阿里巴巴是一个贫苦的人。故事中提到他的全部家当除了一间破屋外，只有三匹毛驴。阿里巴巴夫妻俩只能靠卖柴维持生活。这样的日子，是不是很贫苦呢？

2. 勤劳

请同学们想象一下：阿里巴巴靠卖柴火为生，他会遇到什么困难呢？而且，他不是一天两天这样，而是每天都这样。这些细节上的描述，都让我们感受到阿里巴巴的勤劳。

教师小结：刚才我们通过抓关键词句，边读边想象主人公阿里巴巴的贫苦和勤劳，这也是我们阅读时体会人物形象的重要方法。同学们在后面的阅读中一定要掌握这种方法。

（二）感受戈西母人物形象

在感受戈西母人物形象时，教师先让学生猜猜戈西母来到藏宝的山洞里会怎么做呢？从他的做法中，你能看出戈西母是个怎样的人？

1. 贪婪

读着这样的描述，你的脑海中浮现着怎样的画面呢？此时此刻，戈西母的注意力完全被堆积如山的财宝吸引住了，面对这么多的金银财宝，他激动

万分，有些不知所措。这样的戈西母让你用一个词语来形容，你想到的是哪个词语呢？对，就是"贪婪"。

我们来看看戈西母的做法："他急忙大肆收集金币，并把它们一一装在袋中，然后一袋一袋挪到门口，预备搬运出洞外，驮回家去。"相比阿里巴巴，他确实很贪婪。除此之外，你们还认为他是个怎样的人呢？你是从哪里看出来的？

2. 愚蠢

由于戈西母兴奋过度，他竟忘记了那句开门的暗语，大喊："大麦，开门吧！"洞门依然紧闭。的确，戈西母是一个愚蠢的人。

有的同学可能还找到了这句话，他一口气喊出属于豆麦谷物的各种名称，唯独"芝麻"这个名称，他怎么也想不起来。从这是不是也能感受到他的愚蠢？

（三）感受女仆马尔基娜的人物形象

下面，就让我们一起认识一下女仆马尔基娜，看看她是个怎样的人。

1. 聪明、机智

你们为什么会觉得她很聪明，也很机智呢？她没有擦掉记号，而是用粉笔在所有邻居的大门上都画上了同样的记号，这样如果坏人来了也就找不到做的记号了。马尔基娜的确是个机智的人。

同学们，你们知道吗？在故事中，马尔基娜先后三次破坏了强盗们的罪恶计划，她的机智不仅仅体现在一件事情上。我们再来看看下面这个片段，想一想：除了机智，你还能从文中感受到马尔基娜是个怎样的人？

2. 勇敢

试想一下，要是你突然听到油瓮里有人说话，你会是怎样的表现？可你们看，马尔基娜突然听到匪徒的问话时，虽然吓得倒退一步，但是她并没有害怕，反而当即应道："还不到时候呢。"这是多么勇敢机智啊！

3. 善良

就在这危险的时刻，她没有想到自己的安危，而是想到自己的主人。你们是不是从中也感受到了她的善良？

我们从上面的两个片段描写中认识了一个机智、勇敢、善良的马尔基娜。同学们，如果我们要全面地认识一个人，就要多看看他做了哪些事。要知道，一个人的特点就藏在他做的事里。

（四）复述故事内容

当我们把这 15 个小故事的标题用图表串联起来之后，就成了一个图表式的思维导图了，这样的思维导图不仅能帮助我们厘清故事的层次，还能够帮助我们很好地把故事复述给别人听。

五、教学反思和效果

在微课设计过程中，教师紧扣重点片段，引导学生从语言、动作、心理活动等感受人物形象，从而让学生切实掌握要全面地认识一个人，就要多看看他做了哪些事，理性地对人物形象作出准确判断。

教学中两次运用思维导图，先是梳理一个片段，帮助学生了解故事的起因，接着在结尾针对"复述"这一具体内容进行指导，有效提升思维导图的使用效果和针对性，让学生更加合理地运用思维导图解决语文阅读中的实际问题，提升了学习的实效性。

阅读丰富生活　经典丰盈人生

——以《海底两万里》第六课时"阅读分享课"为例

四年级　刘　欣

一、课程设计背景

己亥岁末，庚子年初，我们经历着一个不平凡的开年。在这个特殊时期，为了让学生成长如期，史家教育集团倾力打造"博·悟"课程框架，以网络微课形式，在"延期开学不停学"期间开展生活、生存、生命教育，使学生感悟家国情怀，明确责任担当。

在"经典阅读"这一课程中，语文教师团队与集团"读书社"对接，依托史家七条校区"三味书屋"校本课程重构教学框架，梳理科幻小说《海底两万里》阅读精髓，使学生在梳理情节中习得阅读策略，在聚焦人物中提升阅读能力，在环境赏评中激发阅读兴趣，在共情交流中积淀文化内涵，全面提升学生语文素养。

二、课程内容简析

《海底两万里》讲述了法国生物学家阿龙纳斯教授一行人在深海旅行的故事。故事起源于 1866 年海上出了个"怪物"，驱逐舰在参与"铲除海怪"的行动中遭到"海怪"袭击。阿龙纳斯和他的仆人康赛尔以及捕鲸手尼德兰都成了"海怪"的俘虏，他们这才发现"海怪"是一艘构造巧妙的潜水艇——"鹦鹉螺"号。他们应尼摩艇长邀请，开启神秘的海底之旅。10 个月后，因不堪海底世界过于沉闷的生活，他们设法逃走。当潜水艇"鹦鹉螺"号深陷漩涡时，阿龙纳斯三人成功脱险，重返陆地。这个海底秘密也被公之于世。

整本书阅读将激发学生阅读兴趣贯穿始终。为此，教师在设计教学框架时，牢牢抓住科幻小说这一文学体裁特点，无论是开篇导读课中的"猜测海怪""梳理航线"，还是推进课中的"探秘畅想""魅力科幻"，抑或是终极分享课中的"品鉴赏析""破解谜团"，都使学生在丰富阅读内容的基础上，运用多种阅读策略，感受作者儒勒·凡尔纳作品的奇巧构思。而这正是作者科学与幻想完美结合的智慧结晶，学生在习得语言的同时，可将方法运用到自己平日的创作之中。

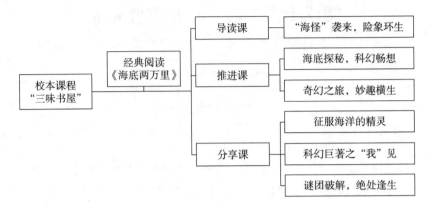

三、授课形式

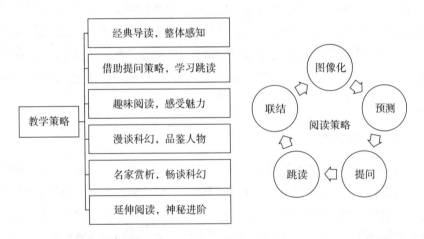

本次课综合运用"图像化、预测、提问、跳读、联结"等阅读策略，采取启发式、探究式、体验式等教学方式，通过"书中故事我会讲""书中人物我来评"等多样活动激发学生的阅读兴趣，培养其阅读能力。

四、教学课例介绍：以"谜团破解，绝处逢生"为例

（一）教学目标

1. 通过回顾航海路线、针对经典内容的选择、填空等阅读测评方式帮助学生回顾梳理名著内容，归纳阅读方法。

2. 借助对比、预测、联结等阅读策略，延伸阅读，神秘进阶，从而激发学生阅读科幻小说的兴趣。

（二）教学过程

环节一：创造情境，激趣导入

1. 回顾已知，交流话题

假如同学们有机会登上"鹦鹉螺"号，你最想体验其中的哪个情节呢？

设计想象体验环节，一来巧妙回顾已读的小说内容，二来检测学生的阅读兴趣和阅读程度，三来打开学生读小说的思路。一举三得，推进再次深入，使学生带着亲身探险的期待，重读自己最想去的地方，品读情节，分享感悟。

2. 总结体验情节，争当忠实读者

通过争当"海底迷"，为下一环节梳理回顾探险经历作铺垫。

环节二：回顾名著内容，归纳阅读方法

1. 回顾航海路线，梳理重要事件

此环节中，可以通过选择题、概述题及填空题的方法帮助学生回顾已知，串联前五个课时学生已掌握的阅读能力，使学生在回顾航海大事记中再次重温跌宕起伏的故事情节、积极向上的人物品质、妙趣横生的海底世界，在争当"海底迷"的活动中，提高学生的整体感知能力及提取信息能力，激发他们阅读科幻故事的兴趣。

2. 总结阅读策略，感受科幻魅力

（1）抛出疑惑，明确体裁。

是什么原因使一本历经了一个多世纪的经典名著流传至今？

（2）总结阅读策略，感受科幻魅力。

分别出示科幻小说概念、作品赏析、名家评价以及科幻与现实对接，感受凡尔纳将科学与探险旅行、海底世界联系在一起，使故事读起来生趣盎然，引人入胜，细致入微的细节描写带给我们真实的体验。

出示阅读策略图（见授课形式），总结阅读策略，联结运用已知，使学生感受《海底两万里》这部书蕴含着丰富的科学知识。而细致的描写、大胆的想象，令读者身临其境，在感知科幻小说与科技发展关系的同时，进一步激发学生阅读科幻小说的欲望。

环节三：延伸阅读，神秘进阶

1. 大胆想象，故事创编

（1）想象故事情节，推测人物命运。

尼摩艇长还活着吗？"鹦鹉螺"号怎么样了？你觉得后续会发生什么呢？

（2）赏析创编实例，迁移运用方法。

同学们在创编过程中就可以将小说阅读中关注的情节、环境、人物的描写方法迁移运用到自己的作品中。

2. 拓展同一作家不同作品

通过延伸阅读《海底两万里》的姊妹篇《神秘岛》，聚焦尼摩艇长的语言及粉墨出场的新人物，引发学生新的疑问，使神秘再次进阶。为探寻未知的秘密，学生们踏上新的阅读之旅，继续在科幻世界中遨游。

五、教学反思及效果

以整本书阅读为基点，在把握文体的同时，帮助学生构建完整的阅读策略体系。

通过多种阅读测评方式帮助学生回顾梳理名著内容，归纳阅读方法。

运用对比、预测、联结等阅读策略，延伸阅读，神秘进阶，既激发了学生阅读科幻小说的兴趣，又为后期全面赏析作品人物、深入评价作家作品作铺垫。

网络教学，可谓新模式、新挑战，依靠声、形、色全面激发学生的感知系统，打造学生阅读新体验。通过学生轻卡、列图表、思维导图、读后感等多种形式的反馈，感受到学生在丰富个人精神世界的同时，全面提升了阅读能力。

利用思维导图梳理文章脉络　提升学生阅读能力

——以《渔翁的故事》为例

三年级　齐丽嘉

一、课程设计背景

2020 年初，一场突如其来的疫情，致使孩子们无法正常到校上课，全国大中小学"延期开学不停学"，我们采取了网络授课的教学模式，即利用互联网，采用微课的形式，让学生在经典诵读的过程中，掌握有效阅读策略，提高阅读兴趣，梳理故事层次和脉络，感受故事的魅力，从而提升学生的阅读能力。

我以学校"三味书屋"的校本课程为基础，仔细研究阿拉伯民间故事，挖掘故事内涵和外延，延展阅读内容，教会学生用预测、思维导图等方法来把握故事的层次、脉络，通过交流阅读收获和成果，感受故事的魅力。

二、课程内容设计

《一千零一夜》之《渔翁的故事》讲述了这样一个故事：有一个穷渔夫每天靠捕鱼为生。他在海边打鱼时，捞上来一个黄铜胆瓶，他好奇地打开瓶盖，突然，从瓶里冒出一股青烟，青烟变成了一个凶恶可怕的魔鬼。善良的渔夫救了魔鬼的命，但魔鬼不但编出一大堆理由来掩盖自己的错误，还要恩将仇报。渔夫面对比自己强大多少倍的恶魔时，用他的聪明智慧诱其回瓶。

在设计这节课时，以整本书阅读为基础，并在整体感知《一千零一夜》这本书故事内容的基础上，总结前几次课学习阅读故事的方法，以预测为线索，运用思维导图复述故事内容，帮助学生梳理清楚文章脉络，复述故事。最后，再进行拓展延伸，补充阅读。

三、教学形式

以学校"三味书屋"校本课程为基础，利用网络，通过录制微课开展教学工作。在课程开始，老师先带领学生回忆《一千零一夜》这本书的主要内容，用图片或台词猜故事的名字导入，激发学生的阅读兴趣；然后带领学生走进故事内容，以预测为线索，利用思维导图梳理了故事脉络，明确作者是如何运用不同的方法，围绕一个意思，将一段话、一篇文章、一个故事写具体的。最后，随着思维导图的完善，教师带领学生用复述的方式来讲故事，锻炼了孩子们的复述能力，并为新学期语文能力的训练奠定基础。

四、教学过程举例：运用思维导图梳理故事脉络，提升阅读能力

通过前几节课的学习，我们运用了思维导图的方式来梳理文章思路，这样可以将思维可视化，从而更好地发现作者是如何运用不同的方法，围绕一个意思，描写一段话和一个故事的。

我们继续运用思维导图的方式来梳理《渔翁的故事》的脉络。大家现在准备好笔和纸，与老师一起绘制思维导图。

（一）起因

这个故事的起因，讲的是渔夫因为家境贫穷，以打鱼为生，每天都要撒四次网。这天同样出海打鱼，最后一次撒网，捕上来一个黄铜胆瓶。

我们可以用"穷而捕鱼、捡到胆瓶"来概括。

（二）经过

渔夫捡到黄铜胆瓶后，迫不及待地打开。打开后会发生什么呢？结合插图猜测一下冒出的青烟会是什么？我们来看故事，看看你猜对了吗？

隔了一会儿，瓶中冒出一股青烟，飘飘荡荡地升到空中，继而弥漫在大地上，逐渐凝成一团，最后变为一个魔鬼，披头散发，巍峨高耸地站在渔翁面前；堡垒似的头颅，铁叉似的手臂，桅杆似的双腿，山洞似的大嘴，石头似的牙齿，喇叭似的鼻孔，灯笼似的眼睛，奇形怪状，非常凶恶丑陋。渔翁看见这个魔鬼的形状，全身发抖，牙齿打颤，吓得口干舌燥，呆呆地不知如何应付。一会儿，他听见魔鬼说道："真主是惟一的主宰，苏莱曼是他的使徒。真主的使者呀！以后我不敢违背你的命令了，你别杀我吧。"

我们从故事中知道了渔夫打开黄铜胆瓶——救出魔鬼。好心的渔夫救出魔鬼后，会发生什么？我们继续用学过的阅读方法边阅读边猜测。

"真主是惟一的主宰！渔翁，让我给你报个喜讯吧。"

"你打算给我报什么喜讯？"

"给你报个我马上要狠狠地杀死你的喜讯。"

"我把你从海里打捞出来，弄到陆地上，又把你从胆瓶中释放出来，救了

你的生命。你为什么要杀我？我犯了什么应杀的罪过？"

"告诉我吧，你希望怎样死法？希望我用什么方法处你死刑？"

真相大白了，这段对话让我们知道了原来魔鬼恩将仇报——要杀渔夫。

（三）结果

可是渔夫听到这个消息，面对如此强大的魔鬼，他很淡定，没有害怕，并利用智慧和魔鬼斗智斗勇，最后战胜了魔鬼。渔夫想出的办法是什么？故事是这么告诉我们的：

"当初你是住在这个胆瓶里的；然而这个胆瓶，照道理说它既容纳不了你的一只手，更容纳不了你的一条腿，怎么能容纳你这样庞大的整个身体呢？"

"你不相信当初我是住在这个瓶里吗？"

"我没有亲眼看见，这是绝对不能相信的。"

魔鬼说完这番话，就摇身变为青烟，逐渐缩成一缕，慢慢地钻进胆瓶。渔翁等到青烟全都进入瓶中，就迅速拾起盖印的锡封，把瓶口塞起来。

这个片段告诉我们，故事最后的结果是渔夫巧用智慧——再封魔鬼。

刚才我们用了预测的阅读方法了解了渔翁战胜魔鬼的过程，看来，预测确实是个好方法，帮助我们阅读，使我们阅读的兴致更高。

（四）利用思维导图，概括故事内容，进行复述

同学们，故事的内容我们已经大致了解，现在我们用思维导图的方式梳理一下故事的脉络。你能看着思维导图简单讲出这个故事吗？

借助思维导图，我们可以将一个长故事用简短且清晰的几句话复述出来。看来思维导图可以帮助我们更好地提炼故事的梗概，希望你们在阅读过程中也能主动地用用这种方法。

五、教学反思和效果

在微课设计过程中，教师以整本书阅读为出发点，运用思维导图，帮助孩子们梳理文章脉络，进行复述。这样，可以有效提升思维导图的使用效果和针对性，让学生更加合理地运用思维导图解决语文阅读中的实际问题。

学习结束后，学生在社区交流群中分享了自己绘制的思维导图，还照着思维导图复述了故事。这说明利用思维导图学习方式进行有效学习，可以大大提高学习效果，提升阅读能力。

品鉴人物　联系生活　丰富学生的精神世界

——以《海底两万里》阅读推进第三课时为例

四年级　孙宇鹤

一、课程设计背景

2020 年春，新冠肺炎疫情致使全国大中小学延期开学。但是，"延期开学不停学"，史家教育集团为学生提供了丰富的网络课程——"和谐课堂"。我们利用网课模式，即利用互联网，采用微课的形式，让学生在阅读经典的过程中，掌握有效的阅读策略，提升阅读兴趣，感受书中人物的特点，充分表达阅读感受，从而提升自身的阅读能力。

作为一名一线语文教师，我以学校"三味书屋"校本课程为基础，仔细研读著名作家儒勒·凡尔纳的《海底两万里》，挖掘小说蕴含的道理和价值，在对比阅读中品鉴主要人物的情感变化，让学生运用猜测、联结等阅读策略把握小说人物的灵魂，从而全面提升学生的阅读能力。

二、课程内容设计

《海底两万里》属于科幻小说。科幻小说是小说类别之一。它用幻想的形式，表现人类在未来世界的物质、精神、文化、生活和科学技术愿景，其内容交织着科学事实和预见想象。

法国现代科幻小说之父儒勒·凡尔纳将科学与幻想完美结合，成就了自己科幻小说的巅峰之作——《海底两万里》。阅读本书，除了让读者感受到文中人物的魅力、惊心动魄的故事情节、海底景物的细致描写以外，最令人叹为观止的一定是它所蕴含的科学与幻想。

三、教学内容

（一）习得语言

1. 儒勒·凡尔纳的科学与幻想

儒勒·凡尔纳曾说过："但凡人能想象到的事物，必定有人能将它实现。"

"鹦鹉螺"号为长 70 米、宽 8 米的细长纺锤形潜艇，航行性能极好，最高时速可达 50 海里（约 100 公里）。船上宽敞舒适，客厅、餐厅、博物馆、图书馆一应俱全。食物全部为鱼类、海藻等，生活用品全部来源于大海。你不必为潜艇的能源、空气、安全等担心，驱动完全靠电力供给，而电力则是通过从海水中提取钠来产生，其内部有巨大的压缩空气储存柜，因此可以连续在海底潜行数天而不需要浮上海面，它的外壳坚硬无比，船头有钢铁冲角，那是它的武器，威力十分巨大。

说到科学，往往给人以枯燥乏味之感，但是凡尔纳将其与探险旅行、海底世界联系在一起，读来生趣盎然，引人入胜。凡尔纳的想象丰富又大胆，一路所见，无奇不有：海底平原、海底森林、海底煤矿、贝壳里价值连城的大珍珠和海洋发电等，科学与神奇想象完美结合，令人惊叹。

2. 引人入胜的海底世界（环境描写）

这里提到的"海底世界"，其实是小说三要素中的"环境"。该书对海底世界的精巧描写，可谓神来之笔，给读者以强烈的真实感。无论是对"鹦鹉螺"号还是对海底世界的描写，都细致入微。

漫步海底平原中，在我们头顶上方，成群结队的管状水母伸出天蓝色的触须，缓缓游过；还有月形水母，它用乳白色或淡玫瑰红色的伞盖为我们遮住了阳光，使得光线开始变暗；而黑暗中，那些发亮的半球形水母，发出幽幽的光，就像我们前进的道路上悬挂着的一盏盏明亮的路灯。各种颜色、各种形状的海藻和水草在我们走过时，随着水的微波在起伏荡漾，把这里点缀得像个海底大花园，真是美极了！

这样的描写，仿佛作者亲自到过海底，然而这仅仅是作者的想象。正是这样精巧的细节描写，给人以身临其境之感。

《义务教育语文课程标准（2011 年版）》指出，第二学段的学生应"在阅读中积累课文中的优美词语、精彩句段，以及在课外阅读和生活中获得的语言材料"。该小说对海底世界的精彩描写正是值得学生积累的语言材料。

3. 曲折紧张的故事情节（情节）

这部小说采取了开门见山的写法，行文一开始就以"神秘海怪"吸引读者。

它究竟是什么呢？是移动的暗礁，还是一只独角鲸？当阿龙纳斯等人的船沉没了，在他们绝望之际，竟然发现自己死里逃生，身处于一艘巨大的潜水艇之上，成了尼摩艇长的俘虏。尼摩艇长何许人也？他会不会把阿龙纳斯等人扔进海里？会不会把他们永远囚禁在这艘船上以保守秘密？他身上究竟有多少秘密？

曲折紧张的故事情节扣人心弦，吊足读者胃口，让人读了还想读，欲罢不能。

4. 个性鲜明的人物形象（人物）

人物的塑造是小说成功与否的关键。《海底两万里》享誉世界，也得益于凡尔纳对主人公的传神塑造。

书中人物寥寥，有名有姓的只有五个人：驱逐舰舰长法拉格特，但只在小说开头部分出现；贯穿始终的其实只有四个人。内景只是一艘潜水艇。但就是这么四个人、一艘潜水艇，在将近一年的时间中，纵横海底两万里，为我们演绎出一个个精彩故事，展现出一幅幅生动画面。

尼摩艇长是凡尔纳塑造的一个经典形象。用专业术语来讲，他是一个球形人物。尼摩艇长性格古怪，令人难以捉摸，他将阿龙纳斯三人囚于艇中，剥夺自由，让他们保守秘密，同时他又礼待三人，邀请他们畅游海底世界。尼摩艇长的善良与残酷、隐忍与热情、仇恨与爱形成了强烈的对比，是一个复杂的有血有肉的人。

（二）提升能力

1. 复述故事，理清发展情节

根据《义务教育语文课程标准（2011 年版）》要求，中段学生应该具备复述叙事性作品大意的能力。《海底两万里》故事情节跌宕起伏、生动曲折，学生在阅读中，通过复述"漫步海底平原""在海底森林打猎""大战抹香鲸""冰山受困""战胜大章鱼"等故事来梳理情节。学生可以借助学习工具，如画出航线图、在重要地点标注重要事件等方式厘清小说脉络，提升梳理情节的能力。

2. 阅读幻想世界，激发科学想象力

无论是对"鹦鹉螺"号的塑造，还是对海底奇妙世界的描写，都可以感受到想象的魅力。

阿龙纳斯穿的衣服是由一种贝壳类的足丝织成的，上面染有古代人喜爱的绯红色，而且调配上从地中海海兔毛中提取的紫色；舱房梳妆台上的香水，是海产植物经过蒸馏制成的产品；床是用海洋里最柔软的大叶藻做的；笔是用鲸鱼的触须做的；墨水是墨鱼或乌贼的分泌物；他们吃的奶油是用鲸鱼乳房里挤出来的奶做的；糖是从北海中的大海藻里提炼出来的。

借助这些文字描述，学生畅游幻想的奇妙世界。以特有的魅力来激发学生阅读整本小说的兴趣，逐步培养学生阅读整本小说的习惯，并让他们从中习得阅读科幻小说的方法。

3. 评鉴人物，多角度感知人物形象（人物）

《海底两万里》中贯穿全文的四个人物——尼摩艇长、阿龙纳斯教授、康赛尔和尼德兰，每个人物都有多面性。除了神秘的尼摩艇长之外，如尼德兰，虽然暴躁，但是勇敢善良。读整本小说，可以提升学生多角度感知和评价人物形象的能力，从而提升学生理性分析和思考的能力。

4. 学习提问，深入理解文本（学习提问）

根据统编版教材的编排思想，以"阅读策略"为主线组织单元内容的编排方式，四年级语文教学的重点是"提问"。

学会提问既是阅读策略，也是阅读能力。学生提出有价值的问题并寻求解答的过程，就是对文本深入理解的过程。

在《海底两万里》这样经典而宏阔的整本科幻小说阅读中，学生对关键处、疑难处提出有价值的问题，再自我解答；还可以在同伴、家长、同读者互助的过程中加深对文本的理解，从而引发深入思考。

尼摩为什么用假名字？

尼摩为什么从不同的工厂购买制造潜艇的零件？

……

通过这些问题的提出与探讨，可以帮助学生深入理解故事情节并充分感知人物形象。

四、陶冶情操

《海底两万里》是一部世界经典科幻小说，小说中蕴含丰富的科学知识，展开神奇的科学幻想，不仅能为读者打开眼界，还能激发读者热爱科学、向往探险的热情，培养勇敢乐观的精神。作品中主人公对自由与金钱的态度，还可以引发学生的深入思考。总的来说，该著作是学生精神成长的宝藏。

（一）激发热爱科学的热情

《海底两万里》中蕴含着丰富的科学知识。阅读过程中，学生自然而然地会了解到很多地理学、生物学、海洋学的知识。作者细致的描写、大胆的想象，让学生仿佛亲临"鹦鹉螺"号，置身海底世界。

好奇是一种重要的学习品质，而该作品恰好能培养学生的好奇心，能大大激发学生探寻科学奥秘的热情。

（二）培养勇敢乐观的精神

海底航行充满新奇而又困难重重，其路途异常艰辛，随时都有意外发生。每一次困境，每一次苦难，尼摩艇长都能冷静处置，并勇敢面对，带领大伙儿成功走出险境。这不仅考验了人的意志，更增添了勇往直前的锐气。

人的一生不可能永远一帆风顺，其实人的幸福感是与自己的抗挫能力成正比的。但在物质生活越来越富裕的时代，孩子的抗压力和抗挫力都明显不足。通过阅读该小说，让学生向主人公学习，激励自己，用乐观的态度与苦难作斗争。

（三）正确看待金钱

小说中，多处提到了财富。尼摩艇长就是个大富翁，他利用"鹦鹉螺"号获得了海洋深处取之不尽的宝藏。从普通人的思维出发，尼摩制造"鹦鹉螺"号或许就是为了求财，并在拥有财富之后去享受肆意挥霍的惬意人生。然而事实并非如此，尼摩艇长将这些财富投入了弱小民族反抗强大侵略者的斗争中，让财富成为正义对抗邪恶的动力，成为追求自由与平等的巨大支柱。当今社会，拥有更多财富已经成为很多人奋斗的目标，但是如果把追逐金钱作为人的终极目标，必将成为金钱的奴隶。

趣味阅读　感受阅读魅力

——以《海底两万里》阅读推进课为例

五年级　钟元元

一、课程设计背景

2020 年初，新冠肺炎疫情打破了我们原有的安稳日子，2019—2020 学年第二学期未能如约开启。但这段时间，正是师生们静下心来读书的好时机。借助前人留下的那些直面灾难和人生、直抵人心和人性的名著佳作，可以提升学生的阅读能力、对生活对生命的观察力和领悟力，把读有字之书与读无字之书结合起来，提高每个人的语文学习素养和科学人文素养，帮助学生建立完整的思维和逻辑链条。

二、课程内容设计

《海底两万里》是著名的法国科幻小说作家儒勒·凡尔纳的代表作之一。作者让读者登上 "鹦鹉螺" 号，在将近 10 个月的海底旅行中，随着尼摩艇长和他的 "客人们" 饱览海底变幻无穷的奇异景观和各类生物；航程中高潮迭起，有在海底狩猎，参观海底森林，探访海底亚特兰蒂斯废墟，打捞西班牙沉船的财宝，目睹珊瑚王国的葬礼，与大蜘蛛、鲨鱼、章鱼搏斗，击退土著人的围攻，等等。

教师在设计这节课时，以整本书阅读为基础，并在 "经典导读，整体感知" 和 "借助提问策略，学习跳读" 两节课的基础上，通过复习旧知识和研读惊险、刺激的情节，使学生了解故事主要内容，并激发他们对《海底两万里》这本书的阅读兴趣，感受科幻小说的魅力。同时，在阅读时加以阅读技巧的教学，使学生的阅读更有效。

三、教学形式

以学校 "读书社" 课程为基础，利用网络，通过录制微课的形式开展教学工作。在课程开始，老师先借助影视资料带领学生回忆整本书的主要内容，梳理清楚了故事脉络。然后带领学生走进故事内容，初步感知文本中惊险刺激的情节，明确作者是如何运用不同的方法，将故事写得引人入胜的。在赏析这些情节的同时，教师引导学生抓住小说三要素，从人物、环境、情节进行赏析，感受惊心动魄的情节。最后带领学生用"书中故事我会讲"方式，锻炼孩子们复述故事的能力，再次激发学生的阅读兴趣并为新学期语文能力的提升奠定基础。

四、教学过程举例

（一）了解奇幻之旅，感受科幻魅力

首先引导学生思考海底世界的生活与我们的现实生活有什么不一样。此时学生已经对海底世界的生活充满了好奇，教师再引导学生继续思考海底世界是怎样的奇幻。然后与学生一起看凡尔纳的笔下出现了一个怎样科幻的世界。此时引入书中尼摩艇长介绍海底生活的段落，让学生把科幻的海底世界文字化；随后提问学生哪些地方让他们印象深刻，借此机会培养孩子边读书边思考的能力。

凡尔纳的文字中，你印象最深刻的什么呢？是神奇的海底生物，还是用贝壳的足丝制作的衣服？是柔软的海藻床，还是墨鱼汁做的钢笔？

凡尔纳的想象力是多么丰富啊。他根本没有看到过这些新奇的事物，这些都是他想象出来的。在一个科学极度不发达的前提下，仍然能有这么多大胆、奇幻的想象，真的十分了不起。

《海底两万里》是凡尔纳的代表作之一，代表了凡尔纳丰富多彩的想象和缜密细腻的行文特点。小说中情节设置古怪离奇，生动形象地描绘了充满神秘色彩的海底世界；语言生动有趣，这既是艺术的语言，又是科学的语言。他对海底各种事物的说明入木三分、惟妙惟肖，特别是那艘"鹦鹉螺"号潜艇，让读者如痴如醉。

将文本的信息与现实生活中的物品进行联系、对比，感受凡尔纳想象的神奇及其科学性。这是联结策略。联结又称为联系，是指阅读时能通过上下文（包括其他补充阅读材料），凭借观察图画、展开想象等手段，结合生活实际以及已有的知识和经验去思考、去理解，获得自己的阅读感受。在小说阅读中运用这种策略，使阅读不再仅仅停留在认知、理解的范畴，而是有机融入了学生的情感与生活，培养了学生获取信息、感悟情感和迁移的能力。

（二）抓住小说三要素，从人物、环境、情节进行赏析

为了过渡上一教学环节，我使用了事件发生的不同地点来进行转换。在分析选段时，我直观地告诉学生，借助小说三要素进行赏析。此时，学生对选段中人物、环境、情节都充满了极高的兴趣。

教师范读环节，用语气加强文字的力量，使学生更加身临其境般感受文中内容的惊险、刺激，同时也学会了阅读的技巧。

同学们，我们一起从小说三要素的角度来欣赏这一段，先来看看选段中的人物描写：尼德兰的脾气可不小，在这样进退两难的境地，他将愤怒化为重重的一拳。相信你们都能从选段中感受到他的愤怒还有那一拳中蕴含的能量。那你们再来看看艇长的反应是怎样的？你们觉得从哪让你感受到了艇长的淡定和冷漠？没错，描写中"冷峻"一词用得恰到好处。

再来看看海底的环境，老师想把当时场景的描述再念一遍，你看看有没有新的感受：就这样，"鹦鹉螺"号上下左右前后都被密不透风的冰墙围住了。我们竟成了大浮冰的囚徒！我好像看到有些同学的神情发生了变化！的确是这样，细节描写非常丰富，这种迎面而来的压迫感和紧张感把我们每个人都从现实拽到了故事中。这样紧凑的情节发展，这样紧张的氛围，真是让人百看不厌啊，相信每位同学在自主阅读时都会有自己的理解和感悟的。

五、教学反思和效果

在微课教学过程中，教师以整本书阅读为出发点，思考如何激发学生的阅读兴趣，激发学生对未知领域的探索精神。

教师与学生一起回顾书中曲折紧张的情节，每一次困境、每一次苦难，尼摩艇长都能冷静处置、勇敢面对。这使学生体会了文中人物所蕴含的坚定意志，更增添了学生勇往直前的锐气。

利用小说三要素进行分析，更有针对性地让学生提升阅读能力和语文素养，让学生更加合理地解决阅读中的实际问题，提升了本课学习的实效性。

在学习结束后，学生可以主动进行较为完整的故事复述，并对此书产生了浓厚的阅读兴趣。在今后的学习中，还能进一步对文本分析技巧进行有效使用，提升了学生的语文阅读能力。

关注人物形象　体会性格变化

——以《哈克贝利·费恩历险记》中哈克贝利的成长为例

六年级　张婉霞

一、课程研发背景及理论依据

党的十九大报告中提到，我们要实现中国梦，就要坚持文化自信。文化是灵魂，文化之道是中国梦的起点和平台，也是我们思想能够放飞的关键。"语文课程标准"也指出："语文教师应培养学生广泛的阅读兴趣，扩大阅读面，增加阅读量，多读书，好读书，读好书，读整本的书。"

经典名著的阅读是提升学生语文素养的关键。因为它是人类智慧的结晶，具有永恒的思想魅力和艺术魅力。青少年成长时期多读经典名著，可以丰富他们的人生感受和经验，帮助他们思考人生、思考社会、思考天下事，启迪心灵和智慧，浸润思想、涵养性情，打好精神底子。

二、课程内容分析

《哈克贝利·费恩历险记》是美国现实主义作家马克·吐温创作的一部青少年成长小说。小说思想十分深刻，艺术表现手法成熟老到，成为美国文学史上最为优秀的作品之一。海明威给予这部小说高度评价："所有现代美国文学，都起源于马克·吐温的一本叫作《哈克贝利·费恩历险记》的书。这是我们中间最好的一本书。"马克·吐温挥浓墨之笔刻画了两个人物形象：一个是白种流浪少年哈克，一个是黑人奴隶吉姆。这两人是美国文学画廊中不可多得的经典形象。这本书能够让我们感受作者是如何通过轻松、幽默、夸张的语言来叙述主人公浪漫有趣、有惊无险的经历，来塑造哈克贝利这个人物形象；让学生更好地学习关于人物描写的方法，懂得这些方法对表现人物的作用，积累并逐渐形成语言表达的能力，养成良好的语言表达习惯。

三、学情分析

六年级学生对小说有较浓厚的兴趣，他们很容易被故事中精彩的情节、曲折的经历所吸引，但是他们还不太会深入地去读，他们领悟不到在冒险的历程中哈克获得的人生中最重要的礼物——成长。本节课是学习《哈克贝利·费恩历险记》这本书的第三课时，通过前面的学习，学生已经对小说的写作背景、主要内容有了一定的了解，并且梳理出了哈克贝利历险的三个重点情节。本节课我主要带领学生走近哈克贝利这个人物形象，通过对人物语言、动作、心理等描写及典型情节的分析，来感受这一人物形象及他的成长过程。

在以往小说体裁课文的学习中，学生已经有了一定的对人物形象分析的经验和能力，许多学生也都读过这本小说的姊妹篇《汤姆·索亚历险记》，对哈克贝利有了初步的认识。在本节课中，学生通过体会人物描写，对于哈克贝利人物形象的感悟不会有太大难度。但是，学生对于哈克贝利的成长历程和成长背后的社会历史背景理解起来有一些困难，因为这需要把整本书的内容串联起来。大部分同学没有看过这本书，手里也没有这本书，加之使用的是线上教学，因此我就运用对比阅读和问题引领的策略带着学生一起进行梳理，以此提升学生感受文学作品的能力，希望对学生阅读名著起到一定的引领作用。

四、授课形式

本课程采用"和谐课堂"这个平台开展线上教学。相关课程资源采用录播的形式，然后上传至课程中心，学生可以自行安排时间进行学习。

五、教学课例介绍

（一）教学目标

1. 关注人物形象，在对比阅读中感受哈克的成长变化，体会哈克贝利勇敢、善良等性格特点。

2. 抓住重点语句，体会人物的描写方法。

3. 品读小说，激发学生阅读原著的兴趣。

4. 通过哈克贝利的成长过程，联系自己的成长经历，感悟成长的意义。

（二）教学过程

环节一：复习导入，引出主要人物

《哈克贝利·费恩历险记》这本小说里面有很多鲜明的人物形象，你对哪个人物印象最深刻呢？这节课，就让我们一起走进这本小说，去了解人们心中的经典人物形象——哈克贝利·费恩。同时回忆小说中刻画人物形象的方法有哪些。

环节二：聚焦人物，品味人物特征

通过上节课对小说中精彩情节的学习，哈克贝利给你留下了怎样的印象呢？他是一个什么样的孩子呢？找出相关语句，表达自己的看法。

1. 智慧和勇敢

（1）学生朗读哈克贝利的动作描写片段，感受性格特点。

哈克为了不再遭受爸爸的棍棒毒打决定离家出走，并进行了一系列缜密的策划、细致的安排。从哈克对洞口痕迹的处理，是不是可以看出他是一个聪明、有想法的孩子呢？

（2）师生分角色朗读小哈克和勃克的对话，通过朗读，你有什么发现呢？

哈克是不是很机智呢？他装作考查勃克是不是识字，不仅把名字问了出来，还暗暗地背下来，以备不时之需

（3）品读重点情节，感受哈克贝利勇敢的性格特点。

哈克的勇敢不仅体现在和一个奴隶一起逃亡并帮助奴隶获得了自由，还体现在他敢于承认自己的错误。在第十五章《拿可怜的老吉姆开玩笑》中，哈克和吉姆漂散了。当他们再次重逢时他欺骗了吉姆，吉姆很是气恼，因为哈克的这种行为伤了他的心。而哈克最终真诚地向吉姆道了歉，并且在对早年生活的追忆中，也从未因为自己曾跟一个黑人道歉而感到后悔过。从这里我们是不是也能感受到哈克勇敢的一面呢？

2. 渴望自由

（1）运用跳读的方法，体会小说开头和结尾对哈克贝利心理与语言的描写，又可以看出他怎样的性格呢？

（2）交流阅读感受。

哈克贝利具有叛逆、崇尚自由的个性特点。他不喜欢被束缚的生活。只有穿上原来的破旧衣服，躲进装糖的大木桶，他才能享受片刻的自由。

作为一个思想活跃、对自由充满向往的男孩子，哈克贝利要寻找向往的自由生活，才有了他和黑人吉姆在密西西比河上精彩的历险故事。

（3）学生结合生活进行反思，教师进行成长教育。

哈克贝利在一次次冒险中克服困难，也获得成长。反观我们自己，在成长的过程中，我们接受教育，有父母的陪伴，但同时会有一些束缚，有的时候也会像哈克贝利一样渴望摆脱，但我们可不能这样做呀，我们要多和父母进行沟通才能更好地解决问题，你说是吗？

3. 纯朴真诚和心地善良

（1）从哈克贝利对待奴隶观念的变化而产生的激烈冲突感受其淳朴。

哈克起初并不把黑人吉姆当作一个平等的人来看待，但是当他听到人们把他们的死归咎于吉姆，要来岛上抓捕吉姆时，他十分地担心，慌忙跑回岛上营救吉姆。

（2）赏析精彩句段，体会哈克对骗子行为的态度，感受他的善良。

看到这些骗子的厚颜无耻和贪得无厌，要骗取三个可怜孤女的财产，哈克愤怒了。从这两段心理描写，我们是不是可以感受到哈克那颗纯朴、真诚和善良的心呢？

（3）梳理塑造人物形象的方法，学以致用。

关注文中的环境描写和其他人物的描写部分，这些侧面描写也有着烘托人物性格的作用。同学们在阅读这本小说时，可以留意一下，看看你还能从哪儿体会出哈克贝利的人物特点。

环节三：对比阅读，感受哈克的成长变化

《哈克贝利·费恩历险记》这部成长小说，记录了主人公哈克贝利复杂的心路历程。在各种环境下，他对黑人吉姆的态度不断地发生着变化，充满了激烈的心理矛盾，这也是小说最精彩的部分。你能梳理出哈克贝利成长的心路历程吗？找出相关的语句。

1. 主人公内心的第一次矛盾冲突

读一读下面这些句子，结合故事情节，你能感受到哈克贝利内心的矛盾吗？

他的确是快要自由了——那怨谁呢？唔，就是怨我呀。我不管怎样，也没法儿让我的良心安静下来。

听吉姆说这种话，真让我难受；他这种打算实在是太不要脸了。

我马上觉得轻松愉快，简直轻得像根鸡毛似的。

虽然哈克贝利认为帮助黑奴获得自由是件好事，但是，吉姆越接近自由，哈克贝利心中就越是不安。此时的哈克尽管认为吉姆是一个好人，是他的好朋友，但奴隶制思想观念的根深蒂固，使哈克贝利仍然不太愿意帮助一个黑奴成为自由人。

哈克第一次内心冲突的结果是决定向白人告发吉姆的逃跑。此时的哈克贝利在思想上还不够成熟，仍是一个天真的少年，害怕成为人们眼中的"坏"男孩。

2. 主人公内心的第二次矛盾冲突

是什么事件的发生再次考验了哈克贝利的良知，使得哈克贝利内心的第二次矛盾冲突上升到了顶点?

通过阅读,学生知道哈克贝利不忍心向追捕逃跑奴隶的白人告发吉姆,哈克贝利内心的第二次矛盾冲突,彻底改变了他最初要告发吉姆的计划。此时,哈克的性格特点逐渐形成,他向思想成熟方面迈出了重要的一步。

3. 主人公内心的第三次矛盾冲突

默读相关内容,看看是什么让哈克贝利成为名副其实、正直勇敢的人。他又经历了怎样的思想斗争呢?

梳理出哈克贝利的心理及行为的变化:痛苦地挣扎—决定写告发信—觉得挺痛快—想到吉姆的关爱—内心愧疚—把信撕掉—克服了种族偏见—平等自由。

对比哈克贝利第一次内心矛盾冲突,现在的他已经有了自己的价值观点,一个正直、勇敢的人站起来了,此时的哈克贝利成熟了。

环节四:谈话交流,激发阅读兴趣

你有没有在哈克贝利的成长过程中看到自己的影子呢?你的成长中有哪些变化,是否遇到过让你矛盾的事情,你又是怎么解决的呢?其实这就是你的成长。

在这本小说中,除了有勇敢、善良、追求自由的哈克贝利,还有很多鲜明的人物形象,比如富有同情心和牺牲精神的黑人吉姆、骗子"公爵"与"国王"等,他们又在哈克贝利的成长中起着怎样的作用呢?

六、反思及反馈

本课是整本书的阅读教学,主要是感受主人公哈克贝利的人物形象和成长历程。因为进行的是网上教学,对于学生的学习效果评价也是通过课后学生的反馈来了解。学生通过分角色朗读、品读、默读等方式阅读精彩片段,能够抓住人物的语言、动作、神态、心理等直接描写体会人物形象的特点,也能够在老师的启发下课后阅读相关的侧面描写内容,也就是从对环境和他人的描写中进一步感受主人公的性格特点。

在老师的引领下,学生一步步梳理出了哈克贝利的成长历程,了解了他在成长过程中经历的一次次心理矛盾冲突,这也是本课的重点与难点。本课中对于重点情节的品读、三次心理矛盾冲突的感悟,帮助学生感受到了故事情节的曲折、哈克贝利性格的特征,从而激发了学生阅读原著的兴趣。

感受人物描写的巧妙之处

——以《窗边的小豆豆》中的小林校长为例

二年级　边晔迪

一、课时目标

1. 通过阅读，感受小林校长对教育事业的热爱和对孩子的爱心。
2. 通过导读活动，对故事有一定的了解，享受读书的快乐。
3. 激发学生对《窗边的小豆豆》的阅读兴趣，产生阅读期待。

二、激情导入，走进巴学园

（一）观察图片，通过猜测引发兴趣

同学们，老师今天给大家带来一幅图，你们从这幅图中看到了什么？请你猜猜这是什么地方？（出示巴学园的图片）

（二）走进巴学园

通过观察，你们一定知道了这是一所学校，这所学校叫"巴学园"。从地上长出来的两棵树就是校门，几辆废弃的电车就是教室。在巴学园里，你想上什么课就上什么课，也不用坐在固定的位置上。下午还可以去公园散步呢。

同学们，听了老师的介绍，你们一定对这所学校充满了好奇和期待吧？这就是上节课我们已经了解的《窗边的小豆豆》书中的学校——巴学园。巴学园是一所与众不同的学校，在这所学校中，有着与众不同的教室、与众不同的校长、与众不同的同学……

其中，最与众不同的，要数巴学园的校长了。第一次见小豆豆，校长就微笑着听小豆豆不停地说了四个小时的话，他没有一丝不耐烦、没有一丝厌倦。

巴学园里有着与众不同的午餐。每到午餐时，校长就会问："大家都带了'海的味道'和'山的味道'来了吗？"你们觉得这位校长有意思吗？你想了解这位校长吗？

今天老师就带领大家一起去认识这位与众不同的校长。

三、走近校长，了解小林校长对孩子们的爱

上节课，我们了解到小豆豆因为顽皮、淘气、与众不同闹出了很多笑话，被原来的学校退学了。后来她来到巴学园。在小林校长的爱护和引导下，在一般人眼里"怪怪"的小豆豆逐渐成了一个大家都喜欢的孩子。在巴学园学习和生活的经历奠定了她一生的基础。这到底是一位怎样的校长呢？

（一）小林校长的外貌

我们先来看看小豆豆眼中小林校长的样子吧！

头发已经有些稀疏，前面的牙齿有的也脱落了，但脸上的气色非常好。他的个子不算高，不过肩膀和胳膊都很结实，黑色的三件套西装已经旧得有些走了形，但穿在他的身上却显得非常整洁。

初次与我们见面的小林校长给你留下了什么印象？可能有同学觉得小林校长样貌不太好，但挺爱整洁；有的同学可能会说校长个头儿不高，但很结实。是啊，就是这么一个其貌不扬却注重细节的人，带给小豆豆无限的关爱和希望。

（二）小林校长对孩子们的爱

1. 倾听是一种尊重

小林校长特别了解孩子的心理，善于帮助孩子去掉自卑心。他能用平常的心、平等的身段和孩子交流、沟通。书中有一段文字是这样描述小林校长与小豆豆沟通的，我们一起来看看。

说完之后，校长先生站了起来，用温暖的大手摸摸小豆豆的头，说："好了，从现在起，你是这个学校的学生了。"这个时候，小豆豆感到，生平第一次遇到了真正喜欢自己的人！因为，从小豆豆出生后直到现在，还从来没有一个人这么长时间（四个小时）地听她说话呢。而且，这么长的时间里，校长先生一次也没有打呵欠，一次也没有露出不耐烦的样子。他也像小豆豆那样，把身体向前探出来，专注地听着。无论是之前，还是这以后，再也没有一个大人这么认真听小豆豆说话了。和这所学校的校长先生在一起的时间，她觉得非常安心，非常温暖，心情好极了。"能永远和这个人在一起就好了。"

从这段文字中，你们又感受到了什么呢？这是一位多么伟大的校长呀！天真无邪的小豆豆曾经因为自己的举动而遭受到其他老师和小朋友的另眼相待，可是在小林校长这里，她感到碰上了真正可亲的人。真为小豆豆遇到这样的校长感到高兴。

小林校长不仅可以倾听孩子们的声音，还经常用赏识的眼光去看待每一个孩子。我们继续往下看。

2. 宽容是一种关爱

……本来以为很快就会找到钱包，但是钱包好像藏在什么地方了，总是不肯露面。这时候，上课的铃声响了。"怎么办呢？"小豆豆想，"好不容易干到这里了……"索性又接着干了下去。而且，她比刚才更加卖力地舀了起来。

舀出来的东西已经堆成了一座小山。这时候，校长先生走过这条小路。他看到小豆豆正在忙活着，问："你在干什么呢？"

小豆豆顾不得停下手里的活儿，一边舀一边答道："我的钱包掉到池子里面了。"

"是吗？"

说着，校长先生把手背在身后，就像平时散步那样，又走开了。

又过了一会儿，钱包还是没有出现，地上的小山却越来越高。

这时，校长先生又走了过来，问："找到了吗？"

小豆豆满头大汗，脸上也红彤彤的，被围在小山当中，回答说"没有"。先生稍微凑近了小豆豆的面孔，像好朋友似的说："弄完以后，要把这些全都放回去，啊。"

说完，他又像刚才那样走开了。

同学们，你们又读懂了什么？是呀，多么尊重孩子的校长呀！没有更多的语言，没有更多的命令，小豆豆听到的不是对自己行为的否定，更不是校长的呵斥。她能够感觉到小林校长像自己的朋友那样平等地与自己"对话"，能体会到按照自己的意愿做事情的乐趣，即便是错误的，她也可以通过切身感受来进行判断。在这个简单事件中，小豆豆看似愚蠢可笑的行为却没有被否定，她当时或许还无法感受到这些，但若干年以后，小豆豆终会忆起校长的良苦用心。

小林校长不仅毫不在意自己的身份，充分尊重一个幼小儿童的心灵；还用各种行动来保护这所学校孩子们的自尊心，使孩子们知道自己的存在是有价值的。

3. 赏识是一种呵护

巴学园的运动会尽量让每一名学生都来参加，但极为特殊的是，冠军是身体有些缺陷的学生，这在其他学校几乎是不可能发生的。到底是怎么回事呢？

运动会开始之后，出现了一个惊人的现象，那就是，每一个项目（几乎都是全校学生全部参加）的第一名都被全校个子最矮、手脚最短的高桥君拿走了！真是让人难以置信。当大家钻在鲤鱼肚子里拱来拱去的时候，高桥君却嗖嗖地钻过去了；当大家把头在梯子的格子里费力地钻来钻去的时候，高桥君已经钻过了梯子，往前跑了好几米；接力赛的时候，当大家费劲地一级一级上台阶的时候，高桥君短短的腿却像是活塞一样噌噌地跑了上去，又像是电影中的快镜头那样嗖嗖地跑了下来。结果，尽管大家立誓要"战胜高桥君"，而拼命地努力比赛，高桥君还是夺取了全部项目的第一名。

同学们，你们猜出是怎么回事了吗？让我告诉你吧，因为所有的项目都是小林校长专门为他获胜设计的。在小林校长的精心保护和默默支持下，高桥重拾了自信，毕业后他顺利进入了名牌高中和大学，有了一份好工作和美满的家庭。虽然他一生都保持着小学时的身高，但自卑不曾再困扰过他。

像这样的事情还有很多。例如，小林校长不禁止学生们在午餐时说话聊天，反而提议每天由一个小朋友负责讲故事；小林校长还允许小朋友们把自己的宠物带到学校来；他还和孩子们一起弹琴跳舞呢。正是因为小林校长亲近孩子，用自己的爱去感染每一个孩子的内心，孩子们和他亲密无间。

他们实在太高兴了，一个个欢呼雀跃，扑到校长先生身上，搂住他的肩膀和胳膊。有人坐到了盘腿坐在礼堂正中央的校长先生的两腿之间，又有两个爬到先生的背上，吵吵嚷嚷的。可是孩子们一旦占据了校长先生身上的地盘，就拼命地黏在上面，怎么也弄不下来。

从这些语言和动作中你看出了什么？没错，孩子们实在是太喜欢这位校长了，以至于把校长当成了自己的亲人。他们之间毫无距离感，真是让人羡慕呀！

四、设置悬念，激起读书兴趣

今天我们一起读了这么多关于小林校长的故事，相信大家对小林校长也有了很深的印象吧。你眼中的小林校长是个怎样的人呢？你能说说吗？

小林校长会倾听，方法多，他童心未泯，理解孩子，坚强无畏，充满信念。作者黑柳彻子在后记中曾这样述说为什么要写小豆豆、写巴学园——因为作者曾经和校长先生约定"长大以后，要做巴学园的老师"。但是，小豆豆并没有兑现这个诺言。小豆豆一生感激校长，因为是校长先生改变了她，使这个一年级就被退学的小淘气成了一位了不起的人。所以，她想至少要让人们知道，有这么一位小林先生，他是怎样深深地爱着孩子们，他是用什么样的方式教育孩子们的。因此，作者在书的扉页上写了这样一句话："谨将本书献给已逝的小林宗作老师。童年生活，快乐分享。"

　　小豆豆在巴学园度过了非常美好的童年，成年后她对这段生活记忆犹新。下节课，就让我们和小豆豆一起走进小林校长创办的与众不同的学校——巴学园吧。

全书概览与阅读方法指导

——以《小太阳》为例

四年级　丁笑迎　赵晓霞

在延期开学的日子里，老师们无时无刻不在牵挂着孩子们的健康与成长。这个延长的假期，正是静下来、沉淀积累的好时机。设计"经典阅读"课程，营造浓郁的阅读氛围，让学生养成爱读书、多读书、读好书的习惯，在读书中体味人生，感悟生命；在阅读中陶冶情操，学习表达；在读书中成长、成人……

在这个特殊的时期，师生共同静心相约"阅读·悦读"时光。

一、指导思想与理论依据

语言是思维的工具，思维是语言的基础。

语言能力的习得过程应该是学、思、知、行的统一。"学"语言、"知"语言的过程就是学生内部语言实践（"思"）和外部语言实践（"行"）的过程。"学思结合、知行统一"是学生习得语言的基本规律。所以，在语文课堂上，我们应重视过程，以及在创造性实践活动中的习得。学习的目的就在于能适切地运用语言来表情达意。

思维能力的发展与思维品质的提升，是促进学生语文核心素养形成的重要维度，培养学生有依据、有条理地表达自己的认识与发现，是语文教学的应有之义。

因此，在我们的语文教学活动中，应鼓励学生自主阅读、自由表达，充分激发他们的问题意识和进取精神，在主动积极的思维和情感活动中，加深理解和体验，有所感悟和思考，受到情感熏陶，获得思想启迪。

二、教学背景

（一）对教材的认识与理解

《小太阳》是林良最为脍炙人口的散文集，自 1972 年出版至今，成为台湾文坛上一部里程碑式的经典著作。他在这本书中记录了人生中的许多可贵的"第一次"：结婚、成家、生子，到成为一位三个女娃的父亲。这些生活中不能重来、可贵感人的片段，林良以他特有的流畅文笔、诙谐幽默的笔触，栩栩如生地一一刻画出来，记录了一个小家庭在点点滴滴生活琐事中耐人寻味的幸福。

在这几十篇散文中，除了看到林良白话文上的创意和韵味外，在轻松的笔触中也表达了作者耐心、宽容的哲学。林良对家中每一个成员观察入微的分析，也让读者在他的描绘中，自然而然对贤惠的妈妈、三个个性截然不同的女儿产生亲切的想象。本书出版当时就畅销文坛，到现在仍然是一部脍炙人口的隽永杰作。不论是大人还是小孩，这本书都是很值得一读的经典著作。

（二）学情分析

五年级学生有了一定的阅读基础，知道一些阅读方法，但是并没有掌握正确的阅读方法，只是对有生动情节的内容走马观花式地读，不懂得积累知识、吸取技巧。

（三）设计思考

如何引导学生在阅读的基础上，感悟一家人相亲相爱的平凡生活，学习运用不同阅读方法体会作家浅白、幽默又充满感性的笔触，并不断提升自己的思维力和表现力是本课教学的立足点。

三、教学目标

1. 阅读推荐序、自序，带着问题阅读，整体感知《小太阳》的主要内容，激发学生的阅读兴趣。

2. 学习并运用品味语言、欣赏插画等阅读方法阅读作品，同时通过听音频、观赏影剧等不同途径丰富阅读体验。

3. 了解作者林良生平。

四、教学过程

（一）导入

同学们，大家好！相信大家在假期中一定读了不少好书。今天老师也为大家带来了一本好书，书名是《小太阳》。在阅读之前，大家一定有许多问题要问:《小太阳》主要写的是什么？它的作者是谁？为什么要给大家推荐这本书呢？接下来就让我们一起来阅读这本书，解开同学们的疑问吧！

（二）背景

1. 作者简介

《小太阳》是我国台湾著名儿童文学作家林良爷爷的作品。林良爷爷是个怎样的人呢？你想认识他吗？林良是台湾地区儿童文学界公认的"大家长"和"常青树"，他曾获台湾地区文艺最高奖、"金鼎奖终身成就奖"、"全球华文文学星云特别奖"等殊荣。林良爷爷习惯以笔名"子敏"发表散文，以本名"林良"为小读者们写作长达60年。

2. 内容简介

《小太阳》是林良爷爷最为脍炙人口的散文集，自1972年出版至今，成为台湾文坛上一部里程碑式的经典著作。他在这本书中记录了人生中许多可贵的"第一次"。林良爷爷以他特有的流畅文笔、诙谐幽默的笔触，将这些生活中不能重来又可贵感人的片段——刻画出来，记录了一个小家庭在点点滴滴的生活琐事中耐人寻味的幸福。

（三）概览

1. 全书概览

下面我们一起来观看一段小视频，看看里边出现了书中描写的哪个人物和哪些故事情节。

一对父母、三个女儿和一只狗，《小太阳》再现了这个平凡家庭15年的日常生活，从第一篇到最后一篇，首尾相隔14年，全书处处可见令人莞尔的神来之笔，平凡里见真情，淡泊中有深意，是读者心目中永远温暖的光源所在。读完这本书，相信大家一定能从书中发现自己家的影子，一定也会像林良爷爷一样深深地爱着自己的小家。

全书分为"小太阳""家里的画坛""到金山去""寂寞的球""焚烧的年代"5卷，共44篇文章，都是以家庭生活为题材。

一篇篇文字看似平凡琐碎，读起来却别有一番滋味，从中我们可以嗅到浓浓的家的气息。孩子们，让我们运用不同的阅读方法，去寻找书中的亮点吧。

2. 阅读方法指导

阅读方法一：品味语言，感悟美好生活。

亮点1：简单普通，幸福美好。

对于大多数人来说，每一天的生活都是简单而普通的。林良爷爷却可以从这平凡的日子里感受到生活的幸福和美好，哪怕只是一次短途旅行。你想知道他们一家人旅行中的趣事吗?

卷三《到金山去》收录了9篇文章。在文章里,记录了一家人因为条件所限只能在金山海边晒了一天的太阳。虽然一家人"色变",却因大大小小心情开朗,有了适当的体力劳动,个个睡得香甜。一次家庭旅行,因为大家都为别人着想、善待家人,使每个人心中充满"全家一起去冒险"的那种"瑞士家庭鲁滨逊"的喜悦。

在《小太阳》一书中,林良爷爷告诉我们认识人要先认识家人、爱人先要爱家人的道理。也正因为善待家人,发现家的可爱,所以即使是简单普通的日子,也会觉得幸福美好。

亮点2:所有第一,皆是唯一。

人的一生会经历多少个"第一次"呀!林良爷爷在《小太阳》中回忆了很多的第一次,对人生做了认真的审视。

请同学们读读自序部分,看看林良爷爷最喜欢哪几篇故事呢?

卷一《小太阳》收录了9篇文章,林良爷爷在自序中写道:书中有两篇文章是我最珍惜的。《一间房的家》写的是"爸爸"和"妈妈"结婚"两个人终于可以在一起"的温馨喜悦,使他们忘掉物质条件的极端贫乏;《小太阳》写的是大女儿樱樱出生的时候,林良一家忘记了外面的"连阴天",一连十几天见不到太阳,却庆幸他们的小屋里有了自己的小太阳。

在《小太阳》一文中,作者写道:"她的尿布像一幅一幅雨中的军旗,声势浩大地挂满一屋。我们在尿布底下弯腰走路。邻居的小女孩来拜访新妹妹,一抬头瞧见那空中的迷魂阵,就高兴得忘了来我家的目的。书桌的领空也让出去了,我这近视的写稿人,常常一个标点点在水上,那就是头上尿布的成绩。"同学们,你们读懂这段文字了吗?你能从字里行间体会到作者当时的感受吗?

夫妻两人安静的生活,原本空间就小的房间显得更加逼仄拥挤、忙乱不堪了,加之连日的降雨,尿布只好挂在家里晾晒。在"潮湿阴冷"的世界里,林良品尝着初为人父的快乐,即使半夜失眠、日间疲惫不堪,依然无怨无悔,没有半点愁苦,没有一丝烦躁,用乐观豁达的心胸面对着,用近乎调侃的语气记录着。"雨中的军旗""空中的迷魂阵""尿布的成绩"使人讶异于整日浸泡于乳瓶尿布的林良,实在还有闲情雅致以欣赏的眼光和诙谐的笔触,如此深情幽默地描绘了现实生活。

林良爷爷笔下的"第一次",无论好与不好,都能传达出他对生活的热爱,对所有过往的感谢。因为所有第一,皆是唯一!

亮点 3：放弃所爱，因为所爱。

林良爷爷家中还有一位重要的家庭成员，那就是家里的小狗。

在《白雪》一文里，因为小狗给林良爷爷造成的种种麻烦，妈妈和女儿们放弃了第一只小狗"赫邱里斯"；而爸爸看到失去小狗后少了很多快乐的孩子们，最终同意小狗"斯诺"成为新的家庭成员。

这多像我们经常也会遇到的"家庭矛盾"一样呀。孩子们喜爱的小狗"赫邱里斯"被送给张伯母领养，三个孩子虽然没有一点怨意，但林良从她们的表现中，还是观察到了意兴阑珊的神情。

作者是怎样描写孩子们这种失落的心情的呢？"三个孩子都好像没有球打的球员，没有戏唱的演员，脸上的表情像是没有冰淇凌的夏天，没有小柏树的圣诞节。"球员渴望在球场上尽情奔驰、挥洒汗水；演员渴望在舞台上尽情高歌，展现自我。可是，球员没有球打，演员没有戏唱，就好像少了什么般的不自在。炎热的夏天怎么少得了冰淇淋？没有了圣诞树怎么会有圣诞节的气氛？

所以，从"没有球打的球员""没有戏唱的演员""没有冰淇淋的夏天""没有小柏树的圣诞节"这些鲜活的语句中，我们能够感受到送走小狗之后三个孩子的心情，最终爸爸同意了领养"斯诺"。

文章中处处可见一家人为了所爱，放弃所爱的真挚情感。

刚才我们通过品味语言的阅读方法，找到了书中的三个亮点。其实《小太阳》中的亮点还有很多，你能用品味语言的方法再找找看还有哪些不同的亮点吗？下面老师再给同学们介绍另一种阅读方法。

阅读方法二：欣赏插画，回味温暖亲情。

同学们，你在阅读《小太阳》这本书的时候有没有发现书里有一些可爱有趣的插图？你知道这是谁画的吗？有的同学已经猜到了，对，就是林良爷爷！

大家知道吗？林良爷爷可是一位插画高手！如果把书中他画的这一张张精彩插画也编成一本书的话，将会成为一本纯插画版的《小太阳》。这些似曾相识的画面是那样的真实和亲切。

因为林良，因为《小太阳》，我们才发现，原来我们每一个人的家是可以如此温暖的。《小太阳》启蒙了好几代人对家庭的向往，是幸福感最高的杰作。你还可以在书的封底看到其他作家对这本书的评价。当你阅读完这本书后，也可以写写你对这本书的推介。

阅读方法三：倾听音频，重现华彩篇章。

面对这么吸引人的《小太阳》，我们还可以用什么方法来了解书中有趣的内容呢？

仔细观察的同学一定发现了，《小太阳》经典纪念版还附赠了音频文件，你可以用手机扫一扫书后扉页上的二维码，就可以听到相关的精彩内容。同学们可以边听边想象书中描写的画面，感受人物的情感。

阅读方法四：观赏影剧，体味精彩内容。

同学们，《小太阳》这本书也被改编成了同名动画片，并获得了金钟奖；还被拍成《小太阳：一个家的音乐剧》，晒晒 20 世纪 60 年代的太阳，唤起家的纯真记忆，感知平凡幸福。同学们可以通过观赏影剧，了解这本书，体味书中的精彩内容；还可以把影视剧与原文作一下比较，说说你的想法。

（四）总结

以上介绍的内容相较于《小太阳》整本书来说只是冰山一角，同学们，心动不如行动，赶快来读一读这本书吧！在接下来的学习中，老师还会继续对这本书的阅读进行指导和分享。阅读的同时，也请你把你的阅读感受和收获，在班级、社区交流群里跟同学们进行分享。

"写物诗"课这样上更有效

——以《蝴蝶·豌豆花》为例

一年级 张艾琼

一、案例背景

2020年的春节，随着新冠肺炎疫情的蔓延，教育部发布延迟开学的通知。于是，各个学校就"停课不停学"纷纷推出了自己独具特色的网络课程。史家实验学校亦如此，组织一线教师进行网上教学。我也有幸成为其中的一员。

虽然有着近30年的教龄，可我还没有真正进行过网络教学。原来都是在教室里跟孩子们面对面，教师可以随时跟孩子们互动，发现问题也可以马上纠正；教师还可以根据课堂生成随时调整自己的教学策略……然而，网络教学是不可能实现这一切的。那么，如何才能调动一年级孩子的积极性，提高网络教学的实效性呢？下面我就来说说我的做法。

二、案例描述

《蝴蝶·豌豆花》是中国经典童诗绘本，其中精选了胡适、徐志摩、冰心等中国20位诗人的经典童诗，由10位知名儿童文学插画家为诗作画。这一节课学习的是其中描写事物的四首诗:《我喜欢你，狐狸》《小鸟音符》《花牛歌》《纸船》。

对于一年级的孩子来说，兴趣是最好的老师，有了兴趣，孩子就愿意学，教学的实效性就有了保障。网络教学缺少了互动环节，我根据每一首诗的特点，采用不同的策略进行教学，以激发孩子们的兴趣。

上课伊始，我首先出示四首诗的题目，用孩子们最喜欢的"猜一猜"的方式进入新课，旨在激发孩子进一步学习的兴趣，同时，引导孩子学习关注"题目"。

片段一：猜一猜

你能根据题目来猜一猜每一首诗都写的是谁吗？

　　这四首诗分别写的是狐狸、花牛、小鸟、纸船，你猜对了吗？其实这几首诗的题目就清楚地告诉我们诗中写了谁。孩子们，不知道你们有没有发现，不仅是这几首诗，还有很多时候，我们也可以根据题目猜到文章的大致内容，你们看题目是不是我们的好朋友呀。

　　学习《我喜欢你，狐狸》时，从对题目提出问题开始，引导学生学会质疑。然后步步深入阅读诗歌，感受诗人对狐狸的喜爱之情。

　　片段二：提出问题，深入阅读

　　让我们先来读一读《我喜欢你，狐狸》这首诗吧。看到这个题目，你有什么问题吗？

　　当我读到这个题目时，我就想起了《狐狸和乌鸦》的故事里那只用花言巧语骗走乌鸦嘴里的肉的狡猾的狐狸；还想起《狐假虎威》里那只仗势欺人的狐狸；还有那只吃不到葡萄说葡萄酸的狐狸。你们发现没有，在我们知道的很多童话和寓言故事中，狐狸都是不讨人喜欢的动物，可是，诗人为什么会喜欢它呢？

　　先听老师读一遍，你也可以跟着老师一起读，看看我们能不能从诗中找到答案。

　　听出来了吗，诗人为什么喜欢狐狸？你觉得在诗人眼里，那是一只怎样的狐狸呢？

　　原来，在诗人眼里，那是一只"聪明有心计"的狐狸，能"从乌鸦嘴里骗肉吃"，诗人禁不住赞美，那是"多么可爱的主意"！

　　我们接着往下读，"活该，谁叫乌鸦爱唱歌，呱呱呱自我吹嘘！再说肉是他偷的，你吃他吃都可以"。诗人甚至认为既然肉是乌鸦偷的，那谁吃都一样，狐狸为什么不可以吃呢？你也这么想吗？

　　读到这里，小朋友们是不是觉得诗人有点不讲道理呢，他喜欢的，在他眼里做什么都是对的。你也有过这样的时候吗？还从哪里可以看出诗人对狐狸的喜欢呢？

　　听老师读诗句，闭着眼睛想一想，这只狐狸长什么样？

　　"也许你吃了这块肉，会变得漂亮无比，尾巴像红红的火苗，风一样掠过绿草地。"

　　大家看看图中的狐狸跟你想象的一样吗？

　　夕阳西下，晚霞映红了半边天，金黄的草地上，拖着长长的、像红红的火苗一样的尾巴的狐狸正在跟鸟儿赛跑呢。多漂亮的狐狸！所以，诗人由衷地赞美道："我喜欢你，狐狸，你的狡猾是机智，你的欺骗是有趣。不管大人怎么说，我，喜欢你。"

　　小结：你看，在常人眼里狡诈善变的狐狸在诗人的笔下却是如此聪明、可爱，诗中处处表现出诗人对小狐狸的喜爱之情。其实，在自然界里，像狼吃鹿、鹿吃草……本来就没有什么好坏之分，因为各种生物都有它们自己的生存法则，地球上的生物也因此而最终得以保持平衡，但人类常常根据自己的喜好来判定它们的好坏。诗人高洪波就善于打破人们的固有思维，所以，他看到了一只不一样的狐狸。你知道吗？他特别善于运用这样的方法创作儿童诗，比如《大灰狼，别怕》《犀牛》就特别有意思，感兴趣的同学可以找来读一读。

　　片段三：关注图画，引导表达

　　接下来，我们要阅读的这首诗是现代著名诗人徐志摩的《花牛歌》，听老师读一读，大家想一想，这是一头怎样的花牛？

　　听了老师的朗读，你仿佛看到了一头怎样的花牛？这是一头自由自在、无拘无束的花牛。

　　你看，它在草地里坐，在草地里眠，在草地里走，在草地里做梦，随心所欲，想怎样就怎样。

　　让我们再来读一读这首诗，感受一下花牛的自由自在、无拘无束。

　　悠闲的花牛饿了就甩着长长的尾巴在草地上吃青草，累了就躺下来歇一会儿，困了就干脆在草地里睡起了大觉，不知不觉，竟然做起了梦来。请你观察图画，猜一猜花牛做了一个什么样的梦？也请你跟家长说一说花牛都梦见什么了，别忘了根据图画展开合理的想象哦。你知道吗？想象是学习诗歌最重要的方法。

　　片段四：质疑内容，引发思考

　　我们认识了聪明的狐狸、悠闲的花牛，还有一群可爱的小鸟等着我们呢。请你跟老师一起读一读《小鸟音符》。

　　读完了诗歌，我想问问孩子们：小鸟为什么不坐在树梢？又为什么在电线上来回跳跃？你能从诗中找到答案吗？

　　是的，小鸟错把电线当成五线谱了。

　　请大家看图画，想一想，那站在窗口拉琴的小朋友，那穿梭在胡同里的叔叔阿姨们，他们抬头又看到了一幅怎样的画面呢？

　　那停在电线上的小鸟和那一条条电线不正组成了一首动听的曲谱吗？"小

鸟音符，呵，音符小鸟，——多么美丽的曲调……"

灵动的小鸟、纵横的电线、优美的曲调，多么奇特的想象，多么有趣的语言，让我们再来读一读吧。

片段五：以读带讲，刺激感官

别过了小鸟，老师想请你们来欣赏一幅图画，说说你们都看到了什么？是的，在无边无际的海洋上漂着一只只纸船，你们知道这些纸船是从哪里来的吗？

下面我们要读的这首诗题目就叫《纸船》，你来听一听、想一想。这首诗是著名作家冰心奶奶在 1923 年大学毕业后离开家乡乘船去美国留学时，在海轮上写给自己的母亲的。她站在船舷上，每天看着日出日落，船离海岸越来越远，也就离家乡离自己的母亲越来越远，背井离乡的生活让冰心奶奶心中万分苦恼，所以，她就像个小孩子一样，叠着纸船，让纸船带去她对母亲的爱与思念。如果你们也很喜欢这首诗，就一起来读一读吧！

小小的纸船，带着冰心奶奶对母亲的思念漂向远方。现在我们国家正在经历疫情，那么多美丽的逆行者为了我们的安全奋战在抗"疫"一线，你一定有许多话想对他们说。如果你也喜欢折纸船或者千纸鹤，就可以和家人一起折一折，让它带去我们对奋战在抗"疫"前线的工作者们深深的祝福，祝他们平安健康。

总结延伸：认识"写物诗"

今天我们一共学了四首诗，高洪波笔下聪明的狐狸、徐志摩诗中悠闲的花牛，它们都是那么可爱；柯岩眼中的小鸟和电线又是那样灵动有趣；而冰心奶奶手里的纸船却可以传情。这些无论是有生命的，还是没有生命的，诗人都赋予了它们深深的情感，让我们真切感受了诗歌的魅力。

有一类诗就是这样，以我们身边的物作为诗的主角。当然，这"物"不单单是动物，可能还会是植物，也可能会是某种物品呢，诗人赋予这些"物"以生命，以此传达自己的情感。其实，很多古诗也是以"物"为主题的呢！比如《咏鹅》《咏柳》，我们一起来读一读吧。你也可以找一找以物为主角的诗歌，和家人一起读一读。

三、案例评析

在这一课时的教学中，教师根据四首诗不同的特点，采用不同的教学方法，从题目、从画面、从诗歌内容等入手，运用猜一猜、质疑问难等手段，采用教师范读、引读，播放视频等多种方式，调动学生学习的积极性，以达到取得良好教学效果的目的。

从学生课后反馈的情况来看，教学效果还是比较好的。课后，班里掀起了一股朗诵诗歌、积累诗歌的浪潮，孩子们不仅声情并茂地诵读课上学习的四首诗，他们更是爱上了《蝴蝶·豌豆花》这本书，还有很多孩子开始喜欢上阅读、积累古诗词。苏轼的《水调歌头·明月几时有》、李白的《望庐山瀑布》、曹操的《短歌行》……一时间，学生的课后展示中，咏物的、写景的、抒情的、言志的，纷纷成为孩子们诵读的对象。还有的孩子意犹未尽，竟然学着创作诗歌，虽然有些稚拙，但充满了童趣，对诗歌的热爱之情也就不言而喻。

回顾旧知 总结方法 提升学生阅读与习作能力
——以语文复习指导课为例

五年级 葛 攀

随着疫情的暴发，春暖花开的开学季，本该在学校学习的同学们只能待在家中。但疫情并不能阻止同学们对学习的向往、对知识的渴望。学习的方式多种多样，"停课不停学"让同学们可以足不出户，在家中就能进行丰富多彩的学习活动。而我也有幸参与其中，为同学们精心准备了一节关于阅读和习作内容的复习课。

复习课对学生系统掌握知识、发展思维能力是极为重要的。 真正上好复习课并不是件容易事儿，如果不认真安排、精心设计，就达不到预期的效果。在分析学生五年级上册的阅读测试题后，我发现学生普遍掌握了提取信息的能力，而其他几项能力的题，出错率较高，掌握得不够好。因此，我确定了本次阅读复习课要复习的四种阅读基本能力：整体感知、形成解释、作出评价、解决问题。而习作部分，五年级同学在五年级上册语文书中第一次接触到了提纲，所以我将如何写好习作提纲作为习作部分的复习重点。

一、阅读部分

复习不仅要"温故"，而且要能"知新"。我对此的理解就是，学生在已有的知识获得中学会反思，对现有的知识、技能更加深化与熟练。因此，在确定了要复习的四项阅读基本能力后，结合学生手边的现有资源，我将阅读部分的环节确定为回顾旧知、总结方法、提升能力三个部分。

下面我将以整体感知、作出评价两项阅读能力为例，重点说说我是如何对学生的阅读能力进行指导的。

（一）整体感知能力

在分析学生做的阅读题中，我发现高年级学生对文章的整体感知不够准确，一些相对应的方法掌握得不牢固。其实，我们在阅读每篇文章时都会用到整体感知能力，它是指学生在读完一篇文章后产生的心理感触，是对课文的整体领悟。对于整体感知能力，学生积累了一定的方法，但缺少对这些方法的整体梳理。因此，在复习整体感知这一部分内容时，我将重点放在帮助学生梳理、总结方法上。

1. 以测试题为例，回顾旧知

在学生理解何谓整体感知后，以学生做过的阅读题为例，将其具体化，帮助学生回顾旧知。

（1）出示例题：《一只贝》。

（2）回顾思考。

因为是之前做过的练习，所以学生可以快速回顾浏览，教师适时提出问题："当外界的沙子、石子等杂质进入珍珠贝体内，会刺激它的身体，珍珠贝就会分泌一种特殊的物质，将杂质包裹起来，这些杂质经过层层包裹最后形成珍珠。你认为作者借一只贝的经历，告诉我们什么道理呢？"

（3）分析题目，引导学生做好反思。

回顾全文，我们不难看出，作者把外界的沙石比作生活中遇到的困难，将珍珠贝把沙石转化成珍珠的过程比作我们克服困难取得成功的过程。困境让人成长，不经历风雨怎能见彩虹，这就是作者想要告诉我们的道理。

但有的同学的答案是："作者想借一只贝的经历，告诉我们一个人不要只注重外表，而要做一个对他人有用的人。"这显然是没有细致读文章，没有把握住重点内容，与第一单元《落花生》的中心意思混淆，没有关注到文章具体描写的内容和《落花生》有很大的差别，做了错误的迁移和运用。

2. 结合例题思考，总结方法

学生在回顾整体感知能力以及所做过的阅读题后，一定会对此有了新的认识，此时，教师要帮助学生将已有的知识进行梳理、串联。可以先让学生通过以上学习总结方法，在独立思考后，教师帮助整理提高整体感知能力的方法如下。

（1）概述文章内容。很多同学可能最先想到的是概括文章主要内容。对于记叙文，同学们已经积累了串联六要素的方法、问题串联的方法，如谁干了什么、结果怎样。对于说明文，同学们会抓关键句来概括。这些都是可以迁移运用的好方法。同学们可以用自己的语言简要地概述文章内容。注意：要善于捕捉文中所提供的信息，进行筛选，保留最基本的要素。

（2）抓住关键词。有些文章在你初读之后，会有一些词语萦绕脑际，使你久久难忘。它们或者在文中反反复复地出现，或者对理解文章内容和思想有着不能忽视的作用。这些词就是文中的关键词，它们往往表达了作者的情感。

（3）写小标题。我们还可以运用凝练的语言，为文章另立标题。这也是对文章的高度概括。

（4）找线索。通过整理线索，对文章的情节发展过程就有了总体的把握，为下一步更细致的布局分析作了充分准备。

（二）作出评价的能力

通过对学生所做阅读题的分析，我发现学生普遍对阅读中作出评价的部分掌握得不是很好。因此，这项阅读能力也是我们重点要复习的。当我们在阅读一篇文章时，都会带着自己的情感、判断。对作者表达的情感我们是不是认同？是不是还有别的想法？这就需要我们深入阅读理解后，作出自己准确的判断。对高年级一般考查同学们对具体人物或事件的评价。

1. 回顾旧知，总结方法

向学生出示第三单元练习中的阅读题，快速阅读，想想为什么到了今天，藏族人民还在传颂着宇托的故事呢？

正确答案是"因为宇托心系百姓，为百姓造福，乐于奉献，医术高超"。同学们在回答问题的时候，往往只关注到人物某一方面的品质，答出了"感谢他为人民治病"。但对人物的整体评价不够全面，比如：宇托心系百姓、为百姓造福的品质，但作为医生，他医术高超。这一点很多孩子都没有答出来。

分析学生的错误答案，不难看出，他们在对人物作出评价时，往往不够全面。因此，在回答此类问题的时候，一定不要心急，静下心来，把文章的重点部分多读几遍。一定记住，对人物的评价需要用多个角度，并且要关注人物的品质和特点，结合文章具体描写的内容实事求是地评价。

2. 运用方法，小试牛刀

在总结方法后，需要实际操作来检验学生是否真正掌握。因此，针对多角度对人物进行评价，我找到了一篇小练习——《吝啬的富妈妈》。

从文中可以看出，这位无情的妈妈叫沙拉·伊麦斯，是以色列拥有百年历史的罗斯蒂克兄弟钻石有限公司驻中国地区的首席代表。

你认为文中的妈妈是一个怎样的人？（　　）

A. 文中的妈妈是一个对子女百般宠爱的人。

B. 文中的妈妈是一个只会教育子女的人。

C. 文中的妈妈是一个既疼爱子女，又善于教育子女的人。

这道题考查了学生对人物形象的整体把握与评价，正确答案应选 C。从文中我们知道，这位妈妈很高兴地为女儿过生日，但又不失时机地对女儿进行教育，从中能看出她是一个既爱子女又善于教育子女的人。因此，C 选项最为全面。

3. 学生收获

回顾阅读部分的复习内容，通过以往单元练习中出错率较高的阅读题，学生重新巩固了阅读的基本能力，梳理了阅读的方法，并通过新题将所学方法进行实操，进一步提高了阅读能力。

二、习作与提纲

学生从三年级就开始接触习作了，五年级的学生第一次接触到了习作提纲的撰写，因此这也是这节复习课的重点。

1. 提纲内容

要想写好习作提纲，学生先要掌握提纲中包含哪些内容。教师可以出示第四单元"二十年后回家乡"的提纲图，学生边看边回忆。

首先是题目。要把题目（或补充完整的题目）写在第一行。还要有结构安排，包括开头、中间和结尾，这是作文提纲最主要的部分。除此之外，还可以简要地写出这篇作文的主要内容及要表达的中心思想。

2. 如何设计提纲

为了让学生更好地理解如何设计提纲，我以《难忘的一件事》为例，让学生边看边对照回忆设计提纲的要点。

题目：难忘的一件事

主要内容：我的脚扭伤，周丽照顾我。

中心思想：关心同学、急人所急。

结构安排：

一、在练习跳绳时，我扭伤了脚。（略）

二、周丽同学热心照顾我。（重点段）

1. 周丽把我扶到她的家。（次详）

2. 周丽细心帮我喷"好得快"。（详）

3. 我好了一些，周丽又小心地搀我回家。（次详）

三、我十分感动，至今记忆犹新。（略，点题）

首先，我们要安排好材料的组织顺序。先写什么、后写什么，全文一共分为几大段，每段写什么，要以小标题的形式、按照一定的顺序把材料组织起来。然后，要确定好重点写的内容。要依据表达中心的需要，确定出哪些内容是主要的，哪些内容是次要的，标明"详""次详""略"的字样；重点段又打算分几层来写，先写哪层、后写哪层，具体列出准备重点写的步骤、次序。接着，再依据文章选用的材料及要表达的中心思想，确定好开头、结尾的方法，并在提纲中简单注明。还要设计好点题的时机及具体的方式、方法。最后，考虑好层次之间、段落之间该如何衔接过渡，哪些内容需要照应、如何照应，也简单标注一下。

3. 制作提纲注意的问题

学生在制定作文提纲时，要注意哪些问题呢？在此，我作了补充说明。第一，形式可以灵活。总的来说，作文提纲没有固定的格式和统一的要求，项目和详略的程度可依材料的特点、表达的需要和自己的水平而定。第二，要认真推敲、修改。列出提纲后，要对整个构思作全面的推敲：选材是否切题？立意是否明确、深刻？对选择的材料还需要进一步哪些取舍？材料的组织安排是否严密、合理，能否突出中心？推敲后，作出必要的修改，自己满意了，才可以动笔行文。第三，一定要先列提纲后作文。作文提纲完全是写给自己看的，是为自己写好这篇文章服务的，它具有很强的实用性。第四，务必养成"不列提纲不作文"的习惯，避免浪费了宝贵的时间，又严重影响作文的质量。

4. 学生收获

在习作部分的复习中，聚焦如何设计提纲，学生回顾了提纲的内容、如何写好提纲以及写提纲时注意的问题。更重要的是，学生认识到了提纲的重要性，将"不列提纲不作文"这一好习惯延续到以后的习作中。

三、阅读和习作部分复习课的反思

这节复习课，虽然没能和学生进行面对面的沟通交流，但通过复习旧知、总结方法，帮助学生对阅读和习作部分的知识进行了重新整合与梳理；并且引导学生发现，在平时学习过程中要多思考、勤总结，这样的知识才是牢固的、属于自己的。在今后的学习中，学生可以将所学内容和自己平时的阅读、习作相结合，总结出适合自己的学习方法，真正做到"温故"而"知新"，从而提升学生的阅读与习作能力。

数学部

时空无界　成长无限

——史家教育集团"品源至慧"线上课程案例

六年级　韩巧玲　左明旭

突然到来的疫情，使居家学习成为新的教育场域。面对学习场景、学习资源、学习形式等方面发生的变化，设计什么样的课程才能满足学生居家学习的需求？如何设计我们的课程，才能让学生的学习内容丰富、学习方式灵活，并且能在课程实施中体现落实"立德树人"和"五育并举"的目标？

我校数学部以"品源至慧"综合实践活动为基础，结合线上教学的特点，充分发挥学生居家学习的独特优势——自主学习优势、生活场景优势、实践制作优势、多学科自然融合优势、家校合作优势，重新设计并实施了这一课程，受到了学生和家长的一致好评。

一、主题构建凸显优秀传统文化

数学是一门科学、严谨的学科，蕴藏着极其丰富的思想性。中华优秀传统文化博大精深、源远流长，是我们炎黄子孙的精神财富。如何将数学与传统文化教育相结合，充分发挥传统文化独特而强大的功能，引导学生在感受、感悟我国丰富的民族数学文化遗产的过程中，同时培养学生的数学文化素养、开发智能？由此，我们从中国传统文化中的古代数学文化、民间工艺、传统节日、中国建筑、地域文化、传统文学、历史故事七大领域中遴选出适合学生学习的"品源至慧"学习活动课程。如从古代数学文化中选取计数工具、计时工具对接数学中的运算和常见的量；从民间工艺中选取剪纸艺术对接空间与图形领域的数学美；从传统节日中选取 π 日（3 月 14 日，由圆周率最常用的近似值 3.14 而来）对接现代数学中圆的特征及认识，在时令节气中对接数学元素；从中国建筑中选取榫卯结构对接正反比例和探索规律，从地域文化中选取天安门这个有代表性的文化标记对接数学空间与图形中的轴对称；从传统文学中选取诗词歌赋对接数的认识和测量；从历史故事中寻找数学元素对接数与形的认识规律等。通过将这些内容与数学知识有效融合，在知识理解与运用中积淀学生的文化底蕴，增强文化自信和民族自信。同时，通过实践和探究活动培养学生动手实践的能力和综合素养。

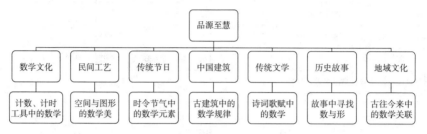

"品源至慧"课程内容

在分析学生身心发展、年龄特点和认知规律的基础上，我们聚焦了24个活动主题作为一至六年级学生居家数学学习的核心内容。

周次	授课节次	课程项目	具体课题
第一周	第一节	品源至慧	曹操出关（上）
第一周	第二节	品源至慧	曹操出关（下）
第二周	第一节	品源至慧	运筹技数（上）
第二周	第二节	品源至慧	运筹技数（下）
第三周	第一节	品源至慧	古币乾坤（上）
第三周	第二节	品源至慧	古币乾坤（下）
第四周	第一节	品源至慧	数独（上）
第四周	第二节	品源至慧	数独（下）

一年级课程主题

周次	授课节次	课程项目	具体课题
第一周	第一节	益智游戏	折纸游戏（上）
第一周	第二节	益智游戏	折纸游戏（下）
第二周	第一节	品源至慧	剪纸视界（上）
第二周	第二节	品源至慧	剪纸视界（下）
第三周	第一节	品源至慧	流水光年（上）
第三周	第二节	品源至慧	流水光年（下）
第四周	第一节	品源至慧	神奇幻方（上）
第四周	第二节	品源至慧	神奇幻方（下）

二年级课程主题

周次	授课节次	课程项目	具体课题
第一周	第一节	品源至慧	磁力南北（上）
第一周	第二节	品源至慧	磁力南北（下）
第二周	第一节	品源至慧	四时八节（上）
第二周	第二节	品源至慧	四时八节（下）
第三周	第一节	品源至慧	以一当五（上）
第三周	第二节	品源至慧	以一当五（下）
第四周	第一节	益智游戏	剪拼游戏（上）
第四周	第二节	益智游戏	剪拼游戏（下）

三年级课程主题

周次	授课节次	课程项目	具体课题
第一周	第一节	品源至慧	商码拾遗（上）
第一周	第二节	品源至慧	商码拾遗（下）
第二周	第一节	品源至慧	剪纸视界（二）（上）
第二周	第二节	品源至慧	剪纸视界（二）（下）
第三周	第一节	品源至慧	中轴对称（上）
第三周	第二节	品源至慧	中轴对称（下）
第四周	第一节	品源至慧	纸牌游戏（上）
第四周	第二节	品源至慧	纸牌游戏（下）

四年级课程主题

周次	授课节次	课程项目	具体课题
第一周	第一节	品源至慧	玩转陀螺（上）
第一周	第二节	品源至慧	玩转陀螺（下）
第二周	第一节	品源至慧	方寸精印（上）
第二周	第二节	品源至慧	方寸精印（下）
第三周	第一节	品源至慧	精打细算（上）
第三周	第二节	品源至慧	精打细算（下）
第四周	第一节	品源至慧	数墙（上）
第四周	第二节	品源至慧	数墙（下）

五年级课程主题

周次	授课节次	课程项目	具体课题
第一周	第一节	品源至慧	数学与生活（上）
第一周	第二节	品源至慧	数学与生活（下）
第二周	第一节	品源至慧	勾股玄方（上）
第二周	第二节	品源至慧	勾股玄方（下）
第三周	第一节	品源至慧	巧算六角形（上）
第三周	第二节	益智游戏	巧算六角形（下）
第四周	第一节	品源至慧	邮票中的数学问题（上）
第四周	第二节	品源至慧	邮票中的数学问题（下）

六年级课程主题

二、课程实施凸显教与学方式变革

结合居家学习和线上教学的特点，我们在课程重构中，鼓励学生学会自我观察、主动参与、主动探索、主动实践、独立思考，引导学生从居家生活中发现问题，并运用所学的知识和方法去解决这些问题。课程主题的设计突出实践性、操作性，并以实现学生多方面综合发展为核心，以促进学生整体素质全面提高为目的。

（一）学习方式的变革

"品源至慧"课程与线上教学的方式实现了完美契合，新颖丰富的内容及以问题驱动引领学生深入探索的模式，充分激发了学生的学习兴趣，并与集团其他课程主题形成了史家的"和谐课程群"。在此基础上，借助线上平台，在每周的周一和周三推送给学生，供学生自主选择探究。

线上教学是一次全新的挑战，必须努力做到同线下教学等质同效。紧锣密鼓的筹备、群策群力的设计、提前多日的上岗，支撑起授课教师们"高质量教学"的内核动力只有一个：改变的是课堂模式，不变的是教学初心。在具体的实践中，借助录制的主题视频，以大问题引领学生开展主题的探究，引导学生主动搜集资料，了解相关背景，激发学生进一步深入探究的欲望。同时，通过对所涉及文化的分析，使学生对所涉及的数学的源与流形成更加全面的认识。然后引导学生利用周边容易寻找到的材料，进行实际的操作、体验、感悟，逐步指引学生掌握自主学习的方法，激发学生灵活思维，提高知识迁移能力以及将数学知识与实际生活相结合的意识。在学习之余还为学生搭建分享交流的平台，在班级社区中分享自己的学习收获，同学之间形成相互借鉴、相互补充的评价方式。这种课程的实施形成了线上与线下交互式的学习模式。

（二）课堂结构的变革

线上教学对学生的学习热情、时间管理、自律自强提出更高要求；同样，新知识、新课堂、新模式对老师们也提出了新挑战。一个主题的课程方案平均修订 5 版，20 分钟的微课反复录制达 6 次以上，每个教学小组的教学准备线上会议 10 次以上，教学微信群讨论超越"千言万语"……老师们在筹备、试讲、分享、答疑等各个环节精心准备，只为"精彩"呈现。这样的课堂生发了教师对课程的创新能力，提升了教师对课程的设计能力，同时也促进了教师的课程领导能力。

在老师们多轮讨论、修改、完善的基础上，"品源至慧"课程打破了以往的课堂教学模式，重新构建了课堂教学结构。

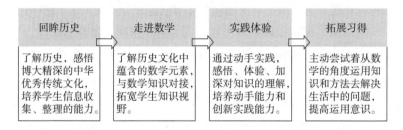

【课例分享】

1. 回眸历史——介绍所选主题的历史渊源

每一个主题的"品源至慧"课程，在实施的时候都会引导学生自主通过书籍、网络等途径查找资料，了解这个主题的历史背景；教师结合博大精深的中华优秀传统文化对学生进行社会主义核心价值观的教育，并在这个过程中有意识地培养学生的信息收集、整理的能力。

以五年级的《玩转陀螺》为例，一开始就以谜语导入："独脚尖尖腰儿圆，绳子绕在身上边，挣脱束缚获自由，乐得地上转圈圈"，一下子就吸引了学生们的注意力，然后以文物为主线，带领学生漫步陀螺的历史、感悟传统文化的魅力，学生的参与度一下就高涨起来。

2. 走进文化——聚焦所选主题的数学元素

在学生对主题背景有所了解的基础上，通过视频引导学生提出和发现其中所蕴含的数学元素，并将其与学过的数学知识相呼应。让学生从文化中了解和感受数学，既丰富学生对数学发展的整体认识、拓宽学生的学习领域，又激发学生学习数学的兴趣和学习的欲望，达到数学教育的育人功能。

以《玩转陀螺》为例，在本环节以两个大问题"你见过哪些不同玩法的陀螺"和"旋转时间最长的陀螺能转多久呢"，引领学生去探究与陀螺旋转有关的知识，这样一来，学生在感觉好玩的同时又能体悟其中所蕴藏的数学知识。

3. 实践体验——体悟所选主题的数学魅力

利用居家学习的便利，增加了学生动手实践的时间。精心设计基于居家学习实际情况的实验材料，意图让每一位学生都能利用周边的材料，通过动手实践的方式增强对数学知识的理解，培养学生的空间想象能力。在实践的过程中，通过具体的问题情景，引导学生思考，鼓励学生发表自己的意见，并通过微信、班级社群等线上途径与同伴交流，从而培养学生合作交流的能力。

以《玩转陀螺》为例，前面的两个环节已经充分激发了学生的学习热情，多想亲手玩一玩陀螺啊，可是疫情期间哪来的陀螺呢？备课老师进行了很好的预设，特意在这个环节引导孩子利用家里能找到的素材自制手捻陀螺，"借助你身边现有的材料，制作一个陀螺，看看你的小陀螺能旋转多长时间呢？"随之"品源至慧"课程也就结束了。以问题开始，又以问题结束，留给学生们的是想要动手一试的愿望。晚上班级社区微信群的交流也充分印证了孩子们的创新能力和动手操作能力是多么的强大。

4. 拓展习得——反思所选主题的数学意蕴

该环节主要引导学生用数学的眼光观察世界、用数学的语言表达世界，充分挖掘现实生活中所蕴含的数学信息及数学应用；引导学生面对实际问题时能主动地从数学的角度运用知识和方法去解决问题，能主动地寻找其实际背景，提高运用意识；并引导学生反思学习过程中的收获与体悟，内化在主题活动中所领会到的基本经验和基本思想方法，从而为数学素养的提升奠定基础。

以《玩转陀螺》为例，这个环节是第二课时，经过两天的探索，孩子们做出的陀螺是什么样子的呢？一组学生作品跃然屏幕，不少同学备受启发，恨不得立刻进行尝试。在学生跃跃欲试的状态下，课程又在问题的引领下进一步深入了：运动中的陀螺为什么不会倾倒呢？背后又隐藏着哪些道理呢？伴随着教师的娓娓道来，学生们恍然大悟。原本以为课程到了这里就要结束了，谁知又一个问题闪现出来："怎样让陀螺转得更久呢？"在头脑风暴下，一个又一个的影响因素被提了出来。至此，几乎不用教师再引导了，学生们积极主动的验证试验也就水到渠成了，以至对这个问题的探索在后续好几天的班级社区微信群中一直被作为焦点。

三、课程反馈凸显"五育"并举

线上学习方式的改变，必然促使评价方式的变革。因此，在重构"品源至慧"课程的时候，就以过程性、多主体性评价方式为主，注重课程过程中学生的自主性和能动性，关注每一个学生参与活动的态度和收获。那么，在学校的顶层设计和老师们的引领下，"品源至慧"课程线上学习的效果到底怎么样呢？

下面一起走进我们的"品源至慧"课堂吧！

（一）学以致用——知识给予成长的力量

数学源于生活，又应用于生活，因此学以致用是学习数学必不可少的环节，只有把数学还原于生活，才能感受到生活中处处离不开数学。同学们用学过的统计知识，更加深入地了解这场抗"疫"行动，并用自己的方式为抗"疫"加油。让学习活动与时政相联系，让学生的学习与家国情怀教育有效融合，培养学生的责任与担当意识。《邮票中的数学》让同学们了解邮票历史的同时，感受到生活中很多地方都会用到分段计价的方法，而且深深体会到数学知识与现实生活之间有着千丝万缕的联系。学完《磁力南北》后学生利用身边的材料制作了简易但科学的指南针，教师还引导学生明确自己成长的方向。"品源至慧"课程以优秀的传统文化为切入点，同学们在充分感受中国古老而厚重的文化历史、源远流长的文化魅力和中国古代劳动人民的智慧的同时，还能学以致用。这样的学习活动让我们看到了学生所学的知识与生活、知识与应用、知识与创新之间的有效融合。

（二）"玩具"探秘——指尖上的智慧创造

从"品源"到"至慧"，寻根问源，启迪思维。学生们充分发挥居家学习的优势，不管是《曹操出关》的华容道、《玩转陀螺》的指尖旋转，还是《百鸟朝凤》的九巧板等，在动手实践的过程中，可谓"八仙过海，各显神通"。一年级小朋友在制作华容道智力棋时，有的用自己幼儿时玩过的积木，有的用乐高插片，有的用硬纸板剪裁，在大小不同的棋子上画上人物，再一次讲述了棋子背后的历史故事；五年级同学制作的陀螺图案各异，材料也各不相同，有的同学还用面团和小棒来制作，在旋转之间感受力与形的美；而九巧板的制作更能看出同学们的艺术天分，从画图设计到剪裁，都是精益求精，图案拼组百鸟各态。这样的过程不就是对图形知识的巩固、操作技能的培养和孩子们创新思维的发展吗？让对知识的理解与在动手实践中的感悟有效契合，让学生们在活动中感悟、在感悟中成长。

（三）剪纸视界——图案中的唯美与和谐

在学习《折纸艺术》和《剪纸视界》后，学生们开动脑筋想一想、亲自动手折一折、拿起剪刀剪一剪，充分发挥自己的想象力和创造力，用自己一双灵巧的手创作出属于自己的折纸和剪纸作品。那一幅幅作品中，是同学们对图形的感受、是同学们在头脑中故事的构思、是空间推理能力的外显。同学们通过自己的作品感受到了折纸和剪纸艺术中的唯美与和谐。

"时空无界，成长无限"是史家教育集团"品源至慧"课程的理念，这一课程始终坚持多元、多维、多态的课程设计，坚持重传统、崇文化、贵实践、尚操作、跨学科学习方式，着力培养学生独立思考、融会贯通、综合解决问题的能力，充分释放学生的禀赋、绽放学生的精彩。

化繁为简在数图形中找规律

三年级　刘东荣

一、背景分析

为响应教育部决策部署，北京市教委作出大中小学延期开学决定，并启动"停课不停学"工作。史家教育集团数学部推出了启智课堂微课程。集团要求引导学生复习学过的知识，进行知识的延伸拓展。我引导学生结合图形学会数线段的方法，让学生通过实践活动经历观察、比较、归纳的过程，体会"化繁为简"，在"变与不变"中找到规律。使学生体会有序思考、数形结合、一一对应和转化的思想，感受数学的魅力，增强数学学习的兴趣。

二、教材分析

数图形的题目对学生是个难点，学生缺乏数图形的方法。

三、设计理念

一切为了学生，发挥网络平台的优势，充分调动学生的积极性，激发学生想象力，促进自主学习能力的提高。

四、教学方法

充分发挥信息技术的优势，利用网络平台让学生自主学习。

五、教学目标

1. 使学生能够结合图学会数线段的方法。

2. 让学生通过实践活动经历观察、比较、归纳的过程，体会"化繁为简"，在"变与不变"中找到规律。

3. 使学生体会有序思考、数形结合、一一对应和转化的思想，感受数学的魅力，增强数学学习的兴趣。

六、教学过程

亲爱的同学们，欢迎你们来到"数形启智"课堂，今天我们学习的内容是化繁为简数图形。

（一）数线段

1. 引出"数线段"问题

出示 1 条长线段，问：同学们，你看到了什么？

有的同学说，我看到了两个端点。还有的同学说，我看到了中间的直线。都说得特别好，两个端点和中间的直线可以确定一条线段。

今天我们就来研究研究数线段的方法。老师有个问题，想请你们帮忙解决一下。出示包含 15 个端点的线段图，问：现在图中一共有多少条线段？

有的同学说有 14 条，有的同学说不止 14 条，大家的想法不一样，看来大家在这里遇到困难了。有什么好办法来解决一下呢？

2. 共同研究简单问题（2个点，3个点）

问：最少可以是几个端点？可以组成几条线段呢？请你想一想。（出示 2 个端点组成的线段）

可以看出，端点数是 2，线段数是 1。出示 3 个端点组成的线段，问：现在变成了几个端点呢？线段数呢？你是怎么想的？

有的同学说，有两条单独的线段，还有一条长线段，合起来是 3 条线段。说得特别好：有两条单独的线段，也就是基本线段；还有一条长线段，是由两条基本线段合成的线段，也就是组合线段。合起来就是 2+1=3 条线段。

那我们先数的是什么线段？再数的是什么线段？

对了，我们要先数基本线段，再数两条基本线段合成的线段，也就是组合线段，最后把它们的数量加起来。

有的同学是这样数的：先从第一个端点开始向右数，从第一个端点到第二个端点，从第一个端点到第三个端点，这是 2 条线段。再从第二个端点开始向右数，从第二个端点到第三个端点是 1 条线段，合起来是 3 条线段，即 2+1=3 条。问：这次 2 和 1 的含义和刚才的一样吗？表示什么？

同学说了，2 表示固定第一个点向右数的线段数，1 表示固定第二个点向右数的线段数，合起来就是 3 条，即 2+1=3 条。

3. 进阶问题（4个点）

3 个端点组成的线段数量我们解决了，那 4 个端点呢？

有的同学是这样数的：先数基本线段，有 1 条、2 条、3 条，两条基本线段组合的线段有 1 条、2 条，3 条基本线段组合的线段有 1 条，合起来就是 3+2+1=6 条。

同学们可真棒啊。要注意分类来数，当然也可以有序来数。

4. 现学现用（5 个点）

我们再来看，5 个端点又能组成几条线段呢？

有的同学说，我先数基本线段有 1 条、2 条、3 条、4 条，接着来数 2 条基本线段合成的线段，有 1 条、2 条、3 条；3 条基本线段合成的线段有 1 条、2 条；4 条基本线段合成的线段有 1 条。合起来就是 4+3+2+1 条。

如果是 6 个点、20 个点、80 个点呢？有什么办法不用数就知道线段数呢？

有的同学知道了 2 个端点的时候，线段数是 1，3 个端点是 2+1，4 个端点是 3+2+1，每次都是从比端点数少 1 的那个数开始一直加，加到 1。5 个端点就是从比端点数少 1 的那个数开始，一直加到 1，即 4+3+2+1 条。

同学们，你们真棒，还找到了其中的规律，看来要想得到 5 个端点的线段数，除了数，还可以通过找规律来解决。问：如果端点数增加到 15 个呢？

这也难不倒我们，是 14+13+⋯+2+1 条。经过大家的努力，我们把这么复杂的问题都给解决了。在解决复杂问题的时候，我们可以先把它转化成简单问题，15 个端点有几条线段，我们不好解决。我们先从 2 个端点、3 个端点开始想，也就是化繁为简，找到它们之间的联系。先观察图与算式，再比较相同点和不同点，最后经过归纳，得到规律。这样我们就可以运用规律，来解决更复杂的问题。

（二）继续提升

线段的条数我们会数了，那三角形的个数你们会数吗？我们来挑战一下自己。

1. 2 个三角形组合成的图形

这幅图中一共有多少个三角形呢？能用刚才的方法解决这个问题吗？

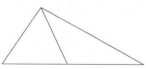

有的同学是这样想的：我们先数基本图形，有 2 个三角形，再数 2 个三角形合成的三角形，有 1 个，即 2+1=3 个。图中一共有 3 个三角形。

2. 3 个三角形组合成的图形

这幅图中一共有多少个三角形呢？你们一定有办法解决。

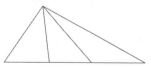

有的同学是这样想的：先数基本图形，有 3 个三角形；再数 2 个三角形合成的三角形，有 2 个；接着数 3 个三角形合成的三角形，有 1 个，即 3+2+1=6 个。

有同学说，我数着数着就发现，数三角形和刚才数线段是一样的。问：为什么数三角形就相当于数线段呢？因为每个三角形和它下面的那条线段都是一一对应关系，所以数三角形就相当于数线段，线段和三角形有一一对应关系。

你们太了不起了！你们发现了三角形和线段之间的对应关系。图由线段变成了三角形，但是方法和规律都没有变；抓住不变的规律，就可以应对变化的图形。

3. 9 个三角形组合成的图形

图中一共有多少个三角形？我们快来想一想。

有的同学说，数三角形就相当于数线段，9 个三角形下面对应了 9 条线段，一共有 9+8+…+2+1 条线段，也就有这么多三角形。

4. 6 个四边形组合成的图形

这个图形中又有多少个长方形呢？有兴趣的同学课下可以按照课上数线段、数三角形的方法做一做。

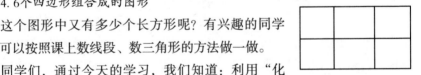

同学们，通过今天的学习，我们知道：利用"化繁为简"，把复杂问题转化成简单问题。无论我们数哪种图形，都要有顺序。要分类来数，先数基本图形，再数组合图形。通过观察、比较和归纳，可以找到规律。

用数学的眼光看世界

——巧迁移　认大数

四年级　苗　苗

一、案例背景

（一）理论背景

数学来源于生活，又反过来应用于生活。生活中有许多问题蕴含且传递着丰富的数学信息，我们应该学会用数学的眼光看世界，善于从实际问题中采集、筛选、整合数学信息，努力培养学生的数学应用意识和能力。

（二）教学内容分析

在四年级第一学期，学生学习了"大数的认识"。在认识大数、读数、写数、比较大小的学习中，我们发现大数的认识都是从万以内数的认识迁移而来，只是在解决与大数相关的问题时，略有不同。学生学习的十进制计数法不仅联系着前面整数的学习，同时也是后续学习小数的基础。由此可见，这部分知识的复习意义重大。

（三）学生情况

在疫情形势下，同学们只能宅在家里进行自主学习，使得居家学习成为新的教育场域。学生的学习场景、学习形式、学习内容都发生了变化。有的学生开始复习和预习，但不知道有哪些方法。为此我设计了一节复习整理课，依托已有知识来培养学生数学学科素养和学习能力、学习方法、学习策略，让学生有更大的收获。

（四）我的思考

四年级学生在上学期学习了大数的认识，我们可以收集筛选数据，引导学生结合现实生活中的数，运用自己所学的知识分析解决实际问题。

二、课堂写真

（一）生活情境引入

课堂一开始，我就举出生活中与我们密切相关的数，让学生感受到我们的生活中处处能见到大数。今天再次走近这些大数，寻找新的发现。

国家统计局发布 2019 年末全国民用汽车保有量 261500000 辆，比上年末增加 21220000 辆。

2019 年全年粮食产量 663840000 吨，比上年增加 5940000 吨。

（二）结合生活实际，运用迁移进行知识梳理

1. 数位顺序表——初步认识知识迁移的方法

借助计数器来数数，从 6700 开始一百一百地数，数到 6900 时，追问再加 100 是多少？让学生回忆百位满十向千位进一，10 个 100 是 1000。接着一千一千地数，数到 9000 时，追问再加 1000 是多少？引导学生回忆千位满十向万位进一，10 个 1000 是 1 万。以此类推，发现每相邻两个计数单位之间的进率都是十，这样的计数方法就叫作"十进制计数法"。在此基础上回忆数位、数级的概念，以此完善学生熟悉的数位顺序表。

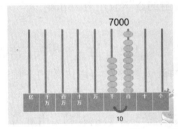
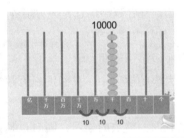

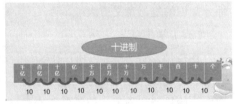

2. 读数——进一步认识知识迁移的方法

先回忆万以内数的读法，"2050"读作"两千零五十"。从万以内数的读法迁移到更大的数的读法。

3. 写数——尝试利用知识迁移的方法

先写出万以内的数 147，再根据数位顺序表，利用万以内写数方法的迁移写出 147 万、147 亿。

根据给出的信息写出这几个数，不仅仅是复习旧知识，也让学生有意识地

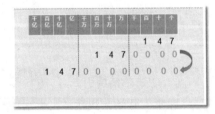

寻找知识之间的联系，尝试运用知识迁移的方法。

4. 比较大小——自主进行知识迁移的运用

学会迁移，对学生的学习有很大的帮助。数学是一门让人聪明的学科，而迁移是学习数学的一个重要的方法。在学习、复习的过程中，让学生有意识地将新旧知识联系起来，找到它们之间的相同之处，也发现它们的不同之处。

5. 改写和求近似数

截至 3 月 4 日，全国约有 41280000 名党员为支持新型冠状病毒防疫工作自愿进行捐款。请学生把这个数改写成以"万"作单位，再把捐款数改写成以"亿"作单位，引导学生学会用数学的眼光看世界、分析问题。

通过这一单元知识的整理复习，我们发现对大数的认识都是从万以内数的认识迁移而来，但在解决与大数相关的问题时，也有不同，在解决与大数相关的问题时都要先分级。先分级是为了方便读写，保证精确。

（三）产生疑问，获得生长点

1 米长的绳子平均分成 10 份，每份是 0.1 米。也就是说 10 个 0.1 米是 1 米。

当出现这个敏感的数"10"的时候，学生会产生哪些疑问？小数知识是从整数扩充来的，所以整数知识对小数知识学习有两种迁移作用。一种是正迁移，如整数的计数位置原则和十进制关系等对小数学习有促进作用；另一种是负迁移作用，如小数的大小比较、数位名称及读法、写法都会受整数知识思维定式的干扰，要加强对比，充分利用已有的整数知识来学习小数。

三、课例特色

1. 对知识建立结构化、关系性的认识

在数学教学中发现，有的学生对知识的遗忘速度相当快。这和他们对数学知识的系统认识有关。有的学生对数学知识的认识是非常零散的，认为会做题就行了。其实数学是一个整体，从其内部来看，各个部分是互相联系的。因此，引导学生建构数学知识结构图，并非把一些数学知识简单地放在一起，而是把原本零散的、互不相连的各个知识点联系起来，加深对数学内部联系的认识。复习的任务是梳理知识内容、培养思维方法，不是知识的机械重复。

2.运用知识的迁移进行归纳、整理

通过数的整合与变化活动，帮助学生将之前学习的"万以内数的认识"迁移到"更大的数的认识"，初步建立关于整数的认知结构。在这个认知结构中，引导学生思考、应用、归纳和提升，即学会用知识迁移的方法举一反三，综合运用，促进学生发散思维。把各部分知识进行归纳、整理，以达到巩固提高、融会贯通的目的。

3.疫情情况下，引导学生用数学的眼光看世界

在这个非常时期，很多人都在实时追踪新闻里的每一组数。结合这些数，让学生在实践中学，在实践中悟，体会生活处处有数学，数学就在我们身边；并且可以利用数学解决生活中的很多有关数的问题，从而实现数学的应用价值。

生活处处皆数学　变与不变话周长

三年级　马心玲

在延迟开学的日子里，"停课不停学"是对师生的一次现实考验。作为一名教师，我必须重新审视自己肩负的使命，创造性地规划自己的教育行为，提高自己的教学"免疫力"，在抗"疫"时期有所作为。

在史家教育集团开设的"和谐课堂"之"数形启智"课程中，就有这样一节数学课——《变与不变话周长》。它主要通过对三年级第一学期有关"长、正方形周长"部分知识的梳理，在掌握长、正方形周长的基础上，运用所学知识解决实际生活中的问题，进一步加深对知识的理解，提高解决问题的能力。

一、对"周长"描述，让"周长"从生活中来，回到生活中去

引入：同学们在上一节课中学习了长、正方形的有关知识，跟老师一起进行了整理总结。今天我们进一步研究如何用周长的知识解决生活中的实际问题。

例如，同学们在订校服的时候要量一量胸围、腰围、臀围，这样订做的衣服穿起来才更加合体，那么胸围、腰围、臀围就是周长。还有，给一块桌布绣一个花边，给礼品盒扎漂亮的缎带等，都与周长有关。下面，我们就来看看生活中的周长问题。

二、解决围篱笆中的问题，体会"周长的变与不变"

例如，王爷爷有一块长方形菜地，长 8 米、宽 6 米，要在四周围上篱笆，需要多长呢？你能帮他算一算吗？

有的同学这样计算：$(8+6) \times 2=28$ 米；有的同学这样计算：$6 \times 2+8=20$ 米，$8 \times 2+6=22$ 米；还有的同学这样计算：$8+6=14$ 米。他们的方法有道理吗？为什么呢？原来，有的同学求的是长方形四条边的总和，而有的同学借助一堵墙当一条边，只求了三条边的总和，还有的同学借助了一个墙角，也就是借了两条边，只求剩下的两条边的总和。同学们快来看看，求三条边的总和还

287

有两种不同的方法，这又是为什么呢？原来，有的同学借助一堵墙当长边，有的同学借助这堵墙当宽边。看来同学们的思维很活跃，想出了这么多解决问题的方法。我会把你们提供的方案转告给王爷爷，让他结合具体情况来选择。通过解决这个问题，你有什么发现呢？（边数变了，方法不变）

有的同学发现了这几种解答的共同特点，就是在围菜地的周长，篱笆的长就是长方形的周长。那不同点呢？由于生活实际的需要，由于围的方式不同，采用灵活的方法来计算周长。有时不一定是四条边的总长，也许是三条边或两条边的总和。边的条数在变，但是求边长总和的方法没有变。

通过刚才的学习，大家对周长的变与不变有哪些感悟？

三、在图形拼摆中认识周长的变与不变

在图形拼摆的过程中，我们进一步体会周长的变与不变。

一个正方形的边长是 1 厘米，周长就是 4 厘米，那么两个同样的正方形拼在一起，周长是 8 厘米吗？首先我们来数一数边的个数，6 个一，周长是 6 厘米，这是数边法；我们还可以算一算：现在的图形长是 2 个边长，所以长是 2，宽仍然是 1，（2+1）×2=6，这是计算法；还可以这样想：每个独立的正方形周长分别是 4 厘米，两个就是 8 厘米，拼在一起隐藏了 2 条边就要减去，因此 4+4-2=6，周长仍然是 6，而不是 8。我们看到了正方形的拼摆使周长产生了变化。

下面我们再来研究长方形的拼摆问题。

两张同样的长方形桌子，每张长 3
米、宽 2 米，怎样拼摆才能使桌子四周
摆放的鲜花最多？要想使摆放的鲜花最
多，就要想方设法使它的周长最长，那

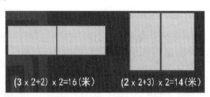

么怎样拼摆才能使拼成的图形周长最长呢？有的同学说应该把两条宽隐藏起来，有的同学说应该隐藏两条长，谁说的对呢？

下面我们根据这两种拼法计算一下它们的周长，来验证我们的策略。第一种把宽重叠在一起，计算周长是 16 米；第二种把长重叠起来，计算周长是 14 米。你的选择正确吗？是不是第一种方法拼摆的周长最长，四周摆的鲜花也就最多呢？通过这组题的练习，同学们有哪些发现？

结论：相同的长方形或正方形拼在一起，隐藏起来的边较长（多），拼成图形的周长就越短；相反，隐藏起来的边较短（少），拼成图形的周长就越长。

四、创设生活场景，引出平移，求图形的周长

同学们要问了，大小、形状不同的图形能不能拼摆呢？当然可以了。我们看看一个大正方形和一个小正方形拼在一起，它们的周长怎么计算呢？有的同

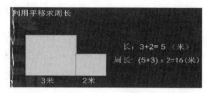

学说：可以把每条边的长度相加，就能求出周长，非常好！还有的同学说：可以用先分再合法分别把周长求出来相加，再把隐藏起来的边减去，也能求周长，非常棒！那么还有没有其他的方法呢？有的同学想到了，利用平移求周长。平移是我们以前学过的知识，什么是平移呢？就是物体沿着一条直线移动，在移动的过程中位置虽然发生变化但大小没有变化，现在我们利用这个方法，让这个图形中的两条线段分别平移，仔细观察在平移过程中什么变了什么没变。通过观察我们看到线段的位置变了，而长度没有变，不规则图形变成了长方形，它的周长就是长方形的周长。现在我们可以计算它的周长了，长是 3+2=5，周长是（5+3）×2=16。这道题利用平移巧妙地把一个不规则图形转化成一个长方形，求出长方形的周长，也就知道了这个不规则图形的周长。

刚才是大小正方形的拼摆，下面我们看一看一个长方形和一个正方形如何进行拼摆，能不能利用平移求周长呢？看右图：第一组图形，经过平移，不规则图形转化成一个大的正方

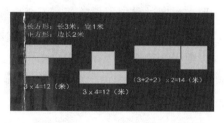

形，正方形边长 3 米，周长就是 12 米；第二组图形，通过平移不规则图形转化成一个大的正方形，正方形边长 3 米，周长还是 12 米；第三组图形，还是通过平移转化成大长方形，长 3+2=5 米，宽是 2 米，周长 14 米。同学们，你的答案对吗？利用平移巧算周长，你掌握了吗？

楼梯长 3 米、高 2 米，要在楼梯上铺红色的地毯，地毯的长度怎么求呢？这道题看上去好像与周长没什么关系，我们来看一看楼梯的侧面，你有想法了吗？同学们一看就能想到，

这道题还是借助平移的思路来解答。楼梯的台阶多，我们可以一级一级地平

移，还是要想想什么变了、什么没变。利用平移，我们看到地毯的长度实际上就是楼梯水平方向的长 3 米和垂直高度 2 米这两条边的和，3+2=5 米。大家想想，地毯的长度与组合图形的周长有什么联系呢？都是利用平移的方法来解决，它们有什么不同呢？地毯的长度不是 4 条边的总长，而是周长的一部分，是一组长加宽的和，你们明白了吗？

我们再来看一道题挑战一下自己：公园里有一座小桥，水平长 20 米，距地面高 2 米，要在桥上铺一层防滑垫，同学们想一想，防滑垫的长度是多少米呢？这道题能利用平移解答吗？左半部分、右半部分分别平移，会转化成什么图形？防滑垫的长度相当于哪几条边的总和呢？（答案：24 米）

大家通过这组题的练习，又有哪些收获呢？**把不规则的图形，借助平移转化成规则图形再求周长，这样就巧妙地解决了生活中的问题。**

五、总结

今天，我们首先在围篱笆的过程中认识周长的变与不变，接着理解了图形在拼摆过程中周长的变与不变，最后又体会到借助平移，把图形进行转化过程中周长的变与不变。同学们掌握了这些技巧，希望你们在实际生活中学以致用，看看身边有没有这样的数学问题，可以用我们今天学习的方法试着解答，使自己解决问题的能力越来越强！

用数学的眼光看世界

——"数"说疫情

六年级　淮瑞英

一、案例背景

1. 理论背景

数学源于生活，应用于生活，在教学中我们应当引导学生关注数学与生活之间的联系，用数学的眼光观察世界。在统计方面的教学中，我们一定要引导学生从数据中读取信息，让小数据发挥大作用。

2. 内容分析

本案例结合实时疫情，从生活实际出发，引领学生在解决实际问题的过程中，综合利用统计的知识，科学看待新闻报道，理性分析实时疫情，帮助学生建立抗击疫情的信心，为学生传递正能量的同时，巩固对课内知识的理解。

3. 学生分析

本案例针对六年级学生，学习内容包括单 / 复式统计表、单 / 复式条形统计图、单 / 复式折线统计图、扇形统计图、平均数、可能性等。学生对各类统计图的特点、相关统计概念都有所了解，每天在生活中会遇上各类各样有关统计的数学信息，如何面对并分析这些信息，最凸显解决实际问题的能力。

二、课堂重现

1. 情境需求，知识回顾

2020 年的新春佳节让我们有些许的不安与无奈，我们为疫情扩散而揪心，为英勇的白衣天使而感动。抗击疫情，人人有责。今天我们就从抗击疫情说起……

雷神山医院与火神山医院拔地而起，赶工期就是抢救生命。在医院中，医生每天都要分时段记录每一位病人的体温变化情况，应该用（　　）统计图才可以了解到病人的体温变化情况。

解决这道问题，要抓住题目中哪些关键信息？"变化情况"是解决这道问题的关键，在我们学习过的统计图里，哪个统计图能够直观、清晰地呈现数据的变化情况？没错，就是"折线统计图"。当然，除了折线统计图，我们还学习过条形统计图和扇形统计图。你还记得这两个统计图的特点吗？条形统计图能更直观地看出数量的多少，扇形统计图能清楚地反映整体与部分之间的关系。

来看看这是一个病人一天的温度变化情况，从右图中你能得出哪些信息？可能有同学发现了16时病人体温最高，为39.1℃；还有同学发现了16时至24时，体温呈下降趋势，8时到16时又呈上升趋势等。

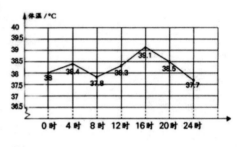

你还发现了什么，可以跟身边的人说一说。

2. 解读新闻，判断可能

疫情就是命令，防控就是责任。疫情信息的公开与透明对疫情防控有着至关重要的作用。中国新闻网在2月2日的一篇新闻报道中说："未来十天至两周左右疫情有望出现高峰。"如果你在2月2日看到了这个消息，请你判断未来十天至两周疫情（　　）出现高峰。（填"可能"或"不可能"或"一定"）

新闻中的"有望"出现高峰，你知道是什么意思吗？"有望"出现高峰，意思是"有可能"出现高峰，也就是说，2月2日之后的十天或者两周左右有可能出现高峰，也有可能没出现高峰。括号里应该填写"可能"。因此，同学们在日常看新闻的时候，一定要科学看待新闻中的内容，分析理解它所要表达的最终意思。

3. 结合实际，绘图制图

目前，北京市各区也相继出现疑似和确诊的病例，不同区的确诊数量不尽相同。小明要用条形统计图表示出北京市各区确诊患有新型冠状病毒肺炎的人数。在绘制条形统计图时，他用宽0.5厘米、高3厘米的直条表示确诊人数有2人，用宽0.5厘米、高4.5厘米的直条表示确诊人数是（　　）人。

在解这道问题的时候，我们需要提取有用的信息，其中两个直条均宽0.5厘米对我们来说是多余信息，在绘制条形统计图的时候要保证宽度一致。但是对于解题来说，我们只需要高的信息。高3厘米代表2人，高4.5厘米代表几人？高3厘米代表2人，意味着1.5厘米代表1人，那么4.5厘米里面有几个1.5厘米，就代表几人，列式4.5÷1.5=3（人），答案是3人。

据《人民日报》消息，截至 2 月 6 日，北京市确诊人数总计 274 人，朝阳区人数最多，48 人，延庆区最少，1 人。如果要求你用条形统计图表示出这一天北京市各区确诊人数，该如何绘制呢？

同学们一定想到了，如果还用高 1.5 厘米的直条表示确诊 1 人。朝阳区 48 人需要画一条高 72 厘米的直条，而一张 A4 纸的较长边近 30 厘米，太长了。那怎么办呢？可以调小一点，有的同学可能想到了用高 0.5 厘米的直条表示 1 人，或者用高 0.3 厘米的直条表示 1 人比较合理，这样画出来的图比较合适。

4. 实时疫情，综合分析

作为小学六年级学生，你可以选择某一天的"全国疫情新增趋势图"，然后分析各个曲线代表什么意思。

三、案例特色

1. 疫情触发数据分析

本案例用学生熟悉的新闻报道，引导学生用学习过的知识理性分析数据，在回顾知识的同时，给学生抗击疫情建立足够的理论自信，并在解决实际问题的过程中加深对知识的理解，让学生充分意识到数据会说话。

2. 问题引领学生学习

本案例通过层层递进的问题设计，让学生在直面实际问题的过程中，从知识回顾到知识应用，让学生在真实的情境中学习，让课堂上的学习也真正发生。在练习课的设计中，关注学生对知识的综合应用与整体建构，让学生在有结构、有逻辑、真情境、真问题的设计下，对知识的理解逐步走向深入。

数学阅读　请打开生活这本书

三年级　刘伟男

"读万卷书，行万里路。"疫情期间，"万里路"肯定是"行"不了了。不过此时，正好是我们"读万卷书"的好时光。

数学阅读？阅读数学？读什么？怎么读？

你可能会说："家里的书都读过了，没有新书可以再读了。"你也可能说："现在快递送货的时间没有保障，新买的图书一直在路上……"没关系，别着急！今天，我们就来一起学习：数学阅读，请打开生活这本书。

一

清晨，戴上口罩，陪父母在小区里走一走，你是否想过：我们家住的楼房有多少米高呢？

要解决这个问题，估算是一个不错的思路。我们可以用自己的身高为基础，先估计一下家里房间的高度。知道了一层楼的高度，再乘以层数，就能估计出楼房的高度了。

如果你不满足只是知道个大概的数据，那还真有另外的办法呢！

你听说过"小木棍测量金字塔有多高"的故事吗？

相传，被称为"数学家始祖"的泰勒斯在埃及游玩的时候，曾与当地贵族打赌，声称"半日内即可测出金字塔的高度"。

一天，艳阳高照，泰勒斯来到金字塔下，将一根木棍插在地上，他先量了量木棍影子的长度，又量起了金字塔影子的长度。

法老与群臣大惑不解。泰勒斯解释道："尊敬的法老，金字塔有影子，棍子也有影子。在某个特定时刻，一件东西的高度和影长间存在一一对应的关系。也就是说，如果我们知道了这根棍子的高度，又知道了棍子的影长，就可以通过这种对应关系求得一个比例。这样，我们只需知道金字塔影长是多少，就可以知道金字塔的高度了。"

低年级的同学可能还不理解"比例"的意思。我们举一个最特别的例子，如果在某一时刻棍子影长恰好等于这根棍子长度，具体点就是如果棍子长 3

米，它的影长正好也是 3 米。这时，金字塔影长 147 米，那么金字塔多高呢？对了，也是 147 米。

这是不是一个很有意思的方法呢？有没有想马上试验一下？楼房高度、树木高度、亭子高度等，都是你可以"阅读"的对象。

相信明早的清晨，从你的眼中能看到更多的数学。

二

午餐，看着垂涎欲滴的披萨，你是否想过：如果给一家人平均分配，该如何切呢？

要解决这个问题，对折是一个不错的思路。折痕就是圆的直径，按照直径切可以把披萨平分成偶数块。

如果人数是奇数呢？对折多次，就可以找到圆心。根据圆心角的度数，就可以把披萨平分成你想分的块数。同学们，你现在是不是想——周角是 360 度，真好！好多数都可以除得尽。

不过，披萨能对折吗？对折之后还是披萨吗？除非午餐要改吃"肉夹馍"了！

披萨不能对折，如果有一张和披萨大小一模一样的圆形纸片，那就能对折了。

如果没有圆形纸片，还有其他办法吗？

有了！你可以用番茄酱在披萨上挤出一个最大的直角三角形，然后量一下直角三角形的斜边，斜边上的中点就是圆的圆心了。找到圆心，就可以用上前面的方法了。

此刻，你又有了哪些新想法呢？为什么斜边上的中点就是圆心了呢？若不用番茄酱，还有其他办法吗？若不画直角三角形，还能找到圆心吗？……

有人说，读书是为了遇见更好的自己。我想，数学阅读是为了遇见更会思考问题的自己。相信你再吃披萨时，品尝到的不仅仅是有滋有味的披萨，更能品尝出一份数学的味道、思考的味道。

三

"儿童散学归来早，忙趁东风放纸鸢。"

下午，家庭娱乐时光，你是否想过：我能创造出一些和数学相关的游戏吗？

比如，我创编了下面这样的"数字谜"游戏。

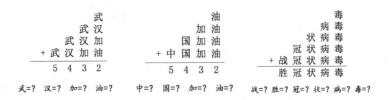

我们在解谜的同时，心里也默默地在给祖国加油！

再比如，有同学创编了"抗疫情"跳棋，在游戏的过程中，不仅练习了东、南、西、北四个方向的使用，还提醒我们要更加注意安全防护！

你是不是觉得：跳棋？太小儿科了！

你知道吗？跳棋也是可以跳出国界，跳来超级大奖的！两位美国数学家发明了 Prime Climb 数学跳棋，还揽获 9 项大奖呢。在游戏的过程中，不仅可以练习四则运算，还可以帮助你了解质数、合数、因数、倍数。怎么样，心动了吗？想不想也创编一套属于自己的数学游戏棋呢？

相信下回的家庭娱乐时光，玩着自己创编的数学游戏，欢声笑语的背后，有你自己创造的故事，更会有一份专属于你的自豪感。

同学们，打开生活这本书，开启你的"数学阅读"之旅，以更远的目光、更广的视野去阅读生活中的数学，让"宅"在家中的时光，更加丰富多彩！

温故知新　融会贯通

——四年级上册《图形与几何》整理和复习

四年级　李　文

一、案例背景

新冠肺炎疫情发生以来，北京市中小学生开始了一段"延期开学不停学"时光。北京市东城区树立"成长不延期、生活即教育、处处是课堂"的理念，让疫情防控成为特殊的"教材"、别样的"课堂"。为此，史家教育集团制定了"延期开学不停学"方案，为了开学后学生能更快适应学习新的知识，构建集综合性、实践性、探究性、开放性于一体的线上教学"数形启智"四年级上册知识的整理复习——温故知新　融会贯通。

"新课程标准"要求"在小学数学教学中要让学生体会知识之间的结构关系，注重理论联系实际，感受数学的整体性"。以思维导图来促进小学数学复习，利用清晰的思维导图来引导学生、指导学生，让学生形成更加清晰、系统的知识脉络，能促进学生更好学习、更高效吸收知识，从而提高复习效率。

二、教学内容分析

在复习课上，教师需要把零散的知识点梳理分类、融会贯通，形成知识结构，这时学生才能更好地理解并掌握系统的数学知识。数学思维导图是把数学知识点之间的本质联系用画图的方式形象直观地表示出来的一种工具。运用思维导图这种学习工具，可以帮助学生梳理知识，构建知识结构。数学教师在教学中运用思维导图可以提升学生的思维品质，达到学生能够自主学习、获得可持续发展的教学目的。

复习课承载着回顾与整理、沟通与生长之独特的功能。加强知识梳理是复习课的途径，完善认知结构是复习课的核心，有效查漏补缺是复习课的目的。本节课的教学目标是让学生尝试梳理本单元相关的知识点，弄清概念间的联系与区别，使学生能清晰地建立知识网络，初步建构复习模型。因此把知识网络的建构充分放手给学生，教师适时点拨，既能培养学生自主探索能力、整理归纳能力，又能使学生获得一定的成就感，达到事半功倍的效果。同时，还要在梳理过程中进一步培养学生的空间观念，从对图形的表象认识上升到本质特征的理解。

本节课的学习内容是复习角、线、四边形。三年级时学生学习了长方形、正方形的特征以及如何求周长和面积，在四年级上册第三单元认识了角和三种线、第五单元认识了平行四边形和梯形，学生已经熟练掌握这些图形的基本特征，并能准确描述。本课教学的目的是把学生的知识整理成系统的知识网络，以便使他们可以更好地掌握和运用各种平面图形之间的内在联系与区别。由于小学生的认知能力有限，小学数学知识往往被分成若干层次逐步完成，知识呈现出零散状态，而整理和复习能使知识建立联系，构建成相对稳定的有整合力的知识系统。

三、设计思考

为了让学生理解本单元的知识，提升他们解决实际问题的能力，我特别设计了这节课，目的是让学生在三个活动中自主探究，在反馈中提高对概念的理解和掌握，在探索交流中积累解决问题的策略，在观察比较中挖掘知识本质、沟通知识间的联系，最终整理成系统的知识网络；创设"知识整理"情境，引导学生用不同的方式进行复习总结；引入思维导图，发现图形间的联系和区别。同时，还为学生积累解决问题的经验和解决问题的策略。在教学过程中，采用"问题—探究—应用"教学模式，可以使教学的层次更加清楚，有利于将学生的思维逐步引向深入，同时引导学生借助显性的活动，促进隐性的数学思想方法的提升。

四、教学目标

知识与技能目标：复习巩固平面图形的概念，掌握各种图形的特征，能用数学语言描述图形的特征；建立知识之间的联系，运用数学思维导图使知识系统化、条理化。

过程与方法目标：通过教学，向学生渗透联系、比较的复习方法，使所学知识融会贯通，积累复习梳理的经验，进一步培养学生的判断能力和空间观念。

情感态度价值观目标：培养学生分类建立联系的意识，养成良好的学习习惯。

五、教学重点与难点

理清关系，形成网络，深化理解；通过关系的建立，进一步深化理解图形的概念。

六、教学过程

（一）创设情境，引入课题

同学们，大家好！上一阶段，老师带领同学们了解了传统文化中的数学元素，品源至慧、巧思飞翔。下一阶段，为了开学后能更快适应学习新的知识，我们将开启四年级上册知识的整理复习——温故知新　融会贯通。

今天我们一起在几个活动中回顾四年级上册三、五单元的内容。回忆一下，在三、五两个单元中我们都学习了哪些知识？你自己先在纸上分一下类吧。

大家学的这些都是平面图形，那么学过后怎样把这些知识进行温故知新、融会贯通呢？这节课，我们就用一种新方式进行复习和整理。刚才的小报梳理，能不能用更简洁的方式表达呢？看看这位同学用思维导图的形式是不是很简洁？

（二）回顾整理，构建网络

1. 直线、射线、线段的关系

我们开始第一个活动：画一个点，过这点分别可以画出什么线？直线、射线、线段有什么联系和区别呢？

先来看联系：把线段的一段无限延长，就得到一条射线；把线段的两端无限延长，就得到一条直线。线段是直线的一部分。

那这三种线的区别呢？从哪几方面进行区分呢？

其实，知识之间有着千丝万缕的联系。通过三种线，你们想到了什么？有的同学由射线想到了角，有的由直线想到了两条直线之间的位置关系，还有的同学由线段想到了线段可以围成平面图形。原来，线和线之间、线和图形之间都有联系，那我们就按照大家说的——来梳理这些知识吧。

2. 射线—角

从一点引出两条射线所组成的图形叫作角。角是由顶点、两条边组成的。角的两条边都是射线。

你们还记得角的表示方法吗？角通常用符号"∠"表示，读作"角"。（注

意与小于号"＜"的区别）

角还可以看作由一条射线绕着它的端点，从一个位置旋转到另一个位置所形成的图形。

那么，角的大小与什么有关系？对，角的大小与边的长短无关，与两边张开的大小有关。

根据两边张开的大小，角从小到大排列：锐角＜直角＜钝角＜平角＜周角。

那直角、平角和周角之间有什么关系呢？（出示动画）先自己思考一下。在这里有两个易错点要注意，平角不是一条直线，周角不是一条射线。

看到一个角，要知道这个角的准确度数，该怎么办呢？对了，需要用量角器量一量。大家还记得怎么量角吗？我们可以用顺口溜记忆：点对点，边对边，角的度数看它另一边，右起看内圈，左起看外圈。

试着画一个 75 度的角，看看你有几种不同的方法？（量角器、三角板）

有关角的知识我们复习完了，你能用思维导图自主梳理归纳一下吗？这个同学用思维导图的方式，简洁地梳理了一下这个单元的知识。相信你们的梳理一定有自己的特色。

3. 直线

第二个活动：用两根小棒摆一摆，看看它们都有哪些位置关系。

这是直线 C，直线 A 平行于 C，直线 B 也平行于 C，那么我们就可以说 A 平行于 B。平行于同一条直线的两条直线是（互相平行）的。

当直线 A 垂直于 C，直线 B 也垂直于 C，那么 A 平行于 B。垂直于同一条直线的两条直线互相平行。

我们还可以利用互相垂直的知识画垂线，记得怎么画吗？用思维导图自主梳理归纳一下吧。

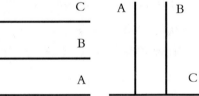

4. 平行与垂直

我们进入第三个活动：用四根小棒摆出学过的不同的四边形——平行四边形、长方形、正方形、梯形。

提问：这些特殊的四边形你们是从哪些角度思考它们的特征呢？每一个图形有什么各自的特点？它们之间又有什么相同点？

相信大家对这个表格并不陌生，边思考边填写。（要求：在表中适当的空格内填上"√"）

特殊四边形	边的特点				角的特点	
	两组对边分别平行	只有一组对边互相平行	两组对边相等	四条边都相等	对角相等	四个直角
正方形						
长方形						
平行四边形						
梯形						

通过表格，我们可以横着整理每种图形的特征，还能竖着找到四边形边和角的不同特征。看来它们之间是有关系的，我们不仅可以用表格的形式呈现出来，还可以用集合圈的形式更直观地呈现。

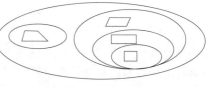

这部分知识也可以利用思维导图自主梳理归纳。

那么，整个五单元的知识之间有没有联系呢？我们一起来看一看吧。

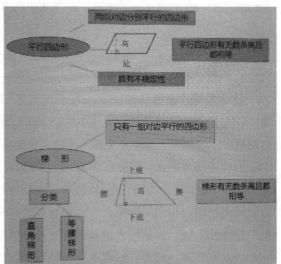

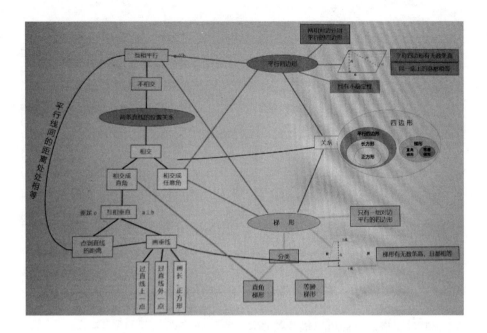

小结：这节课我们根据直线、射线、线段知识，先整理了有关角的知识，接着又整理了两条直线的位置关系，又借助两线之间的位置关系和角的特点整理了四边形，复习了四边形的关系。由此可见，这些平面图形之间是有着密切联系的。我们通过复习整理，构建知识网络图。

四、教学反思

1. 动态中回顾，静态中思考

在本课中，通过动画展示一层层地呈现出平行线—平行四边形—长方形—正方形—梯形，让学生描述图形，回顾图形特征，唤醒学生的思维链接，在交流中促使学生的理解更全面，有助于学生更好地形成清晰的知识网络。

2. 师生隔屏交流，体验中发展

在线上教学中，除了要注重培养学生思维的独立性，还要注意培养学生吸取别人意见、与老师或家人合作的精神。在本节课教学中，我有意识地安排了思考几秒钟、和周围人说说等环节，让学生在交流、合作中回想各个图形的概念及关系。同时，教师把自己放在与学生平等的位置上，与学生融为一体，既分工又合作，这样既能使每个学生都有机会展示自己的思维，获得成功的体验，又能使学生学会协作，互助互补，活跃思维。

3. 体会和掌握分类、集合、转化、类比、数形结合等数学思想

在教学实际中，教师应特别强调学生理解的过程和对思路的反馈，从而使学生更加深刻地体会和掌握解题过程中蕴含的数学思想及方法。

4. 练习中巩固，应用中深化

复习不是简单重复，它的最终目的在于应用、解决问题。通过应用，帮助学生掌握知识，提高理解能力。本节课设计了层层递进的练习，让学生运用四边形边与角的特征灵活解决问题，加深对四边形特征的认识及图形之间关系的理解。

为孩子埋下厚积薄发的种子

——"薄""厚"巧循环

三年级　高雪艳

一、案例背景

（一）理论背景

1. 厚积薄发

厚积指大量地、充分地积蓄；薄发指喷薄而出，形容只有准备充分才能办好事情。厚积薄发其实是一种吸收的过程，在积累知识的过程中吸收精华，沉淀于内心。其出自苏东坡的《稼说》一文，意即：读书要广博而善于取其精要，要有丰富的积累而谨慎地运用知识。苏东坡的这一关于学习的主张，即使在今天也是一个极好的治学方法。

2. 华罗庚的治学主张

数学家华罗庚谈到学习要经历两个过程，一个是"由薄到厚"的过程，另一个是"由厚到薄"的过程。

（二）教学内容分析

本节课主要围绕三年级上册第一单元"时、分、秒"和第三单元"测量"的内容进行复习。这部分学习内容属于"量与计量"范畴，起着承前启后的重要作用。长度单位和质量单位到三年级上学期已经全部学完，而时间单位既是前面学习的延续也是后续学习的基础，所以上本节复习课的重要性不言而喻。

二、课堂写真

（一）由厚到薄——梳理的魅力

本节课一开始，教师展示学生们的作品，引导学生感受不同的内容。

1. 梳理中温暖

（1）数学是快乐的。

欢快的小朋友、其乐融融的大自然、高兴的小兔子、做着美梦的猫咪，这一切都让我们感受到梳理者的愉悦心情，他们心中的数学是快乐的。

（2）数学是有生命力的。

人、小鱼、蝴蝶、鲸鱼都是有生命的，他们的作品让我感受到数学知识在这些小作者的心中是有生命的。的确如此，数学是有生命的，它影响着我们的思维方式和学习方式。

（3）数学知识的家。

走近这几个同学的作品，你会感受到数学是温暖的。在数学"大家庭"中，每个知识点都能找到属于自己的家园。

2. 梳理中的理性

（1）数学知识清晰呈现。

（2）知识是有脉络的。

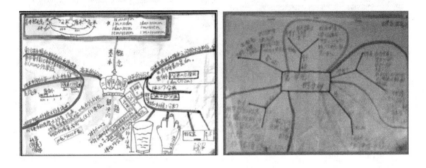

（3）知识网络的搭建。

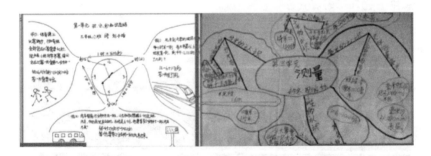

有的孩子用自己喜欢的方式将单元中的主要知识点清晰地呈现出来；有的孩子用思维导图的形式展现出知识的起因与延展的脉络相连。知识本身的发展脉络、知识之间的相互关联，织就了孩子们心中的知识网。孩子们画出的知识网络告诉我们，他们可以找到知识间的本质关联了。

3. 梳理中提升

（1）来自学生的关注。

通过学生的梳理发现很多同学对量之间的关系很感兴趣，他们用不同的形式整理了量之间的关系。

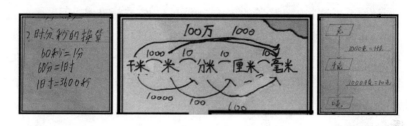

的确，这些单位是这两个单元中的重点内容，我引导学生把这些零散的单位放到整个量的关系中，梳理出长度单位、质量单位、时间单位间的关系。

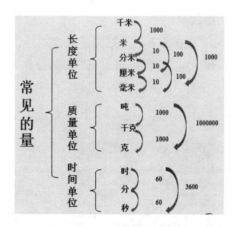

当这些关系清楚之后，我又引导学生回到"常见的量"大家族，与他们一起梳理了时间单位、长度单位、质量单位。小学阶段的长度单位和质量单位已学完，而时间单位还会在以后继续学习。我引导学生回忆学过的货币单位，并告诉他们"常见的量"大家族中还有很多不同的量等着我们去学习，小学阶段我们还将学习面积单位、体积单位、容积单位。随着学习的深入，"常见的量"这棵大树一定会枝繁叶茂的。

（二）由薄到厚——能力的提升

孩子们经历的知识梳理过程，就是由"厚"到"薄"的过程，他们将书上的内容经过自己的归纳、总结、提取、勾连，呈现在小报上，他们整理出来的都是知识的精华。那么，怎样由"薄"到"厚"呢？

1. 善用生活经验

我先请同学们读了一个小故事。他们在笑声中明白了要合理选用单位，如果用错单位是会闹笑话的，并引导孩子们知道可以借助身边熟悉的事物选择合适的单位。

同学们有了这些生活经验的积累，就可以用它作标准解决问题了。

2. 巧求经过时间

接下来进入同学们感兴趣的"巧求经过时间"环节。出示题目：李叔叔4：50下班后步行回家，5：25走进家门，路上一共用了多长时间？孩子们经过短暂的思考后想出了不同的方法。

（1）数格法。

有的同学说，直接在表盘上数一下，从4：50到5：25，分针一共走过了7个大格，就是35分钟。用数格的方法既直观又清楚。

（2）化曲为直巧用数轴。

有的同学利用化曲为直的方法，把圆形表盘的外轮廓拉直画成了数轴，在数轴上找到4：50和5：25中间的整时刻5时为分界点，把时间分成两段，5时前面的一段是10分钟，5时后面的一段是25分钟，两段合起来就是35分钟。

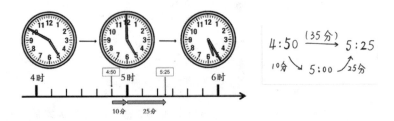

画出右图的同学虽然没有画出数轴，但他与画出左图的同学的思路是一样的，都是找到了中间的整时刻，求前后两段时间的和。

（3）计算法。

有的同学用的是计算的方法，用结束时刻减去开始时刻，就可以得到经过时间了。

同样一个问题，同学们可以想出不同的解答方法，这说明他们的思路很开阔。其实解决问题的过程就是这样，可以从不同的角度运用不同的方法来解决。

3. 妙解合理安排

在这个环节中出示了学生们困难比较多的问题：

下面两辆车可以用来运煤。如果每次运煤的车都装满，怎样安排能恰好运完8吨煤？

载质量2吨　　　　　载质量3吨

怎样派车能恰好把8吨煤运完？

为了更好地解决这个问题，同学们想到了列表的方法：

派车方案	2吨	3吨	运煤吨数	派车方案	2吨	3吨	运煤吨数
①	4次	0次	8吨	①	0次	3次	9吨
②	3次	1次	9吨	②	1次	2次	8吨
③	2次	2次	10吨	③	3次	1次	9吨
④	1次	2次	8吨	④	4次	0次	8吨
⑤	0次	3次	9吨				

这两种方法都采用了列表的形式。列表有什么好处呢？列表法可以不重复也不遗漏地把所有的答案一一列举出来。我引导学生认识到不管以小车为标准还是以大车为标准，按照一定的顺序排列下来就可以列出所有可能了，只不过方案的次数可能会不同，所以在解题时，我们首先要定好标准。

（三）"薄""厚"循环获成长

课的最后引导孩子们认识到，他们经历的学习过程就是"厚积薄发"的过程。

孩子们勤奋学习、默默积累，将书中内容呈现在一张 A4 纸上，"薄发"出的是他们对知识的内化和理解。孩子们经历的知识梳理、学习的过程就是"薄""厚"之间的有效循环，而这种螺旋上升的有效循环必将成为他们数学学习厚积薄发的催化剂。

三、课例特色

（一）关注知识结构化

复习课是小学数学教学中比较难上的一种课型。它既不同于新授课，更不同于练习课。新授课目标集中，只需攻下知识上的一个或几个"点"；练习课是将某一点或一部分知识转化为技能技巧；复习课不是旧知识的简单再现和机械重复，关键是要使学生在复习中把旧知识转化，并产生新鲜感，努力做到缺有所补、学有所得。利用复习课把平时相对独立教学的知识，特别是把重要的带有规律性的知识，以再现、整理、归纳等办法串起来，进而加深学生对知识的理解、沟通，并使之条理化、系统化。

（二）在"薄""厚"转化中获得提升

课例中我引导孩子们归纳每单元重要知识点，每个知识点的重难点说明、举例及易混、易错内容的辨析。他们会感慨建构知识网络的神奇作用，真正体会到知识由"厚"到"薄"的积累过程。而在对重点内容的辨析过程中，孩子们有了更深的认识，获得了更多的方法策略，能力得到更大的提升。

在复习课中引导学生经历整理知识、建构知识网络的过程，让学生学会学习、学会整理、学会归纳，引导学生在系统化整理归纳的同时将学习内容入心入脑，在提高归纳概括能力的同时也为后续学习奠定良好的基础，为孩子们埋下"厚积薄发"的种子。

问题 72 变

——多策略想问题

三年级 李晓桐

学生从小学毕业，10 年后他们会记得什么？

短暂的 20 分钟微课结束后，能给学生带来什么？

这引发教师再一次思考核心素养的育人价值，因为这与核心素养的目标不谋而合。根据三年级学生在解决问题中存在的问题，本节课希望给学生带来开放的思考机会和可实践创新的方法策略。三年级学生的生活经验有限，往往出现读不懂题、畏难等情况。本节课依托人教版小学三年级第二单元"万以内加减法一"、第四单元"万以内加减法二"、第六单元"多位数乘一位数"三个单元的知识点，渗透化归和反思策略。

一、共情问题、唤起记忆

课初，教师通过聊天方式将学生在解决问题上常常出现的问题抛出，共情问题。随后通过出示主题图唤起学生的记忆，帮助学生进入课堂思考状态。

作为三年级的学生，你有没有感觉到随着学习的深入，解决问题也越来越复杂，有时读不懂题，有时检查明明对了老师反馈时还是错了，有时就是想当然写的。

二、化归策略

三年级学生在解决问题时，常常读不懂题，尤其是离学生生活较远的问题情境会干扰学生思考数量关系，那么将陌生的问题情境转化为熟悉的问题情境正是化归策略中的类比。我们常说读懂历史能够预见未来，可见很多问题在本质上都是一样的，只是穿上了不同的"衣服"，需要我们在不断前移的过程中具备透过现象看本质的能力。

（一）出示问题

出示陌生的情境例子：服装厂原来做一套衣服用布 3 米，改进剪裁方法后，每套衣服用布 2 米，原来做 800 套衣服的布，现在可以做多少套？

311

出示易错题例子：用 900 个鸡蛋孵小鸡，上午孵出来 337 只小鸡，下午比上午多孵出 118 只，下午孵出了多少只小鸡？

归总问题是三年级上学期解决问题中的重点内容，其中的模型并不难，但教学中发现当问题情境陌生复杂时学生不容易发现数量关系。易错题是人教版三年级上册数学教材中的原题，当时出现很多错误。

（二）问题 72 变

本节课教师列举了一些例子，将原问题"72 变"，变成学生熟悉的问题情境，以启发学生思考化归策略的妙处。

	类比策略	画图策略
归总问题	买一个碗要 3 元，如果节省开支买 2 元钱一个的碗，那原来能买 800 个碗的钱，现在能多少个？	**图形** **数量关系 ——— 图形** 服装厂原来做一套衣服用布 3 米，改进剪裁方法后，每套衣服用布 2 米，原来做 800 套衣服的布，现在可以做多少套？ 1套 ⊢3米⊣　　　? 个 800套 ├────────────────┤ $3 \times 800 \div 2$
	分组原来按 3 人一组，现在改成 2 人一组，那原来 800 组的人数现在可以分多少小组？	
易错题	一共有 900 元钱，上午花了 337 元，下午比上午多花了 118 元，下午花了多少钱？	

无论是服装厂生产服装，还是买碗或分组，第一步都要将 3×800 求出总数，然后再按照新的方法，看 2400 里有多少个 2。怎么样，你们学会了吗？留意身边发生的事情，从你熟悉的、擅长的生活经验观察总结，你会发现到处都有数学。

接下来我们一起画一画。比如这条线段表示 3 米，也就是一套衣服用的布料长度，那 800 套衣服就是一条很长的线段，表示 800 套衣服需要的布料长度也就是 $3 \times 800 = 2400$ 米。用这些布料改做每套衣服 2 米，2 米要比 3 米短。题目问之前这么多的布料要做 2 米一套的衣服，转化为图形就是长线段中有多少个这样的小线段，也就是 $2400 \div 2$。

（三）总结提升

很多学生在平日的学习中或多或少都用过化归策略，尤其是画图策略也是教师们着重强调的，将一个问题用多种思考方式呈现，更有利于学生思考前移和总结。

三、回顾反思有方法

估算问题是新课标提出的培养学生估算意识和提升估算策略的新问题，尤其是中低年级计算数值较小，总是认为估算更为麻烦。但是三年级计算的数值明显增大，是培养估算策略的关键时期，在解决问题中意在培养学生数感的同时更重在推理。引导学生从自己的答案出发，再根据条件推理答案的合理性，判断答案的正确性。教学过程图如下：

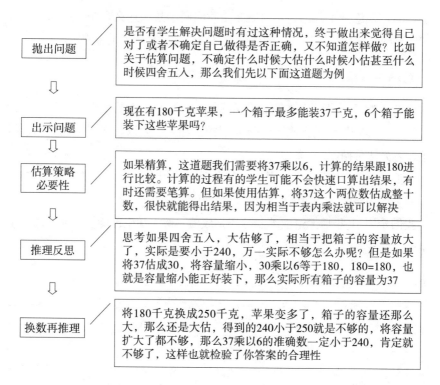

以上教学环节教给学生反思的一种方法，即从自己的答案出发进行反思，将自己的答案设为正确的。看似回顾反思，每个人因思考角度的不同就会有不一样的收获，如果反思只是再看一遍自己做的答案而不是带着方法进行思考分析，不仅不容易检查出错误，也会在题海中越做越累。我们做每一道题如果能做透，就能收获很多不一样的知识。比如可以改一改数、改一改条件，看看影响结论的是什么，增加学生思考的深度。

有效的反思还可以给我们带来什么呢？它不仅帮助我们检验答案的合理性，还帮助我们积累常识和解决问题的策略。

再比如服装厂那道题，本来服装厂的问题情境我们大多数人都不熟悉，离我们的生活比较远。但如果你能够在反思的过程中深入思考，就会收获很多。比如题中说改进了剪裁方法，同样的布能做的衣服就多了，废弃的布料就会减少，然后你就会知道在制作衣服的环节中剪裁技能很重要。这样帮助我们了解生产中的一些常识，积累社会经验。那么随着做题的数量增加，你的眼界也就会更开阔。

尤其是那些让自己苦思冥想终于解出来的题更值得回味：我是怎么找到突破口的？是想到了画图，更直观了？我的同学是用什么方法，我怎么没有想到？老师是用什么方法……随着你的总结，你就会积累很多方法。

四、总结与分析

本节课教师引导学生在课后尝试用化归和反思的策略实践，这样学生的体会更深。随着年级的升高、学习知识的增加，学生以后遇到问题时不会再害怕，有方法可循。

我们希望 10 年后学生记得遇到问题时想一想有没有可以借鉴的好方法，一步一步拆解问题，将问题变一变，学会思考。

我们希望 10 年后无论成绩斐然还是成绩一般，学生都能够学会反思，丰富生活，修身养性。

探索六角谜题

六年级　林　琳

一、教学背景及目标

2020 年春，因新冠肺炎疫情影响，全国大、中、小学都开展了"停课不停学"的工作。我将以史家七条小学的"益智工厂"课程作为资源，进行线上教学。

1. 在第一课时了解幻方、幻星历史由来及定义的基础上，学会六角幻星的分析与解答。

2. 经历对六角幻星的观察、分析、解题的过程，培养学生分析问题、解决问题的能力。

3. 让学生在游戏过程中体会成功的乐趣，激发学生对数学的兴趣。

二、教学特点

受线上录课的限制，对于游戏的每一个步骤都要有详细的讲解，还要配合课件的演示。以下两个教学片段体现了教师详细讲解和课件演示支持的重要性。

片段一：引导学生观察六角幻星，探索解决问题的方法

我们可以把这个六角形看作两个三角形组合而成的图形，这样六角星就被我们分成了有底色三角形和无底色三角形。因为六角形每条边上的数字和都是 26，所以每个三角形中三条边之和就是 26 乘以 3 等于 78。我们再来看这些圆圈，几个黑色的圆圈既在有底色三角形的边上，又在无底色三角形的边上。因此，我们在计算无底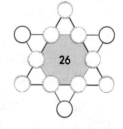色三角形的三条边数字和时，黑色圆圈数字加了一次，这三个虚线圈数字加了两次，所以无底色三角形中，78 就等于虚线圈数字和乘以 2 再加上黑圈数字和。同样的，在有底色三角形中，我们在计算三条边的和时黑色圆圈数字加了一次，这三个实线圈数字加了两次，所以有底色三角形中，78 就等于实线圈数字和乘以 2 再加上黑圈数字和。这时，通过分析我们就知道了虚线圈

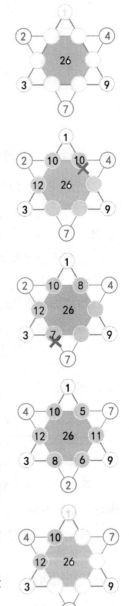

数字和等于实线圈数字和。

片段二：带领学生试填六角形

我们可以先假设实线圈数字和与虚线圈数字和都是13。要在1到12中找出三个数之和是13的情况，而且这三个数不能重复。我们有序地写出了所有的情况，从这些情况中我们找到数字不重复的两组：1加3加9与2加4加7。因此，在虚线圈中我们填入1、3、9，在实线圈中我们填入2、4、7。

有了这一步的分析结果，我们就可以尝试解这个六角形了。

（1）我们先来看1和3所在的这条边，1加3是4，26减4是22，也就是这两个黑色圈的和是22。我们不能两个圈都填11，所以我们可以试着填10与12。

（2）接下来我们看2、10、4这条边，2加10加4是16，26减16等于10，这个黑色圈还要填10，显然不可以，那我们就要进行调整。

（3）我们试着将12与10的位置进行对调，1、12、10、3这条边四个数之和还是26，2、12、4这条边用26减去这三个数差是8，这条边完成。

（4）接着我们再来看2、10、7这条边，用26减去这三个数差是7，这样填又不对了。看来我们只把12和10的位置对调还不行，我们还要调整虚线圈或实线圈的数字。

（5）我们试着不改变1、12、10、3这条线，把实线圈的数字调整一下，像这样（动画演示）。接下来，我们还是要像这样边填边调。各位同学是不是已经跃跃欲试了？那就给大家两分钟的时间继续完成吧！

三、课后反思

本节课教学内容的选择符合"停课不停学"的教学要求，让学生经历益智游戏的解决过程，感受到成功的乐趣；同时丰富学生解决问题的策略，训练学生在解决问题过程中能有序思考，提升学生解决问题的能力。

以"图"梳"知"　共筑知识的参天大树

一年级　刘美琪

2020 年初，因新冠肺炎疫情影响，根据教育部决策部署，北京市教委作出大中小学延期开学的决定，并启动"停课不停学"工作。史家集团数学部推出了一系列线上课程。

线上教学以录课与直播为主要途径，本次采用的方式是录课。在线教育可以突破时间和空间的限制，提升学习效率。线上教学的学习特点在于"实用性""娱乐化""社交性"。下面我将就这三点进行详细的叙述。

一、线上教学的实用性

线上教学设计必须满足学生的知识和思想需求。现阶段学生正处于初步建立逻辑思维的年龄段，在本节课中，我设计了利用绘制思维导图的形式来梳理课堂上学习过的立体图形的知识，培养学生的逻辑思维。

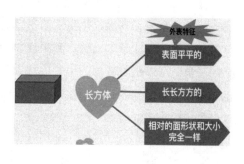

片段 1：

如果我们用思维导图来表示，该怎么做呢？制作思维导图需要先明确我们要描述的主题是什么。我们要做的是长方体的思维导图，长方体就是我们思维导图的主题，也就是"心脏"。由主题"长方体"出发，每一个分支都连接着长方体的一个外表特征，表面平平的、长长方方的、相对的面形状和大小完全一样。这样一个思维导图就做好了。

片段 2：

我们要制作的是立体图形的思维导图，所以主题部分，也就是思维导图的"心脏"就是立体图形，那么分支也就是"血管"所连接的应该是什么呢？相信你们一定都想到了，"血管"连接的就是长方体、正方体、圆柱和球以及它们的特征。现在拿出我们之前制作好的长方体、正方体、圆柱和球的思维导图，你有什么发现吗？对了，我们用线把这四种立体图形的思维导图和相关主题连接起来，这样就形成了一个立体的思维导图了。你学会了吗？

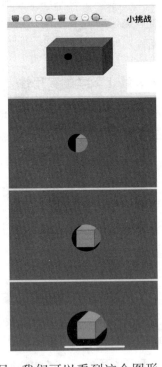

二、线上教学的娱乐化

线上教学不同于线下教学，要想保持学生的注意力，就要设计一些吸引学生的教学环节或内容。在本节课中，我在课件中加入了一些精美的图片以及动图，可以从视觉上抓住孩子的注意力。

片段3：

除了在视觉上吸引学生的注意，我还设计了具有趣味性的教学环节——"猜一猜箱子里是什么立体图形"。首先教师描述箱子里的立体图形的特征学生来猜，其次给学生看箱子里的立体图形的一小部分，让学生来猜。利用教学环节的趣味性使学生可以跟着教师的引导进行学习，并且指导学生不能一叶障目，观察时要看全面，做题时也要注意看完整。

片段4：

这儿有一个小箱子，里面放了一种立体图形，请你们猜一猜它是什么图形？给大家提示一下，它是一个可以滚动的图形，有两个圆圆的、大小一样的面，还有一个平滑的曲面。它是什么？答案就是圆柱。你们猜对了吗？

想不想再尝试一个？这回箱子开了一个小洞，我们可以看到这个图形的一小部分，猜猜它是什么图形？现在老师把这个小洞扩大，你能猜出它是什么吗？再扩大呢？最后箱子被彻底打开了，原来它就是长方体。你猜对了吗？看来我们在观察一个立体图形的时候不能只看它的一小部分，要看完整才能判断它是什么图形，所以同学们在做题的时候也要注意把题目看完整哦！

三、线上教学的社交性

线上教学不能一味地由教师讲授，也要给学生留有独立思考或独立制作的时间。在本节课中，我为孩子们预留了绘制思维导图的时间。通过教师对绘制思维导图由浅入深的教学，最终使学生掌握了制作思维导图的方法。

片段5：

现在请你们仔细地思考一下圆柱的思维导图，它的主题是什么？分支所连接的是什么？然后请你独立制作一个关于圆柱的思维导图吧！相信大家都已经完成了，看看你们的思维导图和老师的一样吗？

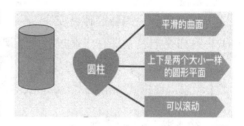

片段6：

大家尝试制作一个关于球的思维导图吧！

在教学过程中，应注重教学时的语言，让学生可以跟着教师的问题呼应起来，例如："看了这么多好看的思维导图，你想不想制作一个属于你自己的思维导图呢？相信大家都跃跃欲试了吧！""你们怎么这么快就能说出它们的名字呢？""聪明的你有什么发现吗？"诸如此类的语言，学生可以和教师进行互动。同时，教师的语气也要抑扬顿挫，有高低起伏。

以上是我对线上教学特点的看法，线上教学作为现阶段的主要教学方式，应该抓住这三个要点，使线上教学更好地推进。

"点""线"结合　培养空间想象

二年级　沈瑶琳

2020 年春，因新冠肺炎疫情影响，为响应国家号召，史家教育集团推出了一系列线上教学课程。通过教师录课的形式，指向教学内容的核心知识，在生动活泼的情景下安排学生自主而有深度的学习，激发学生的学习积极性。线上教学以递进式、拓展式、综合式等形式展开。

一、线上教学的递进式

本节课将二年级上册"图形与几何"部分的知识进行串联，带领学生进行一次系统的梳理，即从一个点出发，通过研究点的运动，按照"点、线、面、体"的思路，引出"线段""角""平面图形""立体图形"的相关知识，培养学生递进式思维。

片段 1：

这是一个点，想象一下，如果让这个点沿着一个方向运动，会变成什么样子？没错，就是一条直线，直线上两点和它们之间的部分就是线段。

你是否还能回忆起线段的特征呢？（线段是直的；有两个端点；可以量出长度）

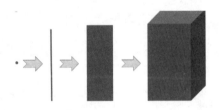

片段 2：

刚才我们回顾了线段的相关知识，现在请同学们思考一下，从一个点出发，向两个不同的方向画线，就形成了什么？（角）

角是由哪几部分组成的？（角是由一个顶点和两条直的边组成的，那么这里就形成了一个角）

片段3：

同学们，刚才咱们说点沿一个方向运动就形成了线，那么线朝一个方向移动会变成什么呢？（面）

这里有几个平面图形，你都认识吗？（长方形、正方形、圆）

点动成线、线动成面，那面动会成什么呢？相信很多同学已经猜到了，就是面动成体。

咱们学过的立体图形都有哪些？（长方体、正方体、圆柱、球）

二、线上教学的拓展式

本次线上教学是在学生已学完二年级上册相关内容后进行教学的，不属于新授课内容，所以本节课不仅设计了相关练习去发散学生思维，而且引出今后将会学习的知识，让感兴趣的学生开阔视野，以此达到线上教学拓展的目的。

片段4：

在今后的学习中，我们还会学习更多的长度单位，当测量更短的物体或者更长的物体，又需要用到什么单位呢？它们和厘米、米之间又有什么联系呢？感兴趣的同学可以查阅资料了解一下。

片段5：

同学们想一想，在这个钝角的内部，从顶点出发画一条线，把它拆分成两个角。这两个角可能是什么角？会有几种不同的情况？快开动脑筋思考一下吧。

相信很多同学都已经有想法了，跟着老师一起来看一看吧。当拆分成两个角时会有三种情况。第一种情况，形成了两个锐角；第二种情况，形成了一个锐角和一个钝角；第三种情况，形成了一个锐角和一个直角。

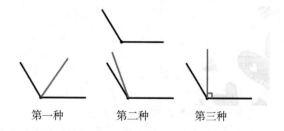

第一种　　　第二种　　　第三种

你都答对了吗？在今后的学习过程中，我们还会学习更多的角（如平角），感兴趣的同学可以在课后查阅资料了解一下。

片段6：

今天我们回顾了"图形与几何"领域的知识，课后同学们可以利用今天学习的知识进行思维拓展：尝试按要求画三角形，里面包含一个直角、两个锐角，其中一条边的长是5厘米。你能结合学过的知识，把这样的三角形画出来吗？

三、线上教学的综合式

为了使学生在学习完"图形与几何"的相关知识之后，在头脑中建立起知识之间的联系，明确各个图形都不是孤立存在的，形成完善的知识网。教师引导学生站在更高的角度去学习知识，同时也教会学生在今后的学习中利用表格进行知识梳理。

片段7：

学习了长方体、正方体、圆柱、球，如果我们从不同的方向观察它们，它们会呈现什么图形呢？

首先是长方体，从正面看是什么形状呢？从侧面看呢？一定有同学想到了特殊的长方体，所以侧面看可能是长方形也可能是正方形。如果从上面看，会呈现什么图形呢？

接着是正方体，从正面看是什么形状呢？从侧面看呢？从上面看呢？

再来看圆柱，从正面看是什么形状呢？一定也有同学想到了特殊的圆柱，所以正面看可能是长方形也可能是正方形；那么从侧面看呢？依然是长方形或正方形。从上面看呢，是一个圆。

最后再来看一下球，从正面看是什么图形呢？从侧面看呢？从上面看呢？

立体图形	从正面看	从侧面看	从上面看
	长方形	长方形（正方形）	长方形
	正方形	正方形	正方形
	长方形（正方形）	长方形（正方形）	圆
球	圆	圆	圆

除以上三点之外，线上教学为还原课堂效果，在每一个环节都进行了设问和练习，并给予学生思考的时间，使学习充满情境性和挑战性，唤醒学生的学习欲望，从而提升学生的学习质量。

探究"河图洛书"与数学游戏"六角幻星"的秘密

六年级 王 磊

一、教学目标

1. 了解幻星的历史，探究解决六角幻星的技巧，找到解决问题的策略。

2. 学生在玩游戏的过程中遇到问题、提出问题，体会解决问题的不同思路，提升学生思维的有序性、全面性，提高学生灵活解决问题的能力，体现益智游戏对学生思考力培养的价值。

3. 了解幻方的历史，激发学生对传统文化的兴趣，同时让学生在游戏中快乐学习。

二、教学重点、难点

重点：体会解决问题的不同思路，激发学生对传统文化的兴趣。

难点：探究解决六角幻星的技巧。

三、教学过程

（一）回眸历史

1. 谈话引入

同学们好，这节课我们要玩一款益智游戏，它就藏在这些国旗里，看看你们能不能找到它？

以色列国旗   中国国旗   澳大利亚国旗

这些国旗都有什么特点呢？相信细心的同学已经发现了，它们都使用了一些特殊的图形。（五角星、六角形、七角星）

今天我们要介绍的这款游戏就跟星星有关系，它叫作"巧算六角形"，也叫作"六角幻星"。

六角幻星是根据幻方设计出来的。其实这些益智游戏都起源于中国，是中国古人智慧的结晶。让我们一起来了解一下幻方的历史。

2. 介绍幻方

幻方是一种中国传统的益智游戏，以前多见于官府和学堂。在中国古代还被称为"河图""洛书"，又叫"纵横图"。

3. 介绍"河图""洛书"

"河图""洛书"是中国古代流传下来的两幅神秘图案，蕴含了深奥的宇宙星象之理，被誉为"宇宙魔方"。

相传在远古时期，伏羲氏取得了天下，把国家治理得井井有条，他的行为感动了上天，于是黄河中跃出一匹龙马，背上驮着一张图，马将图作为礼物献给了他，这就是"河图"。

伏羲氏凭借着"河图"演绎出了八卦。后来在大禹治洪水时，洛水中浮出一只大乌龟，它的背上也是有图有字，人们称之为"洛书"。究竟"洛书"中有着怎样的奥秘呢？我们一起研究一下。

4. 解密幻方

（1）请同学们观察一下"洛书"，看看它有什么特点呢？

（2）为了方便观察，我们把这些数放在表格里，看看它们有什么神奇之处？

（3）同学们再来观察一下，它每行每列的数又有什么特点呢？

可以发现，这些数字不管是横着加、竖着加还是斜着加，和都是15。而像这样任意一横行、一纵行以及对角线的几个数之和都相等，具有这种性质的图表，我们称之为"幻方"。

"河图""洛书"就是最早的幻方，由于这个幻方是3行3列的，我们也称它为三阶幻方。如果这个幻方是4行4列的，又叫几阶幻方呢？对了，就叫四阶幻方。如果是5行5列的，就叫作五阶幻方。

后来，人们经过研究，得出计算任意阶数幻方的各行、各列、各条对角线上所有数的和的公式为：$S=n(n^2+1)\div2$。其中，n 为幻方的阶数，所求的数为 S，S 也被称为幻和。

5. 巧解幻方

（1）介绍两种解密三阶幻方的口诀。

（2）了解三阶幻方的性质。

（3）练习巧解三阶幻方。

6. 出示思考题

（1）请把 6、9、12、15、18、21、24、27、30 这 9 个数填入三阶幻方中，使每行每列的数之和是 54。

（2）同学们也可以上网查一查怎么玩四阶幻方。

（二）聚焦数学

1. 变形幻方

幻方有各种各样的玩法，还有很多变形的玩法。今天我们要玩的这款游戏就是幻方的一种变形。在变形幻方中最常见的是各种各样的幻星，比如五角幻星、六角幻星、七角幻星等。

2. 六角幻星

（1）准备材料：玩六角幻星需要同学绘制这样的六角星，准备 1 到 12 个数卡，为了方便解密这款游戏，可以绘制大一些的六角星以及数卡。

（2）游戏规则：将 1 到 12 填入适当位置，使横向或者斜向各线段上的 4 个数之和为 26（共有六条这样的线段）。

（3）请同学们思考一下为什么各线段上 4 个数的和是 26 呢？

观察幻星后我们会发现，在圆圈中填入 1 到 12，如果我们把这 6 条线段上的数加起来，每个数都会被算两次，它的总和就是

（1+2+3+4+…+11+12）× 2=156。那么每条线上的和就是 156÷6=26。

（4）接下来就请同学们开动脑筋，尝试解密这款游戏吧！

温馨提示：请你仔细观察一下游戏的特点，它可以被分为两个完全相同的三角形。这款游戏的答案是不唯一的。

在建模中感悟数学模型

——《常见的数量关系》

四年级 王 滢

一、教学背景

四年级下册教科书中的"常见乘法数量关系的练习课"，本节课是建立在学生已经掌握两个基本数量关系（单价 × 数量 = 总价、速度 × 时间 = 路程）的基础上进行的，并同时引导学生通过练习的第 15 题，进一步发现"工程问题"中的这样一个数量关系：工作效率 × 工作时间 = 工作总量。应该说大部分教师是按照先巩固旧知，再引入新知来教学的。可笔者总觉得这样的教学稍显平淡，学生的兴趣并没有充分地激发，对于数量关系的深度感悟和其抽象概括性的体验还远远不够。于是笔者对本课部分教学片断进行了如下尝试。

二、教学过程

片断 1：

师：（   ）×（   ）=（   ），你想怎么填？

生：2 × 4=8，5 × 6=30。

师：用数字填写，确实是可以的，这样下去能填得完吗？

生：单价 × 数量 = 总价，速度 × 时间 = 路程。

师：好聪明，这样填和刚才的数字填写方法比较起来，水平高在哪里？

生：这两个数量关系概括了一类题目。

师：说得更好。那这里的（   ）×（   ）=（   ）仅仅表示这两个数量关系吗？还有其他的一些数量关系可以表示吗？同时这些数量关系之间有没有什么关系呢？今天我们就一起来探究一下。

提出问题是数学建模的起点，有了明确的问题，学生建模才能有的放矢。模型准备时，教师要根据实际问题的特征和建模目的，呈现贴近学生生活实际的学习素材，尽量做到形象具体，并引导学生对问题情境进行必要简化，有效引导学生从实际背景中抽象出数学问题，甚至对问题作出必要和合理的猜想与假设，使学生能从熟悉的或已具备的生活经验和知识经验入手，为学生顺利构建数学模型奠定基础。

片断2：

李师傅每小时加工24个零件，8小时加工多少个？

一棵树收苹果25千克，3棵树收苹果多少千克？

四（1）班每组7人，有6个组，全班有多少人？

当学生发现了"工作效率 × 工作时间 = 工作总量"之后，以及根据练习题发现了"每棵收获的重量 × 棵数 = 总重量"时，教师及时作了收集和整理，

单价 × 数量 = 总价

速度 × 时间 = 路程

工作效率 × 工作时间 = 工作总量

每棵树收获的重量 × 棵树 = 总重量

师：语文书中有这样一句诗："横看成岭侧成峰"，其实我们有时也可以将它用在数学规律的发现上，说不定会收到意想不到的效果。我们不妨换个视角，竖着看这些数量关系，你发现了什么？

生：我发现了第一列都是表示"每什么、每什么"的？

师：同学们，真是这样吗？我们来看，这里的单价、速度、工作效率和每棵树收获的重量都表示"每什么"吗？其实我们可以把这些量统称为"每份的数量"。再竖着看这一列的内容，你发现了什么？

生：它们表示的是一共的份数。

师：最后一列呢？表示什么？

生：总的数量。

师：你能把这些数量关系合并成一个总的数量关系说一说吗？

生：它们都可以用一个数量关系来表达，即：每份的数量 × 份数 = 总数。

模型建立的过程，往往是学生进行观察、分析、抽象和概括的活动过程。在这个过程中，学生会使用文字或者其他数学符号尝试表示数量关系或变化规律。换句话说，小学生的数学建模过程就是尝试把生活情境"数学化"的过程，就是他们在数学学习过程中尝试获得某种带有"模型"意义的数学结构的过程。这个过程可以在教师的适当引领下完成，也可以在学生的自主探究中完成。

片断3：体会在数量关系中的变与不变

张叔叔用不同的交通工具从苏州到泰州，请你把表格上的数据补充完整。

	速度	时间	路程
汽车		2 时	180 千米
摩托车	60 千米 / 时	3 时	
动车	180 千米 / 时		180 千米

师：观察表格你发现了什么？同学们一定发现了当路程不变时，速度和时间在变，它们是怎么变的呢？当路程不变，由于我们选择的交通工具不同，速度越快，时间越短。其实这三个量之间还有一些规律。数学中有许多知识都是相互联系的。比如今天复习的数量关系中，我们由一个乘法算式想到了两个生活中的数量关系，由多个生活中的数量关系总结出一个数学模型。根据今天的学习，你能以（　　　）×（　　　）为例梳理一下吗？

在上述练习课的三个片断教学过程中，教师设置悬念：从（　　　）×（　　　）=（　　　）开始引入，引导学生从填写数字算式想到填写数量关系式，从而体会数量关系式的抽象性和概括性；同时教师又引导他们从不同的视角对已有的乘法数量关系进行深度观察，让其思维的触角伸向数量关系的本质，于是便产生了第二次的抽象。这不仅使学生对数量关系的学习化繁为简，而且他们的思考经历了一次高度的聚焦和深究，学生对数量关系的认识有了更高水平的飞跃，此时他们的数学思考力和学习品质必将得到很大的提升。

三、教学反思

史宁中教授认为："数学的本质是认识数量的同时认识数量之间的关系。"本节课笔者抓住数量关系这一主线，引导学生深入探讨，挖掘知识的本质，它们都属于"乘法模型"也就是"每份数 × 份数 = 总数"关系的具体化。在具体的情景中了解"常见的数量关系"，并用所学的数量关系解决实际问题，从而使学生在进行数学知识和实际生活双向建构的过程中，体会到数学的价值，享受到学习数学的乐趣。这对于培养学生的应用意识和创新精神是一个很好的途径，也体现出新大纲中提出的"学数学，做数学，用数学"的理念，引导学生在建模过程中感悟数学思想。

整理复习课　培养学生用联系的眼光看问题

三年级　王园园

一、案例背景

因新冠肺炎疫情影响，按照北京市教委"停课不停学"要求，各个学校开展线上课程，以满足学生和家长的学习需求。史家教育集团的"和谐课堂"开设全学科的教学内容，结合班级社区群交流，让学生的成长超越时间与空间的局限，为他们创拓无尽的生命成长可能。

"数学课程标准"明确指出学生应该体会数学知识之间的联系。数学教学应注重数学知识之间的联系，教师要经常有目的地揭示数学知识形成和发展的过程，引导学生挖掘数学知识之间的内在联系，沟通各部分知识之间纵向与横向的联系，帮助学生提升对数学的整体性认识。

在史家教育集团开设的"和谐课堂"之"数形启智"课程中，就有一节三年级的数学课"用联系的眼光看问题"，主要通过对三年级第一学期有关"数的认识"部分知识的梳理，即第五单元"倍的认识"和第八单元"分数的初步认识"的单元整理复习，使学生经历倍数、分数相关知识的梳理，培养画思维导图的梳理记录方式，促使学生能够用联系的眼光看问题，沟通数学知识之间的内在联系，提升解决问题的策略与能力。

二、课堂写真

（一）探索与"倍"相关的知识

上课伊始，老师开门见山地提出：今天我们先来整理复习第五单元有关"倍"的知识。那什么是"倍"？你能举个小例子来说明一下吗？

1. 理解"倍"的意义

出示两种小花的图。你能找到红花和黄花的数量之间的倍数关系吗？你们是怎样知道黄花的朵数是红花的 4 倍？

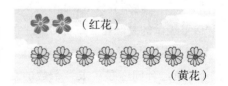

我们一起来看，把 2 朵红花看成比较的标准，8 朵黄花里面有这样的 4 个 2 朵，我们就说黄花的朵数是红花的 4 倍。

那如果还有粉花呢，粉花与红花相比，里面有 3 个 2 朵，所以粉花的朵数是红花的 3 倍。这就是倍的意义。

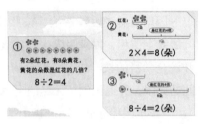

这样通过学生思考、教师引导、类比迁移三个层次的教学，逐层深入，帮助学生复习并理解"倍"的意义。

2. 复习解决三种问题

根据"倍"的意义，可以就用红花、黄花这幅图，提出一些数学问题。例如，已知有 2 朵红花，有 8 朵黄花，请问黄花的朵数是红花的几倍？调整一下信息和问题，已知有 2 朵红花，黄花的朵数是红花的 4 倍，请问黄花有几朵？再调整一下信息和问题，已知有 8 朵黄花，还知道黄花的朵数是红花的 4 倍，请问红花有几朵？

这三个问题你们都会解决吗？说一说解决的方法吧。

在这个环节中，根据三量关系提出三个数学问题，在解决三个问题的过程中，学生初步体会"倍"与"乘法""除法"之间的联系。

3. 沟通"倍"与"乘法""除法"的内在联系

现在我们可以把刚才复习的有关"倍"的知识梳理在思维导图中。"倍"的意义是这部分知识的核心内容。

我们还解决了三种数学问题，第一种是"求一个数是另一个数的几倍"，根据"倍的意义"，要求"黄花的朵数是红花的几倍"，就转化成了求"黄花的朵数里面有几个红花的朵数那么多"，也就是在求"8 里面有几个 2"。再联系我们在二年级时学习的除法知识，求 8 里面有几个 2 就列算式 8÷2 来解决，注意"倍"表示的是红花和黄花数量上的一种关系，不能作为结果的单位名称。

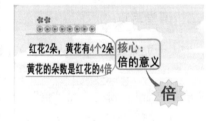

第二种问题是"求一个数的几倍是多少"，我们根据"倍的意义"，知道了黄花的朵数是红花的 4 倍，也就是说明

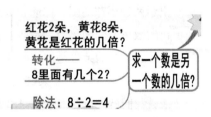

"黄花的朵数是 4 个红花的朵数那么多"，也就把问题转化成了"求 4 个 2 是多少"，再联系我们学过的乘法知识，要求 4 个 2 是多少，就列乘法算式 2×4 或者 4×2 来解决了。

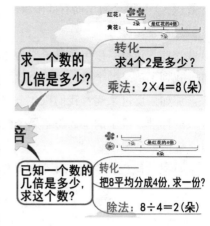

第三种问题是"已知一个数的几倍是多少，求这个数"，我们还是根据"倍的意义"，黄花的朵数是红花的 4 倍，就说明 8 朵黄花里面有 4 个红花那么多，要求红花的朵数，也就转化成了"要把 8 平均分成 4 份，求其中的一份是多少"。大家听到平均分是不是很熟悉？再联系除法的知识，列出除法算式就解决问题了。

这样通过画思维导图的方式，将有关"倍"的知识进行梳理，从"倍的意义"这个核心内容入手，梳理出了四个知识点之间的内在联系。而且最主要的是，在解决有关倍的问题的过程中，将问题转化为在二年级时学过的乘法、除法的问题，探索出了"倍"与"乘法"、与"除法"之间的内在联系。

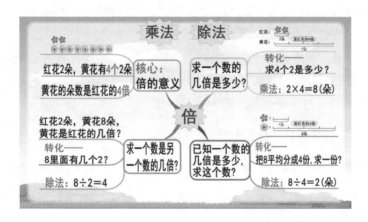

（二）"倍"与"分数"的内在联系

1. "倍"的练习

提出问题：这里有 1 个桃子和 4 个苹果，能用你的话说说它们的个数之间有什么样的关系吗？

预设回答：（1）苹果的个数是桃子的 4 倍；（2）桃子个数的 4 倍是苹果的

个数;（3）苹果个数里面有 4 个桃子的个数那么多。

2. 引发思考

苹果的个数是桃子的4倍。
桃子个数的4倍是苹果的个数。
苹果个数里面有4个桃子的个数那么多。
桃子的个数是苹果的 $\frac{1}{4}$。

这些表达都是以 1 个桃子作为比较的标准，找到了苹果的个数与桃子个数之间的关系。那如果反过来呢？我们以 4 个苹果作为比较的标准，桃子的个数与苹果个数之间有什么样的关系呢？

可以这样想，我们把 4 个苹果作为比较的标准，把它看成一个整体，平均分成 4 份，一份就是 1 个，根据分数的意义，这 1 个就是 4 个的 $\frac{1}{4}$。那么桃子有 1 个，桃子的个数就是苹果个数的 $\frac{1}{4}$。大家看，"倍"是不是和"分数"也有联系呀！

通过这道练习题，一方面帮助学生巩固了对"倍"的理解；另一方面又开拓学生的思维，使学生认识到在描述两种事物数量之间的倍数关系时，既可以把"1 个桃子"看成比较的标准，也可以把"4 个苹果"看成比较的标准。而在把数量多的事物看成标准时，数量少的事物与数量多的事物之间的关系就可以用分数来表述，揭示了"倍"与"分数"之间的内在联系。

（三）"分数"的知识梳理

1. "分数"的意义与"乘、除法"

（1）复习"分数的意义"。

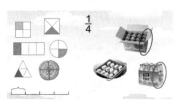

刚才我们通过苹果和桃子两种水果的比较，找到了 $\frac{1}{4}$ 这个分数，那你们看到 $\frac{1}{4}$ 还能想到什么呀？有的同学想到了可以把一个物体平均分成 4 份，比如一张纸、一个图形、一块月饼、一条线段等，把它们平均分成 4 份后，其中的一份就是这个物体的 $\frac{1}{4}$。还有的同学想到了可以把多个物体当成整体，比如一箱苹果、一盒饺子、一瓶矿泉水等，把它们平均分成 4 份，其中的一份也能用 $\frac{1}{4}$ 来表示。

通过对 $\frac{1}{4}$ 这个分数的探讨，引导学生复习了分数的意义，即无论是把一个物体还是把多个物体看成整体，只要把一个整体平均分成 4 份，其中的一份就是这个整体的 $\frac{1}{4}$，就可以用 $\frac{1}{4}$ 这个分数来表示，深入理解掌握分数的意义。

（2）分数的简单应用，沟通与乘法、除法的联系。

①研究 $\frac{1}{4}$。

老师这里有一袋糖果，你知道这袋糖果的 $\frac{1}{4}$ 是几块吗？

我们可以根据分数的意义，画图来分一分，得出这袋糖果的 $\frac{1}{4}$ 是 3 块。还有的同学想到了我们先数一数这袋糖一共有 12 块，求 12 块糖的 $\frac{1}{4}$ 是多少，就是把问题转化为"把 12 平均分成 4 份，求一份是几"，列式为 12÷4=3（块）。

②研究 $\frac{2}{4}$。

那这袋糖的 $\frac{2}{4}$ 是多少块呀？

$\frac{1}{4}$ 是取 4 份中的 1 份，$\frac{2}{4}$ 自然就是取 4

份中的 2 份了，我们用除法算出 $\frac{1}{4}$ 是 3 块，$\frac{2}{4}$ 里有 2 个 $\frac{1}{4}$，也就是有 2 个 3 块，所以用 3 块再乘 2，就算出来这袋糖果的 $\frac{2}{4}$ 是 6 块。

（3）小结。

聪明的同学们一定发现了，解决这两道题时运用到了乘法、除法的知识。面对分数的这种问题，我们就是根据"分数意义"，把它们转化为乘、除法的问题，列乘法、除法算式就解决了。这样，我们就找到了"分数"与乘、除法之间的联系。

通过对分数实际问题的分析与解决，帮助学生沟通了"分数"与"乘法""除法"之间的内在联系，同时也提升了解决问题的能力，并将其整理在思维导图中。

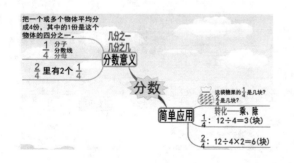

2. 运用"分数意义"比较大小、加减法计算

（1）复习分数比较大小的方法。

教师引导学生回忆分数比较大小的两种情况，复习比较大小的方法，并在思维导图中整理出来。

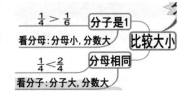

（2）复习同分母分数加减法的计算方法。

由于学生对同分母分数加减法非常熟悉，所以在这里教师直接引导学生复习"同分母分数相加减，分母不变，分子相加减"，并继续引导学生探索背后的道理。

那为什么是这样的呢？我们来看两道题。

比如在计算这两道算式的时候，我们发现 $\frac{3}{8}$、$\frac{2}{8}$ 的分数单位都是 $\frac{1}{8}$，$\frac{3}{8}$ 是 3 个 $\frac{1}{8}$，$\frac{2}{8}$ 是 2 个 $\frac{1}{8}$，

3 个加 2 个等于 5 个，3 个减 2 个等于 1 个，那么我们就算出得数了。所以分数加减法计算时，是把相同分数单位的个数相加减。

分数加减法是不是与整数加减法很像呢？比如计算 13 + 72，我们都知道个位上的计数单位是"一"，十位上的计数单位是"十"，我们在计算个位上数的时候，算的是 3 个"一"加 2 个"一"等于 5 个"一"，在计算十位上的时候，算的是 1 个"十"加 7 个"十"等于 8 个"十"。那如果百位上也有数呢？那就再算几个"百"加几个"百"等于多少个"百"可以了。

（3）小结。

大家发现了吗？分数加减法和整数加减法在计算算理上是相同的，都是把相同计数单位的个数相加减。

3. 沟通"数"比较大小、加减法计算的道理

将分数比较大小、加减法运算整理在思维导图中，同时，引导学生深入体会"同分母分数在比较大小的时候，就是在比较相同分数单位的数量的多少"，"同分母分数在做加减法的时候，就是把相同分数单位的个数相加减"。无论"整数"还是"分数"，在比较大小、加

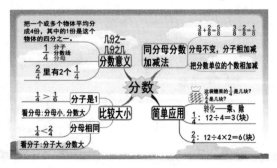

减法运算时候都有相同之处，也就是内在联系——比较相同计数单位的个数，把相同计数单位的个数相加减。学生理解了这个道理之后，在以后学习"小数"比较大小、加减法的时候，自然就理解掌握得更快了。

（四）总结全课，明确联系

今天我们通过画思维导图的方式，一起梳理了三年级上学期有关"倍""分数"的知识。我们在做知识梳理的过程中，要注意知识之间的内在联系，就像今天我们先整理复习了有关"倍"的知识，大家在复习的过程中联系到了二年级时学习的"乘法""除法"的知识，它们之间是有关系的。后来，大家又发现了"倍"和"分数"之间也是有联系的，在解决有关分数的问题中还运用到了"乘法""除法"的知识。

随着以后同学们年龄的增长、年级的升高，你们还会学习到很多数学知识，那和"分数"还有关系的知识有什么呢？伴随你们今后的数学学习，相信你们一定能够找到。

三、案例反思

我们都知道，知识之间总是上下贯通、互相联系的，而如何使数学知识之间上下贯通、左右联系，使数学知识系统化、整体化，以达到提高数学教学的实效性以及在学生头脑中建立一个完整的认知结构的目的，就是我们教师需要特别思考的问题。

本案例中，教师引导学生对三年级第一学期"倍的认识""分数的初步认识"两个单元内容进行整理复习，和学生一起探索并深入理解了"倍"与"分数"、与"乘法"和"除法"之间的内在联系，使学生在头脑中建构起这几项知识之间的联系，把握知识之间的脉络，从而对"倍"和"分数"获得系统全面的认知，学会"用联系的眼光看问题"，感受数学知识的整体性。

建"岛"的数字逻辑

五年级　王大贵

一、教学目标

1.了解数墙谜题的由来，理解数墙谜题的规则，掌握基本的解决问题的方法。

2.在引导学生探索基本的解决问题技巧的过程中，培养学生的规则意识和观察、分析、推理的能力。

3.通过对数墙谜题的学习，激发学生的学习兴趣，感受数学的趣味性。

二、教学重点与难点

重点：理解数墙谜题的规则，探索基本的解决问题的方法和技巧。

难点：探索最基本的解决方法。

三、教学过程

（一）了解数墙谜题的由来

同学们，大家好！今天，老师给大家带来了一款游戏"数墙谜题"，希望同学们也能开动脑筋，提升自己的思维能力。

什么是数墙谜题呢？同学们都玩过数独游戏吧？数墙和数独一样，都是数字逻辑谜题。数墙谜题是日本人发明的，它是一种规则相对简单但具备挑战性的谜题。

数墙谜题是一款岛屿形成类谜题。大家想象一下，岛屿什么样呢？它一定是被围起来的一个一个独立存在的。右图中白色的部分就是一个一个的岛屿。你们观察一下这些岛屿，有什么发现吗？

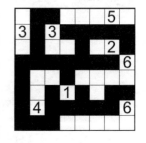

相信你一定发现了，每个岛屿中都只有一个数字。不仅如此，每个数字都与这个岛屿中的格子的数是相等的。老师举个例子，大家看，提示数字"4"的岛屿，它的格子数也是4。

图中黑色的部分就是墙体,把一个一个的岛屿围了起来。也就是说,数墙的世界,是一个非黑即白的二元世界;在游戏中,你要决定的是哪些格子需要涂黑,哪些应该留白。

数墙谜题大小繁多,难度迥异,你可能花上几分钟甚至几小时去解决它。然而一个小小的错误可能会让你思维堵塞。如果你喜欢数独和其他逻辑谜题,相信你一定会爱上数墙的。

（二）介绍游戏规则

通过老师刚才的介绍,相信同学们对数墙谜题有了简单的了解,是不是迫不及待地想玩一玩了?

那怎么玩呢?我们得先知道玩法,也就是游戏规则。

现在老师介绍一下游戏规则。

1. 每个岛屿只包含一个提示数字。

2. 每个岛屿中的格子数与该岛屿中的提示数字相等。

3. 岛屿之间互相隔离。

4. 墙可以构成一条连续的路径。

5. 墙所构成的区域中没有 2×2 或者更大的矩形。

是不是规则有些多呢?其实这就是逻辑推理的乐趣所在,要有理有据,让我们的思维游走在规则与想法之间。

为了让同学们能够更好地理解这些规则,我们借助这个谜题给大家具体地解读一下。

规则 1:每个岛屿只包含一个提示数字。

前面我们已经介绍过了,这里面有 5 个岛屿,每个岛屿只含有一个数字。

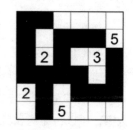

规则 2:每个岛屿中的格子数与该岛屿中的提示数字相等。这一点,刚才同学们已经发现了。例如数字"3"说明这个岛屿由 3 个格子组成。

规则 3:岛屿之间互相隔离。也就是说,岛屿和岛屿之间要有墙把它们分开,每个岛屿是独立的。例如"2"和"5"这两个岛屿就是由中间的墙把它们隔离开的。再比如"3"和下面这个"5"就是由几个墙体把它们隔开的。

规则 4:墙可以构成一条连续的路径。什么意思呢?就是说,不论从哪个黑色部分出发,都能到达任何一个黑色的部分,这就是连续的路径。

规则 5:墙所构成的区域中没有 2×2 或者更大的矩形。

什么是矩形呢？矩形就是长方形。同学们，请你想象一下，$2×2$ 的矩形是什么样的？

图中黑色的部分就是 $2×2$ 的矩形，和你想的一样吗？

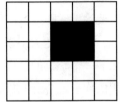

这个规则的意思就是说涂黑的格子不能出现 $2×2$ 或更大的矩形，更大的矩形什么样呢？例如，$2×3$ 的矩形。也就是说，长和宽都大于等于 2 的矩形不能出现。

（三）探究基本的解决问题的技巧

规则已经了解了，我们来看看这个迷题！

请你拿出课前准备好的 $5×5$ 方格纸，我们先把数字填一下。

第一行左起第五个格里填上 1。

第二行左起第一个格里填上 2，第三个格里填上 1。

第四行左起第一个格里填上 3，第三个格里也填上 3。

看到这道题，你有什么想法吗？从哪里入手呢？

一般我们从较小的数开始考虑，你知道这是为什么吗？

对，因为数小，形成的岛屿就小，出现的情况会少一些。所以，我们先从"1"开始考虑。数字"1"说明这个岛屿就一个格，所以它的上下左右的格都应该是墙。同理，右上角的"1"也是这样，它的左和下面的格也是墙。

现在再观察一下，你还有什么发现吗？

有的同学还发现两个 3 在同一行，它们之间只有一个空格，这个格子一定是墙。想一想，这是为什么呢？

我们知道，根据规则，每个岛屿只能有一个提示数字，所以，岛屿和岛屿之间要有墙把它隔开。如果这个位置不是墙，那么两个 3 就会在一个岛屿里，这就不符合规则了。同理，2 和这个 3 在同一列，中间也只有一个空格，这个格一定是墙。

有的同学可能发现含有"2"的这个岛屿要包含 2 个格，那岛屿只能往上拓展了，所以，这个格子一定是墙。

请你想一想，左侧的含有数字"3"的岛屿应该怎么拓展呢？它只有这一种情况了，这个格一定是墙。

现在还差中间这个"3"了，现在给你一点时间，试一试吧！

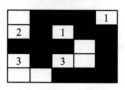

这几个墙是怎么确定的呢？我们可以这样考虑，数字"3"到达不了的地方，一定是墙。为什么这么考虑呢？大家好好想想。因为"3"这个岛屿现在有几种可能。但注意：玩数墙游戏，一定是把确定的填出来，不确定的千万不要去试。

再根据规则，不能出现 2×2 的矩形，所以这个格一定不是墙，那它一定是"3"这个岛屿的一部分。"3"这个岛屿应该是这样的（课件演示），所以这两个格一定是墙。

这个数墙谜题我们做完了。那怎么知道对不对呢？这就得看它符不符合规则。

（四）独立尝试，巩固应用

感兴趣的同学可以挑战一下这几道谜题，看看你能不能把它们解出来。

运用方程思想　择优解决问题

五年级　王　凯

同学们，大家好！从上学期开始我们接触了方程这个知识，不仅学会了方程的概念以及解法，还认识到方程也可以帮助我们解决生活中的实际问题。

不过总有同学认为列方程解应用题太麻烦了，哪有算算术方法快啊！今天咱们就针对这个问题来探讨一下。

首先我们来通过一道题回顾一下。

世界第一河尼罗河全长 6670 千米，比亚洲第一河长江还长 371 千米，那么长江长多少千米？

请同学们想一想，怎样用方程的方法解决这道题呢？

审题后我们得知题目中涉及的量有三个，分别是尼罗河与长江的长度以及它们之间相差的长度。我们重点来看这个信息，它表达了两个数量的大小关系，尼罗河的长度是较大数，长江的长度是较小数，利用数量关系：较大数 – 较小数 = 差，我们可以得出等量关系：尼罗河长度 – 长江长度 = 相差的长度，从而列出与等量关系相对应的方程。我们可以设长江的长度是 x 千米，列出的方程是 $6670-x=371$，解出 $x=6299$。最后我们还要进行检验，把求出的答案代回原题，看看是否符合题意。本题中，尼罗河的长度 6670 千米比求出的长江长度 6299 千米长 371 千米，符合题意，说明解答正确。

借助这道题，我们来回顾一下列方程解应用题的一般步骤：

审：审清题意，弄清题目中的数量关系；

找：找出题目中的等量关系；

设：用字母表示题目中的未知数；

列：根据所设未知数和找出的等量关系列方程；

解：解方程，求未知数；

答：检验所求解，写出答案。

列方程解决问题的关键在于正确地设立未知数并找出等量关系，从而列出方程。而找等量关系的关键又在于审清题目中的数量关系。那么在我们所学过的知识中，常用的基础数量关系有哪些呢？我们来梳理一下：

部分与整体的关系：部分＋部分＝整体

比较大小的关系：较大数—较小数＝差

份总关系：每份数 × 份数＝总数

倍数关系：一倍数 × 倍数＝几倍数

速度 × 时间＝路程

单价 × 数量＝总价

工作效率 × 工作时间＝工作总量

速度和 × 相遇时间＝路程

速度差 × 追及时间＝追及路程

有些同学看到这些数量关系可能就犯难了，这么多数量关系到底该怎么用呢？实际上我们遇到的情况可以分为几大类，下面我们一起通过实例梳理一下。

1. 题目中直接说明等量关系

我们来看这样一道题：

五年级有 32 个同学参加数学兴趣小组，是参加体育小组人数的两倍，参加体育小组的有多少人？

这道题的"是参加体育小组人数的两倍"是个关键信息，因为它表达了两个数量之间的倍数关系，体育组人数是一倍数，数学组人数是几倍数，它们之间的等量关系可以表示为：体育组人数 ×2＝数学组人数，进而列出方程。我们可以设体育组有 x 人，列出的方程是 $2x=32$，解出 $x=16$，得出这个问题的结果是体育组有 16 人。

回顾刚才解决的两道题，实际上我们列出等量关系的关键就隐藏在题目中。

我们审题时一定要注意像"A 比 B 长""C 是 D 的几倍""E 和 F 共有多少"等可以直接表达数量关系的句子，从中就可以分析出两个量之间进行了哪种运算，进而找准等量关系、列出方程。

上面题目中数量关系比较简单，有的同学会认为用算术方法解决同样简便。

2. 题目中隐含常用等量关系

我们来看这样一道题：

两个火车站相距 425 千米。甲、乙两列火车同时从两站相对开出，经过 2.5 小时相遇，甲车每小时行 90 千米，乙车每小时行多少千米？

通过读题，我们知道这是我们学过的典型的"相遇问题"。虽然题目中没有直接表明数量间关系的信息，但是通过数量关系"速度和 × 相遇时间＝路程"

或"甲速 × 相遇时间 + 乙速 × 相遇时间 = 路程"可以找到等量关系，进而列出方程。我们可以设乙车每小时行 x 千米，列出的方程是（90+x）× 2.5=425，解出 x=80；或 90 × 2.5+2.5x=425 ，也可以得到相同的结果。最终我们可以得出乙车每小时行 80 千米。

当然，这道题也可以通过算术方法来解决。我们可以通过数量关系"速度和 × 相遇时间 = 路程"倒推出甲、乙两车的速度和为 425÷2.5=170（千米），再减去甲车速度，得到乙车速度为 170-90=80（千米），同样得到了正确的结果。

我们再来看一道题：

已知梯形的上底为 3 厘米，高为 4 厘米，面积为 16 平方厘米，它的下底为多少厘米？

这是一道和我们所学的"梯形的面积"有关的问题，题目中并没有直接给出等量关系，实际上我们所要运用的等量关系就是梯形面积的公式：S=（a+b）h÷2 。按照算术方法，我们需要逆推计算出梯形的上底与下底的和：16×2÷4=8（厘米），再减去上底得到下底 8-3=5（厘米）。这种算术方法在思考过程上需要运用公式逆推才能得到正确结果。如果我们选用列方程来解决，只需要把未知数下底设为 x 厘米，并把数据对应到梯形面积公式中，即可得到方程：（3+x）× 4÷2=16，同样得到下底为 5 厘米的结果。和算术方法相比，方程方法运用的是一种顺向思维。

通过比较同学们可以看出，这两种方法的主要区别是未知数参不参加到列式之中。用算术方法，是根据题中的条件，经过分析已知信息之间的关系，由已知推出未知，用已知数之间的关系来表示未知数，未知数是运算的结果，是逆向思考。用方程方法，是根据题目叙述的顺序，未知数参与列式，从整体上反映等量关系，所以方程不用按逆向思维思考，直接利用顺向的等量关系来解决问题，尤其用来解答那些反叙的问题显得更方便。同学们，对于这道题，你更喜欢哪种方法呢？

3. 题目中有两个以上的等量关系

我们来看这样一道题：

小明和丽丽共有奶糖 24 粒，小明的奶糖是丽丽奶糖的两倍，丽丽有奶糖多少粒？

如果我们用算术方法解决这道题，需要分析出题目中丽丽的奶糖数为一倍数，小明的为两倍数，那么奶糖总数 24 粒对应的就是三倍数，从而求出丽丽的奶糖为多少粒。当我们用方程方法解决时，通过审题我们知道题目中有两个未知量：小明的数量和丽丽的数量，同时含有两个等量关系：一个是小明的奶糖数量与丽丽的奶糖数量的和是 24 粒糖，另一个是两人奶糖数量之间有倍数关系。此时，我们可以利用其中一个等量关系使同一个字母表示两个未知数，另一个等量关系则用来列方程式。通过"小明的奶糖是丽丽奶糖的两倍"，我们可以设丽丽有 x 粒奶糖，则小明就有 $2x$ 粒奶糖。接下来我们运用"丽丽的奶糖数量 + 小明的奶糖数量 =24 粒"就能列出方程 $x+2x=24$ ，解出 $x=8$，从而较为快捷地得出丽丽拥有奶糖 8 粒的结果。

同学们，通过刚才的复习梳理，你有没有体会到利用等量关系来列方程的技巧呢？老师给大家总结了三点：

（1）当题目中直接出现等量关系时，审题时要注意题目中的关键词语，如和、差、倍、增长、降低、多、少、是几倍、增加几倍等。这些关键性的词语能够使我们快速地找到题目中的等量关系。

（2）题目中不含直接表达数量关系的信息，隐含有常用数量关系的，如相遇、追及、总价、路程、工效、周长、面积等，可以借助数量关系找到等量关系，需要找清题目中数据和等量关系中数量的对应关系。

（3）题目中有两个等量关系的，一般可利用一个等量关系来使一个字母表示两个未知数，另一个等量关系用来列方程。同时，我们一般把较小的未知数设为 x。

同学们，下面我们再来挑战几道更复杂的题目吧！

妈妈买回一筐苹果，按计划天数，如果每天吃 6 个，则多出 10 个，如果每天吃 6 个，则又少 2 个苹果。问：妈妈买回苹果多少个？计划吃多少天？

请你先思考一下，怎样解决这个问题呢？根据已知条件我们分析出，吃的天数是不变的，如果每天吃苹果的个数发生变化，吃若干天后剩下苹果的个数也会发生变化，而苹果的总个数是不变的。因此我们就可以抓住苹果总个数不变来找到等量关系。分别用两种吃法表示出苹果总个数就能列出等量关系式，即：吃法 1 苹果总个数 = 吃法 2 苹果总个数。方程左边，第一种方案下每天吃的个数 × 天数 + 剩下的个数，等于右边；第二种方案下每天吃的个数 × 天数 – 所差的个数。这道题目中有两个问题，我们怎样设未知数呢？我们可以把吃的天数设为未知数，这样，妈妈买回苹果的总个数就可以用数量关系表示出来了。解法如下：

设原计划吃 x 天。

$4x+10=6x-2$

$6x-4x=10+2$

$2x=12$

$x=6$

苹果个数：$4 \times 6+10=34$（个）

答：妈妈买回苹果 34 个，原计划吃 6 天。

像这种题目较为复杂的，我们还可以根据题意找出题目中的不变量，从而理清等量关系。请你想一想，这道题如果用算术方法该怎样解答呢？分析起来会有一定的难度，感兴趣的同学可以试一试。

我们再来看这道题：

某市居民原来用电的电价是 0.52 元 / 千瓦时。为鼓励居民错峰用电，该市开始改用分时电表实行峰谷电价，收费标准如下。

时段	高峰时段（8 点—21 点）	低谷时段（21 点—次日 8 点）
每千瓦时电价 / 元	0.55	0.35

位于该市的小红家 3 月用电 150 千瓦时，缴纳电费 70.5 元。你知道小红家低谷时段用电多少千瓦时吗？

通过读题我们知道这是一道有关分段计价的问题。题目中告诉我们两个时段电费的单价，还有总的用电量和缴纳的总电费，但是，每一段的用电量我们都不知道，如果用算术解法，可能比较难找到突破口。我们用方程的方法来试一试。为了让大家看得更清楚明白，我们可以借助画线段图的方法理清数量关系，从而找到等量关系。

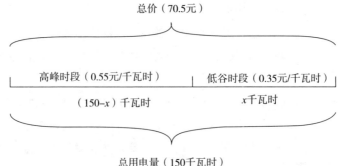

在这个线段图中，我们把有关钱数的数据放在线段上方，把有关用电量的数据放在线段下方，做好数据分类可以使我们画出来的线段图更加有条理。同时我们发现线段上方和线段下方分别代表了两个等量关系：一个是两个时

段的电费和等于总价 70.5 元；另一个是两个时段的用电量之和等于总用电量 150 千瓦时。这时我们既然不知道两个时段中哪个时段的用电量是较小量。就可以直接设问题中的低谷时段用电量为 x 千瓦时，则高峰时段用电量可以用（150–x）千瓦时表示。根据单价 × 数量 = 总价，我们可以得出"低谷时段单价 × 低谷用电量 + 高峰时段单价 × 高峰用电量 = 总价"，从而列出方程。解法如下：

解：设低谷时段用电 x 千瓦时，则高峰时段用电（150–x）千瓦时。

$0.35x+0.55 \times (150–x)=70.5$

$0.35x+82.5–0.55x=70.5$

$82.5–70.5=0.55x–0.35x$

$12=0.2x$

$0.2x \div 0.2=12 \div 0.2$

$x=60$

答：小红家低谷时段用电 60 千瓦时。

通过解决这两个问题，你有什么感受吗？是不是感觉在解决以上问题时，用方程方法更简单呢！的确在解决这类复杂的问题时，方程的优势就体现出来了。

今天这节复习课我们对用方程解决实际问题进行了复习和梳理，通过这节课的学习，相信你对这部分知识有了一些新的认识。方程的方法是未知数参与列式，解决问题的思路是顺向的；算术方法由已知推出未知，解决问题的思路是逆向的。我们在解决比较复杂的问题时，要勤于动脑、认真分析，找到更适合的解题方法。

算盘的"前世今生"

五年级　高明一

一、课程背景

　　算盘究竟是何人发明的，现在无法考证。从清代起，就有数学家对算盘的发明时间进行研究，日本学者也投入不少精力，但至今仍是众说纷纭。我国的算盘由古代的"筹算"演变而来。由于算珠口诀便于记忆，运用又简单方便，因而在我国被普遍应用，同时也陆续传到了许多国家和地区。虽然现在已经进入了电子计算机时代，但是古老的算盘仍然发挥着重要的作用。

二、对接教材

　　人教版小学数学教材中很多地方都涉及了"算盘"的学习与研究。通过对算盘的学习，可以帮助学生更好地理解"十进位值制计数法"和"数位"的知识，同时培养学生的数感和数形结合的意识。作为中华民族的子孙，算盘伴着我们走过那么漫长的岁月，虽然随着现代科技的发展它已经逐渐退出了历史的舞台，但是我们对算盘的记忆不应该只停留在"位值"思想的体现上，如何让这些东西"活"起来，如何让这一蕴含历史底蕴的计算工具发挥更大的作用，才是学习的重点。针对五年级的学生，我设计了这节课。

三、教学目标

　　1. 培养学生良好的数感、推理能力。

　　2. 培养学生的规则意识和表达能力，培养学生脑、眼、手的统合能力。

　　3. 学生通过对珠算的学习能将数学知识与古老的计算工具相结合，找到两者之间的联系，将知识真正内化为学习动力。

　　4. 积淀文化底蕴，感受中华传统文化的博大精深。

四、教学重点、难点

　　了解算盘的历史，会用三指拨珠法拨出简单的数。

五、教学过程

（一）回眸历史，了解算盘的发展变迁

同学们，上课前，请你们先来猜个谜语：一座城四面墙，一群珠宝里面藏。若用小手拨一拨，噼里啪啦连声响（打一计算工具）。

同学们猜到了吗？没错，谜底就是算盘。今天，我们就一起走进古老的计算工具——算盘的世界。

算盘是我国古代的伟大发明之一，我们的祖先在 1000 年前就发明了算盘，开始用算盘进行计算。它是我国优秀的文化遗产。算盘还传到日本、朝鲜、美国、东南亚、欧洲等许多国家和地区。

在了解算盘之前我们先来回顾一下人类的计数历史。

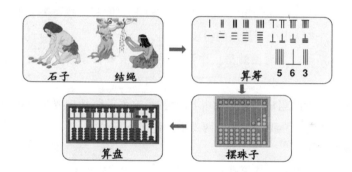

公元前 3000 年的古埃及人用结绳来记录土地面积和收获的谷物。公元前 2000 年的美索不达米亚人用泥板计数。春秋战国时期，中国人普遍使用算筹计数、计算。

算筹实际上是一根根同样长短和粗细的小棍子，一般长为 13 ~ 14 厘米，径粗 0.2 ~ 0.3 厘米，多用竹子制成，也有用木头、兽骨、象牙、金属等材料制成的，270 多枚为一束，放在一个布袋里随身携带，需要计数和计算的时候，就把它们取出来。别看这些都是一根根不起眼的小棍子，在中国数学史上它们却是立有大功的，而它们的发明，同样经历了一个漫长的历史发展过程。有兴趣的同学可以课下查询资料自主学习。

1000 年前，中国人用算盘计数、计算。算盘由古代的"筹算"演变而来。算盘的出现，被称为人类历史上计算器的重大改革。

在计算机已被普遍使用的今天，古老的算盘不仅没有被废弃，反而因灵便、准确等优点，在许多国家方兴未艾。比如，日本学校一直在推广算盘，西班牙小学还开设了算盘课程，澳大利亚学生也迷上了中国算盘！

而在中国，各行各业都有一批打算盘的高手。使用算盘和珠算，除了运算方便以外，还有锻炼思维能力的作用，因为打算盘需要脑、眼、手的密切配合，是锻炼大脑的一种好方法。因此，人们往往把算盘的发明与中国古代四大发明相提并论，联合国教科文组织将珠算列入人类非物质文化遗产。

同学们，你们见过最大的和最小的算盘吗？山西祁县珠算博物馆最长的算盘达到 6 米，有 227 个档，可供 12 个人同时使用。最短算盘的仅有 1 厘米。同学们可以用手比划一下，差距还是很惊人的吧？小小的算盘背后蕴藏了深厚的文化底蕴，既然它这么有魅力，我们就进一步来认识它吧。

（二）聚焦数学——走进文化元素

1. 算盘的组成

仔细观察算盘，你知道它是由哪些部分组成的吗？ 接下来我们就通过这首《算盘歌》来认识一下算盘的组成吧。

一把小算盘，四周围满框。横卧一根梁，竖着许多档。梁上是上珠，梁下是下珠。一颗上珠表示 5，一颗下珠表示 1。

了解了算盘的组成，相信有些同学已经迫不及待地想要学习拨珠了。别着急，在拨珠之前，我们还要做两件事：清盘和定位。

2. 清盘和定位

那什么是清盘呢？清盘就是让算珠全部靠框，使整个算盘处于空盘状态，这样就便于拨珠了。

清盘后，我们就给算盘定位。同学们想一想，如果让你给算盘定位，你准备先定哪个数位呢？

没错，我们要先定个位。为什么要先定个位呢？因为定好个位，其他数位的位置也就可以确定了。如果算盘只进行整数计算，那么我们可以将算盘最右侧这一档定为个位。那么其余各档都是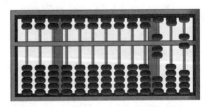什么位呢？（从右向左依次是十位、百位、千位等）看看和你数的一样吗？

定好数位后，你能说一说算盘上表示的数吗？

百位上一个上珠表示 5 个百，两个下珠表示 2 个百，合起来是 700；十位上没有算珠靠中间的梁，是空档，表示零；个位表示 6。所以算盘上表示的数是 706。你答对了吗？

刚刚我们是将算盘最右侧定为个位，除了这种定位方法，我们还经常看到有人将算盘的右边第三位作为个位档。那现在个位的左边其余各档又都表示什么位呢？

你说对了吗？个位右侧的两档，分别是十分位和百分位。这样定位的好处在哪里呢？没错，这样定位就可以表示和计算小数了。

那么，像这样定位后，现在算盘上表示的数是几？（7.06）

可见在计算前根据需要给算盘定位是非常重要的。

3. 拨珠

拨珠指法正确与否，直接影响计算的准确性与速度。拨珠指法分为二指拨珠法和三指拨珠法。今天我们就学习三指拨珠法。三指拨珠法需要中指、食指和拇指来完成。

下面请同学们先看视频，从 1 拨到 9。你们学会了吗？拨珠指法需要反复练习，才能熟能生巧，平时多加练习，还可以提高我们手、眼、脑的协调性。

现在我们试着拨个 1729 和 25308，准备好清盘、定个位，我们把金属的这一档定为个位。你拨对了吗？

（三）实践操作

同学们，你们学会拨珠了吗？没有算盘的也别着急，老师现在教你如何制作一个简易的算盘。

首先准备一个纸盒当框，再用吸管作算盘的档。如果没有吸管，也可以用铅笔、笔芯来代替。准备硬纸片作珠子（如果家里有合适的珠子就可以直接用它来作算珠），再准备一张卡纸或硬一点的纸来作算盘的横梁。工具准备好了之后，我们就可以开始制作啦。

　　用剪刀剪出小圆片，再在中间打出孔，可以用打孔器来打孔，也可以用剪刀、锥子等工具钻孔，还可以请家长帮忙。一定要注意安全。

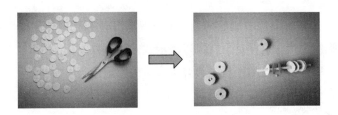

　　接着做中间的横梁，折叠硬卡纸，再在横梁上用同样的方法打出对应的小孔，并把横梁用胶水固定在纸盒底部。

　　最后安装吸管和算盘珠子。为了防止档来回晃动，可以在档的上下粘胶固定。透明的吸管是我们的个位档。看，一个简单的算盘就做好啦。

　　有了老师的抛砖引玉，没有算盘的同学也一定能制作出满意的算盘。

　　今天的课就上到这里。同学们，再见！

基于学生生命成长场域发展的课程案例研究

——以"数独游戏"为例

二年级　罗一萍

一、主题与背景

2020 年春，一场突如其来的新冠肺炎疫情打乱了所有人的正常生活。如何在不给家长、孩子增加负担的基础上做到"停课不停学"，让孩子们学到更多课本外的知识？

基于此，史家教育集团开展了线上"和谐课堂"。其中数学学科推出了一系列"品源至慧"课程，立足打破思维边界和时空边界，培育具有家国情怀的和谐发展的人，挖掘中华传统文化中的数学元素，在数学精神与数学思想的民族传承中着力构建相应课程内容，立体创生人文情感与科学思维深层交织的数学综合实践操作的生命成长场域，以发展学生核心素养，培养学生的综合能力[①]。

班级是学生学习和生活的重要场域，而在疫情下，我们无法在学校中学习，所以网络班级社区成为新的学习场域。为了更好地发挥数学在培养学生思维能力和创新技能方面的独特作用，让学生在益智游戏中汲取传统文化所蕴含的数学元素，我们开发了"数独游戏"课程，以期在"品源"的过程中达到"至慧"，为学生提供实践操作的成长场域，实现历史知识与数学知识的对接，让孩子们在转变学习场域的同时，依然能提升他们的数学学习能力，拓展数学思维。

二、案例描述

（一）激趣导入

今天，老师给大家带来了一道"水果店的难题"，想请同学们来帮帮忙！故事的主人公叫乐乐，他开了一间水果店，打算在春节期间推出一个新产品——水果礼盒。盒子内部是正方形的，被分成了 16 个小方格。礼盒中包含苹果、西瓜、桃子和橙子 4 种水果，但是水果的摆放是有要求的：每行、每

---

① 北京市东城区史家教育集团：《数理群思　融智探新》，中国发展出版社2018年版。

列以及每个粗线框内的 4 种水果互不相同。乐乐已经放进去了一些水果，你能帮忙把剩余的水果按要求摆进去吗？

是不是感觉有点儿难呢？没关系，今天我们要学习的"数独游戏"就和这道难题有关。

（二）回眸历史

你们知道什么是"数独"吗？

"数独"（すうどく，sudoku）一词来自日语，其中"数"（すう）是数字的意思，"独"（どく）是单独、唯一的意思。数独就是"单独的数字"或"只出现一次的数字"的意思。概括来说，它就是一种填数字的游戏。但这种游戏最初并非来自日本，它起源于 18 世纪初瑞士数学家欧拉等人研究的拉丁方阵。19 世纪 80 年代，一位美国的退休建筑师又根据拉丁方阵发明了一种填数趣味游戏，这就是数独的雏形。1984 年，一位日本学者将其介绍到了日本，将其推广并更名为"数独"。

数独分为标准数独和变形数独，标准数独就是我们常说的九宫格数独，棋盘是 9 行 9 列的正方形。变形数独是在标准数独的基础上附加其他的规则，或形状变化而成的新题型。其中有像四宫格数独、六宫格数独这样比较标准的迷你数独，还有种类繁多的异形数独。

这节课我们先从最简单的四宫格数独学起。

（三）聚焦数学

1. 介绍数独架构，提炼数学元素

先来观察一下四宫格数独的盘面，它由 4 行 4 列和 4 宫组成。横着的叫作行，为了方便，我们可以用字母 A、B、C、D 来表示这 4 行，比如 B 行；

竖着的叫作列，我们可以用数字 1、2、3、4 来表示这 4 列，比如第 3 列。

接下来我们认识宫，你可以把它想象成田字格，这 4 个格子组成一宫，四宫格数独盘面共有 4 个宫。一般在盘面上会用更粗的线把宫隔开，以方便我们观察。

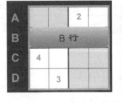

这是一个完整的四宫格，大家仔细观察一下，先看每一行，它们都有哪些数字呢？对了，都有 1 ~ 4 这 4 个数字，没有重复也没有遗漏。

像这样"每行、每列、每宫都由 1 ~ 4 这 4 个数字组成，不重不漏"就是四宫格数独的填数要求。"数独"的"独"，就是指每一行、每一列、每一宫里的数字都不能重复。

2. 错例辨析，熟悉规则

玩"数独"游戏，要求我们一定要有一双善于细心观察的眼睛，先来看看你们是不是火眼金睛吧！老师这儿有一道小朋友未填完的四宫格数独，你能一眼判断出他现在这样填可不可以？

我们得从三个角度去观察和思考，首先来看行，每一行都没有出现重复的数字，再看列，也没有重复的数字，最后来看宫，这一宫中左下角里出现了两个1，是不是不符合刚刚我们说的四宫格数独游戏规则呢？

3. 方法介绍，有"法"可依

解"数独"最常用的两种方法是唯一余数法和排除法。

唯一余数法就是根据一行、一列或一宫内已有的数字确定余下的可能数字。

（1）聚焦"行""列""宫"，部分观察。

先来看第一个四宫格盘面，你能填出 B 行缺少的数字吗？（B 行已经给出了1、3、2 三个数字，缺少 4）

再来看第二个四宫格盘面，你能填出第 3 列缺少的数字吗？（已经有1、2、4 了，缺3）

接下来看第三个盘面，你能填出第四宫缺少的数字吗？（已经有1、3、4 了，缺2）

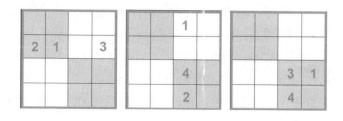

（2）聚焦"行""列""宫"，关注"实时变化"。

这 3 道题都只是让我们填一行、一列或一宫，相对比较简单。下面请大家挑战一些更难的题目，如下图。

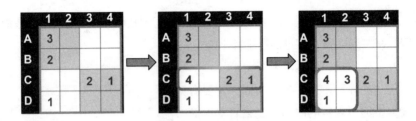

先来看题目要求：哪一行、列或宫里缺少一个数字，请把缺少的数字补上。

先看行，A、B、D 行都缺少 3 个数字，C 行缺少 2 个数字，暂时没法填写。

再看列，第 1 列已经有 1、2、3 三个数了，还差 4。填上 4 后，这个四宫格发生了新的变化：C 行已经有 1、2、4 了，还差 3。

检查每一行、每一列、每一宫，又有新变化：第三宫已经有 1、3、4 了，还缺少 2。

（3）完整题型热身。

刚刚讲的几道题并不是完整的数独题，接下来，老师就带大家看一个完整的四宫格数独题。

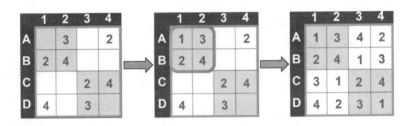

先看行，每行都缺少两个数字，暂时还没法儿填写。

再看列，也都缺少两个数字，也填不了。

最后看宫，第一宫有 2、3、4，缺 1；第四宫有 2、3、4，也缺 1。填完这两个宫后，另外两个宫现在还没法填。那我们不妨换个角度再观察一下，再回头看看行，是不是 A 行和 D 行已经能填写了呢？A 行已经有 1、2、3 了，缺 4；D 行已经有 1、3、4 了，缺 2。接下来，我们再去看列。第 1 列已经有 1、2、4 了，我们把 3 补上；第 2 列已经有 2、3、4 了，我们把 1 补上；第 3 列已经有 2、3、4 了，我们把 1 补上；第 4 列已经有 1、2、4 了，我们把 3 补上。全部完成。

（4）排除法介绍。

接下来，老师教给大家另外一种方法——排除法。排除法就是从可能的几个数字中通过其他行、列或宫的数字冲突排除掉其他数字得到唯一结果。

先用唯一余数法试一试，观察每一行、每一列、每一宫，好像都没法填写。

接下来用排除法观察哪些地方看起来数字最多，我们可以看到 D 行已经有 1 和 2 了，还缺少 3 和 4，那究竟哪个是 3，哪个是 4 呢？第三宫里已经有了 1 和 4，所以不可能是 4 了，那就只能是 3 了。

刚才我们判断这个空格的时候是先通过 D 行的 1 和 2，判断出它可能是 3 或 4。然后借助第三宫已有的 1 和 4，帮助我们排除掉 4 的可能，最后确定出此空格处只能填 3。这种判断方法就是"排除法"。

其实，在我们常见的数独题中，唯一余数法和排除法经常结合在一起使用，那么接下来我们就一起动手练一练吧！

（四）实践操作

还记得上课前那道"水果店的难题"吗？快用今天所学的知识解决一下吧！

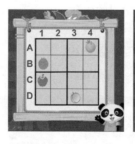

用排除法先确定第 1 列剩余的两个水果（根据第 1 列和 A 行确定）。紧接着是第一宫剩下的两个格，然后确定第三宫，最后再结合两种方法确定剩余空格完成题目。

（五）拓展习得

最后，给大家留几道思考题，其中，第三关是一个六宫格题，试着挑战一下吧！

经历推理过程　发展推理能力　提升数学素养

三年级　马涵爽

新冠肺炎疫情期间，教师授课从教室走向线上，微课教学成为教学实践中的主要模式。史家教育集团数学团队结合教学实践，以多样的文化主题为载体，促进学生核心素养发展，提高数学思维能力。

史家教育集团"课程超市"推出了系列课程。其中，数学学科推出了两个板块。一是"品源至慧"板块：让学生在学习中品味中华优秀传统文化以及数学之源，发展数学学科核心素养，提升思维能力，汲取成长的力量。二是"数形启智"板块：以知识复习为主，帮助学生进行知识梳理及知识构建，并在学习方法、技巧和策略及学习技能方面给予学生有效的指导和训练。我参与"品源至慧"板块中"数独游戏"一课的录制，根据学生需求为他们精心准备了适合他们在线学习的内容。

一、线上教学节奏把握要灵活

众所周知，线上教学与传统的课堂教学相比，跨越了空间的限制，同时也失去了教师对教学现场的绝对控制。学生上课时间灵活、地点可选，也容易受到其他干扰源的影响。因此，线上教学节奏把握要灵活，才能达到务实、有效的教学效果。

片段一：

上节课我们已经学会了四宫格数独。你们是不是觉得很有趣呢？那你们还记得四宫格数独游戏的规则吗？没错，就像同学们说的那样，四宫格的每一行、每一列、每一宫都要有1、2、3、4，既不能重复也不能遗漏。

其实数独还有很多种，今天就请同学们跟着马老师走进有趣的六宫数独世界吧！

六宫格数独的规则和四宫格数独的规则很相像，老师这里有一个填好的六宫格，你们

能试着说一说它的规则吗？没错，六宫格的每一行，需要填 1 ~ 6 六个数字，不能重复也不能遗漏；每一列也要填 1 ~ 6 六个数字，不能重复也不能遗漏；每一宫也要有 1 ~ 6 六个数字，不能重复也不能遗漏。下面就让我们一起来玩六宫格数独游戏吧！

为了让学生在 20 分钟的微课中学有所获，我结合学生的年龄和性格特点，在设计《六宫格数独游戏》这节课时，并没有直接向学生出示六宫格数独，而是让学生回忆"四宫格数独游戏"的规则，以此为基础，引导学生经历知识迁移的过程，感悟将新知识转化为旧知识这一数学思想方法，为六宫格数独游戏的规则奠定基础。

二、线上教学重在强调"知识力"

传统的课堂我们注重的是学生"知识量"的获得，而线上教学强调的是"知识力"的获得，也就是学生对知识的体悟、掌握和执行的能力。学生在学习知识的同时，也要注重其学习能力的培养。在教学过程中，我不仅关注学生解题的结果，更注重学生解题的过程和方法。

片段二：

你们能把这个六宫格填写完整吗？从哪入手填呢？根据数独的唯一余数法，思考先找到哪个宫、哪一行或哪一列只差一个数字，我们就从这里开始填。先仔细观察，都有哪些宫、行或列符合要求呢？

没错，有第 1 宫和第 6 宫，其他的行和列暂时没有。我们先来看看第 1 宫，只差一个数字，差的是 6，也就是 B 行和第 2 列交叉的格子应该填 6。我们再来看第 6 宫，这一宫也只差一个数字，差的是 2，把它填在 E5。从宫的角度观察我们还能继续填吗？你们能不能换个角度去思考？细心的同学发现了，通过刚才的填写第 5 列和 E 行现在只差一个数字了，B5 是 5，E2 是 4。

填到这里，同学们再仔细观察，现在还有哪行、哪列或哪宫只差一个数字呢？相信同学们和马老师的想法一样，没有了。用唯一余数法我们走不通了，那怎么办？哦，有的同学记得上节课还学习了一种方法——排除法。我们可以先找找哪行、哪列或哪宫给出的数字比较多。

片段三：

有的同学说想先解决 A 行，我们
先来观察一下，A 行有 1、4、5、6，
还差哪两个数字？对，是 2 和 3。同
学们能不能根据已经知道的信息来判

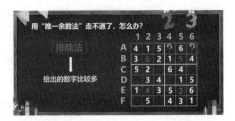

断哪个空填 2 哪个空填 3？有的同学发现这两个空所在的行、列和宫都没有
2 和 3 出现。那 2 和 3 的位置随便写行不行？就像大家说的，我们要有理有据
地进行推理才能写对，否则填错一个空，会导致后面的空都错，再修改就难
了。看来 A 行暂时不能解决，我们可以放一放，先去填写其他的空。

"授之以鱼，不如授之以渔。"本节课我不仅关注学生能否正确填出答案，
而且更加注重他们是否能有理有据地推理、全面观察和思考，也就是学生是
否通过本节课的学习获得了"知识力"。学生作为学习的主体，教师应转变主
导角色，变成点燃"蜡烛"的"打火机"，点燃学生应用知识、获取知识的热
情，引领学生在不断地体悟与执行中融会贯通，真正做到学以致用。

三、线上教学注重课后交流反馈

平日里课堂时间有限，线上教
学则给了学生更多思考的空间，依托
所学内容，我会在课后设计一个思考
题，引导学生再度思考。并在微课讨
论区和班级社区交流群中及时反馈，

给学生提供再创造的广阔空间。学生也在课后愿意主动结合所学内容，用丰
富的表现形式来展示或拓展已知的学习内容。这样的反馈形式，在激发学生
学习主动性的同时，还拓展了学生的学习广度和学习深度。

好玩又有用的数学

二年级　金海艳

一、主题与背景

2020 年伊始，一场新冠肺炎疫情悄然而至，在党中央、教育部决策部署下，北京市教委做出大、中、小学延期开学决定，并启动"停课不停学"工作。作为一名数学老师，我很荣幸地参与了"和谐课堂"的录制。

在我看来，线上教学这种形式由于不能跟学生面对面，无法及时了解他们的状况，所以首先要吸引学生的兴趣——内容有趣、学习方式有趣，让学生主动投入学习中来；其次要把有趣的学习内容和学生的活动经验、后续学习有机地结合在一起，体现数学学科的特色。史家教育集团始终把培养具有家国情怀的学生作为重要目标，所以线上教学也应该让学生们更加了解我们的祖国，培养孩子们的文化自信，热爱我们的祖国。

基于以上分析，我把教学内容确定为"折纸艺术"。之所以选择这个内容，有如下几点思考：首先，折纸艺术属于我们国家的传统文化，有着悠久的历史，在现代生活中也有着广泛的应用，有利于培养学生的民族自豪感，激发学生的爱国情感；其次，在学习折纸艺术时，学生不仅需要动脑，更需要动手，让学生在动手操作中学习、在活动中学习，更容易吸引学生的注意力，激发学生的学习兴趣；最后，孩子们之前已经认识了一些几何图形，之后还要学习图形的运动，教材中有大量的关于折一折、剪一剪的内容，本次线上课程的学习，有利于巩固学生已有的知识，同时为后面的学习积累一些活动经验。

二、案例描述

（一）回眸历史

出示各种折纸作品。

上节课我们讲过折纸起源于中国。这节课我们继续来研究如何用纸折出几何图形。

（二）动手操作，巩固旧知，积累活动经验

任务一：在长方形中折出最大的正方形

1. 理解题意

你们知道正方形有什么特点吗？同学们说的很对，正方形的四条边都相等、四个角都是直角，我们就是要利用长方形纸剪出一个四条边相等、四个角都是直角的图形，并且是最大的。

2. 独立思考

怎样才能折出一个最大的正方形呢？同学们赶快开动脑筋想一想吧。

3. 视频演示

让我们通过视频来看看，你们是不是这样折的。

把长方形的宽作为正方形的边长，先将它向上折，和长重合，再把长边上多余的部分折掉。展开后就得到了这个最大的正方形。

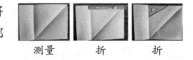

测量　　折　　折

4. 怎么证明我们折出来的是正方形呢

有的同学说，我们可以用尺子量一量四条边的长度是不是相等；可以用三角板上的直角来量一量四个角，看看是不是直角就可以了。动手测量是个好办法！还有的同学说，我们可以通过折的方法进行验证，也就是上下对折、左右对折和对角折，如果折之后的边、角重合，就可以证明是正方形。

那这个正方形是最大的吗？有的同学是这样想的：因为我们是用长方形的短边作为正方形的边长，再大的话，短边的长度就不够了，所以肯定是最大的。

同学们，你们不仅找到了正确的折法，还想到各种办法进行证明，你们真棒！

任务二：三角形中折出最大的长方形

1. 理解题意

要在三角形中折出最大的长方形。

2. 独立思考

怎样利用三角形纸折出最大的长方形呢？

3. 揭示折法

同学们想出来了吗？看看几位同学的折法，其他同学看懂怎么折了吗？

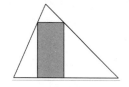 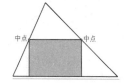 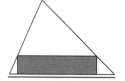

4. 视频演示

下面就请同学们跟着视频来折一折。

第一种折法，我们先把左面角折过来，注意下面的边要对齐，旋转一下，把这个角向上折；最后把左面的部分向右折，注意和刚才折过来的小角的边对齐。这样，我们就折出了一个长方形。

第二种折法，我们首先用尺子量出这两条边的中点，做好标记，然后沿着两中点之间的连线折一下，再把左边的角向中间折，正好和这条边重合，下面的边也正好重合。右面同理。打开之后，我们看到中间有一个长方形。

第三种折法，我们可以把左右两边各向中间折一点点，注意底边要重合，再把下面往上折，注意左右两边要各自重合，这样我们也可以得到一个长方形。打开之后同样也可以得到一个长方形。

比较这三种折法，哪种折法所得到的长方形最大呢？为什么呢？

有的同学说我们可以通过观察法，看出第二种方案的长方形最大。观察是个好办法。还可以怎么做呢？

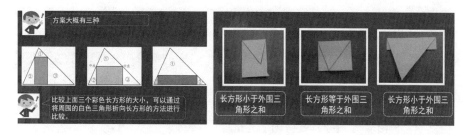

请同学们看，每个折法中，长方形的周围都有三个白色的三角形，我们可以通过把周围的三个白色三角形折向长方形的方法进行比较。我们发现，第一种和第三种折法三角形周围剩下的三个三角形大小的和大于长方形，第二种折法中三角形周围剩下的三个三角形的和正好等于长方形。

小结：通过刚才的研究我们发现，当我们找到两边的中点，并沿着中点的连线折的时候，所得到的长方形就是最大的。有的同学是不是想问，刚才我们是通过测量找到这两条边的中点才折出来的，如果找这两条边的中点，然后连线再折可以吗？你们真是会提问题的好孩子！其实我们还有两种方法：可以沿着这两边的中点连线折，还可以选择这两边的中点的连线折。有兴趣的同学可以试一试。

任务三：正方形中折出正五边形和五角星

1. 理解题意

五角星是同学们很熟悉的图形，那什么是正五边形呢？正五边形就是这个封闭图形有五条边，而且每条边都相等。

2. 独立思考

怎么在正方形中折出正五边形和五角星呢？赶快动脑筋想一想吧。

3. 揭示折法

请同学们拿出正方形纸，跟着老师的步骤折一折。

4. 视频演示并证明

把正方形纸上下对折，再把左下面的角向上折，使角的一条边和上面的边重合；旋转一下，再把这个角向斜上方折，注意对齐，然后打开；把长方形的左下方的顶点和两条折痕的中心点对齐，轻轻折一下，然后捏着这个角向左折，注意两条边对齐；接着翻过来，把右面的部分向左折，折痕要和下面的边对齐；翻过来，上面有一个三角形，沿着三角形的这条边画一条红线，然后在这个位置画一条黑线；沿着红线剪，打开之后就得到了正五边形；然后复原，再沿着黑线剪，就得到了五角星。

同学们，你们发现了吗？正五边形的边其实就是刚才我们沿着红色边剪出来的，所以肯定相等；五角星也是同理。一边操作，一边观察，一边思考，你们会有更大的收获。

三、案例总结

本节课在"和谐课堂"播出之后，成为二年级孩子们最喜欢的一节课。回顾本节课，我觉得有以下三点值得总结。

（1）传统的就是现代的，就是世界的。通过折纸艺术一课，我也是第一次深入了解这门古老的艺术，第一次了解了它的来龙去脉，第一次深刻地感受到传统文化蕴含着巨大的力量；不仅仅是历史，更创造着未来。让孩子们走近传统文化、了解传统文化、研究传统文化，我们才能真切地感受到中国优秀传统文化的魅力和力量，这也是我本次录课最大的收获。我们应该继续挖掘传统文化的内涵，与学校课程相结合，让孩子们真正地文化自信起来。

（2）让孩子们动起来。本节课的一大特点就是让孩子们在动手操作中学习，吸引孩子们的注意力，通过有意思的活动让孩子们深入学习、深入思考，积累更多的活动经验，为后面的学习打下基础。

（3）兼具传统文化和学科特色。在学习传统文化的课程中，结合学科知识，让学生更加深入地了解图形的知识，体会不同的策略，经历尝试研究验证的学习过程。

建筑中的数学美

四年级　张思雯　金　晶　赵彦静

一、案例背景

新型冠状病毒肺炎疫情牵动着全国人民的心，教育部为降低疫情扩散可能，保证教师和学生的身心健康，通知全国大中小学春季学期延期开学。开学延期，成长如期！为此史家教育集团制定了"延期开学不停学"的方案，构建集综合性、实践性、探究性、开放性于一体的，以"博·悟"定位的课程供给体系。其中的"品源至慧"课程，打破时空边界和思维边界，品中华优秀传统文化和数学之源，在数学学科精神与人文思想交融的历史传承中汲取智慧、汲取成长的力量，发展学科素养，积淀文化底蕴，创造科学思维深层交织的立体成长空间。

二、教学内容分析

本节课《中轴对称》是"品源至慧"课程中的一个内容，学生通过了解中国古代建筑的发展历史，知道典型的古代建筑特点，从中发现轴对称图形，找出对称轴，深入理解轴对称的特点以及平移、旋转运动。在实践操作中，培养学生用数学的眼光观察世界，发现身边的轴对称图形，并能运用数学知识自主设计一个建筑物。浸润数学文化，感受我国古代人民的智慧，培养民族自豪感。

教材分布	主要内容	主要目标
二年级下册第 29 页图形的运动（一）轴对称图形		了解轴对称，体会轴对称图形的主要特点

续表

二年级下册第31页阅读材料"你知道吗?"	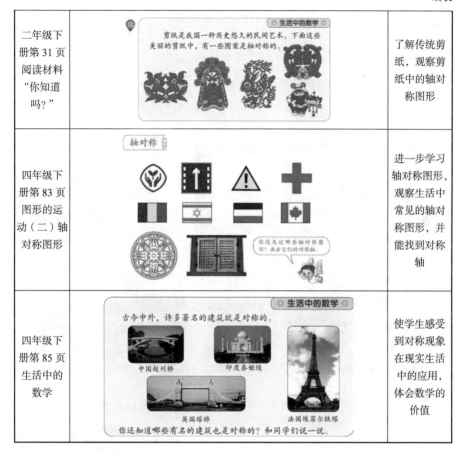	了解传统剪纸,观察剪纸中的轴对称图形
四年级下册第83页图形的运动(二)轴对称图形		进一步学习轴对称图形,观察生活中常见的轴对称图形,并能找到对称轴
四年级下册第85页生活中的数学		使学生感受到对称现象在现实生活中的应用,体会数学的价值

三、教学目标

1. 了解中国古代建筑的发展历史,了解典型的古代建筑特点并发现其中的轴对称图形,找出对称轴。

2. 在实践操作中,培养学生用数学的眼光观察世界,发现身边的轴对称图形。通过动手操作,深入理解轴对称图形的特点,感悟平移、旋转等图形运动,并能利用已学设计建筑物,培养学生鉴赏能力。

3. 浸润数学文化,感受我国古代人民的智慧,培养民族自豪感。

四、教学重点、难点

重点:了解中国古代建筑的发展历史,在古建筑中找到数学元素,深入理解轴对称的特点以及平移、旋转运动。

难点：在实践操作中培养学生用数学的眼光观察世界，发现身边的轴对称图形，并能运用数学知识自主设计一个建筑物。

五、教学过程

由于疫情我们不能到校学习，但是同学们在家里用自己的画笔画出了一幅幅美丽的图画，表达了对抗"疫"英雄的崇敬之情和美好事物的向往。

这位同学绘制了一个比较著名的建筑物，你们知道是什么建筑吗？

介绍祈年殿：它是天坛的主体建筑，又称祈谷殿，是明清两代皇帝祭祀天地之神的地方，祈祷风调雨顺、五谷丰登。它采用的是上殿下屋的构造形式。大殿建于高6米的白石雕栏环绕的三层汉白玉圆台上，即为祈谷坛。祈年殿是按照"敬天礼神"的思想设

计的，殿为圆形，象征天圆；瓦为蓝色，象征蓝天。

★ 回眸历史——现代与历史的结合

导语：像这样的古建筑还有很多，不仅坐落在北京，还遍布全国各地。例如河北省石家庄市赵县境内的赵州桥、陕西省西安市的大雁塔、北京故宫等。（出示图片）

中国的建筑不仅仅是技术科学，而且是一种艺术。中国古代建筑吸收了其他传统艺术，特别是绘画、雕刻、工艺美术等造型艺术的特点，创造了丰

富多彩的艺术形象，这背后承载了不少建筑师们的智慧。

孩子们，你们都知道我国有哪些伟大的建筑师？相信大家最熟悉的就是鲁班了。鲁班，姓公输，名班，春秋时期鲁国人，后世称他为鲁班。他从小就受家庭的影响和熏陶，喜欢土木建筑，长期的经验积累使他逐渐掌握了古代工匠所需要的多方面技能，后来他发明了很多木作工具，人们尊称他为中国土木工匠的始祖。

同学们听过和鲁班有关的成语故事吗？如能工巧匠、班门弄斧……班门弄斧又是怎么一回事呢？我们通过一个动画片来了解一下。

如果你还知道其他与建筑有关的小故事，也可以和你的爸爸妈妈分享一下。

★ 聚焦数学

我们欣赏了这么多中国古建筑图片，对它们也有了进一步的了解。那么这些古建筑中有没有隐藏着数学知识呢？

没错，它们都是对称的。（出示相关对称图片）

我们在二年级学习"图形的运动（一）"的时候就接触了"轴对称"这个数学名词，你们还记得什么是轴对称图形吗？

可见，这些建筑物的图片是轴对称图形，而且它们都有一条对称轴。看，对称轴是那条虚线。刚才我们都是从建筑物外观去观察的，一眼就能看出这些建筑图片是轴对称图形，其实在这些建筑物的里面也蕴含着数学知识。

那就让我们一起走进建筑物的里面看一看吧！同学们知道藻井吗？这些藻井图案有一个共同的特点，是什么呢？

它们也是轴对称图形。它们的对称轴不仅只有一条竖着的，还有横着的、斜着的，有机会大家可以走进这些建筑物的内部找一找、看一看。

我们现在已经是四年级的学生了，也认识了一些平面图形，下面这些图形你们认识吗？它们都是轴对称图形吗？如果是，有几条对称轴呢？

★ 实践体验——判断几何图形是否是轴对称图形

1. 折一折

长方形：长方形是轴对称图形吗？是的，我们可以通过折一折的方式来验证。（视频）这条折痕就是它的对称轴，它有 2 条对称轴。

正方形：正方形是轴对称图形吗？是的。它有几条对称轴呢？请大家折一折、画一画。（视频）原来正方形有 4 条对称轴，你们都找对了吗？

梯形：梯形有任意梯形、直角梯形和等腰梯形。这些梯形都是轴对称图形吗？你能验证一下吗？（视频验证三种梯形）

通过我们的操作，我们知道了任意梯形和直角梯形不是轴对称图形，而等腰梯形是轴对称图形，并且它只有一条对称轴。

平行四边形：平行四边形是轴对称图形吗？它不是，之前的学习中我们已经验证过了。

三角形：我们认识了三角形，但还没有深入学习，有兴趣的同学可以去查找三角形的相关知识，自己研究一下它们是不是轴对称图形？如果是，有几条对称轴？

圆：圆是轴对称图形吗？圆有几条对称轴呢？

2. 方格纸

刚才我们通过动手操作，找到了已学过的平面图形中哪些是轴对称图形，分别有几条对称轴。如果我们不能操作，不能去对折，你怎样证明它是不是轴对称图形呢？你们真棒，想到了用格子图。我们把图形放在格子图里，看

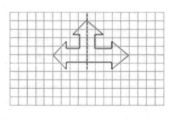

看这幅图是不是轴对称图形。我们想象一下这幅图，如果是可以对折的，那么它的折痕在哪儿？如果它是轴对称图形，那么对折后左右两部分是完全重合的，也就是对称轴左边部分图形上的任意一点到对称轴的距离和右半部分图形上对应的点到对称轴的距离是相等的。你在左半部分图形上任意找一个点看一看、数一数，是不是与右半部分相应的点的距离相等。比如我找到这个点，它

到对称轴的距离是 4 个格，相对应的那个点到对称轴的距离是 5 个格，如果对折它们不能完全重合，因此我们通过数格子的方法可以得出这幅图不是轴对称图形。

如果想让它成为轴对称图形，可以怎么做呢？有兴趣的同学可以和家长交流一下。

★ 拓展习得

1. 图形的运动

在建筑中，不仅包含着轴对称图形，还隐藏着哪些和数学相关的知识呢？看看下面这两幅图，你发现了吗？

这些建筑或图案中有的运用了轴对称，有的运用了平移、旋转，你能说一说图中哪部分进行了什么图形运动吗？

2. 中轴线

同学们看，轴对称、平移和旋转等现象在我们的生活中运用得非常广，小到一个花纹图案，大到一个建筑，甚至我们的城市布局也是按照轴对称分布的，只不过数学中说的对称轴在城市布局中被称为中轴线，不信你来看一看。（视频）

★ 课后延伸

今天我们来做一名建筑设计师，运用我们所学的知识，自己设计一个建筑物。

活动要求：

（1）设计绘制你喜欢的建筑物，其中必须包含轴对称图形、简单图形的平移、旋转。如果有方格纸，可以在方格纸中设计。

（2）用不同的颜色标出这幅建筑图的对称轴、平移、旋转前的图形。

同学们，今天的课我们就上到这里，你有什么收获可以和你的小伙伴或者家人分享一下吧！

在审题分析中提高学生解决问题的能力

——《说"图"解"意"》案例分析

二年级　杨昕明　洪　珊

疫情期间，我录制了《说"图"解"意"》一课。我主要遵循"在解决问题中，遵循学生认知规律，培养学生读图和提取有用信息从而提高学生解决问题的能力"来设计这节课的。在课堂中，我设计了多种活动，不断加深学生的学习体验，让学生复习解决问题的步骤，提高学生解决问题的能力。

学生的注意力集中时间较短，以直观形象思维为主，比较喜欢游戏的学习方式。此前学生已经掌握了 20 以内进位加法的计算方法，为解决实际问题奠定了良好的基础。

我制定的授课主线是利用游戏串联一图四式与多角度思考问题→一图一式→图文并茂解决实际问题。借助三个步骤，学生经历解决问题的完整过程，培养审题能力，获得分析问题、思考问题、解决问题的基本方法以及体会解决问题的方法的多样性。

教学过程示意图如下：

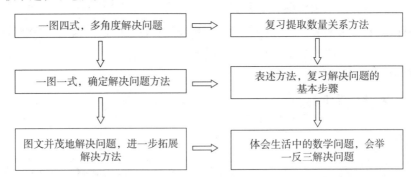

这一课，不仅影响学生对今后"解决问题"这一板块知识的难易程度，更关系到学生对今后"解决问题"这一领域的持续兴趣和认知建构。我把教学过程中的教学目标进行了细化，一是让学生经历从图中灵活提取信息和根据问题灵活选择信息的过程，感受到问题与条件之间存在着必然的、一定的关系；二是培养学生选择信息的能力、口头表达能力和思维能力，经历解决问题的完整

过程；三是通过灵活比较，分析前后知识之间的联系与区别，加深学生对加减法意义的理解，培养学生的审题能力，获得分析问题、思考问题、解决问题的基本方法以及体会解决问题方法的多样性，感受数学知识的一脉相承。

一、培养学生提取信息的能力

如出示带有大括线问题图后，请学生观察这幅图，提醒他们看图时要注意什么，想怎样解决。其目的就是让学生充分看懂图的意思。学生通过仔细观察小问号的不同位置，对这种图有了比较深刻的认识，在观察中适时指导"哪些信息是我们知道的，哪些是我们需要用计算来解决的问题"，便于学生在头脑中形成简单的初步的数量关系。

二、培养学生选择信息的能力

这幅图出示后，我提问：我们看图时要注意什么呢？怎样解决呢？引导学生从不同的角度去寻找相关联的两个条

件去解决问题，带领学生按照水果的不同位置和种类来解决问题，从而列出两个加法算式和两个减法算式，使学生感悟到从不同角度观察会得到不同的解决问题的方法。

三、培养学生的比较分析能力

看到这个图我问学生：都是桃子图，为什么一道用加法计算，一道用减法计算呢？学生思考后认为，求总数就要用加法来计算，如果知道了总数和其中的一部分，求另一部分时就用减法来计算。学生在回顾中概括提

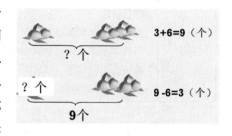

$3+6=9$（个）

? 个

? 个

$9-6=3$（个）

9个

炼不同点，在提炼相同点中感悟不同点，这是一个举一反三、融会贯通的过程。在这个环节，我还引导学生比较了大括线中小问号位置不同的区别，明白本节课的重点就是审清题目、确定方法，从而解决问题。

课后，我从学生的反馈中看到学生掌握了这节课的教学重点及目标。正是通过这节课的学习，学生们对"解决问题"这个知识领域有了新的感悟。

唤醒"估算"思维 体会"估算"价值
感悟数学魅力

六年级 李 冉

一、案例背景

（一）理论背景

《义务教育数学课程标准（2011 年版）》中指出：进一步明确数量的估计是"数与代数"的主要内容。并指出：数感主要是指关于数与数量、数量关系、运算结果估计等方面的感悟。我们先来看看"课标"中对学段目标和内容标准是如何界定的。

	第一学段（一至三年级）	第二学段（四至六年级）
学段目标	知识技能：在具体的情境中，能选择适当的单位进行简单的估算； 数学思考：对运算结果进行估算的过程中发展数感	知识技能：理解估算的意义； 数学思考：初步形成数感
内容标准	·在生活情景中感受大数的意义，并能进行估算； ·能结合具体情景选择适当的单位进行简单估算，体会估算在生活中的作用； ·能估测一些物体的长度，并进行测量	·结合现实情景感受大数的意义； ·在解决问题的过程中选择适合的方法进行估算； ·会用方格纸估计不规则图形的面积

通过对"课标"的解读我们不难发现，课程标准更加重视对学生估算能力的培养，不仅在四则运算中明确加强估算，在测量和几何中也加强了估测等能力的培养，同时更加明确地提出要在解决具体问题的过程中选择合适的算法，体会估算的实际应用价值，培养学生的估算意识。

（二）教学内容分析

	课程试验教材人教版	课程试验教材北师大版	课程试验教材苏教版
一上			
一下	对数量的简单估测		加减法估算渗透
二上	100以内加减法估算，估算解决实际问题		加减法估算渗透
二下	万以内的加减法估算，估算解决实际问题	加减法估算，两步运算估算，估算解决问题	1. 三位数的加减法估算 2. 两位数乘一位数的乘法估算
三上	1. 万以内的加减法估算。 2. 多位数乘一位数的乘法估算，估算解决实际问题		两位数除一位数的除法估算
三下	1. 除数是一位数的除法估算，估算解决实际问题 2. 两位数乘两位数的乘法估算，估算解决实际问题	乘法估算，估算解决实际问题	1. 三位数除以一位数的除法估算 2. 两位数乘两位数的乘法估算
四上	1. 三位数乘两位数的乘法估算，估算解决实际问题 2. 除数是两位数的除法估算	1. 三位数乘两位数的乘法估算，估算解决实际问题 2. 除数是两位数的除法估算，估算解决实际问题	
四下		小数乘除法估算	
五上	积商的求近似数	分数加减法估算	小数乘除法估算渗透
五下	不规则图形面积的估测		分数加减法估算渗透
六上			
六下	数与代数中估算复习专题	回顾估算方法，应用估算解决实际问题	

　　人教版、北师大版和苏教版课程试验教材依据"标准"的理念，加强估算知识的教学。三套教材都安排了整数四则运算的估算教学，在笔算教学中都安排了估算的渗透，先估算再笔算，培养学生的数感，同时进一步体会估算对笔算结果的初步检查作用。可以看出，培养学生的估算能力已成为教材编排的目标之一，人教版和北师大版还加强了估算应用的编排，安排了用估算解决实际问题的例题，从而更好地培养学生的估算意识。

（三）学生情况

学生的学习现状：在实际生活中，我们在解决一些对计算结果要求不太严格或者难以精确计算的问题时，也经常用到估算的方法。学生虽然有一定的认知基础和生活经验，但估算意识比较薄弱；已经形成了精确计算的习惯，估算的能力有待进一步加强。

学生的学习需求：在与学生的访谈中发现，学生对于什么时候估算、估算时采用什么样的方法比较合适还存在很大的困惑，这说明学生估算的策略还没有形成。所以在本节复习课中我针对不同问题应该选择适当的估算策略进行教学，从而培养学生的估算意识，增强他们对估算策略灵活使用的能力。

（四）教师思考与定位

源于对教材的把握和学生现状的分析，我将本节复习课定位在估算的价值与方法两大主线上，每条主线以两个主设问贯穿。

设问主线	主设问1	主设问2	设计目的
价值	有了精算为什么还要学习估算？	估算贯穿所有知识领域，是不是适用于所有问题的解决？	能辩证地看待估算的价值
方法	估算都有哪些方法？	估算是越精确越好吗？	能合理地选择适合的方法

二、课堂写真

（一）释义、梳理中回眸估算——唤醒估算意识

在这个环节中主要是通过两个主要环节的设计唤醒学生"沉睡"的估算思维。首先从谈话引入重新释义估算，构建估算体系。

（二）对比、选择中诠释估算——体会估算价值

在这个环节的教学中贯穿两大主设问：已经学习了精算，为什么还要再学习估算呢？什么时候会用到估算呢？由两位小导员曦曦和同同与大家一起参与学习，通过实例对比感悟估算的功能，感悟估算的价值。

1. 实例对比中凸显估算的功能

师：针对这两个问题，我们班的曦曦和同同两位同学有他们的一些感受，我们一起来听听吧。

曦曦：前几天，我和爸爸妈妈一起去超市购物，妈妈选购了42

| 42.00元 | 13.00元 | 24.00元 | 4.00元 | 10.00元 |
| 40.00元 | 10.00元 | 20.00元 | | 10.00元 |

90多元

元的洗发水、13 元的酸奶、24 元的啤酒，还有 4 元的洗碗布、10 元的洗洁精。我有意识地估算了一下 40、10、20、10 元，再加上那些数的尾数 10 元多，我跟妈妈说，这些东西 90 多元，100 元够了。结果在结账时收银员收了 93 元，出来时爸爸一再说，曦曦的估算能力还挺强的。听到爸爸夸我，我开心极了。

2. 精算结果的判断中凸显估算功能

同同：上次我做口算题 $\frac{1}{2}+\frac{3}{5}$，结果我得 $\frac{9}{10}$，

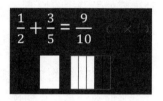

等到卷子发下来，我一眼就看出错误了，$\frac{1}{2}$ 是 1 的一半，$\frac{3}{5}$ 是 1 的一多半，这两个数加起来怎么

可能小于 1 呢？我当时真是糊涂了，也不知道是笔误还是怎么了，如果当时

能估算一下，这个错误也就避免了。

其实在我们的生活、学习中，估算和精算是并存的，它们都是解决实际问题的重要手段，根据实际需要作出合理的选择。

3. 实例的选择中凸显估算的价值

师：什么时候选择精确计算，也是一种很重要的能力。下面大家一起来看个例子。

班级	六（1）班	六（2）班	六（3）班	六（4）班	六（5）班	六（6）班
人数/人	45	43	42	48	46	47

下列哪些情况使用估算比精确计算更有意义？

1. 学校想组织学生观看电影，准备买电影票时。

2. 学校想确定附近的电影院能否容纳下所有学生时。

3. 学校在上报本年度毕业生人数时。

4. 学校食堂考虑今天中午需要为六年级准备多少个包子作为主食时。

5. 数学李老师想为六年级学生印制练习试卷时。

你们的想法是正确的，当学校想确定附近的电影院中的某个放映厅能否容纳所有六年级学生的时候，当学校食堂考虑今天中午需要为六年级学生准备多少个包子作为主食的时候，当数学李老师想为六年级学生印制练习试卷时，这三种情况下选择估算更有意义。同学们，相信你们在梳理的过程中也发现了，生活中的许多实际问题更适合用估算来解决。

4. 梳理中完善估算价值

估算不仅是解决问题的重要手段，还能像同同那样预估和检验计算结果。其实估算在其他内容的学习中也随处可见。比如，在大数的认识中我们需要省略万或亿后面的尾数得到一个大概的数；在图形的测量和估测中我们可以通过不断缩小计量单位从而估测出一个相对来说比较精准的面积；在统计内容的学习中我们经常会根据数据反映的某种规律或特点对今后一段时间该情况的发生作出估计。可以说估算是我们认识和研究事物的重要手段与方法。

（三）巧估、妙算中应用估算

平时对计算结果的预估和检验中经常会用到估算，可以帮助大家避免许多的错误。曦曦与大家一起分享了自己学习中的一些估算心得。

曦曦的分享让同学们体会到从最高位预估结果的位数、运用一些规律比较结果和因数、除数之间的关系预估并判断结果，还可以根据计算中的一些特殊数作为标准来估算结果是否合理。这些都是预估或判断计算结果的常用方法。

（四）辩证、追问中完善估算

1. 深思追问，辩证看待一种方法

是不是所有的问题都会用到估算呢？例如，要解决这样一个问题："89个同学去公园，门票9元一张，带800元够吗？"如果把89人估成90人，$90 \times 9 = 810$；如果把9元估成10元，$89 \times 10 = 890$；如果把89人估成80人，$80 \times 9 = 720$。这三种策略都不能很好地解决这个问题。这说明用估算不足以解决问题，要精确计算。

看来，很多时候我们要具体问题具体分析，不是今天学习了一种很好的方法就感觉它可以解决任何问题，我们要辩证地看待这种方法，继而慢慢地就可以辩证地看待一类事物。

2. 回顾过程，慢慢习得一种能力

在整个学习过程中，学生们完成了从唤醒估算思维到感悟估算价值再到体会数学最终归宿于哲学的魅力，真正做到习得知识更能收获智慧。

英语部

自然拼读线上课的应用与探究

一年级　乌　兰

　　《义务教育英语课程标准（2011年版）》指出，语音教学是语言教学的重要内容之一。在英语教学起始阶段，语音教学主要应通过模仿来进行，教师应提供大量听音、反复模仿和实践的机会，帮助学生养成良好的发音习惯。北京版小学英语一年级下册主要涉及的语音知识有26个英文字母认读、书写及感知字母在单词中的发音，尝试拼读简单单词。一年级上学期学生们没有系统地学习过字母，但是渗透过元音字母和部分字母的拼读。在"停课不停学"期间，一年级英语组老师们多次视频会议沟通线上教学模式和内容，最终决定提前渗透语音教学，为后续的语音教学作铺垫。

一、教学背景

　　1.面向全体一年级学生。

　　2.学生课前准备：

　　（1）准备可连网的电脑或 iPad。

　　（2）学习笔记、铅笔等。

　　3.教师课前准备：

　　（1）上网收集有关26个字母的歌曲视频。

　　（2）上网查找或利用手中的自然拼读材料进行下载或录屏。

　　（3）制作教学课件。

　　（4）录制教学视频。

二、教学目标（以"The magic hat"一课为例）

　　1.能够跟唱字母歌。

　　2.能够听、说、拼读语音词汇：bat、cat、ham、hat、jam、lap、pan、Sam。

　　3.能够正确听、说、认读字母 A 及发音和绘本故事。

三、教学分析

（一）教学内容

本节课借助清华大学自然拼读乐园 Level 2 故事书 "The magic hat" 的内容，通过对绘本故事的学习教授字母 A 的认读及发音，并拼读相关词汇。通过一年级上学期的学习，学生们对语音知识有一定的接触和了解。教师借助语音教材中的故事 "The magic hat"，让学生们感知、发现语音并运用拼读方法拼读更多的单词。

（二）教学重难点

1. 通过绘本故事 "The magic hat" 的学习，渗透字母 A 的认读和发音并拼读含有字母 A 的相关单词。

2. 学生能够正确认读和理解绘本故事 "The magic hat"。

四、教学方法

与线下课相比，网课缺乏师生之间的情感交流和必要的课堂管理，教师不能监管到屏幕后学生的学习状态。所以线上课的趣味性和知识的新鲜程度决定着学生的学习效果。本节课将语音绘本故事分为 Before-Reading、While-Reading 和 After-Reading 三部分。Before-Reading 环节的任务是学习绘本故事，为感知语音知识作准备；While-Reading 环节是语音教学的核心，学生通过阅读绘本故事去发现每页故事中含有的语音知识字母 A，拼读语音词汇；After-Reading 环节侧重对语音知识的应用及综合。上课前，我在网上搜索有关字母歌的视频，然后选择节奏快活、趣味性强又能突出 26 个字母内容的歌曲作为本节课的热身活动。接着运用录屏的方式翻录绘本故事视频，用截屏的方式编辑绘本图片，录制 Phonics bank 音频。每一个教学资源都做到清晰、美观、整齐，保证学生的每一节线上课都是高要求高标准的标杆课。

五、教学过程

Before-Reading

1. Greeting.

2. Sing a letter song.

引导学生先观看完整字母歌视频，再次观看视频后试着模仿跟唱。

教师与学生以文字的形式互动："同学们，歌曲中出现的 26 个英文字母你们都认识了吗？每个字母都含有对应的发音，在认读单词时字母发音会帮助我们拼读单词。今天我们的新朋友 Sam 会告诉我们一些字母的发音，是哪些字母的发音呢？我们开始今天的阅读吧！"

3. Talk about letters.

教师以文字互动方式激发学生阅读的兴趣，激活原有的语音知识。

While-Reading

1. Read by students.

浏览绘本，看看 Sam 向我们展示了哪些物品。

2. Picture reading.

播放视频，再看一遍绘本。

3. Listen and read.

再次播放视频，尝试跟着录音重复绘本内容。

4. Read and think.

Sam 展示的物品中有哪些共同的字母？它们对应的发音是什么？尝试找一找、说一说。

5. Listen and repeat the the phonics bank.

呈现本节课的语音词汇音频进行跟读，并尝试拼读。

After-Reading

1. Think and answer.

归纳语音知识，体验拼读。

2. Homework.

阅读语音绘本故事 "The magic hat"，找一找小故事中含有字母 Aa 的单词并进行拼读练习。

六、课后反思

本堂课以一个含有字母 A 的语音绘本故事为载体，教师对绘本故事 "The magic hat" 进行提问和讲解，并引导学生去发现绘本故事中含有的语音知识。引导学生去观察总结发音规律，体验拼读。注重学生自主探究能力的培养，最大限度地使学生学习到了语音知识，进一步提高了学生们的英语技能。

本节课从故事情景出发，又回到故事情景中去。学生通过明确的教学任务进行自主阅读，设计精美、清晰、动静结合的课件激发学生们内在的学习欲望。教师提供了大量听音、反复模仿和实践的机会，让学生在故事的情境中习得语音的拼读规律并加以运用，更加注重了学习能力的培养。

新冠肺炎疫情背景下教学案例的撰写

五年级　吴　桐

一、指导思想与理论依据

《义务教育英语课程标准（2011 年版）》中强调，英语课程具有工具性与人文性的双重性质。学习过程中要充分考虑语言学习的渐进性和持续性，重视语言学习的实践性和应用性。同时，教师要通过创设接近实际生活的各种语境，培养学生的综合语言运用能力。英语课程应成为学生在教师指导下构建知识、发展技能、拓展视野、活跃思维、展现个性的过程。

2017 年高中英语课标中语言能力要求用英语做事情，涉及语言知识、语言意识和语感等。因此，在本课中，我设计了多样且符合学生能力水平的教学环节，从而达到提升学生语言表达能力的目的。

二、教学背景分析

（一）课程背景

新冠肺炎疫情期间，学校延期开学。为支撑有关工作的顺利开展，教育部打造了"国家中小学网络云平台"，为学生提供丰富多样的微课资源。

（二）课程介绍

此课程是人教版小学英语五年级下册中的第五单元"Whose dog is it?"，课程要求教师所录制的微课每课时不少于 15 分钟。教师在每一课时中都为学生配备了相应的导学案和课后作业。通过教师给出的导学案，学生可以清晰地看到教学步骤以及每一步的教学目标，从而帮助学生更好地理解课程内容；课后作业则是教师依据当日所讲为学生设计的练习题，针对重点内容进行复习巩固，习题难度适中，符合绝大部分学生的能力水平。

（三）教学内容

教授重点句型"The yellow picture is mine. Are these all ours? Whose is it? It's Zhang Peng's." 和六个名词性物主代词"mine, yours, his, hers, theirs, ours"以及字母组合 ng/nk 的发音规则。

三、教学目标及重点与难点

（一）教学目标

1. 能够读懂题目要求，根据题目要求对将要听的内容进行预测，并运用听力技巧捕捉重点信息。

2. 能够理解对话大意并能正确朗读所学对话。

3. 能够在情境中运用句型 "The yellow picture is mine. Are these all ours? Whose is it? It's Zhang Peng's." 询问和回答某物属于某人。

4. 能够用正确的语音、语调朗读对话，并能分角色表演对话。

5. 能够听、说、读、写六个名词性物主代词：mine，yours，his，hers，theirs，ours。

6. 能够掌握字母组合 ng/nk 的发音规则，即 ng/nk 在单词中发 /ŋ/ 和 /ŋk/。

（二）教学重点

1. 能够在情境中运用句型 "The yellow picture is mine. Are these all ours? Whose is it? It's Zhang Peng's." 询问和回答某物属于某人。

2. 能够听、说、读、写六个名词性物主代词：mine，yours，his，hers，theirs，ours。

3. 能够掌握字母组合 ng/nk 的发音规则，即 ng/nk 在单词中发 /ŋ/ 和 /ŋk/。

（三）教学难点

形容词性物主代词和名词性物主代词的表达及使用方法。

四、教学过程

环节一：Let's listen and tick

通过听力引入，使学生初步感知句型 "Whose is it? It's..."。

环节二：Let's think

结合图片对故事发生的情景进行猜想，并通过提出两个问题，进入对话内容的学习。

环节三：Let's watch and answer

通过观看对话视频，结合教师提出的两个问题，让学生了解对话背景，初步感知重点句型 "Whose is it? It's..." 的使用情景。

环节四：Let's listen and answer

通过听对话录音，结合教师提出的三个问题，学习本节课的重点句型

"Whose is it? It's..." 的正确用法。在此环节中培养学生提取关键信息的能力。

环节五：Let's watch

整体感知对话。

环节六：Let's read in roles

学生分角色朗读对话并尝试表演对话。

环节七：Let's learn

通过情景设定学习六个名词性物主代词 mine、yours、his、hers、theirs、ours 的用法，并借助图片信息分别用形容词性物主代词和名词性物主代词对某人的某物进行描述。

环节八：Let's look, say, and complete

通过仿照例句表达表格中的信息，夯实本节课重点句型及重点单词，强化形容词性物主代词和名词性物主代词的区别。

环节九：Let's sum up

对比总结形容词性物主代词和名词性物主代词之间的区别与联系。

环节十：Let's spell

通过呈现含有 ng、nk 的单词 long、sing、ring、young、think、ink、trunk、pink，引导学生观察这些单词的构词特点，总结发音规律，并进行发音分类练习。

环节十一：Homework

帮助学生巩固本节课所学内容，同时让学生尝试完成书上练习题，仿写句子，为 Part B 的学习作铺垫。

五、课后反思

综观本课，我努力做到了基于学情分析，有效制定教学目标，通过逻辑关系紧密的教学环节使学生熟练掌握本节课的单词与主句型，让学生即使隔着屏幕也能及时内化核心语言。但我仍需思考，如何设计教学过程才能够兼顾到不同能力水平的学生，让教学设计更加有层次感。

低年级线上绘本教学的研究

二年级　郭海平

一、教学设计实施背景

受新冠肺炎疫情影响，2020年春季学期不能如期开学，史家教育集团针对这种情况开展了"停课不停学"线上教学活动。全集团统一安排，按时间、按日期在线上为学生发布不同内容的课程。英语"和谐课程"的主要内容为教材后的补充阅读材料、绘本阅读、视听学习。

二. 教学设计实施依据

英语是一门综合实践性很强的学科。《义务教育英语课程标准（2011年版）》中明确提出，通过英语学习要使学生形成初步的综合语言运用能力，促进心智发展，提高综合人文素养。而英语阅读能力是学习者综合语言运用能力的体现。阅读不仅能够帮助学生提高学习兴趣、开阔视野，同时还能丰富学生的语言知识、扩大词汇量。

本节课的设计依据学校的课程实施框架要求，以激发学生英语学习兴趣、保持英语学习积极性为主要目标，在复习旧知的基础上，通过补充阅读、视听学习来丰富学生的阅读体验，养成良好的阅读习惯，提高阅读理解能力。

基于学习目标和学习平台的设置，本次主题活动学习时间为20分钟，学习方式包括观看视频、阅读文本、听音频跟读并完成相关练习等。

三、教学案例分析

以"Festival"主题为例，进行教学过程介绍与分析。

（一）选题分析

"Festival"是以节日为主要内容的一节课程。选题原因首先是学生对学过的"节日"的话题非常感兴趣，贴近日常生活。其次，节日话题不仅在一、二年级进行过系统的学习，同时将在三年级下学期的第五单元 Children's Day 中也将有进一步的学习，所以这个话题的选取既有对旧知的复习，也能为新知的学习打下基础。

（二）教学过程

教学过程分为阅读前、阅读中和阅读后三部分。

1. 阅读前

阅读前首先对知识进行复习，包括演唱歌曲、复习节日的名称两个部分。

首先通过一首学生熟悉的歌曲开始课程，学生在演唱歌曲的同时，复习节日和有关节日的词汇及活动。接着出示学生已学习过的节日的图片，老师给出相应的节日的单词，让学生们读一读，把相应的节日名称的序号填写在图片下边的括号里，再读一读，激活旧知识，达到进一步复习旧知识的目的。

阅读前：复习节日名称。

1、Read and choose.（读一读，选一选）：

A. National Day　　　B. Christmas Day
C. Teachers' Day　　　D. Thanksgiving Day
E. Mothers' Day　　　F. Children's Day
G. Chinese New Year　　H. Halloween

2. 阅读中

在阅读中，教师出示一篇阅读材料，学生分为以下几步进行学习。

第一，先听音频，读文本了解材料内容。

第二，根据老师提供的练习题目进一步精读文本，完成练习。

第三，再次听音频，跟读文本，再次理解文本内容。

第四，根据短文内容，核对习题答案。

考虑到学生在家自学等原因，文本难度不大，同时加入了词汇表帮助学生理解。

文本内容不难，可以激发学生的阅读兴趣。内容来源于三年级上册 Unit 7 单元知识综合，做到比较全面的复习。

读后练习采用了请你圈出正确答案的方式，这样的习题很有趣味性。同时，习题都能够从文中找到答案，引导学生运用积累的阅读方法和技巧，边做边进行圈画。

接下来让学生再听一遍并且跟读。这样做的目的是加深学生对文本的理解，内化为自己的语言表达技能，为将来的英语交流打下坚实的语言知识基础，增强学习的信心。

3. 阅读后

阅读后的设计主要依据复习的主题内容，让学生联系自己的生活实际，说一说、画一画。这个主题的活动比较开放，让学生们选择自己喜欢的节日。设计的目的是激发学生的兴趣，运用所学基础知识进行表达，真正落实语言是一种交流的工具。

（2）Circle the right answer.（请圈出正确的答案。）

A. Americans have（Christmas　Chinese New Year）.

B. Christmas is in（November　December）.

C. On Thanksgiving, people eat（jiaozi　turkey）.

D.（Chinese New Year, Thanksgiving）is a big holiday in China.

E.（Chinese New Year, New Year's Day) is in January or February.

F. Sara is from（China　America）.

学生在 20 分钟的时间完成一系列的学习活动，复习旧知、巩固已学内容，养成阅读习惯，并通过听、说、读、写的结合，养成一定的综合语言运用的能力。在课后的交流中，学生对主题学习内容进行了反馈。

四、课程小结

本节学生自主在线学习课，内容难度不是很大，同时加入了大量的图片和学生喜爱的学习形式，如唱歌、圈画习题、自由设计等，这些都能激发学生的学习兴趣，体验和感知语言，从而发展学生语言运用能力；并且为复学后的课堂教学打下基础，也让学生对接下来的英语学习有充足的心理准备，真正实现"停课不停学"。

高年级毕业感言的设计与展示

六年级　袁俊奇

六年级第二学期是小升初衔接的重要时期，它对学生的英语阅读和写作能力提出了很高的要求。在开展阅读的同时，对于学生文章欣赏能力的培养以及中英文互译能力的开启和引导也很关键，让他们学会如何将中英文的表述协调起来。另外，作为小学阶段的倒计时，语法的复习也很重要。所以这篇毕业感言，我们根据篇幅的特点，将文章分为两部分，前三段为一个部分，后三段为另一个部分。在第一部分，语法方面主要是复习一般过去时，同时文本部分也是对小学阶段有趣经历的回顾。

一、课文前三段

Hello and welcome. Parents, teachers, and friends, thank you for coming!

My name is Li Maomao and it's my pleasure to speak in front of you all today.

I am sure all of us have sweet memories of life at this school. In the first grade, Guoguo and I sat next to each other. We wished we were like the older kids. In the third grade we celebrated Thanksgiving and Christmas with Sara. In the fifth grade we travelled with Mike to Canada and visited his grandma. I still remember the football and ping-pong games we played together. I am truly proud that I was a member of the Peking Opera club, and we won the first place out of 60 schools.

step1（插入问题）

开始上课前，我们先复习一下一般过去时。

一般过去时：用来表示过去发生的事。

一般过去时提示词：last 系列，yesterday 系列，ago 系列等。

一般过去时 be 动词：was，were。

一般过去时助动词：did。

一般过去时主要的变化体现在过去式的变化上，下面我们先来写出几个动词的过去式。

sit——（   ）   celebrate——（   ）   travelled——（   ）

visited——（   ）   win——（   ）

step 2（glossary）

memory 回忆   growth 成长   first place 第一名

step 3

1. 阅读前的问题

如果在第三段里找一个词高度概括这一段，你会选哪一个词？（memory）

如果用一个词来修饰它，会是哪个？（sweet）

Now let's recall some sweet memories（将下列事件与时间连线）

in the first grade   celebrated Christmas

in the third grade   sat next each other

in the fifth grade   went to Canada

2. 阅读后的问题

读完课文后，相信大家对 speech 的步骤有了初步的了解，在 speech 的第一个环节，我们该说什么？

What should we say at the beginning of a speech?（B）

A. introduce yourself   B. greet the parents，teachers，and student

C. thank the teachers，parents and friends   D. s recall some past events

二、课文后三段

第二课时，我们学习文章的后三段，除了继续复习一般过去时，我们对一般将来时也做了复习。文本方面，文本内容既有对以往的回顾，又有对未来的展望。文章中有很多表述情感的语句，引导学生试着将英语翻译成中文，既感受原文所要抒发的情感，又通过翻译过程学习作者的行文。最后我们根据对文章的深入学习，写下自己的毕业感言。

It hurts to realize this period of time in our lives is coming to an end. It hurts more to realize we are going to say goodbye to our dear teachers and friends. Along the path of growth, we were lucky to have our teachers, parents, and friends always standing by our side. Thank you all for helping us come this far.

Now, we are ready for high school. We'll face new challenges, but we are not afraid of them. We'll do our best, and we'll have new teachers and new friends to help us. We are confident in our study and life in high school.

At the end of my speech, I wish you all a happy summer vacation. Thank you, and I'll miss you all!

step1（插入问题）

上节课我们复习了一般过去时，这节课我们来复习一下一般将来时。

一般将来时：用以表示在将来要发生的事或者动作。

一般将来时提示词：tomorrow 系列，next 系列，in the future etc。

一般将来时构成：will +do，be going to + do。

同学们，上节课我们了解了如何做 speech 。还记得怎样开始自己的 speech 吗？对了，我们从 greet 到 introduce 到 recall 。既然这个 speech 和毕业 graduation 有关，自然与很多抒情的部分有关系。我们看看 Limaomao 是如何抒发自己的情感的。

在这里，我们会发现两句话用"It hurts to realize"这个句型，而且出现了两遍，像排比句，第二句中的"more"相对于第一句表现了情感的递进。读完后，请你试着翻译这两句并体会句中的情感。

It hurts to realize this period of time in our lives is coming to an end.

It hurts more to realize we are going to say goodbye to our dear teachers and friends.

step 2（glossary）

It hurts to do sth. 做某事是一件让人伤感的事

along 沿着，顺着	path 道路　　challenge 挑战
by one's side 在某人的身边	be ready for sth. 为……做好准备
confident 自信的	do one's best 竭尽全力

step 3（插入音频和文本）

读完后，这两句话你想好怎么翻译了吗？

It hurts to realize this period of time in our lives is coming to an end.

It hurts more to realize we are going to say goodbye to our dear teachers and friend

令人无限伤感的是我们人生中的这一段时光即将结束；而更让人伤感的是我们要和亲爱的老师们、同学们即将告别。

step 4

通过时态的对比我们可以发现，最后这部分都是 will 引导的一般将来时。请你找出含有 will 的句子。将来时表述的是对"今后生活的展望"，也表述了毛毛对中学生活的展望。（串讲时，插入最后两段文本）

1. What will he do in high school? He will face new challenges. He will do her best etc.

He will have new teachers and new friends.

2. Who did Limaomao thank? Parents, friends, and teachers.

这篇 speech 给了我们很多启发，那么我们是否可以动笔，为即将到来的毕业写下感言呢？我们再回忆一下写毕业感言的提纲：

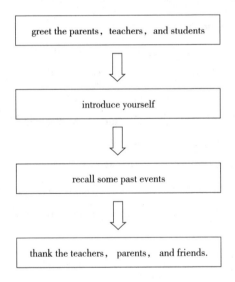

"互联网＋英语教育"的实践与研究

四年级　刘璐晨

一、问题提出的背景

2020 年初，为了降低新冠肺炎疫情扩散可能，保证教师和学生的身心健康，教育部决定 2020 年春季学期延期开学，各地教育行政部门积极响应，迅速推出线上学习指导意见和方案。史家教育集团在前期调研家长、教师和学生的基础上，推出了线上课程"和谐课堂"，向老师、家长推送"每日一课"。在"和谐课堂"基础上打造了"课程超市"。在这个"超市"中，有丰富多样的课程供孩子们选择，其中就包括英语课程。本文聚焦线上英语教学与学习，分析其优缺点，并提出改进意见。

二、"互联网＋英语教育"面临的机遇与挑战

"互联网＋英语教育"是学生无法按时返校的情况下推出的线上学习模式，它面临很多挑战，也会带来机遇。

首先，从在线教学接收对象来说，由于在线教学面对的学生比面对面教学时的学生多，因此学情更加复杂。其次，授课对象为小学生，考虑到学生的用眼卫生，对一节课的学习时长要进行压缩，正常在校学习情况下教师使用多媒体不能超过总课时的 30%，这也就意味着一节在线课程的时间在 12 分钟左右，时长压缩，就要精简课程内容。"互联网＋"的教学有多种方式，在线直播教学还要将教学内容录制后播出。这些都是"互联网＋英语教育"面临的挑战。

同时，"互联网＋英语教育"在校外教育机构中已经非常普及，教师应利用好由"聚焦课堂教学"到"远程教育"，将这一授课模式和挑战转变为教师能力提升的机遇。

三、"互联网＋英语教育"典型案例分析

四年级的在线课程以阅读为主，每节课以不同的主题为核心，围绕主题，教师选取适合四年级学生的文本。考虑到特殊时期，教师从学生学过的教材

中选取主题，这样有利于学生的接受和理解。主题和文章都确定好之后，可进行 12 分钟左右的课程设计。阅读前教师可先设计一个听说小练习，帮助学生热身，之后进入阅读文本以及回答阅读题目的环节。在这个环节中，教师除了出示正确的答案，也要对题目进行解析，说明选择理由，展示阅读策略。阅读后的环节一般可设定为主题的拓展性练习。

下面以 Shopping 话题为例说明。

学习目标：

一是复习学过的有关购物的知识。

二是在阅读中学习利用阅读技巧：找关键词和句。

学习过程：

1. 阅读前

通过两个活动来回顾学过的有关购物的词句。

2. 阅读中

阅读有关拉拉购物的文本，然后完成阅读之后的题目。

文本如下：

One day, Lala goes shopping in a market. There are lots of food in it. Lala likes meat and bones. So she asks a salesman: "I would like some meat and some bones. How much are they? "

"Eight yuan for the meat and seven for the bones. " The salesman answers.

"OK. Here is twenty yuan." Lala gives the salesman twenty yuan. "Today is my mom's birthday. I'll prepare a big dinner for her. " Lala says happily.

"Oh," the salesman says: "Happy birthday to your mom! I think it is the best gift for her. You are a good girl! By the way, don't forget your change and thank you for shopping here."

Task 3. Read and Choose.

（1）What would Lala like to buy? _____

A. Some meat.

B. Some bones.

C. Both A&B.

（2）How much does Lala pay for the meat and the bones? _____

A. She pays eight yuan for the meat and seven for the bones.

B. She pays seven yuan for the meat and eight for the bones.

C. She pays twenty yuan for the meat and bones.

3. 阅读后

将有关购物主题学过的单词进行分类。

4. "互联网+英语教育"的优缺点以及建议

在线教学不受时间和空间的限制，学生的学习相对自由，课程时间短，内容难度适宜。由于是录制，学生可以反复收看。但与课堂教学相比，此种模式也有不足：英语是注重表达的学科，在线教学无法突破学生使用语言即时交流的限制。

对于"互联网＋英语教育"在线课程设计的建议如下：第一，文本的选择篇幅和难度要适宜，要考虑学生自主学习的特殊性；第二，录播的方式更加适合学生在家学习，学生可以随时将视频进行暂停，反复收听自己不够理解的地方；第三，阅读前、中和后若在设计时形成一条主线，会使当天的学习内容逻辑性更强；第四，在进行阅读策略展示时屏幕要有匹配的标注动作，帮助学生直观理解；第五，阅读的文本配以录音可以拓展学习材料的使用，学生不仅可以阅读，还可以朗读，达到学习材料使用最大化的目的。

5. 结语

当下疫情还未完全结束，"互联网＋"课程还会继续，而随着不断地实施，相信课程一定会越来越完善，教师会用"生命守护者"的专业职责和敬业精神，科学有序地组织学生在家的学习，使开学延期、成长如期。

聚焦绘本阅读　培养学生的思维品质

三年级　张　弘

一、教学案例实施背景

2020 年初，为切实做好新冠肺炎疫情防控工作，保障教师和学生的身心健康，教育部决定全国大、中、小学春季学期延期开学。在"延学不停学"时期，为更好地陪伴学生度过这个特殊时期，史家教育集团秉承"五育并举"的教育理念，结合国家课程和学校特色课程，利用"和谐课堂"这个平台，为学生精心打造了线上自主学习课程。学生可以根据自己的兴趣和学习需求自主选择学习的内容。

英语部的老师们精心挑选了适合不同年龄段学生阅读的英语绘本。一、二年级教师以复习语音为重点内容，学生通过阅读绘本，能够更好地掌握单词的发音规律，学习自然拼读的方法，有助于提高学生的口语表达能力。三、四年级教师以绘本为依托，引导学生在阅读绘本的过程中学会梳理知识，以思维导图的方式归纳、整理所学内容，做好阅读笔记，旨在培养学生形成良好的学习方法和学习习惯，提升学生的思维品质。五、六年级教师为学生选取了不同的文本材料，帮助学生梳理小学阶段的语言知识和语法知识，构建系统的知识体系。

二、教学案例分析

以三年级英语学科线上课程为例，老师们每周都会围绕一个话题和学生进行复习与讨论，在"和谐课堂"这个学习平台推送三节课程。其中，第六周的主题是 seasons，在研讨的过程中教师以 seasons 为主线，分别从 seasons & months、seasons & weather 和 seasons & clothes 三个方面展开讨论。

下面以第六周第三课时 seasons & clothes 为例，进行教学过程介绍与分析。

（一）选题分析

首先，学生对于 seasons & clothes 这个话题十分感兴趣，而且其贴近学生生活。学生对于季节这个话题并不陌生，他们在二年级下册第六单元中就已经接触过这个话题了。学生不仅了解每个季节的天气特点，而且还能够说出自己在不同的季节做一些不同的事情。在三年级上册第五单元中，在讨论天气这个话题时，学生学会了根据不同的天气选择衣服的表达，积累了服饰的词汇。

其次，在三年级下册第一单元中学生会继续深入地学习 seasons 这个话题。因此，选取这个话题不仅复习了原来的知识，而且也为新学期的学习做了很好的铺垫。

（二）教学过程

教学过程分为阅读前、阅读中和阅读后三部分。

1. 阅读前

阅读前一共有两个教学环节。第一个环节是 Let's enjoy a song。通过欣赏、跟唱一首欢快的英文歌曲 seasons，引出本课的话题——季节。

第二个环节是师生以自由讨论的形式说一说自己最喜欢的季节，并且要阐述理由。在阐述理由时，学生可以自由表达，谈一谈某个季节的特点以及在这个季节喜欢做哪些事情。这个教学环节的目的是引导学生主动思考，唤醒记忆，把大脑中与 seasons 相关的知识提取出来，帮助学生建立起旧知识与本课话题的联系。

随后，教师简单地梳理了四个季节的气候特点，并指出我们要根据不同季节的天气特点搭配不同的衣服。这为下一个教学环节做好了话题准备。

2. 阅读中

在阅读中，学生根据教师的提示，完成以下四个学习步骤。

第一，一边听音频，一边阅读文本材料。

第二，根据习题精读文本内容，完成连线搭配题。

第三，聚焦绘本中的细节，核对习题答案。教师要引导学生认真阅读文本内容，从原文中找出习题的答案，注重阅读方法的渗透，掌握正确的学习方法。

第四，跟读音频，进一步理解文本内容。

3. 阅读后

学习完本课时的内容后，教师引导学生对本节课的知识进行归纳和梳理，在本周前两节课的基础上，继续完善学习单上的内容。在 clothes 一栏中，根据不同季节的天气特点，运用所学的知识在不同的季节里画上不同的服饰，并写出相应的单词，以图文并茂的形式完成这个话题的知识点梳理。同时，为了充分地调动学生的学习积极性，特意为他们留出了一行，学生可以继续以 seasons 为主线，结合相关的其他话题，比如 activities，进行拓展和补充。

Let's sum up

seasons	spring	summer	autumn	winter
months	March, April, May	June, July, August	September, October, November	December, January, February
weather	sunny warm …	cloudy hot …	rainy windy …	snowy cold …
clothes	jacket trousers …	shorts T-shirt …	sweater shirt …	coat boots …
activities /…				

（三）教学反思

在"延学不停学"期间，学生能够合理地安排好自己的时间，在家进行自主学习，每天晚上在班级分享交流群里争先恐后地和小伙伴们分享自己的学习收获。从学生分享的图片、视频、音频中，我见证了他们的成长。他们在阅读绘本的过程中，学会了通过关键词语关注文本细节的阅读方法，掌握了以思维导图或表格的形式梳理知识的学习方法。他们能够以某一个话题为主线，结合所学的知识，把与之关联的学习内容融合在一起。学生的这些收获也给了我很大的启发。开学延期，成长如期，相信每个学生都会在这个特殊时期收获成长。

通过线上绘本教学　提高学生阅读能力的研究

五年级　何光宇

一、课程实施的背景

为了做好新冠肺炎疫情防控工作，全国大、中、小学停课不停教、停课不停学。为此，史家教育集团启动了"和谐课程"，在网络课堂上与同学们一起度过每一天。英语学科通过"经典阅读绘本"的方式让学生们获得更多的知识。

二、课程内容

（一）理论依据

英语是一门交际性与实践性很强的学科，交际是语言最基本的功能，而阅读是语言交际中最重要的一个方面。英语阅读不仅能帮助学生开阔视野，扩大词汇量，促进听、说、读、写的能力，还能培养学生的思维能力、分析能力和理解能力，从而有效地提高学生运用语言的能力。

（二）教学背景

"英语课程标准"对小学阶段的阅读能力提出了具体的要求，"为了激发学生的学习兴趣，保持学习英语的积极性，丰富学生的阅读体验，养成良好的阅读习惯，提高阅读理解能力"，又考虑到五年级学生为高年级学生，应具有一定的课外阅读量。"经典阅读英语绘本"课程将基于教材又不拘泥于教材，课内与课外内容相结合。因此在课程设计中，教学内容选自教材后面的补充阅读材料，还选择与小学高年级水平相当的课外阅读材料，例如国外原版绘本；还为学生提供了与阅读材料相对应的音视频资源，指导学生通过课外阅读、文章朗读、借助视听资源进行听读练习，积累词汇，丰富语感。

三、实施过程

1. 教学内容：经典阅读绘本 *Seed to plant*。
2. 学习目标：能够认读 seed、stem、flower bud 等有关植物的生词。

能够结合音频朗读绘本，模仿语音、语调；能够理解绘本内容，了解植物的各部位名称以及生长过程。激发学生对自然界的好奇与热爱。

3. 能力目标：激发学生学习英语的兴趣，保持学习英语的积极性，丰富学生的阅读体验，养成阅读习惯，提高阅读理解能力，拓宽阅读视野。

4. 具体实施：

（1）为学生提供音视频课程资源，并与学生自主学习相结合。

（2）指导学生通过课外阅读、文章朗读、借助视听资源进行听读等练习，积累词汇，丰富语感。

（3）用个性化的方式记录学习内容，如绘制简笔画、绘制家庭树、自己动手栽培植物等。

四、教学过程

Step 1

通过一段话引入课程内容：亲爱的同学们，大家好！寒冷的冬天即将过去，温暖的春天正悄悄向我们走来，在这个生机勃勃的季节，各种各样的植物都充满了生命力，迫不及待地要来装点我们美丽的家园。今天就让我们一起来探究一下植物是如何生长的。

Step 2

出示绘本 *Seed to plant* 的内容，提出学习要求，朗读绘本找生词。

Step 3

跟着音频朗读绘本中的生词。

1. fill with 充满	2. sunflowers 向日葵	3. fact 事实
4. record 记录	5. feet 英尺（=30.48 厘米）	6. life 生命
7. seed 种子	8. grow into 长成	9. case 外壳
10. protect 保护	11. stem 茎	12. sprout 发芽
13. flower bud 花骨朵	14. blossom 盛开	15. dry up 枯萎
16. scatter 撒播	17. travel 传播	18. annual 一年生植物
19. cycle：周期	20. fuel 燃料	

Step 4

跟着音频朗读绘本的内容并关注生词的发音。

Step 5

将下列句子排序。

（　1　）Sunflowers begin life from seeds. Small stems sprout from seeds.

（　　）In fall, the sunflowers dry up. Some seeds scatter to the ground. Some others travel with wind and people.

（　　）Next spring, some seeds will grow into new sunflowers. The life cycle begins again.

（　　）Bright sunflowers blossom and then make seeds.

（　　）Then leaves open on the stems.

（　　）Next, flower buds grow at the top of the stem.

Step 6

根据一个有关向日葵生长的视频复习今天所学的知识。

Step 7

结束语：春天快要到了，同学们是否想亲手种植一棵植物呢？动手试一试吧！

五、教学感受

希望同学们可以认读一些有关植物的词汇，了解植物的各部位名称以及生长过程；能够亲自动手种植植物并观察它的生长过程，从而获得一些科学知识。在课程设计中，学生通过完成读绘本、学生词、跟读生词和绘本以及阅读后的思考与实践等任务，逐步提升了综合语言运用能力，增加阅读量，并激发了学习兴趣和好奇心。

传统文化与线上单元教学融合的案例研究

五年级　金　琳

一、实施背景

为贯彻落实新冠肺炎疫情防控工作，支撑中小学"停课不停教、停课不停学"有关工作的顺利开展，教育部打造了"国家中小学网络云平台"。

特殊时期，我和集团的同事们承担了网络微课录课任务。三尺讲台压缩成一方屏幕，这一方屏幕就是我们必须坚守的战场。

二、理论依据

"英语课程标准"（2017 年版）指出英语课程具有重要的育人功能，旨在发展学生的语言能力、文化意识、思维品质和学习能力等英语学科核心素养，落实立德树人根本任务。英语课程应以德育为魂、能力为重、基础为先、创新为上，注重在发展学生英语语言运用能力的过程中，帮助他们学习、理解和鉴赏中外优秀文化，培育中国情怀，坚定文化自信，拓展国际视野，增进国际理解，逐步提升跨文化沟通能力、思辨能力、学习能力和创新能力，形成正确的世界观、人生观和价值观。

三、创新探索

教师要选择、组织和加工学习资源，是资源的推送者、课程的创生者、学习的陪伴者。

1. 以学生为本，做好线上和线下的配合

学生提前下载并阅读导学案，做好课前准备。导学案包括：课题名称、学习任务、学习准备、学习方式和环节。课题名称和学习任务明确了本课的学习目标与内容，学习准备预告了学生学习活动的形式。学习方式和环节提示了学习方法与各个环节。学生提前认真阅读导学案，为观看视频做好物质和心理的准备。视频学习结束后，学生可下载课后练习题，以检测和巩固所学知识，注重实践出真知。

2. 教学设计凸显育人价值

本单元的设计与实施基于单元整体备课，突出主题，突出实践，突出运用，强调了学业基础，加强了教学内容与社会时事的联系。学生能够结合疫情和真实的生活，学习鲜活的知识和技能。教学设计充分挖掘了在线课堂的育人特色，将传统文化元素和战"役"元素融入教学实践中，激发学生的爱国情感，传达人文精神和价值理念；引导学生树立社会主义核心价值观，培养文化自信和家国情怀。

四、凸显融合传统文化和战"役"元素的教学设计

教师立足教材，以信息和知识为前导，以认识和思考为本质，以活动和交流为形式，浸润文化，丰厚人文素养，拓宽语用资源，关注学生的思维与表达，厚实学科根基。在教材和教学资源层面，对本单元进行一定程度的重构，使课标的理念、目标、内容要求、质量标准等与教材的编辑理念、编排体系、内容组织、教学要求等结合在一起，共同落实到学习过程中，主题语境、教学内容到价值取向三个层面整合。如下图所示。

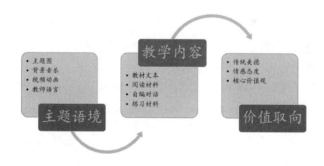

1. 结合学科特点，注重有机融入

本单元的设计基于中华优秀传统文化与学科的内在联系，结合具体主题、单元、模块等，融入相应的中华优秀传统文化内容和载体形式。如，教师在第二课时与学生谈论 one-year old catch，感知中国抓周习俗，创设主题情境，激活学生思维。通过观察与讨论多幅图片，学生理解 Why will Chen Jiecook noodles for her mum? 引导学生理解"长寿面"这一中华传统饮食的意义。学生在情境中学习核心语句 When is your birthday? My birthday is on April 4th. 在第三课时 Post-reading 环节，学生借助思维导图复述故事，了解与课文相关的熟能生巧的说法。

2. 坚持正确的价值导向，贴近学生生活

在第三课时导入环节，引导学生了解火神山医院建设的中国速度，传递万众一心的中国精神。学生通过阅读信息选择正确的日期，复习所学序数词和基数词的知识，巩固本单元日期的说法和写法。教师和学生讨论在方舱医院发生的事，用医护人员和患者歌唱祖国的视频导入本课故事。

五、感悟与反思

作为教师，我们要守护好我们的"责任田"，只不过它不再是三尺讲台，而是一方屏幕。我们要用新的方式展示教育的力量，诠释教师对教育的守护。如果孩子们懂得感恩，知道了岁月静好源于无数人的默默守护，他们一定会成长为有家国情怀、有责任担当的人。

英语云课堂中的生态教育

三年级 路建坤

一、问题的提出

由于新冠肺炎疫情，"云授课"成为延迟开学期间的特殊教育模式。史家教育集团为学生创建"和谐课堂"，进行每日课程推送。英语组全体教师进行"英语乐园"专题汇编。

我们深知"转变学习方式，让学生充分经历自主探索的学习过程"是教师进行教学改革的主要目标之一；疫情期间居家云课堂就是一次转变和培养学生自主学习方式的新机遇、新契机。在设计课程时，我们将学生的需求与兴趣放在首位，不仅要注意学生身心健康，更要关注到每个学生在此期间都能有不同程度的收获。

时间紧、任务重，如何设计课程、遴选怎样的资源成为摆在教师面前的一道道屏障。

二、遴选资源，服务学生

作为新时代教师，教学不应局限于语言知识的教授，而应紧跟时代潮流、与时俱进。教学资源要和生活密切联系，找准与学生生活有关联的切入点，让课堂的知识因为贴近生活而有趣，从而增强学生的学习意识。在抗击疫情的大背景下，老师们选取符合学生生活经验的时事热点作为教学资源。我们选取的有关新冠肺炎病毒的绘本中，不单介绍了这个病毒之危险，更使孩子们从中体会到这个春节虽不能出门玩耍，但与家人相伴也甚是温馨。借此，我们又"就地取材"，结合五年级下册较难的"植物"主题，挖掘绘本资源，新增"野生动物"专题，以使学生对"人与自然"以及"人与动物"有更深层认知。这正是取温暖的材，进行爱的教育；取危机的材，进行生命教育。如此选材，切实地关注了学生的需求，落实了英语学科核心素养要求。

在选取"野生动物"专题绘本时，老师们找了诸多资源；而在高年级课程研发负责人李民惠老师的建议下，最终选取了 *The Elephent* 这本绘本。为何敲定此绘本？由于之前我们进行过"植物"的绘本阅读，这个绘本中出现了"trunk"一词，然而在 *The Elephent* 中又以"象鼻"的意思再次出现。比起老师们直接翻译讲授，让学生们在绘本中有所思悟，更能激发他们的学习兴趣。

三、教学案例概述

五年级的课程旨在丰富学生的阅读体验，养成阅读习惯，提高阅读理解能力，拓宽阅读视野。教师为学生提供了与阅读材料相对应的音视频资源，指导学生通过课外阅读、文章朗读、借助视听资源进行听读等练习，积累词汇，丰富语感。与此同时，我们还增设了语法部分，来提升高年级学生的英语素养。

教学过程如下：

Task 1: Read the passage.（默读文章）

Task 2: Read the words along with the recording.（跟读单词）

Task 3: Read the Passage.（跟读文章）

Task 4: Finish the Exercises.（完成练习）

根据文章，选出正确选项。

1. **Which** kind of elephants have more hair?

A. African　　B. Asian　　C. American

2. **Why** they flap their big ears on hot days?

A. Because it can make a breeze that helps them cool off.

B. Because they are good swimmers.

C. Both A and B.

3. **What** does trunk mean in this passage?

A. 树干　　B. 象鼻　　C. Both A and B

4. **How** can elephants give themselves a shower?

A. They squirt water into their mouth.

B. With water they suck up into their trunk.

C. Both A and B

同学们，请看看上方画线句子以及粗体加黑单词。大家有没有发现它们有什么共性？没错，这四个句子都是特殊疑问句，粗体加黑单词均是特殊疑问词。前两次课我们学习了现在进行时的部分知识，今天我们接着来学习现在进行时的疑问句表达。

1. 现在进行时的一般疑问句。

句型结构及回答：be（am/is/are）+ 主语 + 动词 ing+ 其他成分。可用 Yes/No 回答。

Is he talking with me? Yes，he is./ No，he isn't.

2. 现在进行时的特殊疑问句。

句型结构及回答：特殊疑问词 + be（am/is/are）+ 主语 + 动词 ing+ 其他成分。不可用 Yes/No 回答。回答时需审清题干，应特别注意特殊疑问词，如：what，why，who，where，which，what time; how，how many，how old，how much，how often 等。例如：

What are you doing? We are dancing（被提问部分）.

Who is singing now? Leo（被提问部分）is singing now.

How are you feeling now? I am feeling tired（被提问部分）.

大家来完成下面的小练习吧！

1. Is she _____ tennis now? Yes，she _____.

A. playing   playing   B. play   is   C. playing   is

2. _____ is she doing now?

She is playing tennis.

A. Where   B. Who   C. What

3. _____ is playing tennis with her?

Mike is playing tennis with her .

A. Where   B. Who   C. What

4. _____ is she playing now?

She is playing on the playground.

A. Where   B. Who   C. What

四、反思

挑选教学资源时，教师不仅应当严把意识形态关，还应注重从实际出发，切实关注学生的需求，激发学生的学习兴趣，落实学生核心素养的培养。这也要求我们，多关注学生、走近学生、了解学生，他们才是我们教学最重要的服务对象。

高年级线上绘本阅读教学的探究

六年级　石　瑜

一、理论依托

英语是一门交际性与实践性很强的学科，交际是语言最基本的功能，而阅读是语言交际中最重要的一个方面。英语的阅读能力是学习者综合语言运用能力的体现。阅读不仅能帮助学生获取兴趣，开阔视野，吸取丰富的语言知识，扩大词汇量，促进听、说、读、写能力的发展，还能培养学生的思维能力、分析能力和理解能力，有效地提高学生运用语言的能力，为他们的终身学习和发展打下坚实的基础。

小学阶段开设英语课程的目的就是培养学生学习英语的情感，形成初步的英语语感，最终使学生具备用英语交流的能力。而阅读在听、说、读、写四项中占很重要的位置。培养学生进行广泛阅读，不但能为学生提供更多的语言输入，还能通过阅读学到更多的课外知识，获取大量信息，从中获得成就感。而绘本教学能够有效实现预期的目标，让学生既掌握必备知识，又能提升人文素养，促进心智发展，增强实践能力，培养创新精神。

二、选材内容

英语是传输信息的重要工具之一，一个人的阅读能力决定了他吸收有用信息的数量和质量。本节课选择了绘本作为教学课例，教学内容源于英语原版教材《典范英语4》的第11课 "Dad's Run"。

三、课程目标及实施

（一）能力目标

1. 学生能够读懂并理解故事内容，能与他人分享故事。

2. 提升学生的英语学习兴趣，丰富学生的阅读体验，养成阅读习惯，提高阅读理解能力。

（二）具体实施

1. 指导学生通过默读、朗读、借助视听资源进行听读等练习，积累词汇，丰富语感。

2. 用个性化的方式记录学习内容，如绘制小报、制作思维导图、视频分享等。

3. 教师使用互动社区交流平台进行具体指导，对学生的学习给予评价。

四、教学过程

（一）Lead in

Hello, boys and girls. Nice to see you again. Welcome to today's English program. Are you ready? Let's go...You can post the radio and follow the Chinese guide.

今天，老师给大家分享一篇新的绘本——"Dad's Run"，看看又有什么精彩的故事发生吧！希望同学们能按照下面的流程，完成本节课的学习。

（二）Learning

Step 1

在开启阅读之前，请同学们想一想、猜一猜 Why did Dad run?

Step 2

同学们一定猜到了：Dad wants to make his body healthy。

接下来，What happened during Dad's run? Why did Dad sit on the pram? 让我们带着这些问题，一起默读故事找到答案吧！

当你遇到生词时，你可以拿起身边的词典或借助 Glossary 看一看它们是否对你有帮助。

Step 3

同学们，现在你们知道爸爸在跑步过程中发生什么事了，为什么爸爸坐在婴儿车上了吧？对，Dad's foot went into a hole and fell down, and they pushed him round the park.

Step 4

通过默读文章，我们对整个故事内容有了一定的了解。下面，就请你回忆一下故事，挑战下面的测试题吧！

Tick the right answer.（选择正确答案）

（1）Dad went running every day, because he wanted to get _____.

　　A. fat　　　　　B. fit　　　　　C. fair

（2）Dad wanted to do the Fun Run. The Fun Run was in the _____.

　　A. school　　　B. castle　　　C. park

（3）The Fun Run was _____times round the park. Dad finished _____ times.

　　A. ten...five　　B. ten...four　　C. four...ten

（4）Dad fell down because his _____ went into a hole.

　　A. foot　　　　B. hand　　　　C. head

（5）Wilf and his mum ran home and got the old _____.

　　A. shoes　　　B. pram　　　　C. jacket

（6）Dad _____ in the pram and everyone pushed him round the park.

　　A. slept　　　B. jumped　　　C. sat

（7）At the end of the run, the wheels came _____ the pram. Dad fell_____.

　　A. onto...off　　B. in...on　　　C. off...out

Key：1. B　2. C　3. B　4. A　5. B　6. C　7. C

Step 5

同学们，你们的测试题都答对了吗？现在就请同学们跟着视频大声朗读，请你多听、多模仿，注意正确的读音。

Step 6

亲爱的同学们，故事学完了，故事中出现了许多人物，你们还记得他们都说了些什么吗？请从 A、B、C、D、E 中选择正确答案，完成下面的测试题。

What did they say?（他们说了什么？）

A. Ouch　　B. Keep going　　C. What bad luck　　D. Go　　E. What a good idea

（1）Dad was running.

"_____B_____," said Biff.

（2）Dad wanted to do the Fun Run.

"_____," said Mum.

（3）"_____!" called a man and the Fun Run began.

（4）Dad's foot went into a hole. Dad fell down.

"_____!" said Dad.

（5）Dad couldn't finish the Fun Run.

"_____!" said Mum.

答案：1. B　2. C　3. D　4. A　5. E

（三）Ending

今天的课就上到这里。希望同学们课后梳理所学内容，试着用英语跟家人分享。

隔空相伴　教学相长

四年级　袁　媛

一、案例背景

一场突如其来的新冠肺炎疫情，打乱了所有人正常的生活节奏，也阻断了教师和学生的相约、相见。教育部作出了"停课不停学"的相关指示和要求，即通过先进的网络手段，借助智能手机、平板、电脑等多种媒介，让学生在居家隔离的这段时期，由任课老师通过网络授课的方式最大限度地减少因为延期开学给学生带来的不良影响。

二、案例描述

为了给学生提供丰富的学习内容，史家教育集团吹响了集结号，公布了线上教学的具体实施方案，并成立了备课小组。大家采取微信、视频等多种方式，经过多次沟通与磨合，最终确定了英语学科课程设计框架和整体教学目标。

第一阶段，我们的课程设计围绕复习旧知展开，在内容上，补充与已学单元主题一致的阅读材料，并设计相应的阅读活动，激发并保持学生学习英语的兴趣和积极性，丰富学生的阅读体验，培养学生良好的阅读习惯，提高他们的阅读理解技能并开阔阅读视野。

但随着假期的无限延长，第一阶段的线上教学方案已经不能满足学生和家长们的需要了。于是，各备课小组再次打磨，对原有的方案进行了改进和优化。

对于教学目标的设定，从内容供给转向方法指导，引导学生更多地关注学习方法的积累和学习策略的掌握，以及学习能力和品质的提升。课程内容也从复习旧知转向新旧衔接，更加凸显知识梳理，让学生在复习旧知的同时，为新知识学习作好内容衔接准备和知识储备。

三、案例设计思路

下面我就以"Seeing a doctor"一课为例，具体谈谈我的设计思路。

首先，确定合适的学习内容是非常重要的。选材要有趣，难度要适中，还要能起到新旧知识的衔接作用，可以为学生日后的学习作好铺垫。在通读四年级下册教材后，我决定选取与生病有关的故事"Seeing a doctor"，并根据学生的实际能力和水平对文章进行了修改和删减。

选择好素材后，我开始考虑教学目标的定位。根据总的学习目标，最终我将本节课的教学目标设定为：1. 复习已学过的与生病相关的词句；2. 学生能够利用找关键词、画重点句等阅读技巧，完成阅读任务；3. 学生学会利用 Mind Map 梳理所学知识，培养学生的逻辑思维能力。

四、教学过程

在设计学习活动时，我主要分为三个板块：阅读前、阅读中和阅读后。

阅读前，我设计了 Think and say 的活动。我选用了四年级上册教材 Lesson 7 中的一张图片，请学生们观察并回答问题"Sara 怎么了？ Miss Wang 给了她哪些建议？"，由此复习已学过的有关生病的词句"I have a bad cold.""Please stay in bed and drink more water."

阅读中，我设计了 Retell the story 和 Read and choose 两个环节。

活动一，Retell the story。其目的就是帮助学生按照从"出现问题"到"解决问题"的思路，对所学文章进行梳理，并利用梳理的 Mind Map 复述故事，培养学生的逻辑思维能力和综合运用语言的能力。

活动二，Read and choose。设计这个活动的目的在于帮助学生养成良好的阅读习惯，培养和提高学生的阅读技巧。先由学生自己独立阅读，并完成文章后面的理解题。然后教师再对阅读后的习题从如何思考、找关键词句再到做题习惯等逐一讲解和分析。

阅读后的作业设计尤为关键，它不仅是线上教学的延续，更是发展学生逻辑思维和创造思维的主战场。因此，我本课布置的作业就是结合当前的疫情，让学生用所学的 Mind Map 方法，写一写、画一画都有哪些方法可以帮助人类远离病毒。这样的课后作业不仅有趣实用，而且将线上所学与线下的实际生活有效结合，更重要的是在这个过程中学生的发散思维得到了极大的发展。

五、案例反思

通过这段时间的线上授课，我有以下几点感受。

一是思想观念发生了巨大改变。经过这次疫情，我深刻地认识到线上教学有着课堂教学无可比拟和无法取代的优点，它确实是线下教学最有力的补充和完善。作为一名新时代的专业课程教师，必须紧跟时代步伐，与时俱进，时刻接受新事物、新技术，才能跟上社会进步的脚步。

二是充分认识到线上教育的优势。由于疫情的传播，学生无法按时返校上课，甚至有些孩子还被滞留在外地甚至是海外。在这种情况下，线上教育就发挥了它不受地域、时间限制的优势，只要有网络的覆盖，学生便可以通过手机、iPad、电脑等工具随时随地在线听课，而且可以反复听，从而提高了学习效率。

三是线上教学对教师提出了更高的要求。这种大班式的线上授课模式使学生和教师之间无法及时沟通和反馈，所以更加强调教师的教学设计。教师还要具备更多更强的多媒体运用手段和能力，例如 PPT 设计、动画设置以及必要的软件。另外，随着时间的推移，学生的热情逐渐减退，并产生新的学习需求，如果这时教师没有发现，不能及时调整的话，学生就会有所松懈，从而导致教学效果下降。因此，教师还应随时关注线上教学的实际效果，并对教学内容、教学目标和教学活动不断改进与优化。

四是家校协同，为学生成长助力。此次"停课不停学"的在线教学对于学生也是一次全新的挑战。在家上课，如何保证上课效果，最重要的是需要学生发挥自己的主观能动性，积极参与在线教学。这是一次对学生自我管理能力的考验。所以，教师要协同学生和家长，主动探寻适合的教学策略、学习方法，在实践中思考，在思考中改进，培养学生自主学习能力，助力终身学习与成长。

结合生活经验　培养语用能力

三年级　邹　晨

一、教学背景

2020 年春天，一场突如其来的新冠肺炎疫情打乱了学生到校上课的安排。按照北京市教委的要求，史家教育集团开展了"停课不停学"的线上教学活动。集团英语组的老师们在每个阶段都会根据学生的学习需求录制相应的课程。根据课程实施框架的要求，课程的设计以激发学生英语学习兴趣、保持英语学习积极性为主要目标。本课内容是关于天气的话题，在学生已有知识的基础上进行阅读教学，以此来提高学生的阅读能力、丰富学生的阅读体验，积累词句的用法。

二、教学目标

学生通过观看视频短片、听唱歌曲，并结合相应的学习单，能够熟练表达一年四季的词汇 spring、summer、autumn、winter 以及各种天气情况 sunny、windy、rainy、cloudy、snowy、warm、hot、cool、cold 的 表 达。在 理 解、认读小短文的基础上，能在真实的语境中运用所学的句子 "What's the weather like...? It's...."，并能根据生活中的天气变化作出正确的选择。

三、教学过程

教学过程分为阅读前、阅读中和阅读后三部分。

（一）阅读前

学生通过看图选词的小练习复习旧知。

（二）阅读中

出示一篇阅读材料，学生分以下几步进行学习。

第一，先听音频，读文本了解短文内容。

Read the pictures and write down the words.

（请你看一看这些天气的图标，把英文表达写在图片下方。）

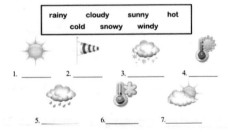

第二，根据下面提供的练习题进一步精读文本，理解后完成练习。

第三，再次听音频跟读文本，理解文章内容。

第四，根据短文内容，核对习题答案，结合生活实际表达自我。

练习题的第一部分采用了判断对错的方式，锻炼学生仔细审题的习惯，都能够从文中找到答案，这样可以引导学生边做边进行相关的勾画，运用一定的阅读方法和技巧。练习题的第二部分采用了圈出正确答案的方式，词汇有正反意思，在选择的同时可以渗透词意，加深对词汇的理解。

（三）阅读后

根据本节课学习的内容，让学生结合生活实际说一说、写一写或者画一画。这个活动的目的是让学生能够根据自己的生活经历谈论最喜欢的季节以及相对应的天气情况。

四、小结

通过这一系列的学习，学生基本能够做到复习旧知、巩固已学内容。在阅读短文的学习中，听、说、读、写四项技能都有涵盖，所以能培养一定的综合语言运用的能力。

本节线上教学的课程设计，基于学生已有知识，内容难度不大，并且加入了学生喜爱的学习形式，比如词图搭配和自主谈论季节、天气等。这些在帮助他们理解课程内容的同时还能自由发挥自己的学习能力，让学生各有所得。基础薄弱的学生可以掌握老师提供的内容；能力水平高一些的学生可以尽情表达，始终保持学习英语的热情。

英语阅读线上教学设计的研究

六年级　裴旭婷

一、教学设计背景

2020 年春季学期不能如期开学，史家教育集团为此开展了"停课不停学"线上"和谐课程"教学活动。集团统一在线学习平台按日期、按时间为学生发布课程。英语学科的"和谐课程"内容主要是绘本阅读、教材后的补充阅读材料和视听学习。本节课的设计依据英语"和谐课程"的实施框架要求，以激发学生英语学习兴趣、保持英语学习积极性为主要目标，在复习旧知的基础上，通过绘本阅读，来丰富学生的阅读体验，养成良好的阅读习惯，提高阅读理解能力。

二、教学设计依据

英语是一门综合实践性很强的学科。《义务教育英语课程标准（2011 年版）》中明确提出，通过英语学习要使学生形成初步的综合语言运用能力，促进心智发展，提高综合人文素养。而英语阅读能力是学习者综合语言运用能力的体现。阅读不仅帮助学生提高学习兴趣、开阔视野，还能丰富学生的语言知识、扩大词汇量。

英语阅读线上课程包括观看视频、阅读文本、听音频跟读并完成相关练习等。课后学生仍可以进行反复、多次观看。英语阅读课程在促进学生听、说、读、写能力发展的同时还能培养学生的思维能力、分析和理解能力，有效地提高学生综合语言运用能力和人文素养。

三、教学案例分析

本课以"Animal Eyes"主题为例，进行教学过程介绍与分析。

（一）课程目标

1. 通过图片信息及上下文提示，学生能够掌握词汇的含义，养成良好的阅读素养。

2. 能够结合音频朗读绘本，模仿语音、语调。

3. 能够理解绘本内容，并能与他人分享故事。

（二）选材原因

"Animal Eyes" 是以描述动物为主要内容的一节课。此内容的选择主要以学生的认知能力为基础。首先，动物是学生非常喜欢并熟悉的话题，在接受和理解上都更加容易。其次，从提高学生的人文素养的角度看，它可以激发学生们爱大自然、爱动物、爱生活，了解动物是人类的朋友。在课程设计中，学生通过完成绘本阅读、学生词、跟读生词和绘本故事以及阅读后的思考与表达等任务，逐步提升综合语言运用能力。

四、教学过程

（一）Lead in

今天我们要学习的绘本故事是 Animal Eyes。让我们跟随着可爱的动物朋友们去看看它们的眼睛有什么神奇之处吧！希望大家按照下面的学习流程，完成今天的学习内容。

（二）Learning

Step 1

请你默读短文，看一看、猜一猜这些眼睛是属于哪些动物的？思考文中这些动物的眼睛有什么特点。当你遇到生词时，可以借助图片信息进行猜测，也可以通过前后文段理解词汇，当然文末的 Glossary 也会对你有所帮助。

Step 2

通过默读短文，我们已经对动物们的眼睛有了一定的了解。下面让我们来尝试完成 Task 1。

Step 3

同学们，你们完成 Task 1 了吗？如果还没有完成，就请你再回到 Step 2 多读几遍吧！如果你已经顺利完成，那就请点击本课的最后一部分，看看你选择的答案是否与参考答案一致。

通过今天的学习，我相信你已经找到了这些动物眼睛的神奇之处，现在请你们再回忆一下故事内容，试着完成 Task 2 的填词游戏。

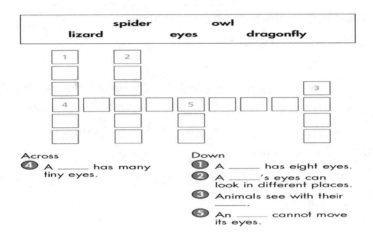

五、课后小结

本节课的设计本着线上学习加自学的原则，面向全体学生，因此绘本故事的难度不大，加上视频的辅助更利于学生的理解和学习。课后学生还可以用自己喜爱的形式，把学的内容呈现出来。

通过 20 分钟的自主学习，学生逐步养成良好的阅读习惯，并不断丰富语言知识，扩大词汇量，拓宽阅读视野，再加以结合听、说、读、写，最终达到提高综合语言运用能力的目的。

情景创设在线上英语课程设计的应用

三年级 刘 阳

一、案例背景

2020 年春新冠肺炎疫情期间，学生停课不停学，英语教师负责创编学生的英语绘本阅读，并录好音频。整个课程分为阅读前复习相关知识、阅读中编出每篇绘本的问题让学生边读边思考、阅读后通过动脑动手来学习三个阶段。

Talking Pen 一课源于学生日常生活中的点读笔，进而复习三年级上学期所学的关于学习用具的旧知，由绘本阅读和练习来扩展学生的知识层次。

二、教学过程

Step 1

阅读前，复习一些常见学具的英文表达。

1. 连线。

glue   scissors   sharpener   markers

2. 填空。

I have a _____.   I have a _____.

I have an _____.   I have four _____.

Step 2

阅读中，带着问题思考阅读短文，可以先读一读后面的问题。

1. Try to read the passage by yourself.（请你试着自己阅读下面的文章）

Sandy receives a birthday gift. It's a new book.

The book comes with a pen. But it's not just any pen. It's a special pen.

When Sandy points the pen at the words in the book, it starts talking!

It's called a talking pen. It reads the book aloud with Sandy. Her mom tells her that this is a new kind of book.

What a great way to read a book!

2. Circle and write the answer.（请圈、写出正确的答案）

A. Sandy's birthday gift is（book　bag）.

B. The book comes with a（eraser　pen）.

C. The pen is called a（talking　listening）pen.

D. Sandy's（mum　dad）tells her that this is a new kind of book.

E. Do you like this talking pen?

_____.

3. Listen and repeat.（听后跟读）

Step 3

阅读后，试着写句子。

What's in your school bag? Please draw and show us.（你书包里有什么学习用具？请你把它们画下来）

三、课后反思

本节课充分利用线上资源，运用恰当的方式方法提高实效性，引导能力稍弱的学生加深对内容的理解，多样化拓展环节又为学有余力的学生提出了更高的学习目标，一方面体现了学生学习的自主性，增强了学生的自信，另一方面让学生查漏补缺，不断强化。

本课的不足之处是，引入环节不足，在第二轮线上课程中要加入歌曲、韵文；拓展环节不够开放，可以更好地拓展学生思路。

体育健康部

亲子类身体素质家庭体育活动方法

二年级　牛东芳

一、动作名称：俯撑石头剪刀布——力量素质

1. 练习目标：通过练习提高上肢、躯干的力量。

2. 动作方法：学生与家长头与头相对做俯撑动作，同侧手臂抬起做石头剪刀布。家长可以与学生先练习俯撑，过渡到俯撑击掌，由易到难。赢了的换手，输了的继续用刚才的那一只手。

3. 练习方法：

强度大：次数 10；组数 4；组间隔时间 30 秒。

强度中：次数 8；组数 3；组间隔时间 40 秒。

强度小：次数 6；组数 2；组间隔时间 50 秒。

4. 建议与注意事项：在抬起一只手后背、腰、臀、腿保持平稳姿态，切不可扭动。

二、动作名称：屈腿石头剪刀布——力量素质

1. 练习目标：通过练习，提高身体协调性和腰腹肌力量。

2. 动作方法：家长与学生面对面屈腿坐，身体后倒 30 ~ 45 度，两只手在体侧撑地，双腿屈腿脚离地面 10 厘米，做石头剪刀布的游戏。石头：两脚并拢；剪刀：两脚前后分开；布：两脚左右分开。

3. 练习方法：

强度大：次数 10；组数 4；组间隔时间 30 秒。

强度中：次数 8；组数 3；组间隔时间 40 秒。

强度小：次数 6；组数 2；组间隔时间 50 秒。

4. 建议与注意事项：注意在每组游戏过程中，始终保持屈腿后倒，脚不能着地。

三、动作名称：猜拳踩脚——灵敏素质

1. 练习目标：通过练习，提高反应能力。

2. 动作方法：家长与学生双脚蹦跳的情况下，做手上的石头剪刀布。当一方获胜时，可以迅速去踩对方的脚一次，输的一方可以躲闪，看谁反应快。也可以增加游戏难度，手脚同时做石头剪刀布。

3. 练习方法：

强度大：次数 30；组数 3；组间隔时间 30 秒。

强度中：次数 20；组数 3；组间隔时间 40 秒。

强度小：次数 20；组数 2；组间隔时间 50 秒。

4. 建议与注意事项：两人在说石头剪刀布时始终保持小跳，赢的一方只可以踩对方一次；如果没有踩到，要继续游戏，不能追着踩。

居家期间如何踢足球

四年级　杨　鹏

一、教学背景

2020 年初，新冠肺炎疫情来袭。2 月 1 日，北京市教委发布了《关于进一步做好北京教育系统新型冠状病毒感染的肺炎疫情防控工作的通知》；3 月 11 日，北京教育系统疫情防控工作领导小组发布了《关于进一步做好 2020 年春季学期中小学延期开学相关工作的通知》，提出疫情防控是北京教育系统的首要任务，要求各地和学校"停课不停学"，可结合实际开展线上教育培养学生自主学习、自主探究、自主锻炼、自主居家劳动的能力。为了保证学生们的足球训练正常、有效地开展，史家教育集团针对疫情防控期间的足球训练工作作出了相应的部署和安排。

二、教学主题

在家"延期开学不停学"的日子里，史家小学足球队全体队员坚持每天在家科学训练，有效地提升并磨合自己的足球技艺。

（一）步伐训练

器材：标志碟 6 个，碟子每个间隔 20 ~ 25 厘米（如果没有碟子可用碗口大小的标志物代替），一列 6 个；标志桶间隔 2 ~ 3 米，一列 3 个。

内容：碎步跑（3 组），高抬腿（3 组），侧滑步（3 组），横向敏捷步（3 组），反向侧滑步（3 组），蛙跳（3 组），移动开合跳（3 组），折返跑（2 组），后脚踢（3 组），左进右出、右进左出（3 组）。

时长：30 分钟。

要求：动作舒展，脚下频率渐快，简单的动作快速做，熟练的动作换脚做。

（二）球感训练

器材：足球一个。

内容：荡球、双脚踩球、单脚扣拨、双脚扣拨、单脚拉推、单脚拉拨、双脚拉拨、单脚 V 字拉球、双脚 V 字拉球、颠球。

时长：45分钟。

要求：本学期除了颠球之外其余已学习，若有生疏，建议先从惯用脚开始简易复习，简单的动作重复做、快速做，熟练之后完成双脚要求。颠球先从落地颠球开始，要求用正脚背（脚背正面）触球后将球向正上方弹起，高度不超过胸口，熟练之后尝试不落地的连续颠球。

（三）躯干和腿部力量训练

器材：瑜伽垫或地毯。

内容：过顶深蹲（20个），四点支撑（20个），蛙跳（30个），半蹲（3组，每组5分钟）。

腿部力量训练：躺地脚内侧夹球后抬起半米高度后保持不动，双腿绷直，双臂展开贴地，坚持60秒，共做3组。

时长：30分钟。

（四）亲子互动，配合传接球练习

家长和孩子的低平球传递。训练要点：脚弓锁死触球的中间位置，支撑脚脚尖指向接球人，支撑腿放松并微微弯曲，"不要不传"；家长手抛球给孩子，要求孩子用脚弓传回家长手中；家长手抛球给孩子，要求孩子用脚背正面弹回家长手中。

踢准游戏：在3～5米的距离，定位踢准目标小球门（可用塑料物质代替）。

要求：准确性、力度、呼应，出球发力、停球卸力，慢球踩停、快球挡停。

时长：20分钟。

（五）带球基本功强化

器材：碟子若干（或碗口大小的障碍物来替代）。

内容：单脚一步一带（双脚都要熟练），扣拨带球（单脚、双脚），拉拨带球（双脚）。复习以上动作后，进行绕碟子训练和绕八字训练。

家长需要强调以下要点：一步一带脚背正面触球，身体微微前倾并不时抬头观察前方。扣——脚背内侧（右脚），拨——脚背外侧（右脚）；左脚则反之。球始终控制在身体正前方不超过半米的距离，绕碟子时不允许碰到任何障碍物，否则重来。

训练时长：30分钟。

三、结果

校足球队低年级的小队员们热爱足球运动，精气神十足，居家训练丰富多彩。校足球队高年级的队员，凝心聚力史家力量，为疫情结束后的比赛作准备。

坚持足球运动，可以增强身体素质，强健体格，有助于提高学生的免疫力。

让我们一起线上学习　争做体育达人

四年级　张　凯

一、教学背景

2020 年春，因新冠肺炎疫情，全国大中小学校"停课不停学"。为了保证线上教学工作正常开展，史家教育集团针对防控工作和"停课不停学"工作作出了相应的部署和安排，坚决打赢疫情防控阻击战。在体育与健康方面，保障学生在家也能进行锻炼，以"健康第一"为指导思想，以"强健体格、滋养性格、完善品格"为目标，为学生提供集易操作性、开放性、亲子类于一体的锻炼活动。

二、教学主题

家庭和学校是小学生成长的主要环境，家长参与体育锻炼有着学校体育不可替代的好处。疫情期间，学生和家长朝夕相处，且被限制外出活动，每个人的心理都会有些变化，尤其是精力旺盛的青少年，很多家长无奈吐槽"家有小神兽"。而坚持体育锻炼能够防治疾病，促进心理健康，增强体质，拉近亲子关系。为此，我们尝试开发体育与健康线上课程，遵循"理念共识、管理共为、教育共享"原则，不断创新家校共育机制，开展"让我们一起线上学习，争做体育达人"活动，改善学生的体质健康状况，促进家长与孩子们的感情交流，真正形成"史家"与"小家"共和谐的局面。

三、教学设计

"体育达人"线上课程的设计，第一，以"兴趣"为原动力，选择学生喜欢的音频、视频及锻炼项目，以网上视频和教师录制视频的方式，多维度带动学生主动参与到体育锻炼中，促进学生参与的积极性。第二，充分考虑到学生的年龄、身体素质等差异，将一至六年级学生分为三个水平段，一、二年级为水平一，三、四年级为水平二，五、六年级为水平三，在难度和练习强度上科学区分，安排适合该年龄段学生身心发展的锻炼项目，化无从下手为有的放矢，充分体现把学生发展放在主体地位。第三，课程内容具有丰富性、针对性和可操作性，有效地提高学生健康锻炼的能力。枯燥的练习项目和单一的练习形式无异于给促进健康放置了绊脚石，尤其是在家庭这样一个范围相对狭窄的活动空间中，开发更多元的练习形式和展示形式，激发学生锻炼的动力，确保每一个学生受益。第四，课程时间安排合理。每天一小时，上午、下午各半小时。上午主要是学生自主练习，固化练习科目，突出自我学习能力和身体素质的提高；下午练习主要与学生体质健康测试相结合，有针对性地练习测试项目，量化标准，方便评价。第五，安排亲子练习项目，增加亲子之间的交流互动，拉近亲子关系。

"体育达人"线上课程共包含准备活动 13 项、体能素质练习 96 项，含体质健康测试项目 3 项、亲子练习 10 余项，发展学生柔韧素质、上下肢及腰腹力量，搭建"课程超市"，形成体育线上教学的一大亮点。

准备活动	上午：体能素质练习	下午：亲子练习
七彩阳光、希望风帆、八段锦、自编操时代传承、亲子操、拍手操、啦啦操、戏曲广播操、跟着视频模仿"过山车"、运动模仿操（篮球、足球、排球、拳击）	波比跳、侧向平板支撑、侧压腿、侧支撑挺髋、冲刺式拉伸、大象鼻子、单侧屈膝侧支撑、单腿蹲起、单腿跑姿蹲、单腿屈髋两头起、单足站立两臂侧平衡、倒蹬车、蹲起练习、俄罗斯转体、反向开肩、俯撑举腿、俯撑提膝、俯身登山跑、俯卧撑、俯卧依次摸肩、高抬腿胯下击掌、高姿爬行、弓步扩胸、弓步跳、弓步下蹲、弓步压腿、跪撑伸展、横向爬行、后踢腿、后压腿、呼啦圈小步跑、蝴蝶坐、卷腹、开合深蹲、开合跳、靠墙静蹲、立卧撑、两头起、拍脚跳、盘腿体前屈、平板开合跳、平板支撑、平板肘臂撑、前后车轮绕肩、屈腿穿过绳、屈膝环绕、屈膝勾腹、伸拉屈髋肌、四头肌、身体前后左右击掌、十字交叉扭转、十字跳、四点支撑、四方位触脚跳、台阶踏步、徒手跳绳、兔跳、蝎子爬、鸭子步、仰卧蹬车、仰卧顶腿、仰卧交替收腿、仰卧开合腿、仰卧起传球、仰卧收腿、仰卧抬腿（小心地雷）、仰卧雨刷器、仰卧坐姿撑起、一字上下跳、异侧手碰脚、原地高抬腿、原地爬行、原地小步跑、站位体前屈、正压腿、直臂绕环、肘触膝、左右快速垫步移动、左右马步、坐式屈团身、坐位体前屈、坐姿侧方位拉伸、V 字支撑	石头剪刀布、双脚石头剪刀布、双人背坐传球、双人扑步练习、双人压肩、突击队训练、向左向右、小推车、一带一徒手跳绳、俯卧一头起、仰卧举腿、仰卧起坐

四、教学结果

疫情暴发后，钟南山爷爷以 84 岁高龄毫不犹豫地踏上了疫情的前线，他认为正是几十年来坚持不懈的健身造就了自己远超常人的体格，养成了勇往直前、顶天立地的优秀人格。看看我们的学生，响应钟爷爷的号召，居家锻炼，也是收获满满。

（一）增强身体素质，强健体格

毫无疑问，坚持体育锻炼可以增强身体素质，强健体格。"体育达人"线上课程已经开展月余，我们收到很多学生和家长的反馈。孩子们说，我的仰卧起坐从 36 个提升到 44 个，跳绳更是进步神速；家长们说，孩子不挑食了，个头儿也长高了，免疫力增强了。

（二）启迪身心智趣，滋养性格

"身"是生理条件，"心"是心理基础，"智"是理性支撑，"趣"是感性依托。立足学生身心智趣发展，"体育达人"线上课程加强了学生与父母之间的沟通，使他们在运动中愉快地相处。不少学生表示，体育是最期待的课程，因为疫情长时间不能下楼，体育课是唯一能"施展身手"的课堂，课上有趣的活动使他保持了一个健康的身心状态，尤其是和爸爸妈妈一起做，自己也当上了"小老师"。家长们也纷纷表示，通过体育运动和家里的"神兽"练一练、比一比，是一种很好的管理孩子的手段。

（三）塑造坚韧勇敢，完善品格

各项体育活动都需要以较高的自我控制能力、坚定的信心、勇敢果断和坚韧刚毅的意志品质为基础，坚持体育锻炼对培养健全性格、完善品格有特殊的功效，尤其是线上教学，学生练与不练完全靠自觉。孩子们制订每日学习计划，按照在校的作息严格要求自己做操、跳绳。不仅如此，不少学生还考虑到居家锻炼也不能打扰邻居，与同学分享一些安静的锻炼方式；他们还能从戏曲广播操中联想到京剧动作，感恩老师备课的辛苦。

居家勤锻炼 抗"疫"有力量

——以"体育超人——啦啦操"一课为例

五年级 何 群

一、课程研发背景

2020年初，突如其来的新冠肺炎疫情打乱了我们固有的生活节奏，举国上下都投入这场没有硝烟的战斗中。史家教育集团积极响应教育部"停课不停学"的号召，开展了"延期开学不停学"线上"和谐课堂"课程研发活动。丰富多彩的课程以"互联网+"模式陆续上线。我们抓住教育契机，调研学生居家状态，研发线上体育课程"体育达人"，引导学生感受当下，关注自己和家人的身体健康状态，增强体质，提高免疫力，落实"立德树人"的育人目标。

二、课程内容分析

"体育超人——啦啦操"课程是为应对疫情期间的特殊情况而研发的。本课程坚持"健康第一"的指导思想，落实"以学生发展为中心，重视学生主体地位"的基本理念，引导学生积极参与居家锻炼，培养良好的运动习惯。

三、授课形式

"微课+学习成果展示"的形式。

微课中更多地采取讲解示范、探究体验的方式，引导学生多角度关注身体健康，多形式地参与体育锻炼，培养他们观察问题、解决问题的能力。

在"互联网+"学习模式下，家长是孩子学习的陪伴者、引导者，如何引导家长参与到孩子的学习锻炼活动中，我在基本练习中增设了"亲子小游戏"环节。

四、教学课例介绍

（一）教学目标

1.98%以上的学生能够了解体能素质的分类及特性，90%左右的学生能够跟着视频完成体能练习动作，在亲子游戏中提高练习兴趣。

2. 通过教师微课讲解示范，引导学生探究体验等方法，使学生逐步掌握体能素质练习动作要领。

3. 通过本课学习激发学生居家锻炼的兴趣，培养学生终身体育意识，在亲子游戏中培养规则意识、竞争意识，增进亲子感情。

（二）教学过程

1. 开始部分。居家运动建议，包括锻炼计划制订、场地、服装等方面要求。

2. 准备部分：啦啦操《少年中国说》。

3. 基本部分：基本练习 + 亲子练习。

基本练习：共六个动作。

（1）仰卧十字交叉扭转。动作方法：双手交叉抱于脑后，仰卧屈膝抬腿至水平位吸气准备，呼气腹部发力、肩部离地，肘尽量靠近异侧膝关节，同时向远端送出另一侧腿，吸气收回，左右腿交替进行。

练习次数：8 ~ 10 次一组，2 ~ 3 组。每组间歇 20 秒。

（2）仰卧开合腿。动作方法：仰卧姿势准备，大腿抬至与地面垂直，臀部贴地。双手放于身体两侧。吸气，双腿打开至最大幅度；呼气，腿内侧发力夹腿收回。

练习次数：20 ~ 30 次一组，2 ~ 3 组，每组间歇 20 秒。

（3）高抬腿胯下击掌。动作方法：左右交替跳跃提膝，同时双手在大腿下侧击掌。膝盖提至最高，超过水平位置，留出击掌的空间。上半身挺直，不能弯腰击掌。

练习次数：30 ~ 40 次一组，3 ~ 4 组。每组间歇 20 秒。

（4）异侧手碰脚。动作方法：全身有节奏跳跃，右手体前摸左脚，左手体前摸右脚，右手体后摸左脚，左手体后摸右脚。以此类推。

练习次数：前后摸 4 次脚为一组，连续 7 ~ 10 组。

（5）俯撑类。动作方法：俯卧姿势准备，双臂与地面垂直，目视前方，挺胸收腹，夹紧臀部，脚前掌着地，屈肘下沉，快速发力推手，身体始终呈一条直线。

练习次数：20 ~ 25 次一组，3 ~ 4 组，每组间歇 20 秒。

（6）支撑类。动作方法：并腿或分腿坐于地面，上体稍前倾。双手支撑用力，腰腹与腿部协同发力，使双腿与臀部达到同时离地。

练习次数：20 ～ 30 秒一组，3 ～ 4 组，每组间歇 20 秒。

亲子练习：石头剪刀布

练习器材：一次性纸杯，糖果（纸牌、纸团、小物品）等。

练习方法：将糖果前后对齐排两排，两人直臂俯撑姿势进行"石头剪刀布"，胜者从对方处获得糖果一枚，在规定的时间内，糖果多的一方为胜。

4. 结束部分：放松拉伸。

动作方法：以左腿为例，左腿在前屈膝 90 度，右膝跪在垫上，右手抓住右脚向腰部靠近，身体保持正直。反方向动作相同，方向相反。

练习次数：1 分钟一组，左右腿各 1 组，每组间歇 20 秒。

五、反思及效果反馈

1. "互联网+"模式下的教学，要及时从抗"疫"故事中选取素材，培养学生养成良好的运动习惯。

2. 抓住"互联网+"模式，转变教学方式。通过微课组织线上教学时，要鼓励学生主动参与、主动思考、主动体验，培养他们观察问题、解决问题的能力。

3. 重视线上与线下衔接。家是学生学习的主阵地，家长是学习的指导者、监督者，教师主要通过网络发挥引导作用。因此课后要及时调研学生学习感受及效果，适时调整授课方法，注重知行统一，提高学习实效，为后续的开学复课打好基础。

活力青春不停歇　助力祖国心向暖

——史家健美操专项运动队"停课不停练"案例

三年级　王姣姣

一、案例背景

新型冠状病毒疫情暴发以来，学校结合当前疫情防控形势和学校对教育教学的工作要求，及时作出教学计划上的调整与准备，并全力做好疫情期间对学生居家学习的指导工作。疫情期间无法集中训练对运动队来说是巨大的考验，如果宅在家里停止、放松训练，运动员将无法适应比赛，各项运动能力都会受到影响。健美操专项运动队以"延学不停学、停课不停练"为目标，确保学生通过居家健美操训练提高水平、增强体质、健全人格、锤炼意志。

二、案例设计与实施

（一）"宅家"训练不放松

根据四个梯队运动员具体情况，我遵循科学规律，包括人体生长发育和心理发育的一般规律，制定了切实可行的"宅家训练"方案，对队员有针对性地安排训练计划。

周次	组别	主要任务	内容与方法	强度
一	3、4	适应家中训练环境恢复体能	1. 原地小跳； 2. 有氧操练习，强调身体感觉与音乐融合的练习； 3. 竞技基本步法原地与行进间； 4. 柔韧练习，行进间踢腿	低
	1、2	分组练习，基础套操化动作复习，练习难度动作分腿支撑	1. 游戏热身； 2. 基本步法原地与行进间，注意核心控制； 3. 基础套操化练习完整动作，一拍一动、两拍一动； 4. 上下肢动作分解练习； 5. 练习分腿支撑	低

（1）加强身体训练，全面发展身体素质，增强体质，提高身体各器官的机能。

（2）练习竞技健美操基本步法、基本手型，进一步提高动作规格。

（3）复习健美操基础套路，熟练掌握操化、路线、过渡与连接、动力性配合、技巧与难度。

（4）练习竞技健美操难度动作 A、B、C、D 组，每周一个。

（5）学习趣味舞蹈，培养音乐节奏感、协调性，提升学生对健美操的学习兴趣。

（二）每周"挑战"不间断

每周发起一项居家抗"疫""云挑战"，通过记录每个梯队的最好成绩激发队员的竞争意识和练习兴趣，促进健美操基本功的保持、基本难度的完成、身体素质的提升。在过去的六周时间里我们已经完成了六项挑战：分腿支撑、平板支撑、倒立、俯卧撑、两头齐、纵劈腿。

三、案例效果

每名队员根据空间、时间等条件选择柔韧、操化、弹跳、支撑、协调性、表现力、音乐节奏感等训练内容，每周上传训练视频进行训练打卡，次数不限，教师线上指导，家长悉心陪伴。因为热爱，所以坚持，疫情期间的健美操训练，孩子们一天都不曾放松！

在队员们的努力下，在家长们的陪伴中，我们每天都在见证成长、见证进步、见证奇迹！

四、案例反馈

健美操"宅家训练"方案的实施，不仅在技术上指导帮助学生训练水平得到提升、增强专项素养、保持体能，还增强了学生和家长之间的沟通交流，增强了团队凝聚力。

五、案例拓展

疫情牵动着全国人民的心，也牵动了健美操队员的心。在新的居家抗"疫""云挑战"中，全体健美操队员齐学手势舞《阳光总在风雨后》，不仅加强了健美操专项的协调性、表现力训练，更是为武汉加油，向一线的抗"疫"工作者致敬，同祖国共渡难关，以这种独特的方式表达自己坚定抗疫的决心，送上对祖国母亲的暖心祝福。

"游"不停"泳"向前
——史家游泳队开展线上训练案例

五年级　史定宇　张少慧

一、案例背景

2020 年春，突然到来的新冠肺炎疫情，打乱了我们的正常生活，也给游泳队的训练带来了一定影响。原本学生为期两周的假期集中训练取消，随着疫情的扩散，到了正常开学的时间学生们也无法按时来到校园进行学习，从上学期最后一堂训练课，到现在孩子们已经有 8 周没有下水游泳。依照北京市政府、市教委"停课不停学"的要求，游泳队也结合实际开展线上训练，确保学生训练的延续性。

二、设计思路及重点

（一）提高学生专项体能

游泳训练对环境要求比较高，学生各方面的能力都需要在水中展现，在正常的训练安排中也会制定一部分的陆上部分，但都作为水中训练的辅助部分。如何提高学生居家期间的专项体能是重中之重。

（二）鼓励学生通过游泳表达

学生长期"宅"在家中，无法参加训练，游泳在学生的生活中处于"隐身"的状态，造成他们体能的损失。另外，缺少环境的影响，学生对于游泳的思考减少，所以引导和激发学生通过游泳进行表达也是本课设计的重点。

（三）引导学生理解奥林匹克精神

本次疫情在全世界范围逐步扩散，孩子们作为独立个体正经历着"全球性"大事件，这种感同身受的经历，正是引导学生理解奥林匹克"和平、友谊、进步"精神的绝佳契机。

三、实施与反馈

（一）强化体能训练，突出专项特点

第一，制定多种具有鲜明游泳特点的训练动作。

第二，合理安排训练内容，包括热身、力量、有氧、技术、柔韧五大部分。

第三，有效提高训练强度，制定训练总时长 40 ~ 50 分钟的训练计划，训练手段更加贴近实际。

第四，对训练的动作、组数、次数甚至间歇时间进行明确的控制。

第五，融入游泳日常基本技术以及素质练习。每天训练计划如下。

	内容	要求
热身	3 组 12 倒 v 撑摸肩；20 弓箭步蹲；20 高抬腿	90 秒一组 全部完成休息 3 分钟
力量	8 组 8 上卷腹；8 下卷腹；6 两头起；20 秒徒手自腿	90 秒一组 8 组完成休息 4 分钟
有氧	9 组 9 波比跳；12 登山；6 半蹲开合跳	第 1 ~ 3 组 90 秒；第 4 ~ 6 组 70 秒；第 7 ~ 9 组 50 秒。 9 组完成休息 4 分钟
技术	10 分钟 仰泳手模仿（单臂）	注意身体和肩膀的转动，头保持不动。大拇指出水，小拇指入水。入水时大臂贴耳朵
柔韧	5 组 30 秒叩肩；100 前、后肩绕环	叩肩需要家长帮助，用力不要过猛，逐步让孩子两个肘关节向内并拢

（二）保持乐观心态，培养幽默的生活方式

游泳项目是水上运动，但是在陆地上怎么"游"？教师鼓励孩子发挥自己的创造性，自己设计一些创意视频，体现如何在家"游泳"。这样的安排主要考虑三方面：其一，能激发孩子思考自己的专项，只有认真地思考，才能有属于自己的表达；其二，"旱地游泳"会形成一种反差，视频看起来也会有些"搞笑"的成分，能使孩子们获得一些快乐，帮助他们调整心态，更加平稳地度过这一特殊时期；其三，让孩子们学会在面对困难的时候保持乐观心态，培养幽默的生活方式，这是以后拥有完善人格的关键。

（三）抓住时机，树立学生的奥林匹克意识

《奥林匹克宪章》明文规定，奥林匹克运动的宗旨是：使体育运动为人类的和谐发展服务，以提高人类尊严；以友谊、团结和公平竞赛的精神，促进青年之间的相互理解，从而有助于建立一个更加美好的和平世界。

2020年新冠肺炎疫情肆虐全球，给全人类的和平、安全带来严重挑战。游泳队一年级学生中有一个中瑞混血孩子。他平时在北京上学，寒假和妈妈一起回瑞士。受疫情的影响，他被滞留在瑞士。

游泳队发动学生表达对仍在瑞士的小队员的关心，鼓励他做好防护，在保护安全的前提下坚持锻炼。这践行了"和平、友谊、进步"的奥林匹克精神。

四、总结

游泳队教师利用有限的场地条件，设计符合专项特点的练习动作以及训练计划，有效地促进学生专项能力的提升。

游泳队线上训练注重文化建设，将游泳作为表达的途径融入学生生活，增加学生对游泳的认同感，提升荣誉感，加强队伍的凝聚力。

游泳队线上训练深入发掘竞技体育的意义，没有将训练限制在学生的专项能力方面，而是扩大到对学生人格的塑造。